Bestechlichkeit und Bestechung im sportlichen Wettbewerb als eigenständiges Strafdelikt – de lege lata, de lege ferenda

Tina Heilemann

BOORBERG Jan Sramek Verlag DIKE

Bibliografische Information der Deutschen Nationalbibliothek | Die Deutsche Nationalbibliothek verzeichnet diese Publikation in der Deutschen Nationalbibliografie; detaillierte bibliografische Daten sind im Internet über www.dnb.de abrufbar.

ISBN 978-3-415-05176-8 Richard Boorberg Verlag GmbH & Co KG
ISBN 978-3-03751-595-2 Dike Verlag AG | Zürich | www.dike.ch
ISBN 978-3-9-7097-0024-2 Jan Sramek Verlag KG | Wien | www.jan-sramek-verlag.at

Satz: Thomas Schäfer, www.schaefer-buchsatz.de | Druck und Bindung: Laupp & Göbel GmbH, Talstraße 14, 72147 Nehren

Richard Boorberg Verlag GmbH & Co KG | Scharrstraße 2 | 70563 Stuttgart
Stuttgart | München | Hannover | Berlin | Weimar | Dresden
www.boorberg.de

Inhaltsverzeichnis

Abkürzungsverzeichnis

a. A.	andere Ansicht
a. a. O.	am angegebenen Ort
abl.	ablehnende/r/s
Abs.	Absatz
Änd.	Änderung
AEUV	Vertrag über die Arbeitsweise der Europäischen Union
a. F.	alte Fassung
AFC	Asian Football Confederation
AG	Aktiengesellschaft
AktG	Aktiengesetz
Alt.	Alternative
a. M.	am Main
AMG	Gesetz über den Verkehr mit Arzneimitteln
AO	Abgabenordnung
APuZ	Aus Politik und Zeitgeschichte
ARD	Arbeitsgemeinschaft der öffentlich-rechtlichen Rundfunkanstalten der Bundesrepublik Deutschland
Art.	Artikel
AT	Allgemeiner Teil
ATP	Association of Tennis Professionals
BAG	Bundesarbeitsgericht
BauGB	Baugesetzbuch
BauNVO	Verordnung über die bauliche Nutzung der Grundstücke (Baunutzungsverordnung)
BayVBl.	Bayerische Verwaltungsblätter
BayVGH	Bayerischer Verwaltungsgerichtshof
BBC	British Broadcasting Company
Bd.	Band
BeckRS	Beck-Rechtspechung, Rechtsprechungssammlung in beck-online
Begr.	Begründer
Bespr.	Besprechung
BFH	Bundesfinanzhof
BFH/NV	Entscheidungen des Bundesfinanzhofes
BGB	Bürgerliches Gesetzbuch
BGBl. I, II	Bundesgesetzblatt mit I = Teil I, mit II = Teil II
BGH	Bundesgerichtshof
BGHSt	Entscheidungen des Bundesgerichtshofes in Strafsachen
BKA	Bundeskriminalamt
BMW	Bayerische Motoren Werke
BR-Drs.	Bundesratsdrucksache

BSC	Berliner Sport-Club
BT	Besonderer Teil
BT-Drs.	Bundestagsdrucksache
BVerfG	Bundesverfassungsgericht
BVerfGE	Entscheidungen des Bundesverfassungsgerichts
bzw.	beziehungsweise
ca.	circa
CaS	Causa Sport
CAS	Court of Arbitration for Sport
CHF	Schweizer Franken
cm	Zentimeter
C.O.N.I.	Comitatio Olimpico Nazionale Italiano
COVISOC	Commissione di Vigilanza sulle Società di Calcio Professionistiche
CPI	Corruption Perceptions Index
DB	Der Betrieb
DB Real Estate	Deutsche Bank Real Estate
Ders.	Derselbe
DFB	Deutscher Fußball-Bund
DFG	Deutsche Forschungsgemeinschaft
DFL	Deutsche Fußball Liga GmbH
DGV	Deutscher Golf Verband
d. h.	das heißt
DHB	Deutscher Handballbund
Dies.	Dieselbe/n
DLV	Deutscher Leichathletik-Verband
DM	Deutsche Mark
DNCG	Direction Nationale du Contrôle de Gestion
DÖV	Die Öffentliche Verwaltung
DOSB	Deutscher Olympischer Sportbund
DrittelbG	Gesetz über die Drittelbeteiligung der Arbeitnehmer im Aufsichtsrat
DSB	Deutscher Sportbund
D. S. C.	Deutscher Sportclub
DTU	Deutsche Triathlon Union e. V.
€	Euro
Ed.	Editor
Eds.	Editors
EGGVG	Einführungsgesetz zum Gerichtsverfassungsgesetz
EGV	Vertrag zur Gründung der Europäischen Gemeinschaft in der Fassung bis 30.11.2009
EGZPO	Gesetz betreffend die Einführung der Zivilprozessordnung
EHF	European Handball Federation

EMRK	(Europäische) Konvention zum Schutze der Menschenrechte und Grundfreiheiten
EnBW	Energie Baden-Württemberg
EStG	Einkommensteuergesetz
etc.	et cetera
EU	Europäische Union
EuBestG	EU-Bestechungsgesetz
EuGH	Gerichtshof der Europäischen Union
EuR	Europarecht
EUV	Vertrag über die Europäische Union
EuZW	Europäische Zeitschrift für Wirtschaftsrecht
e. V.	eingetragener Verein
f.	folgende Seite/Randnummer
FA	Football Association
F.A.S.	Frankfurter Allgemeine Sonntagszeitung
FATF	Financial Action Task Force
F.A.Z.	Frankfurter Allgemeine Zeitung
FBI	Federal Bureau of Investigation
FC	Fußballclub/Football club
ff.	fortfolgende Seiten/Randnummern
FIA	Fédération Internationale de l'Automobile
FICG	Federazione Italiana Giuoco Calcia
FIFA	Fédération Internationale de Football Association
FINA	Fédération Internationale de Natation
FIS	Fédération Internationale de Ski
Fn.	Fußnote
FRA	Frankreich
FS	Festschrift
G	Gesetz
GA	Goltdammer's Archiv für Strafrecht
GBl.	Gesetzblatt
gem.	gemäß
GG	Grundgesetz
ggf.	gegebenenfalls
GmbH	Gesellschaft mit beschränkter Haftung
GmbH & Co. KG	Gesellschaft mit beschränkter Haftung & Compagnie Kommanditgesellschaft
GmbHG	Gesetz betreffend die Gesellschaften mit beschränkter Haftung
GRUR	Gewerblicher Rechtsschutz und Urheberrecht
GVG	Gerichtsverfassungsgesetz
GWB	Gesetz gegen Wettbewerbsbeschränkungen
HdbWSStR	Handbuch des Wirtschafts- und Steuerstrafrechts
h. M.	herrschende Meinung
hr	Hessischer Rundfunk

HRRS	Online-Zeitschrift für Höchstrichterliche Rechtsprechung im Strafrecht
Hrsg.	Herausgeber
HSV	Hamburger Sportverein *(Fußball)*
HSV	Handball Sport Verein Hamburg e. V. *(Handball)*
IAAF	International Association of Athletics Federations
IBF	International Boxing Federation
i. Br.	im Breisgau
IFAB	International Football Association Board
IMK	Konferenz der Innenminister und -senatoren
Inc.	Incorporated
IntBestG	Gesetz zur Bekämpfung internationaler Bestechung
Interpol	Internationale Kriminalpolizeiliche Organisation
IOC	International Olympic Committee
IOK	Internationales Olympisches Komitee
i. S. d.	im Sinne der/s
ISMM	International Sports Media & Marketing
iss.	issue
ITF	International Tennis Federation
ITL	italienische Lira
i. V. m.	in Verbindung mit
JA	Juristische Arbeitsblätter
JGG	Jugendgerichtsgesetz
jr.	junior
Js	Staatsanwaltliches Ermittlungsverfahren gegen einen bekannten Täter (behördeninternes Aktenzeichen)
JURA	Juristische Ausbildung
JuS	Juristische Schulung
JZ	Juristenzeitung
KLs	Erstinstanzliches Anklageverfahren vor dem LG (behördeninternes Aktenzeichen)
km	Kilometer
km/h	Kilometer pro Stunde
K. o.	Knock out
KritV	Kritische Vierteljahresschrift für Gesetzgebung und Rechtswissenschaft
LAG	Landesarbeitsgericht
lfd.	laufende/r/s
LG	Landgericht
lit.	litera
LK	Leipziger Kommentar

LOS	Lizenzordnung Spieler als Teil des Ligastatuts des Ligaverbandes (Die Liga – Fußballverband e. V.)
LR	Leichtathletik Rasensport
m	Meter
m/s	Meter pro Sekunde
m. w. N.	mit weiteren Nachweisen
max.	maximal
MDR	Mitteldeutscher Rundfunk
Mio.	Million/en
MitbestG	Gesetz über die Mitbestimmung der Arbeitnehmer
Mrd.	Milliarde/n
MSV	Meidericher Spielverein 02 e. V.
MünchKomm	Münchener Kommentar
NADA	Nationale Anti-Doping-Agentur
NASA	National Aeronautics and Space Administration
NCAA	National Collegiate Athletic Association
n. Chr.	nach Christus
n. F.	neue Fassung
NGO	Non-Governmental Organization
NJW	Neue Juristische Wochenschrift
NJW-Spezial	Neue Juristische Wochenschrift Spezial
NK	Nomos Kommentar
NOK	Nationales Olympisches Komitee
Nr.	Nummer
NStZ	Neue Zeitschrift für Strafrecht
NStZ-RR	Neue Zeitschrift für Strafrecht, Rechtsprechungsreport
NZA	Neue Zeitschrift für Arbeitsrecht
OECD	Organization for Economic Cooperation and Development
öStGB	österreichisches Strafgesetzbuch
OLG	Oberlandesgericht
Ord.	Ordner
o. V.	ohne Verfasser
£	engl. Pfund
plc, public limited company	Aktiengesellschaft
plStGB	polnisches Strafgesetzbuch
Pos.	Position
PR	Public Relation
publ.	publisher
RC	Racing Club
ReSpoDo	Rechtskommission des Sports gegen Doping

RG	Reichsgericht
RGSt	Entscheidungen des Reichsgerichts in Strafsachen
RGZ	Entscheidungen des Reichsgerichts in Zivilsachen
RiStBV	Richtlinien für das Strafverfahren und das Bußgeldverfahren
RL	Richtlinie
Rn.	Randnummer
RO	Rechtsordnung
Rs.	Rechtssache
RStV	Rundfunkstaatsvertrag
s.	siehe
S.	Seite
SC	Sportclub
SchiedsrichterO	Schiedsrichterordnung
schwUWG	Schweizer Bundesgesetz gegen den unlauteren Wettbewerb
Sek.	Sekunde
SG	Spielgemeinschaft
SGB I	Sozialgesetzbuch Erstes Buch
SK	Systematischer Kommentar
Slg.	Amtliche Sammlung der Entscheidungen des EuGH
SMS	Short Message Service
sog.	sogenannte/-r/-s
SpBG	Sportbetrugsgesetz (Italien)
SPD	Sozialdemokratische Partei Deutschlands
SpO	Spielordnung des Deutschen Handballbundes
SpOL	Spielordnung des Ligaverbandes als Teil des Ligastatuts des Ligaverbandes (Die Liga – Fußballverband e. V.)
SportG	Sportgesetz
SportSG	Sportschutzgesetz
SportSG-E	Sportschutzgesetz-Entwurf
SpuRt	Zeitschrift für Sport und Recht
StGB	Strafgesetzbuch
StN	Stuttgarter Nachrichten
StPO	Strafprozessordnung
StR	Aktenzeichen der Strafsenate beim Bundesgerichtshof
StrafrechtsÄndG	Strafrechtsänderungsgesetz
SV	Sportverein
S.Z.	Süddeutsche Zeitung
TAS	Tribunal Arbitral du Sport
THW	Turnverein Hassee-Winterbek e. V.
TSV	Turn- und Sportverein
TV	Television
u. a.	unter anderem/und andere

UCI	Union Cycliste Internationale
UEFA	Union Européenne de Football Association
UN	United Nations
UNCAC	United Nations Convention against Corruption
U.N.I.R.E.	Unione Nazionale Incremento Razze Equine
UNTOC	United Nations Convention against Transnational Organized Crime
Urt.	Urteil
US	United States
USA	United States of America
US-$	United States Dollar
usw.	und so weiter
UWG	Gesetz gegen den unlauteren Wettbewerb
v	versus
v.	vom/von
v. Chr.	vor Christus
VfB	Verein für Bewegungsspiele
VGH	Verwaltungsgerichtshof
vgl.	vergleiche
VIP	very important person
Vol.	Volume
Vorbem.	Vorbemerkungen
VW	Volkswagen
WADA	World Anti-Doping Agency
WADC	World Anti-Doping Code
WFV e. V.	Württembergischer Fußballverband e. V.
WiSt	Wirtschaftswissenschaftliches Studium
wistra	Zeitschrift für Wirtschafts- und Steuerstrafrecht (bis 1996 Zeitschrift für Wirtschaft, Steuer, Strafrecht)
WM	Weltmeisterschaft
WTA	Women Tennis Association
z. B.	zum Beispiel
ZfWG	Zeitschrift für Wett- und Glücksspielrecht
ZHR	Zeitschrift für das gesamte Handelsrecht und Wirtschaftsrecht
Ziff.	Ziffer
ZIS	Zeitschrift für Internationale Strafrechtsdogmatik
ZPO	Zivilprozessordnung
ZRP	Zeitschrift für Rechtspolitik
ZStW	Zeitschrift für die gesamte Strafrechtswissenschaft

Einführung

A.
Anlass und Themenwahl

Das Problem der Korruption im Sport ist derzeit eines der brisantesten sportrechtlichen und sportpolitischen Themen[1] und stürzt den Sport in eine „Glaubwürdigkeitskrise[2]“.

Korruption ist ein schon uraltes Phänomen[3] und hat – da sie effektiv, attraktiv und lukrativ zu sein scheint – Konjunktur: Sei es Ämterpatronage[4], Vorteilsannahme[5], Bestechungen von Geschäftsführern milliardenschwerer Immobilienfonds durch Immobilienunternehmen[6], Korruption in bekannten Automobilfirmen wie der BMW AG, Daimler AG und VW AG[7], in der Bau-

---

1 Politiker, Sportfunktionäre, Juristen und Journalisten diskutieren schon seit Jahren neben der strafrechtlichen Verfolgung von Dopingvergehen und der damit verbundenen notwendigen rechtlichen Steuerung und Aktivität des Staates im Sportsektor über den „Sinn oder Unsinn“ der Festschreibung des Sports als Staatsziel im Grundgesetz und über die Fragen, wen und in welchem Umfang die Geldgeber des Sports zu den von ihnen finanzierten Sportveranstaltungen einladen können, ohne sich strafbar zu machen, wie erworbene Rechte verwertet werden können oder welche Werbeverbote nach Alkohol und Tabak zukünftig sinnvoll sind, *Becker*, F.A.Z. v. 14.04.2010, S. 28.

2 *Prokop*, SpuRt 2006, 192; *Becker*, F.A.Z. v. 14.04.2010, S. 28.

3 *Leipold*, NJW-Spezial 2007, 423; *Maennig*, Vierteljahreshefte zur Wirtschaftsforschung 73 (2004), 263 (264).

4 So gedieh z. B. während der Amtszeit des *IOC*-Präsidenten *Juan Antonio Samaranch* von 1980 bis 2001 im *IOC* in einem Klima der Begünstigung und Ämterpatronage die „ungute Frucht der Korruption“. *Samaranch* versuchte, macht- und geldhungrige Rivalen wie den damaligen Präsidenten des Internationales Leichtathletik-Verbandes, *Primo Nebiolo,* mit steigenden Anteilen an den Fernseherlösen, mit Ämtern wie der Präsidentschaft der Sommersportverbände sowie mit der Ex-officio-Mitgliedschaft im *IOC* zufriedenzustellen, *Hafner*, F.A.Z. v. 17.07.2000, S. 42.

5 Im Frühjahr 2004 leitete die Staatsanwaltschaft Frankfurt a. M. gegen den ehemaligen Bundesbankpräsidenten *Ernst Welteke* ein Ermittlungsverfahren wegen des Verdachts der Vorteilsannahme ein. *Welteke* hatte seine Familie und sich auf Kosten der *Dresdner Bank* in einem Luxushotel unterbringen lassen. Gegen Zahlung von 25.000,00 € wurde das Verfahren eingestellt, *o. V.*, F.A.Z. v. 21.04.2004, S. 14. Der ehemalige Wirtschaftsminister des Landes Baden-Württemberg, Dr. *Walter Döring,* stand unter dem Verdacht, er habe sich von einer Tochterfirma der *FlowTex Technologie GmbH & Co. KG*, der *FlowWaste GmbH*, eine im Jahr 1999 durchgeführte Bevölkerungsumfrage bezahlen lassen. Das von der Staatsanwaltschaft Karlsruhe gegen ihn eingeleitete Ermittlungsverfahren wurde schließlich im März 2005 nach § 170 Abs. 2 StPO eingestellt, *o. V.*, F.A.Z. v. 21.04.2004, S. 14.

6 So ließen sich die Geschäftsführer der beiden größten deutschen Immobilienfonds-Gesellschaften, die *Deka Immobilienfonds* und die *DB Real Estate GmbH*, die Bestechungsgelder der Immobilienfirmen aus neun Großprojekten auf diskrete Konten in der Schweiz überweisen, vgl. *Pauly*, DER SPIEGEL 11/2005, S. 92.

7 *Kloepfer*, F.A.S. v. 24.07.2005, S. 32.

industrie[8] oder die Siemens-Affäre[9] – die Reihe schwerer Korruptionsfälle, die in den letzten Jahren in der Bundesrepublik Deutschland bekannt wurden, lässt sich in allen Bereichen des Lebens fortschreiben. Sie haben in der Öffentlichkeit die Besorgnis ausgelöst, die Korruption habe in Deutschland eine „neue Dimension" angenommen[10]. Bereits 1996 warnte die Konferenz der Innenminister und -senatoren (IMK) nachdrücklich davor, dass sich „die Korruption zu einer ernsthaften Bedrohung der moralischen Grundlagen unserer Gesellschaft" entwickelt[11]. Doch den Anfängen wurde nicht gewehrt, die Anzeichen einer sich ausbreitenden Korruption wurden übersehen und deren Bedrohungspotenzial unterschätzt, so dass sich das „Schmiergeldunwesen[12]" ungehindert in Staat und Gesellschaft ausbreiten konnte und nunmehr auch die Welt des Sports erreicht hat[13].

In jüngster Zeit wird in der Sportwelt Korruption in einem beunruhigend großen Ausmaß registriert[14]. Dies mag auf die immer effektivere Aufdeckung der Korruptionsfälle einerseits und auf die zunehmende Professionalisierung und Kommerzialisierung des Sports andererseits zurückzuführen sein[15], denn die wirtschaftliche Bedeutung insbesondere des Leistungssports ist mittlerweile immens[16]. Fernsehrechte, Sponsoring und Infrastrukturprojekte haben den Sport in ein Milliardengeschäft verwandelt. Profisport ist zum „Big Business[17]" geworden, in dem sich verschiedene

8 *Schmechel/Eschenfelder*, F.A.Z. v. 07.04.2010, S. 19.

9 Die Siemens-Affäre gilt als die bislang größte Korruptionsaffäre in der deutschen Wirtschaftsgeschichte. Die *Siemens AG* legte im Ausland Konten mit rund 1,3 Mrd. € für Bestechungszwecke an, *o. V.*, Handelsblatt v. 15.12.2006, S. 15.

10 *Claussen/Ostendorf*, Korruption im öffentlichen Dienst, S. 7 f.; *Dölling*, Gutachten C für den 61. Deutschen Juristentag, C 7.

11 *Bannenberg* in: *Wabnitz/Janovsky*, HbdWSStR, 10. Kapitel Rn. 2.

12 *Bannenberg* in: *Wabnitz/Janovsky*, HbdWSStR, 10. Kapitel Rn. 2.

13 *O. V.*, Cover *TIME Magazine* v. 22.06.1998: *„The Cancer of Corruption: Call it bribery, baksheesh or payola – it's a disease that's everybody's business."*

14 Die Europäische Kommission stellte in ihrem am 11.07.2007 veröffentlichten „Weißbuch Sport" fest, dass Korruption, Geldwäsche und andere Formen von Finanzkriminalität den Sport sowohl auf lokaler, nationaler als auch internationaler Ebene bedrohen, Das „Weißbuch Sport", abrufbar unter http://ec.europa.eu/sport/white-paper/the-2007-white-paper-on-sport_en.htm (Stand: 14.01.2012), kommentiert bei *Muresan*, CaS 2007, 281 ff.; *TRANSPARENCY INTERNATIONAL*, Safe Hands – Building integrity and transparency at FIFA, S. 1, abrufbar unter http://www.transparency.de/fileadmin/pdfs/Themen/Sport/FIFA_SafeHands.pdf, (Stand: 09.02.2012): *„In the past decade a worrying number of scandals across many sports have hit the headlines."*

15 *Maennig*, Vierteljahreshefte zur Wirtschaftsforschung 73 (2004), 263 (270 f.); *Szwarc*, in: FS Tiedemann, S. 939.

16 Zur wirtschaftlichen Bedeutung des Sports im Allgemeinen *Mailänder*, in: FS Geiß, S. 605 (606); *Weber*, Die wirtschaftliche Bedeutung des Sports, S. 14–26.

17 *Blackshaw*, Mediating Sports Disputes, S. 1; *Fischer*, NJW 2005, 1028; *Wax*, Internationales Sportrecht, S. 32.

Akteure (Sportler, Trainer, Betreuer, Manager, Verbände, Funktionäre usw.) mit verschiedenen finanziellen Interessen bewegen. Dadurch bietet der Profisport einen immensen finanziellen Anreiz zur gewinnbringenden Verfälschung sportlicher Ergebnisse und erweist sich als besonders manipulationsanfällig[18]. Nationale und internationale Korruptionsskandale und -verdachtsmomente im und um den Sport reichen von der Vergabe von Olympischen Spielen[19] und Fußballweltmeisterschaften[20] und von Aufträgen über den Bau von Sportstätten[21] über die Vergabe von Funktionärsposten innerhalb von Sportorganisationen[22] und Bestechungen beim Sponso-

18 *Rössner*, S.Z. v. 30.11.2009, S. 2.

19 Die Führung des Bewerbungskomitees von Salt Lake City für die Olympischen Winterspiele 2002 um den Vorsitzenden *Tom Welch* und seinen Stellvertreter *Dave Johnson* soll bei den (erfolgreichen) Bemühungen um die Winterspiele *IOC*-Mitglieder u. a. mit Reisen, Immobiliengeschäften, Operationen, Barzahlungen und sonstigen Vorteilsgewährungen wie Aufenthaltsgenehmigungen und Universitätsstipendien für Angehörige in Höhe von rund 1,2 Millionen US-$ beeinflusst haben, *o. V.*, F.A.S. v. 07.12.2003, S. 22.

20 Sechs Wochen vor der Vergabe der Fußballweltmeisterschaftsendrunden 2018 und 2022 in Zürich sah sich die *FIFA* dem Vorwurf ausgesetzt, dass zwei ihrer Funktionäre, der Nigerianer *Amos Adamu* und der Tahitianer *Reynald Temarii*, zugleich Präsident der Ozeanischen Fußball-Konföderation, sich gegenüber zwei „verdeckt ermittelnden" und sich als Vertreter eines amerikanischen Filmkonsortiums ausgebenden Reportern der Londoner *Sunday Times* empfänglich gezeigt haben für Angebote, ihre Stimmen zu kaufen. *Adamu* habe eine Spende in Höhe von 800.000,00 US-$ gefordert, um Fußballplätze in seinem Land bauen lassen zu können. *Temarii* soll nach einer Zuwendung von (umgerechnet) 1,6 Mio. € gefragt haben, die zur Errichtung einer Sportakademie in seiner Heimat benötigt werde, *o. V.*, F.A.Z. v. 18.10.2010, S. 25. Der Fußball-Weltverband hat daraufhin die beiden Exekutivmitglieder suspendiert. Beim *FIFA*-Kongress in Zürich am 31.05./01.06.2011 kündigte *FIFA*-Präsident *Joseph Blatter* einen Katalog von Maßnahmen an, der u. a. vorsieht, bei der zukünftigen Vergabe von Weltmeisterschaftsendrunden zunächst die Exekutive eine Vorauswahl treffen und anschließend die Vollversammlung den endgültigen Ausrichter wählen zu lassen, *Simeoni*, F.A.Z. v. 30.04.2011, S. 31; *Ashelm*, F.A.Z. v. 24.10.2011, S. 24. Zudem wurde der Basler Strafrechtsprofessor und Antikorruptionsexperte *Mark Pieth* am 30.11.2011 als Vorsitzender der neu geschaffenen unabhängigen Kommission für eine gute Verwaltung („Good Governance") der *FIFA* eingesetzt, *o. V.*, F.A.Z. v. 01.12.2011, S. 31.

21 Beim Bau der Münchener *Allianz* Arena sicherte sich der österreichische *Alpine*-Baukonzern den Zuschlag durch eine Schmiergeldsumme von 2,8 Mio. €. Vgl. hierzu ausführlich Drittes Kapitel A. I. 1. und III. 1.

22 Vgl. nur die Günstlingswirtschaft des ehemaligen *IOC*-Präsidenten *Juan Antonio Samaranch* während dessen Amtszeit von 1980 bis 2001, als er versuchte, machthungrige Fachverbandspräsidenten und Rivalen mit anderen Posten zufriedenzustellen, *Hafner*, F.A.Z. v. 17.07.2000, S. 42.

ring[23] und bei der Sportrechtevermarktung[24] bis hin zur Manipulation von Spielergebnissen oder -ereignissen, der sog. Sportkorruption[25] oder – falls im Hintergrund Wetten platziert wurden – dem Wettbetrug[26]. In dem zum letzten Bereich gehörigen Fall *„Hoyzer"* wurde die Gefahr des korruptiven Zusammenwirkens von „außersportlichem Gewinnstreben und innersportlicher Manipulation[27]" zum ersten Mal von der Sportwelt wahrgenommen. Seit dem in diesem Fall ergangenen Urteil des BGH[28] glaubt die Öffentlichkeit, dass der Sportbetrug strafbar sei und unterliegt dabei einem Irrtum: Strafbar nach § 263 StGB ist der Wettbetrug[29], nicht aber – was im Folgen-

---

23 Beim Halbleiterkonzern *Infineon Technologies AG* wurde Vorstandsmitgliedern vorgeworfen, von der Schweizer Sponsoring-Agentur *BF Consulting* im Zusammenhang mit dem Engagement der *Infineon Technologies AG* im Motorsport Bestechungsgelder in Höhe von 259.000,00 € erhalten zu haben. Vgl. hierzu ausführlich Drittes Kapitel A. I. 2. und III. 2.

24 Sechs Managern der einst größten, im Jahre 2001 jedoch in Insolvenz gegangenen Sportvermarktungsagentur *International Sports Media & Marketing (ISMM)* wurde vorgeworfen, in ihrem verschachtelten Konzern ein weitverzweigtes Schmiergeldsystem aufgebaut und aus einem „Schmiergeld-Fonds" Gelder im Umfang von 100 Mio. CHF an diverse Sportverbände, allen voran der *FIFA*, im Zusammenhang mit dem Abschluss von Verträgen überwiesen zu haben. Ein Strafgericht im Schweizer Kanton Zug, vor dem die Manager wegen Untreue, Gläubigerschädigung und Konkursbetrug angeklagt waren, sprach im Juli 2008 drei der sechs Angeklagten frei, die übrigen erhielten Geldstrafen in geringer Höhe. Die *FIFA* als größter *ISMM*-Partner sollte wegen mangelnder Zusammenarbeit mit den Ermittlungsbehörden 141.000,00 CHF zahlen. Im Rahmen einer Absprache mit der Staatsanwaltschaft zahlten drei *FIFA*-Funktionäre, die jahrelang Geld dafür bekommen haben, dass sie bei der Vergabe von lukrativen Fernseh- und Marketingrechten letztlich stets die „richtige" Entscheidung zugunsten der *FIFA*-nahen Agentur *ISMM* gefällt haben, als „Wiedergutmachung" 5,5 Mio. CHF an die *FIFA* zurück. Im Gegenzug blieben die Funktionäre anonym und gelten weiterhin als nicht vorbestraft, *Dunsch*, F.A.Z. v. 26.03.2008, S. 31; *ders.*, F.A.Z. v. 27.10.2010, S. 27; *Ashelm*, F.A.Z. v. 21.10.2011, S. 32.

25 Als Beispiele für die Sportkorruption liegen der „Bundesligaskandal 1970/71", bei dem in der Endphase der Saison damals mindestens 18 Spiele, vor allem solche, an denen Vereine beteiligt waren, die konkret vom Abstieg in die Regionalliga bedroht waren, „gekauft" worden waren, und der Fall *„THW Kiel"* bereit. Vgl. hierzu ausführlich Drittes Kapitel C. I. 1., 2. und III. 1., 2.

26 Beispielgebend hierfür ist der Fall *„Hoyzer"*. *Ante Sapina* und seine Brüder zahlten den *DFB*-Schiedsrichtern *Robert Hoyzer* und *Dominik Marks* sowie weiteren Spielern erhebliche Geldbeträge, damit diese in ausgewählten Spielen, auf welche die Brüder *Sapina* gewettet hatten, bewusst falsche Schiedsrichterentscheidungen erbrachten und ihre sportliche Leistung bewusst zurückhielten und damit auf das Spielgeschehen und -ergebnis sowie auf die im Hintergrund platzierte Wette zugunsten der *Sapinas* Einfluss nahmen. Vgl. hierzu ausführlich Drittes Kapitel B. I. 1. und III.

27 *Rössner*, CaS 2005, 391.

28 BGH, Urt. v. 15.12.2006 – 5 StR 181/06, NStZ 2007, 151 ff.

29 Im Folgenden ist entsprechend der Alltagssprache von Wettbetrug, Wettveranstalter und Wettteilnehmer die Rede, obwohl es zivilrechtlich betrachtet nicht um eine Wette, sondern um ein Spiel geht. Zur Differenzierung von Wette und Spiel vgl. MünchKommBGB/*Habersack*, § 762 Rn. 7.

den noch zu zeigen sein wird – der Sportbetrug, denn der Betrugstatbestand schützt lediglich das Vermögen des Wettveranstalters, nicht aber die Belange des Sports. Der Unwertgehalt des sog. „Sportbetrugs“ und – in seiner organisierten Form – der sog. „Sportkorruption[30]“ wird vom Tatbestand des § 263 StGB nicht erfasst.

Der Sport verliert seine Glaubwürdigkeit nicht nur aufgrund des in der Öffentlichkeit bestehenden Irrtums, der Sportbetrug sei bereits strafbar, sondern auch aufgrund der immer wieder auftretenden Wett- und Manipulationsskandale in der jüngeren Vergangenheit. Regelmäßig werden neue Vorwürfe erhoben, Sportler würden sich gegen Bezahlung nicht den Wettkampf- oder Spielregeln entsprechend sportlich verhalten, sondern „unter Hintanstellung des Wettkampfgedankens[31]“ entsprechend den Vorgaben eines Vorteilgebers. Im Herbst 2009 hat die *UEFA* 40 Partien der *Champions League* und der *Europa League* auf Unregelmäßigkeiten untersucht[32]. Doch die Problematik der Manipulation von sportlichen Wettkämpfen ist nicht nur auf den Spitzensport beschränkt, denn es besteht der Verdacht, dass in Deutschland Fußballspiele von der zweiten bis zur sechsten Liga „verschoben“ wurden[33]. Wer kann sich noch über Ergebnisse von Wettkämpfen oder Spielen freuen, wenn sie sich Wochen oder Monate später als manipuliert erweisen? Wer würdigt noch spannende Duelle, überraschende Siege gegen Favoriten oder die unerwartete Endspielteilnahme von Außenseitern ohne den zumindest leisen Verdacht, hier könnte der sportliche Erfolg in unlauterer Weise beeinflusst worden sein?

Die Glaubwürdigkeitskrise kann schnell dazu führen, die kulturelle Existenzberechtigung des Leistungssports in Frage zu stellen[34]. Manipulationen rütteln an den Eckpfeilern des Sports, der auf natürlicher Leistungserbringung, Chancengleichheit und Zufall beruht, und stellen einen Angriff auf den Sport als wichtigen Wirtschaftsbereich und auf alle gesellschaftspolitischen Funktionen dar, die der Sport wahrnimmt: Beginnend bei der Vorbildfunktion für die aktive Ausübung sportlicher Betätigungen über die Möglichkeiten menschlicher Leistungserbringung nach den Regeln des Fair

30 In Anlehnung an *Rössner*, in: FS Mehle, S. 567.

31 Referentenentwurf des Justizministeriums des Freistaats Bayern v. 30.11.2009 für ein Gesetz zur Bekämpfung des Dopings und der Korruption im Sport, S. 1 (2), abrufbar unter http://www.justiz.bayern.de/imperia/md/content/stmj_internet/ministerium/ministerium/gesetzgebung/entwurf_sportschutzgesetz_30112009.pdf (Stand: 27.01.2012), Art. 1–5 abgedruckt von *o. V.*, SpuRt 2010, 104 f.

32 Referentenentwurf des Justizministeriums des Freistaats Bayern v. 30.11.2009 für ein Gesetz zur Bekämpfung des Dopings und der Korruption im Sport, S. 1 (2), abrufbar unter http://www.justiz.bayern.de/imperia/md/content/stmj_internet/ministerium/ministerium/gesetzgebung/entwurf_sportschutzgesetz_30112009.pdf (Stand: 27.01.2012), Art. 1–5 abgedruckt von *o. V.*, SpuRt 2010, 104 f.

33 Ebenda.

34 *Prokop*, SpuRt 2006, 192.

Play bis hin zur Förderung nationaler Gemeinschaft und Identität[35]. Verfestigt sich der Eindruck, dass der Spitzensport von Manipulationen geprägt ist, so gehen diese Funktionen verloren. Der Sport als eine der bedeutendsten sozialen[36] und gesellschaftspolitischen[37] Erscheinungen unserer Zeit darf nicht der Unterwanderung seines Gehalts und der ehrlich und fair Sporttreibenden durch Manipulationen preisgegeben werden.

35 *Prokop*, SpuRt 2006, 192.

36 Hierzu *Lauerbach*, in: *Schroeder/Kauffmann* (Hrsg.), Sport und Recht, S. 6 (14 f.). Dazu auch im 11. Sportbericht der Bundesregierung v. 04.12.2006, S. 90, abrufbar unter http://www.bmi.bund.de/SharedDocs/Downloads/DE/Veroeffentlichungen/11_sportbericht.pdf;jsessionid=AFCA3CF51E54004938A7F1CFF99C3700.2_cid165?__blob=publicationFile (Stand: 15.01.2012): *„Kaum etwas bringt Menschen so unkompliziert zusammen wie Sport (...). Als zentraler Inhalt unserer Alltagskultur erfasst Sport alle gesellschaftlichen Schichten, Geschlechter und Altersgruppen und wirkt so als eine verbindende Klammer."*

37 Der 10. Sportbericht der Bundesregierung v. 20.06.2002, S. 13 f., abrufbar unter http://dipbt.bundestag.de/dip21/btd/14/095/1409517.pdf (Stand: 15.01.2012), nennt hierzu den Beitrag, den der Sport zur Bildung von Sozialkapital, zur sozialen Integration, Identifikation, Einübung sozialen Verhaltens, Anerkennung des Leistungsprinzips, Förderung der Gesundheit, Entwicklungsbewältigung, zum ehrenamtlichen Engagement und als Lebenshilfe leistet.

B.
Gegenstand und Gang der Untersuchung

Aus der Vielzahl von Schattierungen und Größenordnungen des Phänomens Korruption soll der kleine Teil der Sportkorruption herausgegriffen und untersucht werden, ob die Handlungen, die als Korruption im Sport wahrgenommen werden, auch im Strafgesetzbuch abgebildet werden oder ob es Strafbarkeitslücken gibt und wenn ja, ob die Kodifizierung eines sportspezifischen Straftatbestands den Sport aus seiner „Glaubwürdigkeitskrise" führen kann.

Im *Ersten Kapitel* wird daher im Anschluss an die Begriffsbestimmung der „Korruption" aus unterschiedlichen Wissenschaftsbereichen – soweit zum Verständnis hilfreich – ein Überblick über die derzeitigen Erscheinungsformen der Korruption und deren Ursachen gegeben.

Vor diesem Hintergrund wird im *Zweiten Kapitel* die Korruption in Zusammenhang mit der Welt des Sports gebracht, indem ihre Geschichte und ihr Umfang im Sport dargestellt und insbesondere die korruptionsbegünstigenden Strukturmerkmale des Sports herausgearbeitet werden, um letztlich die sich daraus ergebenden sportspezifischen Formen der Korruption vorzustellen.

Im *Dritten Kapitel* wird der Frage nach der derzeitigen Strafbarkeit der Bestechung und Bestechlichkeit im sportlichen Wettbewerb nachgegangen. Verschiedenartige Handlungsweisen in und um den Sport, die sowohl die Interessen der Sportverbände als auch soziale, gesellschaftliche und staatliche Interessen an einem sauberen Sport beeinträchtigen[38], werden zunächst kategorisiert und den drei Bereichen der indirekten Sportkorruption, des Wettbetrugs und der direkten Sportkorruption zugeordnet. Anhand einiger signifikanter Fallbeispiele werden die sportgerichtliche und strafrechtliche Beurteilung der Handlungsweisen dargestellt und untersucht, ob bei den Konstellationen der staatlich-strafrechtliche Schutz vollumfänglich greift oder ob einige Fälle nur teilweise oder gänzlich nicht erfasst werden.

Das *Vierte Kapitel* widmet sich der Frage, ob de lege ferenda die Bestechlichkeit und Bestechung im sportlichen Wettbewerb als eigenständige Strafdelikte ausgestaltet werden sollen. Hier gilt es abzuwägen, ob der Schutz der Rechtsgüter des Sports als reine Angelegenheit der Sports und der internen Sportgerichtsbarkeit anzusehen ist oder ob der Einsatz eines spezifischen Straftatbestands zum Schutz des Wettbewerbs im professionellen Sport erforderlich ist.

---

38 *Rössner*, in: FS Mehle, S. 567.

Auf Basis dieser Ergebnisse wird im *Fünften Kapitel* untersucht, wie ein neu einzufügender § 299a StGB in systematischer Hinsicht überzeugend und in kriminologischer Hinsicht vertretbar ausgestaltet werden könnte. Zunächst werden die Prinzipien des Rechtsgüterschutzes, der Sozialschädlichkeit und der Geeignetheit, Erforderlichkeit und Angemessenheit des Einsatzes des Strafrechts zu seiner Begrenzung bei der Neuschaffung von Tatbeständen dargestellt, bevor diese Voraussetzungen staatlicher Pönalisierungsbefugnis bei einer Neukriminalisierung auf den neuen Tatbestand des § 299a StGB übertragen, Anmerkungen und Überlegungen zu einigen bereits gemachten Gesetzesvorschlägen angestellt werden und abschließend ein eigener Gesetzesvorschlag vorgestellt wird. Darüber hinausgehend werden weitere Maßnahmen angeregt, die flankierend zur Neuschaffung des § 299a StGB getroffen werden sollten, um dem neuen Tatbestand zu umfassender Wirkung zu verhelfen.

Das *Sechste Kapitel* fasst schließlich die gefundenen Ergebnisse zusammen und wagt einen Ausblick in eine Welt des Sports, in der Korruption als ein gesamtgesellschaftliches Problem angesehen wird und in der sämtliche Akteure aus Sport, Staat und Wirtschaft zu deren Bekämpfung zusammenwirken.

Erstes Kapitel
Das Phänomen der Korruption – Terminologie und Grundlagen

Wer sich mit der Korruption befasst, muss sich ihrer Grundlagen bewusst sein. Hierzu sind der Begriff der Korruption (A.) sowie ihre aktuellen Erscheinungsformen (B.) zu betrachten und – so weit möglich – zu klären.

A. Begriffsbestimmung

Das weltweit zu beobachtende Phänomen der Korruption existiert nicht erst seit kurzem, sondern ist so alt wie die Menschheit selbst[39]. Dennoch gestaltet sich die Entwicklung einer allgemeingültigen Definition der Korruption als äußerst schwierig, da der Korruptionsbegriff zum einen je nach Kultur, Land, historischem Zeitpunkt und politischem und ökonomischem System variiert[40] und sich dadurch in Intensität, Erscheinungsform und Akzeptanz unterscheidet und zum anderen stark von der Perspektive und Intention des jeweiligen Betrachters abhängt[41].

Im Kern geht es bei der Korruption darum, dass einer Person, die bestimmte Aufgaben wahrzunehmen hat, für ein Handeln oder Unterlassen im Rahmen dieser Aufgabenerfüllung unter Verstoß gegen Recht, Sitte und Moral Schmiergeld gezahlt wird oder sie andere unzulässige Vorteile dafür erhält. Dies steht in einem unüberbrückbaren Gegensatz zu unserer Rechts- und Werteordnung und ist mit unseren Vorstellungen von einem Zusammenleben von Menschen in einer Gesellschaft nicht vereinbar. Wer korrumpiert oder korrupt ist, verstößt gegen gesellschaftliche Wertmaßstäbe. Die Einhaltung dieser Werte ist jedoch unerlässliche Voraussetzung eines geordneten staatsbürgerlichen Lebens einer jeden Gesellschaft. Nun unterliegen diese Moralvorstellungen aber auch dem Wandel ihrer Gesellschaft, so dass der von sittlichen und moralischen Einflüssen geprägte Korruptionsbegriff selbst einem ständigen zeit- und situationsbedingten Wandel unterworfen ist[42].

Das Wort „Korruption" hat seinen Ursprung im lateinischen Verb *corrumpere*, das u. a. mit „vernichten", „verderben" im Sinne eines sittlichen Verderbens oder „zugrunde richten" übersetzt wird[43]. Häufig wird der Begriff der Korruption auch vereinfachend mit dem der Bestechlichkeit und Bestechung gleichgesetzt[44]. Korruption als Oberbegriff für korruptes Verhalten

39 *Hetzer*, APuZ v. 12.01.2009, S. 6; *Leipold*, NJW-Spezial 2007, 423; zur historischen Dimension der Korruption vgl. *Brauneder*, in: *Brünner* (Hrsg.), Korruption und Kontrolle, S. 75 ff.

40 *Bannenberg*, Korruption in Deutschland, S. 10; vgl. dazu auch die Ausführungen bei *Gardiner*, in: *Punch* (Ed.), Coping with corruption, S. 21 (33 ff.).

41 *Acham*, in: *Brünner* (Hrsg.), Korruption und Kontrolle, S. 27 (29); *Knauß*, in: *Vahlenkamp/Knauß/Ahlf*, Korruption, S. 251.

42 *Kuhli*, Grenzüberschreitende Korruption, S. 6.

43 *Pertsch/Lange-Kowal*, Langenscheidts Schulwörterbuch Lateinisch, Stichwort *„corrumpere"*, S. 105.

44 *Kerner/Rixen*, GA 1996, 355 (359). Zur Unterscheidung zwischen Korruption und Bestechung vgl. *Brünner*, in: *Brünner* (Hrsg.), Korruption und Kontrolle, S. 677 (678 ff.); *Überhofen*, Kor-

geht jedoch über die enge Bedeutung des Spezialbegriffs der Bestechung hinaus; die Bestechung selbst stellt nur eine von mehreren korrumpierenden Verhaltensweisen dar. Demnach wird auch im Folgenden der Begriff der Sportkorruption verwendet, wenn es um die Vielzahl der Handlungsweisen geht, die auf eine Manipulation im und um den Sport gerichtet sind; der Begriff der Bestechung dagegen nur dann, wenn eine solche konkrete Handlung gegenüber einem der (sportlichen) Akteure vorliegt.

I. Weiter Korruptionsbegriff

Die Korruptionsproblematik stellt mittlerweile einen interdisziplinären Forschungsgegenstand[45] dar. Jeder Wissenschaftsbereich, der sich mit der Erklärung, Analyse oder Bekämpfung von Korruption beschäftigt, entwickelte entsprechend den eigenen Belangen, Erkenntnissen und Zielen seinen eigenen Definitionsansatz. Neben wirtschaftswissenschaftlichen und strafrechtlichen Deutungsversuchen finden sich mittlerweile sowohl sozial- und politikwissenschaftliche als auch sozialpsychologische, theologische, philosophische und ethische Begriffsbestimmungen und Konzeptionen. Hier sollen nur einige wenige Ansätze vorgestellt werden, um die Schwierigkeiten der Definitionsfindung aufzuzeigen[46].

1. Wirtschaftswissenschaftliche Definition

Die Wirtschaftswissenschaft charakterisiert Korruption als ein Tauschgeschäft zwischen einem Korrumpeur und einem Korrupten, bei dem einer der Beteiligten durch Missbrauch einer Vertrauensstellung eine nicht erlaubte Handlung als Leistung erbringt[47]. Demnach stellt Korruption den Tausch einer korrupten Leistung im Austausch für eine entsprechende Gegenleistung dar[48]. Dieses Verständnis der Korruption ist sehr weit, denn es erfasst nicht nur den Tatbestand der Bestechlichkeit und Bestechung im

---

ruption im staatlichen Bereich, S. 29; *Vahlenkamp*, in: *Vahlenkamp/Knauß/Ahlf*, Korruption, S. 20. Ausführliche Erörterungen zur Begriffsbestimmung finden sich bei *Hettinger*, NJW 1996, 2263 (2265). Selbst im juristischen Sprachgebrauch werden die beiden Begriffe vermischt: Am 13.08.1997 wurde das „Gesetz zur Bekämpfung der Korruption" erlassen (BGBl. I 1997, S. 2038 ff.), in den einzelnen Straftatbeständen findet sich der Begriff der Korruption jedoch nicht.

45 Auf der 19. Europäischen Justizministerkonferenz am 14./15.06.1994 in La Valetta/Malta wurde die Korruption als *„phénomène multidisciplinaire"* bezeichnet, vgl. *Kerner/Rixen*, GA 1996, 355 (358); *Nagel*, Maßnahmen zur Korruptionsbekämpfung, S. 30.

46 Die Ausführungen dazu erheben keinesfalls den Anspruch auf Vollständigkeit. Eine umfassende Zusammenstellung der unterschiedlichen Definitionsansätze aus den verschiedensten Wissenschaftsbereichen findet sich bei *Imhof*, Korruption, S. 2–26.

47 *Lambsdorff*, in: *Pieth/Eigen* (Hrsg.), Korruption im internationalen Geschäftsverkehr, S. 56 (57).

48 *Lambsdorff*, a. a. O., S. 57.

öffentlichen und privaten Bereich, sondern auch den der Untreue, wenn es um die Ausnutzung einer Vertrauensstellung des Verfügenden gegenüber dem Vermögensinhaber geht.

2. Soziologische Definition

Nach einer häufig zitierten soziologischen Begriffsbestimmung handelt es sich bei der Korruption um „ein Verhalten, das von den normalen Pflichten einer öffentlichen Rolle (...) abweicht, um sich privat orientierte (...) finanzielle Vorteile oder Statusgewinne zu verschaffen; oder welches Regeln gegen bestimmte Arten der privat orientierten Einflussnahme verletzt[49]". Dieses soziologische Verständnis der Korruption erscheint einseitig, denn es erfasst lediglich die Seite des Vorteilsempfängers, nicht auch die des Vorteilsgebers, dessen Handlungen in den §§ 299 Abs. 2, 333f. StGB strafbewehrt sind. Andererseits ist auch die soziologische Definition zu weitgehend, denn sie legt den Schwerpunkt auf den öffentlichen Bereich und grenzt diesen darüber hinaus nicht auf Handlungsweisen ein, die strafbar sind, sondern umfasst vielmehr jede Form sozialen Handelns, die von den „normalen Pflichten (...) abweicht".

3. Kriminologische Definition

Aus kriminologischer Betrachtungsweise umfasst Korruption den Machtmissbrauch eines öffentlichen Amtes, einer Funktion in der Wirtschaft oder eines politischen Mandats zugunsten eines anderen, auf dessen Veranlassung oder aus Eigeninitiative, um einen Vorteil für sich oder einen Dritten zu erlangen[50]. Die Handlung erfolge in dem Bewusstsein des Verstoßes gegen allgemein anerkannte Regeln und in Erwartung eines Schadens- oder Nachteilseintritts für die Allgemeinheit oder für ein Unternehmen[51]. Auch die kriminologische Sicht stellt vorwiegend nur auf die passiven Handlungen der Korruption ab und lässt deren aktive Verhaltensweisen außen vor.

---

49 *Nye*, American Political Science Review, 61 (1967), 417 (419) und in der deutschen Übersetzung *Fleck/Kuzmics*, Korruption, S. 13.

50 *Vahlenkamp*, in: *Vahlenkamp/Knauß/Ahlf*, Korruption, S. 20.

51 *Ahlf*, Kriminalistik (1996), S. 154.

4. Definition von *TRANSPARENCY INTERNATIONAL*[52]

Transparency International definiert Korruption als Missbrauch von anvertrauter öffentlicher Macht zum privaten Nutzen oder Vorteil[53] und konzentriert sich damit vor allem auf die Korruption im öffentlichen Sektor.

II. Strafrechtlicher Korruptionsbegriff

Das geltende Strafrecht kennt keine Legaldefinition der Korruption[54], sanktioniert aber in verschiedenen Vorschriften bestimmte Formen korrupten Verhaltens. Seit der Novellierung der Bestechungsdelikte durch das vom Gesetzgeber bezeichnete „Gesetz zur Bekämpfung der Korruption" vom 13.08.1997[55] versteht man im Strafgesetzbuch unter Korruption die Amtsdelikte der §§ 331 – 335 StGB (Vorteilsannahme, Bestechlichkeit, Vorteilsgewährung und Bestechung), die §§ 299, 300 StGB (Bestechlichkeit und Bestechung im geschäftlichen Verkehr), § 108b StGB (Wählerbestechung) und § 108e StGB (Abgeordnetenbestechung)[56]. Die Tatsache, dass diese Tatbestände – obwohl sie alle im Zusammenhang mit korruptem Verhalten stehen – zum Teil vollkommen unterschiedliche Rechtsgüter schützen, erschwert zudem die Festlegung einer allgemeingültigen Korruptionsdefinition[57]. Strafrechtlich wird somit nur ein Teil dessen erfasst, was man unter den weiten Bereich der Korruption fassen könnte: Privatbestechung wird nur teilweise erfasst; nicht strafbar sind unter anderem legitimes Sponsoring, Repräsentationsaufgaben und wahrgenommene Einladungen durch hoch-

---

52 Hierbei handelt es sich um eine unabhängige Nicht-Regierungsorganisation, die 1993 von dem ehemaligen Weltbank-Manager *Peter Eigen* gegründet wurde und sich der Korruptionsbekämpfung widmet. *Transparency International* hat ihren Hauptsitz in Berlin, arbeitet in über 100 Ländern und hat offiziell anerkannte Sektionen in über 70 Ländern. Die Organisation veröffentlicht jährlich den internationalen Korruptionswahrnehmungsindex, den Corruption Perceptions Index (CPI), der den Grad der bei Beamten und Politikern wahrgenommenen Korruption misst und von 0 (= „völlig korruptes System") bis 10 (= „völlig korruptionsfreies System") reicht. Es ist ein sog. zusammengesetzter Index, der sich auf verschiedene Experten- und Unternehmensumfragen stützt.

53 Vgl. *TRANSPARENCY INTERNATIONAL Deutschland e. V.*, Pressemappe Korruptionswahrnehmungsindex 2009, S. 12.

54 *Hellmann/Beckemper*, Wirtschaftsstrafrecht, Rn. 759.

55 BGBl. I 1997, S. 2038 ff.

56 *Bannenberg/Schaupensteiner*, Korruption in Deutschland, S. 27; *Hettinger*, NJW 1996, 2263 (2268). Zum Teil wird auch § 298 StGB zu den Korruptionsdelikten gezählt (so *Fischer*, StGB, Vor § 298 Rn. 5; NK-StGB/*Dannecker*, Vor § 298 Rn. 3).

57 Geschütztes Rechtsgut der §§ 331 – 335 StGB ist nach der h. M. die Lauterkeit des deutschen öffentlichen Dienstes und das Vertrauen in die Unkäuflichkeit von Trägern staatlicher Funktionen, während die §§ 298–300 StGB den freien Wettbewerb und § 108e StGB die Unkäuflichkeit der Mandatsausübung schützen, vgl. *Fischer*, StGB, § 331 Rn. 2, § 298 Rn. 2, § 108e Rn. 2; Schönke/Schröder/*Heine*, StGB, § 331 Rn. 2a ff., Vorbem. §§ 298 ff. Rn. 2 f.; Schönke/Schröder/*Eser*, StGB, § 108e Rn. 1; SK-StGB/*Rudolphi/Stein*, Vor § 331 Rn. 7.

rangige Amtsträger, die Bestechung im Zusammenhang mit Beratungsleistungen (durch Gutachter und Wirtschaftsprüfer) und von Mitgliedern des Internationalen Olympischen Komitees (IOK) oder Medienvertretern[58]. Darüber hinaus richtet sich das Strafrecht als Schuldstrafrecht nur gegen natürliche Personen. Da die strafrechtliche Verfolgung von juristischen Personen und Personenvereinigungen ausgeschlossen ist, bleiben Straftaten, die von Unternehmen organisiert werden, strafrechtlich folgenlos, wenn – wie so oft – die tatsächlich handelnden Personen aufgrund der schwer zu durchschauenden Ressortaufteilungen und Unternehmensstrukturen nicht ermittelt werden können[59].

III. Fazit

Letztlich kann festgehalten werden, dass ein klar und eindeutig definierter, allgemeingültiger Begriff der Korruption, der sämtlichen Erscheinungsformen gerecht wird, nicht gefunden werden kann, da die korrupten Verhaltensweisen zu vielfältig sind. Trotz der verschiedenen Ansichten über die Korruption als „ein weiter Begriff mit einem präzisen Kern und einem diffusen Rand[60]“ lassen sich einige Kernpunkte hervorheben, die für einen Korruptionssachverhalt kennzeichnend sind. Charakteristisches Merkmal korrupten Verhaltens ist die Ausnutzung einer im privaten oder öffentlichen Bereich bestehenden Machtposition zur Verwirklichung eigener Ziele oder zur Erlangung eines persönlichen Vorteils[61]. Dieses Verhalten wird als moralisch verwerflich angesehen, da der Handelnde die ihm übertragenen Pflichten missachtet und gegen positives Recht oder moralische Standards verstößt und dabei seine Machenschaften geheim halten oder verschleiern will[62].

---

58 Vgl. zu den Strafbarkeitslücken, die trotz des sog. Korruptionsbekämpfungsgesetzes immer noch bestehen *Bannenberg/Schaupensteiner*, Korruption in Deutschland, S. 28 ff.

59 *Bannenberg/Schaupensteiner*, Korruption in Deutschland, S. 31.

60 So die durchaus treffende Bezeichnung der Korruption in einem Bericht und Vorentwurf zur Revision des schweizerischen Korruptionsstrafrechts von 1998, vgl. *Kaiser*, Die Bestechung von Beamten, S. 7.

61 *Bannenberg*, Korruption in Deutschland, S. 14; *Kerner/Rixen*, GA 1996, 355 (360). Vgl. auch die Definition in einem italienischen Bericht für die 19. Europäische Justizministerkonferenz in La Valetta/Malta 1994, wonach Korruption *„das Verhalten von Personen mit öffentlichen oder privaten Aufgaben [ist], die ihre Pflichten verletzen, um ungerechtfertigte Vorteile gleich welcher Art zu erhalten“*, s. *Dölling*, Gutachten C für den 61. Deutschen Juristentag, C 10.

62 Das zuletzt genannte Merkmal des verdeckten Handelns dürfte für die Korruption zwar typisch und kriminalistisch wichtig, aber nicht begriffsnotwendig sein, so dass auch die aus Dreistigkeit ausnahmsweise ohne Verschleierungsmaßnahmen vorgenommene Handlung als Korruption zu bezeichnen ist, vgl. *Dölling*, Gutachten C für den 61. Deutschen Juristentag, C 10.

Der Korruptionsbegriff stellt folglich keinen juristischen Fachbegriff dar, der zu anderen Phänomenen klar abgegrenzt werden kann, sondern eignet sich vielmehr lediglich zur Umschreibung verschiedener Verhaltensweisen, die unter den strafrechtswissenschaftlichen Begriff fallen und deren Pönalisierung als erforderlich angesehen wird[63].

63 Eine Legaldefinition sei sogar nur dann erforderlich und auch sinnvoll, wenn „Korruption" ein Tatbestandsmerkmal wäre, so *Überhofen*, Korruption im staatlichen Bereich, S. 37 f.

B.
Aktuelle Erscheinungsformen der Korruption

Wie die Versuche zur Festlegung einer Definition der Korruption sind auch ihre Erscheinungsformen äußerst vielfältig und werden in der Literatur unterschiedlich dargestellt. Zum Teil wird nach dem Ziel des korrupten Handelns, zum Teil nach der Art und Weise der Begehung differenziert. Häufig und insbesondere bei *Bannenberg*, die im Rahmen ihrer bundesweit durchgeführten strafrechtlich-empirischen Analyse zur Korruption eine Strukturbildung der Korruptionsverfahren festgestellt hat[64], wird zwischen initiierter, einmaliger (situativer), langfristig angelegter (struktureller) und organisierter (systematischer) Korruption unterschieden.

I. Korruptionsstrukturen

1. Initiierte Korruption

Im Vorfeld des eigentlichen korrupten Handelns findet die initiierte Korruption statt. Sie umfasst das sogenannte „Anfüttern“, eine subtile Strategie, mit der schleichend ein Abhängigkeitsverhältnis zwischen dem Zuwendenden und dem Empfänger hergestellt wird[65]. Dabei werden kleinere Geschenke oder Gefälligkeiten materieller oder immaterieller Art, sei es zur bloßen Kontaktpflege oder aus einem speziellen Anlass, wie etwa zum Geburtstag, Feiertag oder Jubiläum, mit dem Ziel zugewendet, dieses Abhängigkeitsverhältnis zu schaffen und beim Empfänger allgemeines Wohlwollen auszulösen. Mangels Forderung einer Gegenleistung und aufgrund des meist geringen Werts der Zuwendung werden derartige Handlungen nicht von der Strafbarkeit nach § 299 StGB erfasst. Sie werden bei einer anschließenden Bestechung im Sinne des § 299 StGB vielmehr als straflose Vorbereitungshandlung qualifiziert.

2. Situative Korruption

Ein Großteil der Bestechungsfälle stellt sich als kleine, situative Korruption dar. Bei diesen, auch als Gelegenheits- oder Bagatellkorruption bezeichne-

64 Vgl. *Bannenberg*, Korruption in Deutschland, S. 97 ff. Die Analyse, die 2001 abgeschlossen wurde, beruht auf 101 Strafverfahren aus 14 Bundesländern mit 436 Beschuldigten. Das Ziel der Untersuchung lag darin, Erkenntnisse über das Hellfeld der Korruption aus Strafakten zu gewinnen.

65 *Bannenberg/Schaupensteiner*, Korruption in Deutschland, S. 47; *Bussmann/Salvenmoser*, NStZ 2006, 203 (204); *Vahlenkamp*, in: *Vahlenkamp/Knauß/Ahlf*, Korruption, S. 218.

ten Bestechungstaten handelt es sich um Einzelfälle oder Fälle mit Bagatellcharakter, denen häufig ein aus einer Alltagssituation heraus entstehender spontaner Willensentschluss zugrunde liegt und die meistens nur von kurzer Dauer sind[66]. Bestechender und Bestochener sind sich in der Regel fremd und das Tatgeschehen vollzieht sich häufig als unmittelbare Reaktion auf eine dienstliche Handlung und ist weder vorbereitet oder geplant noch auf Wiederholung angelegt.

3. Strukturelle Korruption

Die strukturelle Korruption ist weitaus komplexer und von einer größeren kriminellen Energie gekennzeichnet als die situative Korruption. Sie umfasst Straftaten, bei denen aufgrund ihrer Häufigkeit, ihrer Intensität und ihres Organisationsaufwands ein planmäßiges und auf Dauer angelegtes Verhaltensmuster erkennbar ist. Die Gewährung von Zuwendungen im Bereich der strukturellen Korruption findet oftmals im Rahmen langfristiger und groß angelegter Beziehungsgeflechte statt, die ein flächendeckendes System von gegenseitigen Abhängigkeiten und wechselseitigen Geschäftsabwicklungen bilden[67]. Die Korruptionsverflechtungen sind häufig über Jahre hinweg bestehende, auf gegenseitigem Vertrauen beruhende Verbindungen, die durch eine Phase des „Anfütterns“ entstanden sind und dann ungestört wachsen konnten[68]. Eine professionelle Arbeitsweise der Beteiligten, die nüchtern und häufig kaufmännisch kalkulierten Geldzahlungen und die Akzeptanz korrupten Handelns als Teil einer normalen Geschäftspolitik zur erfolgreichen Auftragsakquisition sind oftmals charakteristische Merkmale struktureller Korruption[69].

4. Systematische Korruption

Bei der systematischen Korruption handelt es sich um umfangreiche Korruptionsverflechtungen, die meist der organisierten Wirtschaftskriminalität zugeordnet werden. Eine Vielzahl von Beteiligten ist sowohl auf Seiten der Bestechenden als auch auf Seiten der Bestochenen über Jahre, zum Teil Jahrzehnte hinweg involviert[70]. Korruptes Verhalten gehört bei dieser Erscheinungsform zur Unternehmensstrategie und wird als System eingesetzt, um

---

66 *Bannenberg*, Korruption in Deutschland, S. 97; *dies.*, in: *von Arnim* (Hrsg.), Korruption, S. 204 (206, 208); *dies.*, in: *Wabnitz/Janovsky*, HbdWSStR, 10. Kapitel Rn. 6; *Dölling*, Handbuch der Korruptionsprävention, 1. Kapitel Rn. 15; *Schaupensteiner*, NStZ 1996, 409 (411).

67 *Ahlf*, Kriminalistik (1996), S. 154 (157).

68 *Bannenberg*, in: *Wabnitz/Janovsky*, HbdWSStR, 10. Kapitel Rn. 6; *Nagel*, Maßnahmen zur Korruptionsbekämpfung, S. 35.

69 *Bannenberg/Schaupensteiner*, Korruption in Deutschland, S. 33 f.; *Schaupensteiner*, NStZ 1996, 409 (411).

70 *Bannenberg*, Korruption in Deutschland, S. 108; *dies.*, in: *Schöch/Jehle* (Hrsg.), Angewandte Kriminologie, S. 283 (285 f.).

wichtige Entscheidungen zugunsten des Unternehmens zu beeinflussen oder um die Konkurrenz auszuschalten oder zurückzudrängen. Sehr häufig stehen mit ihr weitergehende Straftaten wie z. B. Betrug, Untreue und Steuerhinterziehung in Zusammenhang[71].

II. Ursachen von Korruption

Entsprechend facettenreich und vielgestaltig wie die Definitionen und Erscheinungsformen der Korruption sich darstellen, sind auch die Bedingungen und Anlässe, die korruptes Verhalten hervorrufen oder begünstigen. Es existiert bereits eine Vielzahl von Arbeiten[72], die sich mit der Entstehung und Verbreitung der Korruption beschäftigen; im Folgenden soll deshalb nur ein kurzer Überblick über die möglichen Ursachen der Korruption erfolgen.

Wie das Verbrechen im Allgemeinen, so ist die Korruption im Besonderen eine soziale Erscheinung, die nur in einem sozialen Gesamtzusammenhang erläutert werden kann[73]. Es gibt zwar keine allgemein anerkannte und empirisch fundierte Theorie zur Erklärung korrupten Verhaltens; es kann aber eine Reihe von Faktoren aufgezählt werden, von denen angenommen wird, dass sie das Entstehen von Korruption begünstigen. Diese Faktoren werden der Ebene der Gesamtgesellschaft, der institutionellen Ebene und der Ebene der Individuen zugeordnet[74].

1. Enge Verflechtung von Politik, öffentlicher Verwaltung, Wirtschaft und Kriminalität

Auf der gesamtgesellschaftlichen Ebene wird angenommen, dass die zunehmende Verflechtung von Staat, Wirtschaft und Gesellschaft zu einem vermehrten Auftreten der Korruption führt[75]. Der Staat greift heutzutage in vielfältiger Art und Weise in das wirtschaftliche und gesellschaftliche Leben ein und ist in einigen Wirtschaftsbereichen bereits einer der wichtigsten, wenn nicht gar der wichtigste Auftraggeber[76]. Mit der Intensivierung der Staatstä-

71 *Bannenberg*, Korruption in Deutschland, S. 286; *Dölling*, Handbuch der Korruptionsprävention, 1. Kapitel Rn. 16.

72 So befassen sich z. B. *Cartier-Bresson*, in: *OECD* (Hrsg.), No longer business as usual, S. 11 ff.; *Maennig*, Vierteljahreshefte zur Wirtschaftsforschung 73 (2004), 263 (275 ff.) und *Müller*, WiSt 2002, 492 ff. mit der Analyse der Ursachen der Korruption aus ökonomischer Sicht.

73 *Schaupensteiner*, NStZ 1996, 409.

74 Zur Einteilung in diese drei Ebenen vgl. *Claussen/Ostendorf*, Korruption im öffentlichen Dienst, S. 18; *Mischkowitz u. a.*, Einschätzungen zur Korruption in Polizei, Justiz und Zoll, S. 40, 205 f.

75 *Dölling*, Gutachten C für den 61. Deutschen Juristentag, C 30; *ders.*, Handbuch der Korruptionsprävention, 1. Kapitel Rn. 45.

76 Die Korruptionsgefahr ist insbesondere dann sehr hoch, wenn der Staat ein Monopol für die Erteilung von Aufträgen an bestimmte Wirtschaftszweige hat.

tigkeit sind gleichzeitig eine Zunahme der Kontakte zwischen Staat, Wirtschaft und Gesellschaft und – da bei diesen Kontakten erhebliche finanzielle Interessen im Spiel sind – die Gefahr wachsender Korruption verbunden, denn an den Nahtstellen zwischen Verwaltung einerseits und Bürgern und Unternehmen andererseits ist Korruption oftmals das „Schmiermittel" zur rechtswidrigen Erreichung von Einzelinteressen.

Begünstigt wird die Korruption zudem durch das Anwachsen der rechtlichen Regelungen zu einer „Normenflut[77]". Eine hohe Regelungsdichte erschwert die Handhabung von Verwaltungsvorgängen und erhöht die Wahrscheinlichkeit informellen Vorgehens einschließlich korrupter Verhaltensweisen. Die sich dadurch bildenden „Grauzonen" stellen einen fruchtbaren Boden für Korruption dar.

Außerdem wird das Phänomen der zunehmenden Fragmentierung der Werte in der Gesellschaft – beginnend beim Einzelnen – im Sinne eines Verblassens altruistischer Werte wie Loyalität gegenüber dem Gemeinwohl[78] und eines Trends zum Eigennutz[79] auf gesamtgesellschaftlicher Ebene als weitere Ursache für die Ausbreitung von Korruption angesehen.

2. Mängel der institutionellen Rahmenbedingungen

Mangelnde Transparenz und Kontrolle in Wirtschaft und Verwaltung werden auf der Ebene der Institutionen häufig als Ursachen der Korruption genannt. Korruption ist ein „Kontrolldelikt[80]"; seine Entdeckung hängt maßgeblich von der Kontrollintensität ab, weil es bei der Korruption an einer natürlichen Person als Opfer und Anzeigeerstatter fehlt, denn bei ihr handeln die Täter sowohl auf „Geber-" als auch auf „Nehmerseite". Die Täter profitieren deshalb vom Fehlen qualifizierter Kontrollstrukturen in staatlichen Einrichtungen wie auch in der Privatwirtschaft und von einer ineffektiven Strafverfolgung, da die Strafverfolger vielerorts dem Korruptionsphänomen aufgrund knapper personeller Ressourcen kaum gewachsen sind[81]. Das Strafprozessrecht hilft weder mit der Möglichkeit einer Telefonüberwachung noch mit einem anderen strafprozessualen Zwangsmittel, die Korruptionsmuster schnell, effektiv und erfolgreich aufzudecken. Darüber hinaus erleichtern materiell-rechtliche Gesetzeslücken ein nahezu risikoloses Korrumpieren: Zum einen ist die Drittbegünstigung straflos, zum anderen stellt das subjektive Tatbestandsmerkmal der Unrechtsvereinbarung, die

77 *Dölling*, Gutachten C für den 61. Deutschen Juristentag, C 31; *ders.*, Handbuch der Korruptionsprävention, 1. Kapitel Rn. 46.

78 *Achenbach*, Strafrechtlicher Schutz des Wettbewerbs?, S. 23.

79 *Achenbach*, Strafrechtlicher Schutz des Wettbewerbs?, S. 24; *Dölling*, Gutachten C für den 61. Deutschen Juristentag, C 32.

80 *Bannenberg/Schaupensteiner*, Korruption in Deutschland, S. 224.

81 *Schaupensteiner*, NStZ 1996, 409 (411).

Verknüpfung von Vorteil und konkreter Diensthandlung, die Ermittler oftmals vor unlösbare Beweisprobleme[82].

Ebenso können sich die unzureichende Transparenz von Entscheidungsvorgängen und die Bündelung von Befugnissen bei einer bestimmten Person als korruptionsfördernd auswirken.

Auch das in einem Wirtschaftsunternehmen herrschende „Klima" beeinflusst die Entscheidung seiner Mitarbeiter, ob sie zu korrupten Praktiken greifen. Unter dem steigenden Wettbewerbsdruck kann das Zahlen von Schmiergeld für korrupte Unternehmen einen effektiven Weg darstellen, an Aufträge zu gelangen und andere Wettbewerber mit niedrigeren Preisen auszuschalten. Häufig werden die Schmiergeldzahlungen oder andere Vorteile in die Verkaufspreise eingerechnet, als „NA-Kosten" (Kosten für nützliche Aufwendungen) rationalisiert, als „Dankeschön für gute Zusammenarbeit" verharmlost oder als „Klimapflege" beschönigt[83]. Wird in einem Unternehmen Korruption nicht eindeutig abgelehnt, sondern hingenommen oder sogar erwartet oder gebilligt und werden erfolgreiche korrupte Verhaltensweisen im Ausland auf den inländischen Markt übertragen[84], so verleiht dies den Korruptionspraktiken den Anschein des Erlaubten und erhöht die Bereitschaft der Mitarbeiter zu korruptem Verhalten.

3. Werteverfall in der Gesellschaft

Von der individuellen Ebene aus betrachtet, werden Korruptionsdelikte oftmals von sog. „Betrügerpersönlichkeiten[85]", die nach ihrem allgemeinen Lebensstil dazu neigen, sich durch betrügerische Handlungen Vorteile zu verschaffen, begangen. Daneben und insbesondere im Bereich der Wirtschaftskriminalität begehen häufig sozial angepasste und sich ansonsten rechtstreu verhaltende Personen Korruptionsdelikte. Die Straftaten dieser Täter sind in den Bereich der situativen Korruption[86] einzuordnen und werden bei günstiger Gelegenheit mit geringem Aufwand und bei niedriger Entdeckungswahrscheinlichkeit begangen. Auslöser dafür können das Streben nach einem hohen Lebensstandard und finanzielle Probleme des Täters sein[87].

Aus ökonomischer Sicht verhält sich der Mensch nämlich dann korrupt, wenn der Netto-Nutzen aus der illegalen Handlung eine bestimmte morali-

---

82 *Schaupensteiner*, NStZ 1996, 409 (411).

83 *Nagel*, Maßnahmen zur Korruptionsbekämpfung, S. 42; *Schaupensteiner*, NStZ 1996, 409 (411).

84 Die Ausgaben für Bestechungsgelder können in den Herkunftsländern vieler multinationaler Unternehmen immer noch von der Steuer abgesetzt werden, vgl. *Heimann/Mohn*, in: *Pieth/Eigen* (Hrsg.), Korruption im internationalen Geschäftsverkehr, S. 531.

85 Nach *Bannenberg*, Korruption in Deutschland, S. 222.

86 S. Erstes Kapitel B. I. 2.

87 *Dölling*, Handbuch der Korruptionsprävention, 1. Kapitel Rn. 48.

sche Wertgrenze überschreitet[88]. Zum Korruptionsakt kommt es jedoch erst dann, wenn diese Abwägung sowohl für den potentiell Bestechenden als auch für den potentiell Bestochenen (finanziell) „positiv" ausfällt.

Dass die moralischen Werte zunehmend verfallen, wird vielfach beklagt[89]. Der Wertewandel von traditionellem Pflichtbewusstsein und Moral, von Loyalität und Anständigkeit hin zu egoistisch und materialistisch orientierter Selbstverwirklichung und rücksichtsloser Selbstbereicherung auf Kosten anderer[90] beginnt bereits beim Einzelnen und vervielfacht sich in der Gesamtgesellschaft. Die Selbstverständlichkeit der Selbstbereicherung spiegelt sich auch in dem schwach ausgeprägten Unrechtsbewusstsein der Beteiligten wider.

Insgesamt gesehen ist parallel zu dem zunehmenden Verfall der moralischen Überzeugungen eine steigende Bereitschaft zur Korruption zu verzeichnen.

Abschließend bleibt festzuhalten, dass Korruption nicht die Folge des moralischen Versagens eines Einzelnen[91], sondern vielmehr das Resultat eines vielfältigen gesellschaftlichen Ursachenbündels ist, denn erst das Zusammenwirken der verschiedenen Faktoren auf der gesamtgesellschaftlichen, der institutionellen und der individuellen Ebene begünstigt die Entstehung von Korruption.

88 *Maennig*, Vierteljahreshefte zur Wirtschaftsforschung 73 (2004), 263 (275), *ders.*, in: *von Arnim* (Hrsg.), Korruption und Korruptionsbekämpfung, S. 81 (101).

89 *Bussmann/Salvenmoser*, NStZ 2006, 203 (207); *Dölling*, Handbuch der Korruptionsprävention, 1. Kapitel Rn. 46; *ders.*, Gutachten C für den 61. Deutschen Juristentag, C 32; *Ostendorf*, NJW 1999, 615; *Zachert*, in: *Friedrich-Ebert-Stiftung* (Hrsg.), Korruption in Deutschland, S. 85 (91).

90 *Schaupensteiner*, in: *Friedrich-Ebert-Stiftung* (Hrsg.), Korruption in Deutschland, S. 95 (97).

91 *Nagel*, Maßnahmen zur Korruptionsbekämpfung, S. 39.

Zweites Kapitel
Korruption im Sport

Inzwischen hat die Welle der Korruption den Sport in großem Umfang erfasst und erschüttert ebenso wie die zahlreichen Dopingskandale[92] die Grundpfeiler des Sports. Ausgehend von einer nicht unproblematischen Begriffsbestimmung sowohl des Sports selbst (A.) als auch der Korruption im Sport (B.) werden ihre Geschichte (C.) und anhand eines Abrisses aktueller Fälle ihr Ausmaß (D.) im Sport dargestellt. Die Strukturmerkmale des Sportsystems bieten beste Bedingungen für die Entstehung und Ausbreitung von Korruption und sind ein fruchtbarer Boden, aus dem mittlerweile sportspezifische Korruptionsformen hervorgehen (E.).

92 Beispielhaft zu nennen sind allen voran die im Zuge der Ermittlungen um den spanischen Arzt *Eufemiano Fuentes* und um die Sportmedizin der Universitätsklinik Freiburg entdeckten systematischen Doping-Praktiken zahlreicher Profiradsportler sowie der Bezug leistungssteigernder Mittel des US-amerikanischen Leichtathletiktrainers *Trevor Graham* von dem kalifornischen Labor *Bay Area Laboratory Co-Operative (BALCO)* und deren Weitergabe an die mit olympischen Medaillen dekorierten und des Dopings überführten Sprinter *Marion Jones, Tim Montgomery und Justin Gatlin, o. V.*, F.A.Z. v. 20.05.2008, S. 34.

A.
Der Begriff des Sports

Der Sport stellt unbestritten ein „[Massen-]Phänomen unserer zeitgenössischen Gesellschaft[93]“ dar. Bereits seit der Antike bewegt der Sport die Menschen nicht nur – der Sport interessiert und fasziniert sie zugleich[94]. Millionen Menschen betreiben ihn aus den unterschiedlichsten Motiven als Leistungs- oder Freizeitsport. Sportliche Großereignisse wie die Olympischen Spiele oder Fußballweltmeisterschaften ziehen Milliarden Menschen in ihren Bann – sei es vor Ort oder sei es durch die Medien. So sahen sich nach den Angaben des *IOC* 4,3 Mrd. Menschen die Olympischen Sommerspiele 2008 in Peking an. Dies entspricht 63 % der Weltbevölkerung[95]. Die drei Mio. Sitzplätze in den Stadien bei der *FIFA* Fußballweltmeisterschaft 2010 in Südafrika wurden fast vollständig in Anspruch genommen und die Spiele von weltweit über 3,2 Mrd. Menschen oder 46,4 % der Weltbevölkerung im Fernsehen in 214 Ländern verfolgt[96].

Diese (nur beispielhaft aufgeführten) Zahlenwerke zeigen bereits, welchen Stellenwert der Sport mittlerweile in unserem Leben einnimmt. Umso erstaunlicher ist es, dass der Sportwissenschaft und der Sportsoziologie trotz unzähliger Definitionsversuche bis heute eine genaue, allgemein

93 *DSB*, Sport in Deutschland, S. 5; *Gieseler*, Olympisches Feuer 1/2004, 14; *Rössner*, in: *Grupe* (Hrsg.), EINBLICKE, S. 135.

94 *Gatsi*, Le droit du sport, S. 3: „Le sport nous fait rêver.“; *Wax*, Internationales Sportrecht, S. 27.

95 Angaben des *IOC*, Games of the XXIX Olympiad, Beijing 2008, Global Television and Online Media Report, S. 2, abrufbar unter http://www.olympic.org/Documents/IOC_Marketing/Broadcasting/Beijing_2008_Global_Broadcast_Overview.pdf (Stand: 28.01.2012). Diese Zahl erscheint angesichts einer Weltbevölkerung von etwa 6,6 Mrd. Menschen seltsam. Die Fernsehstatistiken arbeiten jedoch mit sog. kumulativen Zuschauerzahlen. Verfolgt ein Fernsehzuschauer während eines Großereignisses z. B. fünf Wettbewerbe oder Spiele, wird er statistisch als „fünf Zuschauer“ gezählt.

96 Angaben der *FIFA* in ihrem Financial Report 2010, abrufbar unter http://www.fifa.com/mm/document/affederation/administration/01/39/20/45/web_fifa_fr2010_eng[1].pdf (Stand: 28.01.2012). Diese Bilanz liest sich noch eindrucksvoller, wenn man bedenkt, dass diese Zahlen lediglich die Privathaushalte, nicht aber die Millionen Menschen berücksichtigt, die sich die Spiele im Rahmen sog. „Public Viewings“, in Pubs, Bars, Restaurants oder über das Mobiltelefon angesehen haben. Zu den Kennzahlen *o. V.*, FIFA WORLD August/September 2011, S. 86 (87, 89).

anerkannte Definition[97] für den Begriff des Sports „noch nicht gelungen[98]" ist.

Seinen Ursprung findet das Wort „Sport" im Mittellateinischen *disportare*, das mit „sich zerstreuen" im Sinne von „sich vergnügen" übersetzt wird[99]. Daraus leiteten sich das Altfranzösische *se desporter* und das Englische *to disport* ab. Der Ausdruck *sports*, der sich sodann entwickelte, fand sich in England, dem Ursprungsland des modernen Sports, ab dem 16. Jahrhundert und bezeichnete die Freizeitbeschäftigungen des englischen Adels. Es handelte sich dabei um körperliche Tätigkeiten, deren prägendes Element der Wettkampf war, und zwar – gemäß seinem ursprünglichen Wortsinn nach – die Wette um Geld[100].

Ausgangspunkt der begrifflichen Klärung des Phänomens Sport bleiben jedoch die verschiedenen Definitionsansätze der Sportwissenschaften. Der Sportbegriff stellt sich als „offener[101]" Begriff dar, der sich angesichts der vielfältigen Erscheinungsformen sportlicher Betätigung einer endgültigen Definition entzieht. Mit Blick auf das – auch durch die sog. Freizeitindustrie geförderte – Entstehen neuer Aktivitäten (sog. „Trend- oder Fun-Sportarten") müssen die tragenden Merkmale des Sportbegriffs auch flexibel genug sein, um diese Entwicklungen integrieren zu können[102]. Trotz unterschiedlichster Ansätze über den Wesensgehalt des Sports lassen sich dennoch allen gemeinsame Kernpunkte herausarbeiten, die als prägende Merkmale des Sports gelten:

Weitgehend übereinstimmend wird die körperliche Bewegung bzw. die eigenmotorische Aktivität, bei der es um den Einsatz von Kraft, Schnelligkeit, Ausdauer, Geschick und Koordination von Bewegungsabläufen geht, als entscheidendes Kriterium angesehen[103]. Da das Vorhandensein körperlicher Bewegung für sich allein genommen nur ein erster Anhaltspunkt für

97 Die Kommission der Europäischen Gemeinschaften „verwendet" z. B. die Definition des Europarates. Demzufolge stellt Sport *„jegliche Form körperlicher Ertüchtigung [dar], die innerhalb oder außerhalb von Vereinen betrieben wird, um die körperliche und seelische Verfassung zu verbessern, zwischenmenschliche Beziehungen zu entwickeln oder ergebnisorientierte Wettkämpfe auf allen Ebenen zu bestreiten.", Kommission der Europäischen Gemeinschaften*, Weißbuch Sport, abrufbar unter http://ec.europa.eu/sport/white-paper/the-2007-white-paper-on-sport_en.htm (Stand: 14.01.2012).

98 *Pfister*, in: *Fritzweiler/Pfister/Summerer*, Praxishandbuch Sportrecht, Einführung, A. Rn. 1.

99 *Menge*, Enzyklopädisches Wörterbuch der lateinischen und deutschen Sprache, Stichwort *„disportare"*, S. 230.

100 *Adolphsen*, Internationale Dopingstrafen, S. 14; *Holzke*, Der Begriff Sport im deutschen und im europäischen Recht, S. 135 f.; *von Krockow*, Sport und Industriegesellschaft, S. 14.

101 *Ketteler*, SpuRt 1997, 73; *Pfister/Steiner*, Sportrecht von A-Z, Stichwort „Sportbegriff", S. 185.

102 *Ketteler*, SpuRt 1997, 73 (76 f.).

103 *Pfister*, in: *Fritzweiler/Pfister/Summerer*, Praxishandbuch Sportrecht, Einführung, A. Rn. 3; *Gottwald*, Handlexikon Sportwissenschaft, Stichwort „Sport", S. 353; *Ketteler*, SpuRt 1997, 73 f.; *Sobotka*, Sportwissenschaft 1981, 103.

das Vorliegen von Sport ist – schließlich sind auch körperliche Arbeit oder viele nicht-sportliche Aktivitäten wie Tanzen oder Spazierengehen bewegungsorientiert –, gehört zu den Merkmalen, die eine körperliche Bewegung zum Sport machen, das Wettkampf- oder Leistungsstreben, d. h. die Bereitschaft, ein körperliches Leistungsziel anzustreben und dadurch eine Kraftanstrengung zu erbringen, die über das alltägliche Maß hinausgeht[104].

Ein weiteres Kriterium, das eine körperliche Betätigung als Sport charakterisiert, ist die Beachtung von Regeln und das Vorhandensein von Organisationsformen. Erst die Einhaltung bestimmter Regeln macht aus einer Schlittenfahrt das Rennrodeln und aus dem Wandern einen leichtathletischen Geher-Wettkampf[105]. Die Regeln, die unter anderem das Ziel der Sportart (z. B. wann ein Spiel als gewonnen oder verloren gilt), das zulässige sportliche Verhalten oder die Bedingungen, unter denen der Sport ausgeübt wird (z. B. die Spielfeldgröße oder die Spieldauer) festlegen, können zunächst auf einer Vereinbarung der Sportler selbst beruhen. Soll eine gewisse Kontinuität erreicht werden, können die Regeln in eine Wettkampf- oder Spielordnung einbezogen und durch die jeweilige sportartspezifische nationale oder – strebt man nach einem weltweiten Vergleich – internationale Organisation abgesichert werden[106].

Das maßgebliche Merkmal, das den Sport von den Anstrengungen der Arbeitswelt, die ebenfalls mit körperlicher Betätigung verbunden sind und nach geordneten Regeln ablaufen, unterscheidet, ist seine Zweckfreiheit bzw. seine Unproduktivität. Sport wird um seiner selbst willen ausgeübt und ist in der Regel unproduktiv[107].

Diese für den Sport wesentlichen Kriterien besitzen für die verschiedenen Erscheinungsformen sportlicher Betätigung ein unterschiedliches Gewicht und lassen jeweils Ausnahmen zu.

So stellt beispielsweise Schach als rein geistige Tätigkeit keine körperliche Bewegung dar und ist demnach nicht als Sport anzusehen[108]; dennoch

---

104 *F. A. Brockhaus* (Hrsg.), Brockhaus Sport, Stichwort „Sport“, S. 433 (438).

105 *Heinemann*, Soziologie des Sports, S. 69.

106 In England, dem Ursprungsland vieler moderner Sportarten, wurden oftmals die von einem kleinen Verein ursprünglich aufgestellten Regeln in spätere Wettkampf- und Spielordnungen aufgenommen oder stellten kleinere regionale Institutionen die Regeln für die von ihnen durchgeführten Wettkämpfe auf, die dann von anderen übernommen oder aufgrund einer Vereinbarung zwischen mehreren Institutionen vereinheitlicht wurden, vgl. *Diem*, Weltgeschichte des Sports, Bd. II, S. 675. Noch heute werden im Golfsport die Spielregeln und deren Auslegung vom *Royal and Ancient Golf Club of St Andrews* in Schottland festgelegt.

107 *Röthig/Prohl u. a.* (Hrsg.), Sportwissenschaftliches Lexikon, Stichwort „Sport“, S. 493 (494); vgl. auch § 3 Nr. 2 Aufnahmeordnung *DOSB*.

108 Anzumerken ist jedoch, dass Schach gem. § 52 Abs. 2 Nr. 21 AO als Sport *gilt*. Weitere Beispiele von Grenzbereichen, die sogar richterlicher Entscheidung bedurften, sind Bowling, das als Sport qualifiziert wurde (VGH Baden-Württemberg, Urt. v. 19.08.1983, DÖV 1994, 220 f.), ebenso Minigolf (BayVGH, Urt. v. 28.04.1972, BayVBl. 1973, 103 f.). Mangels körperlicher

ist der *Deutsche Schachbund* Mitglied des *Deutschen Olympischen Sportbundes.* Das Leistungsprinzip gilt beim Freizeit- und Breitensport ebenso wenig wie in diesem Bereich die Beachtung von sportlichen Regelwerken für den Sportbegriff als konstitutiv anzusehen ist. Auch das Element des Selbstzwecks stellt nur ein Indiz für die Qualifizierung einer sportlichen Betätigung als Sport dar, denn aufgrund der zunehmenden Professionalisierung und Kommerzialisierung des Sports kann zwischen Sportausübung und Beruf keine trennscharfe Grenze mehr gezogen werden. Beim Profisport liegt nämlich durchaus eine „produktive Absicht[109]" vor. Die Beispiele zeigen, dass klare Abgrenzungen nicht immer möglich, die Grenzen in Teilbereichen vielmehr fließend sind und der Sportbegriff daher zu Recht als „offen" bezeichnet wird.

I. Der Sport des klassischen Olympia

„Sportliche" Betätigungen[110] hat es schon in früherer Zeit und in zahlreichen Kulturen gegeben[111]. Die ersten breit erforschten Sportwettkämpfe sind jedoch die panhellenistischen Spiele, die König *Iphitos von Elis* im 8. Jahrhundert v. Chr.[112] im etwa 60 km von Elis entfernten Olympia ins Leben rief, insbesondere um die kriegerischen Konflikte in der damaligen Zeit zu beenden[113].

Ertüchtigung wurde Tischfußball hingegen nicht als Sport (i. S. d. § 52 AO) klassifiziert (BFH, Urt. v. 12.11.1986, BFH/NV 1987, 705 ff.). Auch Skat wird von der deutschen Rechtsprechung nicht als Sport (i. S. d. § 52 AO) erachtet (BFH, Urt. v. 17.02.2000, SpuRt 2001, 254 ff.).

109 *Ketteler*, SpuRt 1997, 73.

110 Weder dem Altertum noch dem Mittelalter oder der Frühen Neuzeit war der Begriff „Sport" in seinem heutigen Sprachverständnis bekannt, vgl. *Schneider*, Sport und Recht, S. 39; *Wacke*, Stadion 1978, 4 (6). Der Ausdruck wird jedoch, da ein geeigneter anderer Begriff fehlt, auch für diese Epochen verwendet.

111 *von Krockow*, Sport und Industriegesellschaft, S. 13. Wie Archäologen inzwischen vielfach bestätigt haben, ist der Sport auch im Alten Orient und im Alten Ägypten tief verwurzelt. Ägyptische Fresken und Zeichnungen von vor 5.000 Jahren weisen bereits Darstellungen vom Boxen, Turnen, Fechten, Laufen, Springen und Werfen auf, vgl. *Decker*, Sport in der griechischen Antike, S. 15; *Gieseler*, Olympisches Feuer 1/2004, 14 (15).

112 *Höfer*, Der Olympische Friede, S. 18. Den Aufzeichnungen des *Aristodemos* und *Polybos* zufolge geschah dies im Jahr 884 v. Chr. Dennoch gilt heute allgemein das Jahr 776 v. Chr. als Geburtsstunde der antiken Spiele, denn in diesem Jahr wurden erstmals die Namen der Sieger aufgezeichnet, vgl. dazu auch *Bengtson*, Die Olympischen Spiele in der Antike, S. 29.

113 Der Legende zufolge befragte *Iphitos* dazu das Orakel von Delphi, das ihn mit seinem Spruch zu dem friedenstiftenden Pakt mit den Königen *Lykurgos von Sparta* und *Kleosthenes von Pisa* und später sämtlichen Stadtstaaten veranlasste: *„Beschützet euer Vaterland, enthaltet euch des Krieges, pfleget die gemeinsame Freundschaft mit den Hellenen."*, zitiert nach *Mezö*, Geschichte der Olympischen Spiele, S. 19. Deshalb gilt nicht der agonistische Wettkampf, sondern die Friedenstiftung als Grundidee der Olympischen Spiele, vgl. dazu *Schelsky*, Friede auf Zeit, S. 15.

Die Olympischen Spiele der Antike wurden zu Ehren des höchsten Gottes *Zeus* von ihren spätestens in das Jahr 776 v. Chr. zu datierenden Anfängen bis 393 n. Chr., als Kaiser *Theodosius* die Durchführung der „heidnischen" Spiele[114] verbot, im vierjährigen Rhythmus 239 Mal in Folge ausgetragen.

Die Wettkämpfe liefen damals nach strengen Regeln ab. Diese betrafen nicht nur die kultischen Handlungen (Prozession, Opfer) im Vorfeld, sondern auch die Durchführung der Wettkämpfe. Ein klares Reglement für die anfangs nur wenigen, später aber ansteigende Zahl von Disziplinen aus den Grundelementen Laufen, Springen, Werfen, Ringen und Wagenrennen[115] bildete eine einheitliche Wettkampfordnung für die Sportler. An den olympischen Wettkämpfen durfte nur teilnehmen, wer von griechischer Abstammung und freier Geburt war[116]. Diese Prüfung lag ebenso wie die Zuweisung der Athleten zu den Klassen der Männer und Jugendlichen oder die Auslosung der Wettkämpfer in den Händen der mit den sog. *Hellanodiken* besetzten Behörde der ehrenamtlichen *Griechenrichter*[117]. Die *Hellanodiken*, die den Eid abgelegt hatten, ihr Urteil „nach Recht und ohne Geschenke abzugeben[118]", bildeten eine damals „schon recht tonangebende Institution des Sportrechts[119]", die sämtliche rechtlichen Entscheidungen vor und im Rahmen der Wettkämpfe traf. Die Vielzahl ihrer Sanktionsmöglichkeiten bei Missachtung der Wettkampfregeln reichte von körperlicher Züchtigung der Athleten – so wurde beispielsweise ein Fehlstart oder ein Abdrängen des Gegners bei den Laufwettbewerben mit Peitschen- oder Stockhieben geahndet[120] – über die Verhängung empfindlicher Geldbußen bis hin zum Ausschluss von den Spielen bei schwereren Verstößen, insbesondere bei Manipulationen des Wettbewerbs. Aus den Strafgeldern wurden

114 *Weeber*, Die unheiligen Spiele, S. 17.

115 *Rössner*, in: *Digel* (Hrsg.), Nachdenken über Olympia, S. 139 (146).

116 *Bengtson*, Die Olympischen Spiele in der Antike, S. 30; *Decker*, Sport in der griechischen Antike, S. 122.

117 *Bengtson*, Die Olympischen Spiele in der Antike, S. 30; *Martens*, in: FS Wolfsteiner, S. 137 (138); *Mezö*, Geschichte der Olympischen Spiele, S. 52.

118 *Martens*, in: FS Wolfsteiner, S. 137 (138); *Weeber*, Die unheiligen Spiele, S. 121. Obwohl die *Hellanodiken* aufgrund ihrer Abstammung – sie gehörten meist der Aristokratie der die Spiele ausrichtenden Stadt Elis an – grundsätzlich finanziell unabhängig waren, wurden sie oftmals der Korruption verdächtigt. So wurde *Nero* bei der 211. Olympiade im Jahr 67 n. Chr. als Sieger des Wagenrennens mit dem Zehnspänner geehrt und gefeiert, obwohl er das Rennen aufgrund eines Sturzes nicht beendet hatte, da er sich den Olympiasieg mit einer Mio. Sesterzen bei den *Hellanodiken* erkauft habe, vgl. dazu *Hilpert*, Sportrecht und Sportrechtsprechung im In- und Ausland, S. 4 Rn. 8 und zu weiteren Korruptionsfällen in der Geschichte des Sports s. Zweites Kapitel C.

119 *Rössner*, in: *Digel* (Hrsg.), Nachdenken über Olympia, S. 139 (146).

120 *Martens*, in: FS Wolfsteiner, S. 137 (138 f.); *Weeber*, Die unheiligen Spiele, S. 123.

lebensgroße bronzene *Zeus*-Statuen – sog. Schandsäulen[121] – errichtet, in welche die Namen der bestraften Athleten und deren Unsportlichkeit eingemeißelt waren und die entlang des Durchgangs zum Stadion aufgestellt wurden, um auf diese Weise die ins Stadion einziehenden Athleten zur Einhaltung der Regeln zu ermahnen. Welch hohen Stellenwert faires sportliches Verhalten hatte, spiegeln einige Inschriften wider, die auf den Standbildern angebracht waren. So erinnerte das allererste Epigramm daran, *„dass man den Sieg in Olympia nicht mit Geld, sondern mit der Schnelligkeit der Füße und Körperkraft erringen soll*[122]*.“*

Die während der Dauer der Spiele herrschende sog. *Ekecheiria*, die Olympische Waffenruhe[123], sicherte das Sportereignis, indem sie die An- und Abreise der Athleten und Zuschauer, die schließlich als Wallfahrer der *Zeus*[124] galten, selbst durch solche Staaten gewährleistete, die sich mit ihrem Heimatstaat in kriegerischen Konflikten befanden.

Die Vorstellung, der antike Olympiasieger habe als Auszeichnung lediglich einen symbolischen Ölzweig erhalten, stimmt mit dem tatsächlichen Sportlerbild der Antike nicht überein. Wann Sportler erstmals gegen Geld zu einem Wettkampf angetreten sind, kann zwar nicht mehr genau bestimmt werden, doch nahmen zumindest seit dem 5. Jahrhundert v. Chr. überwiegend Berufssportler[125] an den Spielen teil[126]. Diese erhielten für einen Sieg großzügige Preisgelder und die Ehrenbürgerschaft ihrer Gemeinde[127]. Darüber hinaus waren die Sieger meist von staatlichen Abgaben und Steuern befreit. Die finanzielle Belohnung und Unterstützung der Sieger führte zur Entstehung eines professionellen Sports. Dies war vor allem dadurch bedingt, dass sich weitere Sportveranstaltungen etablieren konnten, bei denen die Sportler erhebliche Preisgelder erzielten.

Insbesondere aus dem römischen Recht ist bekannt, dass die Athleten während der Sportausübung über dem Recht standen und bei fahrlässiger

---

121 Zwar sind die insgesamt 17 Statuen selbst nicht mehr erhalten, aber sämtliche steinernen Grundsockel wurden an ihrer ursprünglichen Stelle entdeckt, vgl. *Weeber*, Die unheiligen Spiele, S. 116.

122 *Pausanias* V 21, 4 (übersetzt bei *Weeber*, Die unheiligen Spiele, S. 117).

123 So lautet die allgemeine deutsche Übersetzung der *Ekecheiria*. *Decker*, Sport in der griechischen Antike, S. 117, führt die sinngemäße Übersetzung „Festfriede“ an; *Weeber*, Die unheiligen Spiele, S. 31, verwendet den Begriff „Gottesfriede“.

124 *Höfer*, F.A.Z. v. 24.01.1994, S. 21; *Weeber*, a. a. O., S. 31.

125 Athlet leitet sich vom Griechischen *athlon* ab, das „Belohnung“ oder „Kampfpreis“ bedeutet, vgl. *Weeber*, Die unheiligen Spiele, S. 96.

126 *Kirschenhofer*, Sport als Beruf, S. 7; *Martens*, in: FS Wolfsteiner, S. 137 (139).

127 Die Siege in Olympia hatten für die griechischen Städte großen politischen Wert. So wurde z. B. um ca. 600 v. Chr. in Athen ein Sportförderungsgesetz erlassen, das die systematische Förderung der Jugend und für einen Olympiasieg ein Preisgeld von 500 Drachmen (die ca. 25 Tonnen Getreide entsprachen) vorsah, vgl. dazu *Kirschenhofer*, Sport als Beruf, S. 7; *Martens*, in: FS Wolfsteiner, S. 137 (139).

Verletzung oder gar Tötung des Gegners beim Wettkampf nicht hafteten. Die *lex Aquilia* beinhaltete bereits den Rechtfertigungsgrund der Einwilligung des Verletzten. Der Jurist *Ulpian* behandelt den Fall eines Sklaven, der fahrlässig ein Feld überquerte, auf dem Speerwurf trainiert wurde, und dabei vom Speer tödlich getroffen wurde. Sofern dem Werfenden nur Fahrlässigkeit vorzuwerfen war, entfiel nach der *lex Aquilia* seine Haftung[128]. Ebenso verhielt es sich bei dem Fall eines beim Wettkampf getöteten Sklaven[129]. Nach der *lex Aquilia* standen dem Herrn des getöteten Sklaven keine Ersatzansprüche gegen den Gegner zu, wenn der Herr des Sklaven seine Zustimmung zu dem Trainingskampf erteilt hatte[130]. Wenn einer der Beteiligten eines öffentlichen Ring- oder Faustkampfes zu Schaden kam, fand die *lex Aquilia* keine Anwendung, weil der Schaden nicht aus Unrecht (*iniuria*) zugefügt wurde, sondern des Ruhmes und der Tapferkeit wegen[131].

Zusammenfassend ist festzuhalten, dass der Sport des klassischen Olympia in erster Linie aus kultischen Handlungen bestand, die nach einer strengen Wettkampfordnung durchgeführt wurden. Die Überwachung der Einhaltung der Wettkampfregeln oblag mit den *Hellanodiken* einer damals bereits autonomen Sportgerichtsbarkeit[132]. Ebenso wie die Sieger mit den ihnen gewidmeten Siegessäulen ihren Ruhm dauerhaft zementierten, waren die betrügerischen Athleten durch die mit ihren Strafgeldern finanzierten *Zeus*-Statuen bis an ihr Lebensende der öffentlichen Schande ausgesetzt.

II. Der moderne Sport der Gegenwart

Der moderne Sport in der Form des ständigen Leistungsvergleichs, der systematischen Leistungssteigerung und des Wettkampfs nach einheitlichen Regeln hat nach Ansicht vieler Soziologen seinen Ursprung in England[133]. Er entwickelte sich dort als sog. Ausgleichsreaktion[134] auf einseitige Belas-

---

128 *Ulpian*, Digesten 9, 2, 7, 4 zur *lex Aquilia* (übersetzt bei *Hausmanninger*, Das Schadensersatzrecht der lex Aquilia, S. 53); *Adolphsen*, Internationale Dopingstrafen, S. 19f.

129 Im Gegensatz zu offiziellen Kämpfen durften die Sklaven an privaten Trainings- oder Gladiatorenkämpfen teilnehmen, vgl. *Wacke*, Stadion 1978, 4 (28ff.).

130 *Ulpian*, Digesten 9, 2, 7, 4 zur *lex Aquilia* (übersetzt bei *Hausmanninger*, Das Schadensersatzrecht der lex Aquilia, S. 51.

131 *Ulpian*, Digesten 9, 2, 7, 4 zur *lex Aquilia* (übersetzt bei *Hausmanninger*, Das Schadensersatzrecht der lex Aquilia, S. 51.

132 Die *Hellanodiken* unterstanden allein der Aufsicht des Olympischen Rates (*Bule*); ihre Entscheidungen waren grundsätzlich abschließend, vgl. *Rössner*, in: *Digel* (Hrsg.), Nachdenken über Olympia, S. 139 (146). Diese antike Institution des Sportrechts kann – wie gewisse Parallelen zur heutigen internationalen Sportgerichtsbarkeit sowie die Existenz und Praxis des Court of Arbitration for Sports (CAS) zeigen – als dessen Vorläufer bezeichnet werden.

133 *Diem*, Weltgeschichte des Sports, Bd. II, S. 675; *von Krockow*, Sport und Industriegesellschaft, S. 11.

134 *von Krockow*, Sport und Industriegesellschaft, S. 10; *Lauerbach*, in: *Schroeder/Kauffmann* (Hrsg.), Sport und Recht, S. 6 (15).

tungen in der spezialisierten Arbeitswelt, die im Zeitalter der Industrialisierung im 19. Jahrhundert auftraten[135]. Der Sport war ein Abbild der industriellen Welt. England war deren „industrielle Werkstatt“ und gilt deshalb heutzutage als „Mutterland des Sports[136]“: Von England aus hat der moderne Sport die übrige Welt erobert und sämtliche Widerstände, die ihm in Gestalt von alten kultischen Spielformen, rustikalen Spieltraditionen, noch auf Willkür und Brauch beruhenden Regeln oder auch nationalen Eigentümlichkeiten der „Leibesertüchtigung[137]“ begegneten, überwunden. Sportliche Aktivitäten gab es zwar schon in beträchtlich früherer Zeit und in zahlreichen Kulturen[138], aber diese Art der Sportausübung war durch ihre Ortsgebundenheit[139] und ihre soziale Exklusivität gekennzeichnet[140]. Das charakteristische Merkmal des modernen Sports, die systematische Leistungssteigerung im Wettkampf nach gleichen Regeln – *von Krockow* spricht von einer *„Tendenz zur Rationalisierung, Methodifizierung und Regulierung[141]“* –, entstand jedoch erstmals in England. Dort bedurfte der Sport eines genauen und einheitlichen Regelwerks, um die Wetten – die sog. „Wettkämpfe“ –, bei denen erhebliche Beträge auf dem Spiel standen, eindeutig entscheiden zu können[142].

Im Laufe der Zeit kam es zur Herausbildung fünf prägender Merkmale des modernen Sports der Gegenwart, deren Entwicklung parallel zu den Veränderungen unserer zeitgenössischen Gesellschaft und der kulturellen und sportstrukturellen Rahmenbedingungen stetig voranschreitet. Diese sollen im Folgenden aufgezeigt werden.

1. Universalität des Sports

Der Sport hat mittlerweile einen „globalen Siegeszug angetreten[143]“. Er wird auf der ganzen Welt betrieben und gilt als größte gesellschaftliche Bewe-

---

135 *Adolphsen*, Internationale Dopingstrafen, S. 14.

136 *von Krockow*, Sport und Industriegesellschaft, S. 11.

137 Dies gilt insbesondere für die von *Jahn* geprägte deutsche Turnbewegung, s. *von Krockow*, Sport und Industriegesellschaft, S. 36 ff.

138 S. hierzu Zweites Kapitel A. I.

139 Besonders das deutsche Turnen als nationale Turnbewegung hatte erhebliche Schwierigkeiten, den zunehmenden internationalen Charakter des Sports zu akzeptieren, *Gieseler*, Olympisches Feuer 1/2004, 14.

140 *von Krockow*, Sport und Industriegesellschaft, S. 18; *Adolphsen*, Internationale Dopingstrafen, S. 14.

141 *von Krockow*, Sport und Industriegesellschaft, S. 14.

142 Es ist kennzeichnend für die Entwicklung des modernen Sports, dass in England bereits im Jahre 1731 die Stoppuhren tickten, um die erbrachte Leistung genau bemessen zu können, *von Krockow*, Sport und Industriegesellschaft, S. 14.

143 *von Krockow*, Sport und Industriegesellschaft, S. 10.

gung. Nach dem „Big Count" der *FIFA*[144] spielen weltweit 265 Mio. Menschen in Vereinen organisiert Fußball. Hinzu kommt die Anzahl derer, die sich keinem Verein angeschlossen haben und außerhalb des organisierten Spielbetriebs („street soccer", „on grassroots level") dem „runden Leder nachjagen[145]". Weite Verbreitung finden auch Basketball und Volleyball mit über 300 Mio. Sportlern[146]. Weltweit sind mehr als 850 Mio. Menschen Mitglieder in etwa fünf Mio. Sportvereinen[147]; in Deutschland treiben 27 Mio. Bundesbürger in 91.000 Vereinen[148] Sport.

2. Internationalisierung des Sports

Das wichtigste Merkmal des Sports ist sein internationaler Charakter[149]. Während es im Altertum für die Griechen unvorstellbar war, die Römer oder gar die Perser zu ihren Spielen einzuladen und während in der frühen Neuzeit die Engländer niemals zu einem Fußballspiel gegen Spanier oder Franzosen angetreten wären, hat der „Spitzensport (…) längst aufgehört, sich an staatlichen Grenzen zu orientieren[150]". Unabhängig von der politischen Lage treffen heute im Sport Araber und Israelis[151], Russen und Chinesen aufeinander, so dass zu Recht behauptet werden kann, dass der internationale Sport einen wichtigen Beitrag zur Entwicklung der modernen internationalen Staatengemeinschaft geleistet hat[152].

Mit zunehmendem Maß wird auch der Breitensport im internationalen Vergleich betrieben[153]; insbesondere ist es aber der Spitzensport, der nach

---

144 *FIFA*, Big Count 2006: Statistical Summary Report by Gender/Category/Region v. 31.05.2007, abrufbar unter http://de.fifa.com/mm/document/fifafacts/bcoffsurv/bigcount.summaryreport_7022.pdf (Stand: 20.01.2012).

145 *Wax*, Internationales Sportrecht, S. 28. *Schulze-Marmeling*, APuZ v. 08.05.2006, S. 10, bezeichnet Fußball als *„die globalste aller Sportarten."*; *Morris*, Das Spiel, S. 14: *„Von mehr Kulturen übernommen, von mehr Völkern gespielt (…) als irgendein Sport in der Geschichte der Menschheit."*

146 *DSB*, Sport in Deutschland, S. 5.

147 *Rogge*, F.A.Z. v. 28.09.2005, S. 35; *ders.*, Global Sport und Global Ethic, 10.05.2006.

148 *DOSB*, Staatsziel Sport, S. 2; *Nolte/Horst* (Hrsg.), Handbuch Sportrecht, S. 9.

149 *Gieseler*, Olympisches Feuer 1/2004, 14.

150 *Wax*, Internationales Sportrecht, S. 29.

151 Am 18.02.2008 war die Tennisspielerin *Shahar Peer* die erste Israelin, die an den *Qatar Open* in Doha an den Start ging. Katar zählt zu den sechs Staaten am Persischen Golf, die den Staat Israel nicht anerkennen, http://www.nytimes.com/2008/02/19/sports/19iht-tennisw19.10193726.html (Stand: 20.01.2012).

152 *Edwin O. Reischauer*, der zur Zeit der Olympischen Spiele 1964 in Tokio Botschafter der USA in Japan war, bezeichnete die *„Olympischen Spiele, die Baron de Coubertin ab 1896 veranstaltete (…) [als] eigentliche Vorläufer der Vereinten Nationen!"*, zitiert bei *Gieseler*, Olympisches Feuer 1/2004, 14 (15).

153 So nahmen z. B. beim weltgrößten City-Marathon in New York im Jahr 2011 neben den Spitzenläufern mehr als 47.000 Freizeitläufer aus der ganzen Welt teil, http://www.nycmarathon.org/about/history.htm (Stand: 20.01.2012).

einem ständigen Leistungsvergleich über die Ländergrenzen hinweg strebt[154]. An den Olympischen Sommerspielen 2008 in Peking haben Athleten aus 204 Nationen teilgenommen[155]. Mannschaften aus nicht weniger als 203 Landesverbänden werden versuchen, die Endrunde der Fußballweltmeisterschaft 2014 in Brasilien zu erreichen[156].

Der nationen- und kontinentübergreifende sportliche Leistungsvergleich[157] und die Verständigung aller Athleten und Länder gelingen ohne Weiteres, denn schließlich ist der Sport „die einzige Sprache (...), die jeder versteht[158]."

3. Professionalisierung des Sports

Sport wird als Freizeitbeschäftigung oder als mehr oder minder hoch bezahlte Arbeitsleistung betrieben. Professionalismus begleitete und prägte den Sport zwar von Anfang an[159], etablierte sich jedoch erst in den letzten Jahrzehnten in unserer Gesellschaft, denn lange Zeit war professionell betriebener Sport verpönt oder sogar verboten. Die Sport treibende englische Aristokratie entwarf das Ideal des „Amateurs", um sich von den „professionals" der „working class" abzuheben, da ihr der Umgang mit den zumeist aus den unteren Schichten stammenden und aufgrund professioneller Strukturen bald leistungsfähigeren Athleten unangenehm war[160].

---

154 In der Leichtathletik veranstaltet der Internationale Leichtathletik-Verband *International Association of Athletics Federations (IAAF)* neben seinen internationalen Meisterschaften die *Diamond League* (bis 2010 *Golden League Series)*, bei der im Rahmen von 14 Sportfesten während einer Saison Athleten verschiedenster Nationen um hohe Preisgelder und um einen Diamanten im Wert von 80.000,00 US-$ kämpfen, http://www.iaaf.org/competitions/dlm/index.html (Stand: 20.01.2012). Für das größte der vier Grand Slam Turniere, die *All England Championchips* in *Wimbledon*, meldeten 2010 584 Sportler aus über 60 Nationen, http://www.wimbledon.com/news/media-centre/facts-figures (Stand: 20.01.2012). Auch kleinere Tennis-Turniere der WTA-/ATP-Tour mit einem Hauptfeld von nur 32 Spielern wie z. B. das *Swiss Indoors* in Basel verzeichnen oft Meldungen aus über 15 verschiedenen Ländern http://www.swissindoorsbasel.ch/Teilnehmer-2011.772.0.html (Stand: 20.01.2012).

155 *DOSB*, XXIXX. Olympische Spiele Peking 2008. Analysen – Bilanzen – Auswirkungen, S. 8, http://www.dosb.de/fileadmin/Bilder_allgemein/Veranstaltungen/Olympische_Spiele_08/olympische_spiele_peking_2008_analysen_bilanzen_auswirkungen.pdf (Stand: 20.01.2012).

156 Vgl. http://www.wm2014-in-brasilien.de/wm-qualifikation-2014 (Stand: 20.01.2012).

157 Zum Hochleistungssport im internationalen Vergleich s. *Digel/Burk*, APuZ v. 21.06.2004, S. 23 ff.

158 *Rogachev*, GA/10415 v. 03.11.2005 (Sixtieth General Assembly, Plenary, 43rd Meeting): *„Sport is a universal language."*; *Zen-Ruffinen* (Hrsg.), Droit et sport, Avant-Propos: *„Le sport, c'est (...) un élément d'une culture universelle qui va au-delà des nations et des régions."*

159 S. Zweites Kapitel A. I.

160 *Wüterich/Breucker*, Das Arbeitsrecht im Sport, S. 54. So definierte die Amateur-Regel der englischen *Amateur Athletic Association* 1866 den Amateur als einen *„Gentleman, der noch nie an einem öffentlichen und für alle Teilnehmer offenen Wettbewerb teilgenommen hat, der noch nie für Geld gestartet ist, der noch niemals mit einem Berufsathleten um einen Preis*

In der Olympischen Idee *Baron de Coubertins* überlebte die restriktive Definition des Amateurs bis weit in das 20. Jahrhundert hinein und grenzte professionelle Sportler aus[161]. Im Laufe der Zeit wurden die *IOC*-Regel Nr. 26 und die dazugehörige Ausführungsbestimmung, die den Amateurbegriff definierten, gelockert, bevor 1990 der Amateurstatus als Startvoraussetzung zu den Olympischen Spielen endgültig abgeschafft wurde[162], um den veränderten Realitäten Rechnung zu tragen. In der Wirklichkeit des Leistungssports stellen Trainingsaufwand, Physiotherapie, Trainingslager, Wettkämpfe und Turniere sowie die jeweilige An- und Abreise fast ausnahmslos[163] Lebensaufwand dar, der den Sportlern eine parallele Berufsausübung nicht erlaubt. Demnach müssen die Athleten ihren Lebensunterhalt und – ihr Karriereende bereits im Blick – eventuell ihre spätere Zukunft mit Antrittsgeldern, Siegprämien, Sponsorengeldern und mit anderen Mitteln, in Deutschland z. B. mit Geldern der *Stiftung Deutsche Sporthilfe*, finanzieren.

Nach der derzeit gültigen Regel 41 und der dazugehörigen Durchführungsbestimmung der Olympischen Charta[164] steht die professionelle Sportausübung weltweit – die Rede ist von „globale[r] Professionalisierung[165]" – sowohl der Teilnahme an Olympischen Spielen als auch an allen anderen Wettbewerben nicht mehr entgegen. Entsprechend der Vorstellung des ehemaligen Präsidenten des *IOC*, *Juan Antonio Samaranch*, der in seiner Amtszeit mit Nachdruck forderte, dass *„die besten Sportler einer Sportart an den Olympischen Spielen teilnehmen [sollen]*[166]*"*, ist die Differenzierung zwischen Amateur- und Profisportler heute unerheblich[167].

---

oder um Wettgelder gekämpft hat, der noch nie in seinem Leben den Beruf eines Lehrers oder Trainers im Sport ausgeübt hat und der schließlich weder Arbeiter noch Künstler noch Journalist ist.", zitiert bei *Fritzweiler*, in: *Fritzweiler/Pfister/Summerer*, Praxishandbuch Sportrecht, 3. Teil, Einführung Rn. 2.

161 *Wüterich/Breucker*, Das Arbeitsrecht im Sport, S. 55. Der finnische Mittel- und Langstreckenläufer *Paavo Nurmi*, der zwischen 1920 und 1928 neun olympische Goldmedaillen erringen konnte, wurde vor den Olympischen Spielen 1932 in Los Angeles wegen Verstoßes gegen die Amateurbestimmungen lebenslang gesperrt.

162 Die Regel 26 Olympische Charta in der Fassung von 1987 sah noch vor, dass ein Athlet für die Dauer der Spiele seine Person, seinen Namen, sein Bild oder seine sportlichen Leistungen nicht zu Werbezwecken nutzen lassen dürfe und dass finanzielle Gegenleistungen für die Olympiateilnahme unzulässig sind. Zum Wandel des Amateurbegriffs des *IOC Kirschenhofer*, Sport als Beruf, S. 7 f.; *Reschke*, in: *Reschke* (Hrsg.), Sport als Arbeit, S. 1 (3 ff.).

163 *Adolphsen*, Internationale Dopingstrafen, S. 15, Fn. 18, führt hierzu den 1999 verstorbenen Dressurreiter Dr. *Reiner Klimke* an. Dem sechsfachen Olympiasieger gelang es, neben seiner sportlichen Karriere erfolgreich eine Rechtsanwalts- und Notariatspraxis zu führen.

164 In der Fassung vom 08.07.2011, in englischer Sprache abrufbar unter http://www.dosb.de/fileadmin/olympia/downloads/pdf/olympic_charter_en.pdf (Stand: 12.01.2012).

165 *Schulze-Marmeling*, APuZ v. 08.05.2006, S. 10 (17).

166 *Adolphsen*, Internationale Dopingstrafen, S. 15.

167 Die Unterscheidung wurde auch von den meisten Verbänden aufgegeben. Im August 2001 erfolgte die Umbenennung des Internationalen Leichtathletik-Verbandes *(IAAF)* von *„Inter-*

4. Kommerzialisierung des Sports

Der Sport hat sich zu einem eigenständigen Wirtschaftsfaktor entwickelt[168]. Seine ökonomische Bedeutung ist vergleichbar mit der eines großen Wirtschaftszweiges. In Deutschland entfallen zwischen 1,5 % und 2 % des Bruttosozialprodukts auf den Sport[169], womit dieser einen ebenso großen Anteil an der Bruttowertschöpfung hat wie die Mineralölindustrie und den der Landwirtschaft sogar übersteigt[170]. In der EU beläuft sich dieser Anteil auf über 1 %[171]; die gesamtwirtschaftliche Bedeutung des Sports am Welthandel wird auf über 3 % geschätzt[172].

Die Lizenzspielerabteilungen der Sportvereine werden zunehmend ausgegliedert, als Kapitalgesellschaften geführt und zum Teil an der Börse notiert[173]. So war etwa der englische *Premier League*-Club *Manchester United* von 1991 bis 2005 an der Börse platziert und wies 2001 einen Jahresumsatz von rund 130 Mio. £ auf[174].

Die Gehälter und Ablösesummen für professionelle Sportler sind ebenso wie der Marktwert für Fernsehübertragungsrechte und Werbeeinnahmen enorm angestiegen. Die Kosten für die Fernsehübertragungsrechte der

---

national Amateur Athletic Federation" in *„International Association of Athletics Federations"*, vgl. *Adolphsen*, Internationale Dopingstrafen, S. 15; *Hahn*, F.A.Z. v. 03.08.2001, S. 36.

168 *Goll*, in: *Justizministerium Baden-Württemberg* (Hrsg.), Sport und Recht, Vorwort, S. I. Vgl. hierzu die Zusammenfassung einer Studie von *McKinsey & Company, Inc.*, WIRTSCHAFTSFAKTOR BUNDESLIGA – Die volkswirtschaftliche Bedeutung des professionellen Fußballs in Deutschland, S. 3, abrufbar unter http://static.bundesliga.de/media/native/dfl/dfl_bl_studie_mckinsey_gesamt_final.pdf (Stand: 28.01.2012).

169 Allein der Profifußball erzeugt jährlich eine Wertschöpfung von mehr als 5 Mrd. € und trägt damit jeden fünfhundertsten Euro zum Bruttoinlandsprodukt in Deutschland bei, Zusammenfassung einer Studie von *McKinsey & Company, Inc.*, WIRTSCHAFTSFAKTOR BUNDESLIGA – Die volkswirtschaftliche Bedeutung des professionellen Fußballs in Deutschland, S. 3, abrufbar unter http://static.bundesliga.de/media/native/dfl/dfl_bl_studie_mckinsey_gesamt_final.pdf (Stand: 28.01.2012).

170 *DOSB*, Staatsziel Sport, S. 5; *Mailänder*, in: FS Geiß, S. 605. Nach *Adolphsen*, Internationale Dopingstrafen, S. 16, ist der Anteil des Sports am Bruttonationaleinkommen etwa mit dem Anteil der Druckindustrie oder der Holz verarbeitenden Industrie vergleichbar. Die knapp zwei Mio. im direkten oder indirekten Umfeld des Sports Erwerbstätigen entsprechen den Beschäftigungszahlen in der chemischen Industrie oder im Kreditgewerbe, vgl. *Schwarze/Hetzel*, EuR 2005, 581.

171 Schätzungen gehen davon aus, dass die Umsätze der Sportindustrie in Europa, je nachdem wie eng bzw. weit der Begriff des Sports definiert wird, zwischen 41 Mrd. € und 324 Mrd. € liegen, *Herzog/Hoch/Laustetter*, SpuRt 2010, 90 (91).

172 *Blackshaw*, Mediating Sports Disputes, S. 1; *Nolte/Horst* (Hrsg.), Handbuch Sportrecht, S. 9.

173 Zur Ausgliederung des Lizenzspielbetriebs von Fußballvereinen in Kapitalgesellschaften s. *Müller*, Der deutsche Berufsfußball – vom Idealverein zur Kapitalgesellschaft, S. 1 ff.; *Fuhrmann*, SpuRt 1995, 12 ff.; *Pauli*, CaS 2007, 298 ff.

174 Manchester United plc. Annual Financial Report 2002, S. 2, abrufbar unter http://catarina.udlap.mx/u_dl_a/tales/documentos/lcp/garcia_v_j/apendiceD.pdf (Stand: 28.01.2012).

Olympischen Spiele erhöhten sich von 308 Mio. € für die Spiele in Los Angeles 1984 auf 1,2 Mrd. € für die Spiele in Peking im Jahr 2008[175]. Ein Werbespot von 30 Sekunden Länge, der während der Fernsehübertragung eines Formel 1-Rennens zu sehen ist, wird in der Saison 2012 zwischen 31.500 € und 91.800 € kosten[176].

Profisport ist „Big Business[177]", in dem viel Geld im Spiel und zu verdienen ist. So wechselte der portugiesische Nationalspieler *Cristiano Ronaldo* für die bislang nicht übertroffene Ablösesumme von 93 Mio. € im Sommer 2009 von *Manchester United* in die *Primera Division* zu *Real Madrid*[178]. Für die Rekord-Ablösesumme von angeblich 30 Mio. € innerhalb der Bundesliga wechselte der deutsche Nationalstürmer *Mario Gomez* zur Saison 2009/2010 vom *VfB Stuttgart* zum Liga-Konkurrenten *FC Bayern München*[179]. Der US-amerikanische Profigolfer *Eldrick („Tiger") Woods*, der laut einer Studie des US-Magazins *Forbes* als erster Sport-Milliardär der Welt gilt, verdient umgerechnet 100 Mio. € pro Jahr[180], während deutsche Profisportler wie z. B. der Formel 1-Rennfahrer *Michael Schumacher* im Jahr 2006 etwa 52 Mio. €, der deutsche Nationalmannschaftskapitän *Michael Ballack*, als er noch beim *FC Chelsea* unter Vertrag stand, ungefähr 10 Mio. €[181] oder die zweifache Biathlon-Olympiasiegerin von Vancouver 2010 *Magdalena Neuner* rund eine Mio. €[182] jeweils pro Saison verdienen.

5. Verrechtlichung des Sports

Mit der schnell fortschreitenden Professionalisierung und Kommerzialisierung des Sports geht seine ebenso rasche Verrechtlichung einher.

Die Vorstellung, der Sport habe mittlerweile sein ursprünglich „rechtsfreies Paradies[183]" verlassen, dürfte schon deshalb nicht zutreffen, weil dies dem Wesen des Sports widersprechen würde[184]. Zum einen ist der organisierte Sport auf die Existenz verbindlicher Regeln angewiesen, weil hier-

---

175 *Schaub*, Sports and Competition: Broadcasting Rights of Sports Events, 26.02.2002.

176 Pressemitteilung der IP Deutschland GmbH v. 26.01.2012, abrufbar unter http://www.ipdeutschland.de/ipd/unternehmen/presse/pressemeldungen/archiv_2012/ip_deutschland_f1_preise_2012_.cfm (Stand: 29.01.2012).

177 *Blackshaw*, Mediating Sports Disputes, S. 1; *Fischer*, NJW 2005, 1028.

178 *Herzog/Hoch/Laustetter*, SpuRt 2010, 90 (91 Fn. 9).

179 *Schlammerl*, F.A.Z. v. 27.05.2009, S. 28.

180 *O. V.*, F.A.Z. v. 05.10.2009, S. 32.

181 *Berthold*, F.A.S. v. 09.07.2006, S. 54.

182 *Dieterle*, F.A.S. v. 03.02.2008, S. 8.

183 *NOK* (Hrsg.), Olympische Charta, S. VII.

184 *Wüterich/Breucker*, Das Arbeitsrecht im Sport, S. 58, wonach „die Vorstellung des Sports als (staats-)rechtsfreier Raum (…) im Rechtsstaat nicht tragfähig [ist]."; a. A. *Pfister*, in: *Hadding* (Hrsg.), Festgabe Zivilrechtslehrer 1934/1935, S. 457 (461, 472), demzufolge „die Grundsätze des staatlichen Rechts nicht" für Verbandsregeln gelten, da diese „… im rechtsfreien Raum liegen."

durch ein Vergleich der erzielten Leistungen erst möglich wird. Spiel- und Wettkampfregeln, Ausrüstungsvorschriften[185], die Sportverbände erlassen, und Anti-Doping-Bestimmungen[186] bilden ein dichtes Regelwerk, dessen Einhaltung unerlässliche Voraussetzung für den organisierten Sport ist. Zum anderen stellte der Sport in seiner langjährigen Geschichte noch nie einen rechtsfreien Raum dar. Die frühzeitliche, enge Verbindung von Sport und staatlichem Recht verdeutlicht die Tatsache, dass bereits die sog. *Hellanodiken* von erfahrenen Gesetzeshütern (*Nomophylakes*) mit den Feinheiten des Reglements vertraut gemacht und so auf ihre Aufgabe vorbereitet wurden[187]. Auch das römische Recht kannte in der *lex Aquilia* bereits den Rechtfertigungsgrund der Einwilligung des verletzten Sportlers[188].

In der heutigen Zeit ist festzustellen, dass das staatliche Recht für den Sport eine wichtige und in seiner Bedeutsamkeit stets zunehmende Rolle spielt. Je mehr wirtschaftliche Interessen mit der Sportausübung verknüpft sind, desto größer ist die Bereitschaft der Beteiligten im und um den Sport, sich aller rechtlich verfügbaren Mittel zu bedienen[189]. Es verbleibt kaum ein Bereich des Systems Sport, der nicht juristisch durchleuchtet und aufgearbeitet wird[190]. Indizien hierfür sind eine steigende Anzahl gerichtlicher Entscheidungen und die Tatsache, dass das Sportrecht mittlerweile eine Querschnittsdisziplin darstellt, die sich aus dem Vereins- und Verbandsrecht, Wettbewerbsrecht, Haftungs- und Versicherungsrecht, Arbeitsrecht sowie dem Strafrecht zusammensetzt.

---

185 So gab z. B. der Schwimmweltverband *FINA* Ende Juli 2009 bekannt, dass die einen geringeren Wasserwiderstand und eine bessere Wasserlage versprechenden Hightech-Schwimmanzüge ab dem Jahr 2010 verboten werden. Danach sollen die Anzüge nur noch aus Textilstoffen bestehen und keine Kunststoffbeschichtung mehr aufweisen, vgl. *Gutiérrez*, F.A.S. v. 26.07.2009, S. 16.

186 Vgl. z. B. Art. 7 *NADA*-Code (Ergebnismanagement), abrufbar unter http://www.nada-bonn.de/fileadmin/user_upload/nada/Recht/Regelwerke/100701_NADA-Code_komplett.pdf, und die verbindlichen Standards für Meldepflichten, abrufbar unter http://www.nada-bonn.de/fileadmin/user_upload/nada/Downloads/Regelwerke/100630_Standard_fuer_Meldepflichten.pdf (Stand jeweils: 29.01.2012).

187 *Rössner*, in: *Digel* (Hrsg.), Nachdenken über Olympia, S. 139 (146).

188 S. Zweites Kapitel A. I.

189 *Adolphsen*, Internationale Dopingstrafen, S. 23.

190 Der BGH spricht zu den verschiedensten juristischen Fragen, die der Sport aufwirft, Recht. Im Sporthaftungsrecht setzt er seit langem die Maßstäbe; spektakulär war sein Urteil aus dem Jahr 1983, als er die Frage der Haftung des Veranstalters eines Eishockey-Bundesligaspiels für einen durch die aberratio ictus eines Pucks verletzten Zuschauers entschied (vgl. BGH NJW 1984, 801 ff.). Im Vorfeld der Fußballweltmeisterschaft 2006 stand der Markenschutz für das Logo der das Turnier veranstaltenden *FIFA* im Mittelpunkt seiner Rechtsprechung (vgl. BGH NJW 2006, 3002 ff.). Die strafrechtliche Bewältigung des Wettskandals um Schiedsrichter *Robert Hoyzer* mündete in ein Grundsatzurteil zum Betrugstatbestand (BGH NStZ 2007, 151 ff.). Hierzu ausführlich Drittes Kapitel B.

Der Begriff der Verrechtlichung des Sports beschreibt den „wachsenden Einfluss staatlichen Rechts auf die organisierte Sportausübung[191]". In der jüngeren Vergangenheit hat das staatliche Recht seine Anforderungen auch auf Bereiche erstreckt, welche die Sportverbände ursprünglich selbstständig geregelt hatten und die der Gesetzgeber zunächst gar nicht als regelungsbedürftig angesehen hatte[192]. Inzwischen haben Gesetzgeber und Rechtsprechung ihre anfängliche, mit der Autonomie der Sportverbände begründete Zurückhaltung weitgehend aufgegeben. Diese zunehmende Einflussnahme des staatlichen Rechts auf das Sportgeschehen ist vor allem durch die Konzentration wirtschaftlicher Macht und die monopolartige Stellung einzelner Vereinigungen bedingt, denn diese Entwicklungen hatten zu einer einseitigen Ausgestaltung der verbandlichen Regeln geführt. Die Schieflage von Interessen versucht der Gesetzgeber wieder ins Gleichgewicht zu bringen, indem er neue Normen erlässt und bestehende auf Bereiche der Sportwelt anwendet, aus denen er sich bislang zurückhielt. Diese Inhalts- und Anwendungskontrolle des Sportrechts durch staatliche Gerichte greift mittlerweile tief in das Eigenleben des Sports ein[193].

Seitens der Medien und Sponsoren sind nicht selten aber auch positive Einflüsse auf die Spiel- und Sportregeln zu verzeichnen. Es geht – im Interesse der Zuschauer, des Fernsehens und der werbenden Wirtschaft – um eine Verbesserung der Optik und Sichtbarkeit des Geschehens, um mehr Objektivität in den Bewertungssportarten, allen voran im Eiskunstlauf, aber

---

191 *Adolphsen*, Internationale Dopingstrafen, S. 19. *Sengle*, in: *WFV e. V.* (Hrsg.), Sportrecht damals und heute, S. 91 (98) definiert den Prozess der Verrechtlichung „nicht nur [als] systematische Ausgestaltung des Sports durch materiell-rechtliche und verfahrensrechtliche Durchdringung, sondern auch [als] die Überprüfung des Sports und seiner Instanzen durch das allgemeine Recht und die staatliche Gerichtsbarkeit." S. auch *Haas/Haug/Reschke* (Hrsg.), Handbuch des Sportrechts, Ord. 1, A, S. 1 Rn. 2: *„Wenn daher eine zunehmende Verrechtlichung des Sportgeschehen beklagt wird, dann ist damit (...) der wachsende Einfluss des staatlich gesetzten Rechts auf den Sport gemeint."*

192 Ein Beispiel für die Ausdehnung der normativen Ordnung in die ursprünglich nicht-juristisch geprägte Sportwelt stellt der Streit um die Zulässigkeit der zentralen Vermarktung der Fernsehübertragungsrechte für die Heimspiele der am (damals noch) *UEFA*-Pokal und am Pokal der europäischen Pokalsieger teilnehmenden deutschen Fußballvereine durch den *DFB* dar. Der BGH betrachtete die zentrale Vermarktung der Fernsehrechte, die jahrzehntelang in Deutschland praktiziert wurde, als Verstoß gegen § 1 GWB (vgl. BGH NJW 1998, 756 ff.).

193 Dies gilt vor allem beim Streit um die Nominierung einzelner Sportler für Großveranstaltungen, wie der Fall des Dreispringers *Charles Friedek* für die Olympischen Spiele 2008 in Peking zeigt, vgl. *o. V.*, CaS 2008, 430 ff. Zumindest die schiedsrichterlichen Entscheidungen auf dem Spielfeld, immerhin mehrere Hundert pro (Fußball-, Handball-, Basketball-, Volleyball- oder Hockey-)Spiel, haben die staatlichen Gerichte noch nicht erreicht, vgl. LG Chemnitz, Urt. v. 24.04.1997, SpuRt 1998, 41. Die das LG bestätigende Entscheidung des OLG Dresden ist – soweit ersichtlich – nicht veröffentlicht.

auch um die Erhöhung der Spannung des Wettkampfablaufs, letztlich um die Steigerung der Attraktivität des Sports insgesamt. Regeländerungen oder vielmehr „Erfindungen“ in diesem Zusammenhang waren das „Golden Goal[194]“, der „Tie-Break[195]“ und das „Hawk-Eye[196]“ im Tennis oder der „Sudden Death“ im Eishockey.

Mit der Ausdehnung ihrer Gesetzgebung und Gesetzesanwendung zeigt die staatliche juristische Ordnung, dass sie den sportinternen Mechanismen in den Bereichen, in denen sie ursprünglich nicht intervenierte, nicht zutraut, die notwendige Verhaltensbeeinflussung und Problemlösung allein zu erbringen und sie diese Aufgabe vielmehr selbst durch ihre Rechtsordnung leisten will. Diese Überlegung liefert einen von mehreren Erklärungsansätzen für den schon seit längerer Zeit schallenden Ruf nach einer staatlichen Anti-Doping-Gesetzgebung[197] als auch für den erst seit kurzem ertönenden Ruf nach einer Kodifizierung eines Sportkorruptionstatbestands[198].

Doch nicht nur der externe Einfluss staatlicher Gesetze und Gerichte auf den Sport steigt – auch sportintern ist eine deutliche Tendenz zur Verrechtlichung im Sinne umfassender Regelungen durch die jeweiligen Sportverbände zu beobachten[199].

Letztlich ist das staatliche Recht herausgefordert, dort einzugreifen, wo die Selbstregulierung des Sports versagt und Machtkonzentrationen und wirtschaftliche Abhängigkeiten zu entstehen drohen. Der Sport ist deshalb auf die Juristen[200] und nicht – wie zum Teil auch formuliert wird – die Juris-

194 Diese Regel, der zufolge ein Spiel, das in die Verlängerung geht, unmittelbar mit dem ersten erzielten Tor eines Spielers beendet ist, wurde 1996 bei der Fußball-Europameisterschaft eingeführt.

195 Der Tie-Break wurde bereits im Jahr 1970 anlässlich der *US Open* ins Reglement eingeführt, *F. A. Brockhaus* (Hrsg.), Brockhaus Sport, Stichwort „Tiebreak“, S. 483.

196 Das Hawk-Eye wurde im Jahr 2005 von der *International Tennis Federation (ITF)* getestet und kam zum ersten Mal bei den *Sony Ericsson Open* in Miami beim ATP-/WTA-Turnier im Jahr 2006 zum Einsatz.

197 Vgl. hierzu nur *Bannenberg*, SpuRt 2007, 155 f.; *Fritzweiler*, SpuRt 1998, 234 f.; *Heger*, SpuRt 2007, 153 ff.; *Dury*, SpuRt 2005, 137 ff.; *Jahn*, SpuRt 2005, 141 ff.; *Haas*, F.A.Z. v. 27.02.2004, S. 36 und *König*, JA 2007, 573 ff.

198 S. hierzu ausführlich Viertes und Fünftes Kapitel.

199 Insgesamt tendieren die Regelordnungen des Sports zu Perfektion. Allerdings gibt es immer wieder – ähnlich dem staatlichen Recht – Lücken und Unklarheiten. Ein Beispiel dafür ist die in den *FIFA*-Statuten fehlende Regelung hinsichtlich einer Verpflichtung der Vereine, Lizenzspieler unter 23 Jahren für das Olympische Fußballturnier freizustellen. S. zu diesem Konflikt zwischen den deutschen Proficlubs *FC Schalke 04* und *SV Werder Bremen* und der *FIFA* CAS, Urt. v. 06.08./02.10.2008, *o. V.*, CaS 2008, 380 ff.

200 *Steiner*, in: *Röhricht/Vieweg* (Hrsg.), Doping-Forum, S. 125.

ten auf den Sport[201] gekommen. Die Konsequenz ist dessen stetige Verrechtlichung.

III. Die Prinzipien des Sports

Leistungsstreben, Konkurrenz und Rivalität, Rekorde, Objektivität, Chancengleichheit, Messbarkeit und Vergleichbarkeit verleihen dem Sport seine besondere Faszination. In ihm spiegeln sich die Grundprinzipien der Gesellschaft wider. Der Sport gilt als „Produkt der Leistungsgesellschaft und zugleich auch [als] ihr Modell[202]."

1. Leistungsprinzip

Das Leistungsprinzip stellt dabei das Sinnelement des Sports schlechthin dar. Jeder sportlich aktive Mensch vom Breiten- und Hobbysportler über den ambitionierten Freizeitsportler bis hin zum Leistungs- und Profisportler strebt danach, seine bestmögliche Leistung zu erbringen. Leistung ist demnach zunächst etwas, was den einzelnen Menschen betrifft, der eine sportliche Handlung als seine Leistung ansieht, die er selbst erbracht hat und die er im Vergleich mit seinen vorherigen Leistungen, mit anderen Sportlern oder im Vergleich mit nationalen oder internationalen Bestmarken bewertet. Das Erreichen einer hohen sportlichen Leistung verlangt von den Athleten einen erheblichen Zeitaufwand, Beharrlichkeit, Beständigkeit, Selbstdisziplin und -beanspruchung und ist nur auf der Grundlage planmäßiger, langfristiger und körperlich stark belastender Trainingseinheiten möglich. Leistungen im Profisport sind mit denen im Breitensport jedoch nicht vergleichbar; vielmehr ist die persönliche Sicht des Sportlers entscheidend. Für manchen Breitensportler gilt deshalb schon als Leistung, was im organisierten Sport nicht als Leistung angesehen wird. Das Leistungsprinzip bezeichnet deshalb sowohl subjektive als auch objektive Leistungen[203] – die subjektive Leistung kann dabei hervorragend, gemessen an der objektiven, dagegen nur mäßig sein. Und dennoch liegt allen Sportarten und -aktivitäten – ungeachtet, mit welcher Intensität man sie betreibt – das stetige Streben nach Leistung zugrunde.

---

201 So *Digel*, in: *Justizministerium Baden-Württemberg* (Hrsg.), Sport und Recht, S. 18, demzufolge die Juristen „schon seit längerer Zeit dabei [sind], das System des Sports schleichend zu vereinnahmen."

202 *Grupe/Mieth* (Hrsg.), Lexikon der Ethik im Sport, Stichwort „Leistung/Leistungssport/Ethos des Leistens im Sport", S. 331 (333).

203 *Grupe/Mieth* (Hrsg.), Lexikon der Ethik im Sport, Stichwort „Leistung/Leistungssport/Ethos des Leistens im Sport", S. 331 (332).

2. Rekordprinzip

Das Ziel der Höchstleistung und der Vergleichbarkeit der Leistungen hat zur Herausbildung eines weiteren, für den Sport charakteristischen Prinzips geführt – das Rekordprinzip. Es beruht auf genau nachprüfbaren, jederzeit wiederholbaren Leistungsbedingungen[204]. Der Begriff des Rekords für eine sportliche Spitzenleistung ist zwar erst seit 1883 nachgewiesen[205], aus dem täglichen weltweiten Sportgeschehen aber nicht mehr wegzudenken, denn mit der Feststellung und Aufzeichnung einer Höchstleistung löst sich diese von ihrer Einmaligkeit und vom Augenblick[206]; sie wird, auch wenn sie zu verschiedenen Zeitpunkten oder an verschiedenen Orten erbracht wird, vergleichbar aufgrund der Vergleichbarkeit ihrer Bedingungen – und kann überboten werden.

Ein Weltrekord[207] muss – um als solcher anerkannt zu werden – nach den Bestimmungen des zuständigen internationalen Sportverbandes nach vorgeschriebenen Kriterien erzielt werden. Diese enthalten in der Regel bestimmte Vorgaben bezüglich Wettkampfstätte[208] und Außenbedingungen (vor allem bezüglich der Windgeschwindigkeit und der Temperatur[209]), für die verwendeten Sportgeräte[210], die Ermittlung des Wettkampfergebnisses

---

204 *Adolphsen*, Internationale Dopingstrafen, S. 14.

205 *von Krockow*, Sport und Industriegesellschaft, S. 15.

206 *von Krockow*, Sport und Industriegesellschaft, S. 15.

207 In einigen Sportarten gibt es aufgrund der stark veränderlichen äußeren Bedingungen keine offiziellen Weltrekorde, obwohl beispielsweise die schnellsten Zeiten ermittelt werden. Meist betrifft dies sog. Outdoor-Sportarten, wie z. B. Marathon, Straßenradsport, Rudern, Kanurennsport oder Spielsportarten, wo sich allenfalls statistische Rekorde ermitteln lassen (s. z. B. Tennisrekorde). Für Rekorde in diesen Sportarten wird die Bezeichnung „Weltbestleistung“ verwendet.

208 Vgl. z. B. Regel 1 der Tennisregeln der *ITF*, S. 71, abrufbar unter http://www.dtb-tennis.de/downloads/Tennisregeln_der_ITF_2011.pdf (Stand: 09.02.2012), wonach das Spielfeld ein Rechteck von 23,77 m Länge und für Einzelspiele von 8,23 m, für Doppelspiele von 10,97 m Breite sein muss.

209 Nach der Regel 163.13 der Competition Rules 2012–2013 der *IAAF*, abrufbar unter http://www.iaaf.org/mm/Document/06/28/89/62889_PDF_English.pdf (Stand: 09.02.2012), darf bei einem Weltrekord der zulässige Rückenwind auf den Sprintstrecken und in den Sprungdisziplinen Weit-, Drei- und Stabhochsprung nicht mehr als 2,0 m/s betragen. Nach den Regeln der *International Ski Federation (FIS)* dürfen Weltcup-Rennen nur bis zu einer Tagestemperatur von minus 20° Celsius gestartet werden.

210 So macht z. B. die *ITF* sowohl Vorgaben zur Verwendung der Tennisbälle (Gewicht, Größe, Sprunghöhe, Verformung und Rückverformung) als auch zu den Tennisschlägern. Der Rahmen des Schlägers darf einschließlich Griff eine Gesamtlänge von 73,7 cm und eine Gesamtbreite von 31,7 cm nicht überschreiten. Die Schlagfläche darf in der Gesamtlänge 39,4 cm und in der Gesamtbreite 29,2 cm nicht überschreiten, vgl. Tennisregeln der *ITF*, S. 85, 87, abrufbar unter http://www.dtb-tennis.de/downloads/Tennisregeln_der_ITF_2011.pdf (Stand: 09.02.2012).

(vor allem bezüglich der Zeitmessung, der Besetzung des Kampfgerichts) und die anschließende Dopingkontrolle.

Das Rekordprinzip beherrscht insbesondere den heutigen professionellen „Showsport". So wird z. B. die Königsdisziplin der Leichtathletik, der 100 m-Sprint, bei Weltmeisterschaften oder bei Olympischen Spielen von den Sponsoren und Medien zur besten Sendezeit als Höhepunkt der Großveranstaltung zelebriert, bei welcher der Sieger und/oder Weltrekordler als „schnellster Mann der Welt[211]" gefeiert wird. Neben unzähligen nationalen und internationalen Rekorden innerhalb der einzelnen Sportarten und Disziplinen werden auch z. B. der schnellste Aufschlag in einem offiziellen Tennis-Turnierspiel[212], das längste Match in der Grand Slam-Geschichte des Tennissports[213] oder der schnellste Hattrick in der Fußballbundesliga[214] registriert und in den Büchern festgehalten. Indem versucht wird, mit dem Sport öffentliche Spannungs- und Unterhaltungsbedürfnisse zu befriedigen, wird er vor die Anforderung gestellt, diese Bedürfnisse in immer attraktiveren Formen zu erfüllen. Bei jedem sportlichen Ereignis soll möglichst ein neuer Rekord aufgestellt werden. Dies fördert nicht nur den Prozess der Kommerzialisierung des Sports, sondern auch seiner Instrumentalisierung[215]. Indem die Athleten ständig zu neuen Rekordleistungen angespornt werden[216] und die Zuschauer dadurch von den sportlichen Leistungen ange-

211 Der jamaikanische Sprint-Star *Usain Bolt* erzielte bei den Olympischen Spielen 2008 in Peking drei „Fabel"-Weltrekorde in den Wettbewerben über 100 m (9,69 Sek.), 200 m (19,30 Sek.) und mit der 4x100 m-Staffel Jamaikas, (37,10 Sek.), *DOSB*, XXIXX. Olympische Spiele Peking 2008. Analysen – Bilanzen – Auswirkungen, S. 5, abrufbar unter http://www.dosb.de/fileadmin/Bilder_allgemein/Veranstaltungen/Olympische_Spiele_08/olympische_spiele_peking_2008_analysen_bilanzen_auswirkungen.pdf (Stand: 20.01.2012).

212 In der ersten Runde des *Davis-Cups* (04.-06.03.2011) gegen Deutschland stellt der Kroate *Ivo Karlovic* im Dom Sportova von Zagreb einen neuen Aufschlag-Weltrekord auf. Im vierten Satz servierte er mit einer Geschwindigkeit von 251 km/h, http://www.focus.de/sport/tennis/tennis-aufschlag-weltrekord-durch-karlovic-251-km-h_aid_605968.html (Stand: 20.01.2012).

213 Das bislang längste Spiel bei einem Grand Slam-Turnier bestritten *John Isner* (USA) und *Nicolas Mahut* (FRA) in Wimbledon 2010. Die Spieldauer bis zum Sieg (6:4, 3:6, 6:7, 7:6 und 70:68) von *Isner* betrug, über drei Tage (22.-24.06.) verteilt, elf Stunden und fünf Minuten. Allein der entscheidende fünfte Satz dauerte acht Stunden und elf Minuten. Ingesamt wurden 980 Punkte ausgespielt, http://www.wimbledon.com/news/media-centre/facts-figures (Stand: 20.01.2012).

214 *Michael Tönnies (MSV Duisburg)* erzielte am 27.08.1991 beim 6:2 gegen den *Karlsruher SC* den schnellsten Bundesliga-Hattrick aller Zeiten. Binnen fünf Minuten traf *Tönnies* drei Mal, http://www.bundesliga.de/de/historie/spiel/meldung.php?f=0000177032.php (Stand: 29.01.2012).

215 *Grupe/Mieth* (Hrsg.), Lexikon der Ethik im Sport, Stichwort „Leistung/Leistungssport/Ethos des Leistens im Sport", S. 331 (335).

216 Es werden Sieg- und Weltrekord-Prämien sowie besondere Preisgelder ausgelobt, wie etwa eine Million CHF für den „Tournee-Grand-Slam", den Sieg bei allen vier Weltcup-Springen, bei der Vierschanzentournee, http://www.vierschanzentournee.com/ (Stand: 29.01.2012) oder bei der *US Open Series*, einer Reihe von zehn ATP-/WTA-Tennisturnieren im Vorfeld

zogen werden, unterwirft sich der Sport denselben Bedingungen, die auch für andere Unterhaltungsbereiche gelten – den Spaß und die Freude der Sportzuschauer beeinträchtigt diese fortschreitende Entwicklung jedoch nicht.

3. Prinzip der Chancengleichheit

Das Prinzip der Chancengleichheit, das als „originäres Merkmal und Errungenschaft des modernen Sports[217]“ angesehen wird, ist eng mit dem Leistungs- und Rekordprinzip verknüpft, denn die Chancengleichheit ist Voraussetzung des Vergleichs von in Konkurrenzsituationen erzielten individuellen oder mannschaftlichen Leistungen[218]. Solche sportlichen Leistungsvergleiche sind nur dann exakt, wenn alle beteiligten Athleten oder Mannschaften über die gleichen Chancen zur Realisierung ihres jeweils bestmöglichen sportlichen Könnens verfügen, gleiche Handlungsbedingungen vorfinden und die vorgegebenen Regeln beachtet werden[219]. Durch diese sollen – soweit möglich – Ungleichheiten ausgeglichen werden. In allen Ballsportarten erfolgt deshalb z. B. nach der Halbzeitpause ein Seitenwechsel und werden während der Saison Heim- und Auswärtsspiele, in internationalen Wettbewerben Hin- und Rückspiele ausgetragen.

Trotz aller Regelwerke, die sich um die Gleichheit der Bedingungen bemühen, wird es eine Chancengleichheit im absoluten Sinne niemals geben. Wettbewerbsverzerrungen aufgrund innovativer Ausrüstungstechnik, einer Verwissenschaftlichung des Trainingsprozesses oder des Aufbaus von speziellen Institutionen zur Förderung und Betreuung der Athleten[220] nehmen vor allem im Leistungssport kontinuierlich zu. Gerade die finanzstarken und hochtechnisierten Länder verfügen über ungleich bessere Chancen zur Erreichung von sportlichen Höchstleistungen als Drittländer. Allerdings sind nicht alle Sportarten in gleicher Weise von diesem Prozess betroffen. Im Bereich des Motorsports, insbesondere in der Formel 1, sind der Reiz des Technischen und des technisch Machbaren sowie die Teamleis-

---

der US Open, bei der die Spielerinnen und Spieler Punkte sammeln und – je nach ihrem Abschneiden bei den US Open – vervielfachen können, http://www.usopenseries.com/djokovic_williams_each_net_extra_500000_in_flushing_from_olympus_us_open_series_efforts/ (Stand: 20.01.2012).

217 *Grupe/Mieth* (Hrsg.), Lexikon der Ethik im Sport, Stichwort „Chancengleichheit“, S. 80.

218 *Grupe/Mieth* (Hrsg.), Lexikon der Ethik im Sport, Stichwort „Chancengleichheit“, S. 80; *von Krockow*, Sport und Industriegesellschaft, S. 17.

219 *Baron de Coubertin* verstand den sportlichen Wettkampf als eine Art Messinstrument, der *„nicht soziales Prestige, Status, Erbe, Besitz, Attraktivität, Machteinfluss oder was immer [misst], sondern ausschließlich den Erfolg der Handlung hier und jetzt.“*, zitiert bei *Grupe/Mieth* (Hrsg.), Lexikon der Ethik im Sport, Stichwort „Chancengleichheit“, S. 80 (81).

220 Vgl. zu den spezifisch leistungsfördernden Rahmenbedingungen bzw. Ressourcen, die in einer Gesellschaft für die Erbringung von Spitzenleistungen zur Verfügung stehen bzw. gestellt werden müssen *Digel/Burk*, APuZ v. 21.06.2004, S. 23 ff.

tung einer bestimmten Industriemarke inzwischen untrennbar mit der eigentlichen fahrerischen Leistung verbunden. Es gewinnt nicht der beste Fahrer, sondern der Fahrer, dessen „Crew" ein erstklassiges Fahrzeug baut, ihm zur Verfügung stellt und optimale Arbeit in der Boxengasse leistet. Dagegen sind in den Langstreckendisziplinen der Leichtathletik die verfügbare Technik oder auch die Sportinfrastruktur von untergeordneter Bedeutung – hier stehen die wissenschaftlich-medizinische Betreuung und die effektive Verwissenschaftlichung der Trainingsmethoden im Vordergrund.

Darüber hinaus wirken sich die körperlichen Grundkonstitutionen wie Körpergröße, Spannweite, Knochenbau, Muskelgewebestruktur, Reaktionsschnelligkeit oder Ausdauer auf die Leistungsfähigkeit aus, jeweils wiederum höchst unterschiedlich in den verschiedenen Sportarten. In der naturgegebenen Einzigartigkeit des Menschen sind bereits unterschiedliche Leistungsfähigkeiten für bestimmte Sportarten angelegt, die langfristig durch Training und Motivation, kurzfristig aber auch durch Tagesform oder sogar Zufall beeinflusst werden[221]. Man kann von einer Relativität der Chancengleichheit sprechen, die gleichsam auch den Reiz des sportlichen Wettkampfs ausmacht.

Von der Relativität der Chancen im Allgemeinen sind die Eingriffe in die Chancengleichheit von außen zu unterscheiden. Das Prinzip der Chancengleichheit ist immer dann gestört, wenn sich Athleten selbst oder andere am Sport Beteiligte den Athleten einen unberechtigten Vorteil verschaffen. Diese Wettbewerbsvorteile sind unterschiedlichster Art und beginnen bereits bei dem im Wettkampf eingesetzten Material. So führten der Einsatz von neuartigen Schwimmanzügen aus Hightech-Materialien, die mit Wissenschaftlern unter anderem der Weltraumbehörde *NASA* entwickelt wurden, und deren stetige technologische Weiterentwicklung zu einer „Weltrekord-Flut" im Schwimmsport[222]. Die Materialschlacht der Hersteller schien über die Siege im Becken zu entscheiden[223], bis der Weltschwimm-Verband

221 *Gerhardt*, in: *Gerhardt/Lämmer* (Hrsg.), Fairness und Fair play, S. 5 (14).

222 Allein bei der Schwimmweltmeisterschaft 2009 in Rom wurden 39 Weltrekorde aufgestellt, *Steinle*, F.A.S. v. 02.08.2009, S. 16.

223 In Peking 2008 wurden nahezu alle 25 Weltrekorde in den 32 olympischen Schwimmentscheidungen mit dem reibungsarmen, mit Ultraschall verschweißten Anzug *LZR RACER* des australischen Herstellers *Speedo* geschwommen, *Steinle*, F.A.Z. v. 14.08.2008, S. 30. Der schwedischen Schwimm-Weltmeisterin *Therese Alshammar* wurde der von ihr bei den australischen Meisterschaften in Sydney 2009 über 50 m Schmetterling geschwommene Weltrekord annulliert. Grund für die Disqualifikation war die Tatsache, dass *Alshammar* verbotenerweise zwei Schwimm-Anzüge getragen hatte. Die daraus entstandenen Lufteinschlüsse sorgten für mehr Auftrieb, *o. V.*, F.A.Z. v. 18.03.2009, S. 29. Der niederländische Langstrecken-Schwimmer *Maarten van der Weijden* wünschte sich von seinem Ausrüster einen silbernen Aufnäher zur Kühlung für seinen Schwimmanzug. Er bekam die Silberapplikation und holte olympisches Gold im 10 km-Rennen im schwülen Peking 2008, http://www.

FINA dem Anzug-Aufrüsten Einhalt gebot und Chancengleichheit gewährleistete[224].

Die zweite Form unberechtigter Wettbewerbsvorteile, die das Prinzip der Chancengleichheit verletzen, sind die Einnahme verbotener Substanzen und die Anwendung verbotener Methoden in und außerhalb der Wettkämpfe zum Zwecke der Leistungssteigerung. Sieger wird dann nicht mehr der beste Athlet, sondern derjenige, der für sich die beste „Rezeptur" im Zusammenspiel mit seinem Trainingsaufbau gefunden hat und der bereit ist, die größten gesundheitlichen Risiken um des Sieges willen auf sich zu nehmen. Doch neben der dadurch erzielten Leistungssteigerung wird das Gleichheitsprinzip auch immer dann gestört, wenn einzelne Athleten gesperrt oder suspendiert werden[225], weil sich nie feststellen lassen wird, ob nicht der Ausgeschlossene eine bessere Leistung als der Sieger hätte erbringen können[226].

Jenseits von Unterschieden in technischen Möglichkeiten, körperlicher Konstitution, Taktik und Strategie verletzt auch die dritte Form äußerer Eingriffe die Chancengleichheit in besonderem Maß – die vorsätzliche Manipulation des reinen sportlichen Wettbewerbs durch die unterschiedlichsten korrupten Verhaltensweisen. Die Leistungsfähigkeit eines Einzelsportlers oder einer Mannschaft ist auch von dessen bzw. deren Motivation und Willenskraft abhängig und ausschlaggebend für Sieg oder Niederlage[227]. Zwar können die jeweiligen Sportler frei entscheiden, ihre persönliche Leistung abzurufen oder nicht, und die Mehrzahl von ihnen kann festlegen, wann sie bei welchem Wettkampf antritt und welchen Wettbewerb sie als Saisonhöhepunkt plant. Die sportliche Grenze der eigenen Entscheidungsfreiheit über den Abruf der vollen Leistungsfähigkeit wird jedoch dann überschritten, wenn den Sportler von Dritten angebotene Bestechungsgelder davon abhalten, bestimmte Leistungen deshalb nicht abzurufen. Auch hierdurch wird – wie in den näher zu untersuchenden Erscheinungsformen festzustellen sein wird – die Chancengleichheit als ein Grundwert des Sports außer Kraft gesetzt.

---

focus.de/sport/mehrsport/tid-13794/schwimmanzug-streit-neue-regeln-alte-probleme_aid_384386.html (Stand: 29.01.2012).

224 Nun hat die *FINA* neue Regeln für die Materialschlacht im Wasser aufgestellt: Lediglich ein Anzug darf getragen werden. Maßschneiderungen sind verboten. Der Anzug darf Auftrieb bis maximal 1 Newton/100 Gramm und eine maximale Dicke von einem Millimeter haben. Außerdem darf er nicht über Nacken, Schulter und Knöchel hinausgehen. Vgl. auch die Liste der von der *FINA* genehmigten Schwimmanzüge, abrufbar unter http://www.fina.org/H2O/index.php?option=com_content&view=article&id=917&Itemid=461 (Stand: 02.02.2012).

225 Zur Differenzierung der Strafen vgl. *Adolphsen*, Internationale Dopingstrafen, S. 334–341.

226 *Adolphsen*, Internationale Dopingstrafen, S. 14 f.; *von Krockow*, Sport und Industriegesellschaft, S. 17.

227 *Schattmann*, Betrug des Leistungssportlers im Wettkampf, S. 10.

B.
Definition der Korruption im Sport

Eine klare Definition der Korruption fällt bereits ohne konkreten Sportbezug schwer[228]. Bei vielen problematischen Verhaltensweisen im Sport kann nicht eindeutig von korruptem Verhalten gesprochen werden. Dies liegt zum einen daran, dass der Begriff der Korruption von Nation zu Nation (und von Kontinent zu Kontinent) sowie von Sportart zu Sportart unterschiedlich ausgelegt wird, zum anderen daran, dass er einem steten Wandel der gesellschaftlichen Moral- und Wertvorstellungen unterliegt[229].

I. Definitionsproblematik

Was die nationen- oder kontinentspezifische Interpretation von Korruption anbelangt, veranschaulichen die teilweise vorzufindenden Vorwürfe, bei der Vergabeentscheidung der Fußballweltmeisterschaften 2006 nach Deutschland sei mit Hilfe der Vereinbarung von finanziell lukrativen Freundschaftsspielen des *FC Bayern München* mit den Verbänden der vier *FIFA*-Vorstands-Mitglieder *Makudi* (Thailand), *Chiboud* (Tunesien), *Warner* (Trinidad) und *Mifsud* (Malta) „nachgeholfen" worden, die Problematik bei der Grenzziehung zwischen „international üblich[en][230]" Freundschaftsgesten und Geschenken einerseits und Korruption andererseits[231].

Ein Fall der *Tour de France* verdeutlicht, dass die Bezeichnung eines Verhaltens im Sport als Korruption von den Regeln des jeweiligen Verbandes und den Einstellungen der Gesellschaft, aber auch von der sportartenspezifischen Interpretation des Begriffes abhängt. Obwohl schon im ersten Jahr der *Tour de France* (1903) „Teams" existierten, schrieb das Reglement einen „reinen Kampf der Einzelfahrer" vor. Dennoch überließen 1904 *Lucien Pothier* und *César Garin* ihrem Teamkollegen *Maurice Garin* gegen eine unbekannte Summe den Gesamtsieg und fuhren selbst auf den Plätzen zwei und drei in Paris ein[232]. Im Vergleich zu früher fahren heute die einzel-

---

228 S. Erstes Kapitel A. I.-III.

229 *Maennig*, in: *von Arnim* (Hrsg.), Korruption und Korruptionsbekämpfung, S. 81 (90); *ders.*, Olympisches Feuer 1/2005, 20 (21).

230 Mit diesem Verweis wies der Präsident des Organisationskomitees der Fußballweltmeisterschaft 2006, *Franz Beckenbauer*, die Korruptionsvorwürfe zurück, *o. V.*, F.A.Z. v. 20.04.2003, S. 13.

231 Ausführlich zu den obskuren Umständen der Vergabeentscheidung der Fußballweltmeisterschaft 2006, *Kistner*, in: *Weinreich* (Hrsg.), Korruption im Sport, S. 169ff.

232 *Maennig*, in: *von Arnim* (Hrsg.), Korruption und Korruptionsbekämpfung, S. 81 (90); *ders.*, Olympisches Feuer 1/2005, 20 (22).

nen Fahrer „für den Kapitän" ihres Rennstalls, der im Hinblick auf das Gesamtklassement am stärksten eingeschätzt wird. Die Rollen im Team sind dabei klar verteilt: es gibt Wasserträger, die sog. Domestiken, und Sprint- und Bergspezialisten, die sich in den Dienst der Mannschaft stellen. Dass zum Erreichen des bestmöglichen Ergebnisses für den Kapitän durchaus ein bewusstes „Zurücknehmen" der eigenen Leistung der einzelnen Fahrer verbunden sein kann, ist in diesem Sport fest etabliert, allgemein bekannt und regelgerecht.

In anderen Sportarten findet ein solches Verhalten hingegen (noch) keine Akzeptanz in der Gesellschaft. So protestierten z. B. die Zuschauer vehement gegen die „Stallorder[233]" der *Scuderia Ferrari* beim Großen Preis von Spielberg (Österreich) im Jahr 2002, als *Rubens Barrichello* seinen Teamkollegen *Michael Schumacher*, der in der Fahrer-Wertung um die Weltmeisterschaft in aussichtsreicherer Position lag und um jeden Punkt kämpfte, kurz vor der Ziellinie passieren ließ[234].

Erfolg versprechende Bemühungen um eine Eindämmung und Bekämpfung der Korruption im Sport setzen jedoch deren Definition und gründliche Kenntnis voraus. Sportliche Korruptionssachverhalte sollten klar benannt und erkannt werden können und von anderem sportlichen Verhalten eindeutig abgrenzbar sein. Im Folgenden soll deshalb in Anlehnung an den Definitionsansatz von *Maennig*[235] unter Korruption im Sport zum einen ein Verhalten von Athleten verstanden werden, bei dem diese nicht den sportüblich hohen Einsatz zur Erringung eines sportlichen Sieges oder Ranges erbringen, d. h. unter ihrem tatsächlichen Leistungsvermögen bleiben und anderen Athleten den Sieg vorsätzlich überlassen; zum anderen ein Verhalten von Funktionsträgern, bei dem diese ihr Amt bewusst nicht entsprechend den Zielsetzungen und moralischen Werten ihres Vereines, Verbandes, des Wettkampfsportes im Allgemeinen und der Sportwelt ausüben, weil sie (Athleten und Funktionsträger) hierdurch finanzielle oder andere Vorteile von dem Begünstigten erhalten oder für sich erhoffen[236].

---

233 *Maennig*, in: *von Arnim* (Hrsg.), Korruption und Korruptionsbekämpfung, S. 81 (91 Fn. 6) bringt die von der Teamleitung befohlene „Stallorder" insofern in Zusammenhang mit Korruption, als dass mit deren Befolgung der Sportler auf eine bessere sportliche Platzierung verzichtet, um sich seinen gut dotierten Arbeitsplatz zu erhalten.

234 *O. V.*, F.A.Z. v. 27.06.2002, S. 45. Nach Ansicht der *FIA* war das Überholmanöver vom Reglement gedeckt. Dennoch wurde im darauffolgenden Jahr die Stallorder von der *FIA* verboten. Nach einem weiteren Vorfall einer „indirekten" Stallorder beim Großen Preis von Deutschland im Jahr 2010 wurde das Verbot für die Saison 2011 wieder aus dem *FIA*-Reglement gestrichen.

235 *Maennig*, in: *von Arnim* (Hrsg.), Korruption und Korruptionsbekämpfung, S. 81 (82).

236 Für alternative Definitionsversuche vgl. *Theobald*, Corruption, Development and Underdevelopment, S. 1–18.

Dieser Ansatz stellt die Kernpunkte heraus, die als Inbegriff korrupten Verhaltens im Sport gelten. Bei den im Folgenden näher zu betrachtenden Konstellationen wird die Definition durchaus zuweilen eingeschränkt oder gar erweitert werden müssen; dennoch bildet sie die charakteristischen Merkmale ab, anhand derer die Korruption im Sport identifizierbar ist.

II. Abgrenzungsschwierigkeiten

Die Korruption im Sport lässt sich weder eindeutig von der Korruption in der Privatwirtschaft (sog. private-to-private corruption) und von der auf dem öffentlichen Sektor (sog. private-to-public corruption) abgrenzen noch – trotz einer Reihe von Gemeinsamkeiten – einer der beiden Korruptionsarten zuordnen.

Einerseits umfasst der Sportsektor ebenso wie andere Wirtschaftsbereiche ein breites Spektrum von Diensten und Gütern, die ökonomisch betrachtet als marktfähige Dienstleistungen anzusehen sind. Auch die Führung eines professionellen Sportteams wie z. B. die ausgegliederte und in eine Kapitalgesellschaft umgewandelte Lizenzspielerabteilung eines Fußballbundesligisten unterscheidet sich nicht von der eines Wirtschaftsunternehmens, so dass durchaus Parallelen zur Privatwirtschaft bestehen. Andererseits weist die Korruption im Sport auch Gemeinsamkeiten mit dem Missbrauch öffentlich anvertrauter Macht auf, denn die Sportwelt wird von Vereinen und nationalen und internationalen Verbänden dominiert, die als eingetragene Vereine eine demokratische Entscheidungsstruktur haben. Sport wird zum Teil sogar als eine „globale Spezialdemokratie[237]" verstanden mit einem vordergründig demokratischen System, das aber durch teilweise rechtsfreie Räume und Ausnahmeregelungen geprägt ist. Darüber hinaus weist die Sportwelt die Besonderheit der Kooperenz auf, die Kooperation von Wettbewerbern[238].

Betrachtet man den einzelnen sportlichen Wettkampf aus ökonomischer Sicht, so sind die Mannschaften oder Athleten zwar rechtlich und wirtschaftlich selbstständig, das vermarktungsfähige Produkt „attraktiver Zuschauersport" entsteht jedoch nur durch Kooperation mit der Konkurrenz. Im Bereich der Sportdienstleistungen ist außerdem ein Zusammenspiel zwischen dem Non-Profit-Bereich und dem kommerziell orientierten Bereich[239] festzustellen – auch diese Besonderheit tritt weder im privaten noch im öffentlichen Sektor in gleicher oder ähnlicher Weise auf.

Aus ökonomischer Sicht gibt es demnach sportspezifische Eigenheiten der Korruption im Sport, die ihre Differenzierung von der Korruption in

237 *Weinreich*, in: *Weinreich* (Hrsg.), Korruption im Sport, S. 22 (31).

238 *Woratschek*, in: *Zieschang/Woratschek/Beier* (Hrsg.), Kooperenz im Sportmanagement, S. 9.

239 *Woratschek*, in: *Zieschang/Woratschek/Beier* (Hrsg.), Kooperenz im Sportmanagement, S. 10.

der Privatwirtschaft und der im öffentlichen Bereich sinnvoll erscheinen lässt. Die Korruption im Sport ist demnach als eine dritte Art von Korruption anzusehen, die mit den beiden anderen Korruptionsarten zwar gemeinsame Schnittmengen hat, im übrigen sich aber von diesen durch ihre sportspezifischen Eigenheiten unterscheidet.

C. Geschichte der Korruption im Sport

Die Anfänge der Korruption im Sport reichen zurück bis in die Antike. Im ersten dokumentierten Fall der Sportgeschichte bestach der Athlet *Eupolos* aus Thessalia bei den 98. Olympischen Spielen 388 v. Chr. drei seiner Gegner, unter ihnen den Faustkampf-Sieger der vorangegangenen Olympiade, erfolgreich[240] mit hohen Geldsummen[241]. *Eupolos* und den drei bestochenen Gegnern, die ihm bei den Endkämpfen absprachegemäß unterlagen, wurden hohe Geldstrafen auferlegt, mit denen die ersten sechs *Zeus*-Statuen[242] errichtet wurden. Der nächste dokumentierte Fall datiert aus dem Jahr 332 v. Chr.: Der Athener *Kallippos* erkaufte sich bei den 112. Spielen den Sieg im Pentathlon[243]. Bis zum nächsten – offiziell verzeichneten – Korruptionsfall dauerte es mehr als 250 Jahre: 68 v. Chr. zahlte der Ringer *Eudelos* seinem rhodischen Konkurrenten *Philostratos* eine „Entschädigung" dafür, dass er ihm den Olympiasieg überließ[244]. Zwei weitere Vorfälle dieser Art wurden in der römischen Kaiserzeit aufgedeckt: Der Fall des *Damonikos* von Elis 12 v. Chr. ist deshalb besonders erwähnenswert, weil in die Bestechung erstmals ein „Funktionär", ein Bürger der austragenden Stadt Elis, involviert war. *Damonikos*, der Vater des olympischen Ringers *Polyktor*, bestach *Sosandros*, damit dessen gleichnamiger Sohn den Olympiasieg

240 Nach den damaligen Regeln konnte der Olympiasieg nachträglich nicht mehr aberkannt werden. Der Name des *Eupolos* blieb in der offiziellen Siegerliste verzeichnet, vgl. *Weeber*, Die unheiligen Spiele, S. 118.

241 *Bengtson*, Die Olympischen Spiele in der Antike, S. 81; *Ebert* (Hrsg.), OLYMPIA, S. 71.

242 Vgl. dazu bereits Zweites Kapitel A. I.

243 Der Fall weitete sich – im Gegensatz zum ersten Bestechungsfall – zu einem großen Skandal aus und nahm sogar politische Dimension an, da die Athener den Betrugsverdacht empört zurückwiesen. Sie schickten sogar eine Gesandtschaft nach Elis, die (vergeblich) versuchte, die *Hellanodiken* zu überreden, die Angelegenheit auf sich beruhen zu lassen. Athen blieb den nächsten Olympischen Spielen fern, ob aus „freiwillig" erklärtem Verzicht oder aufgrund eines Beschlusses der Organisatoren, ist unklar. Schließlich wurde das Orakel von Delphi befragt, das den Eleern Recht gab. Athen zahlte das Strafgeld (damals haftete die Sippe und sogar die Heimatstadt, vgl. *Drees*, OLYMPIA, S. 59), mit dem sechs weitere Statuen errichtet wurden. Eine der Inschriften paraphrasiert *Pausanias*, V 21, 4, ein „antiker Sportjournalist", folgendermaßen: *„[...] die vierte (Inschrift) will sagen, dass es beim Wettkampf in Olympia um Tüchtigkeit und nicht um Geld geht."*, zitiert bei *Seitscheck*, Forum Archaeologiae 42/ III/2007, 1 (4).

244 *Bengtson*, Die Olympischen Spiele der Antike, S. 81; *Decker*, Sport in der griechischen Antike, S. 151.

Polyktor überließ[245]. Der letzte dokumentierte Korruptionsfall der klassischen Olympischen Spiele datiert aus dem Jahr 125 n. Chr., als zwei Boxer einer verbotenen Absprache überführt wurden[246].

Immerhin schien der Respekt der Athleten und Trainer vor *Zeus*, zu dessen Ehren die Olympischen Spiele ausgetragen wurden, höher zu sein als vor den Schutzgöttern anderer Festspiele. Dass die Betrugsschwelle bei diesen deutlich niedriger war als bei den Olympischen Spielen, berichtet *Philostrat*, der Verfasser einer Abhandlung „Über Gymnastik" aus dem 3. Jahrhundert n. Chr. Zwar bleibt offen, wann das laut *Philostrat* „ganz übliche Verschachern" von Siegen bei Sportfesten in der Antike begann, da die Schrift relativ spät entstand; sicher ist aber, dass sowohl Athleten als auch bereits Trainer und Funktionäre an den Betrugstechniken beteiligt und am Verfall der Sportmoral schuld waren[247].

Wenngleich somit lediglich nicht einmal ein halbes Dutzend an Korruptionsfällen in der rund tausendjährigen Geschichte der klassischen Olympischen Spiele dokumentiert ist, kann man mit einer hohen Dunkelziffer vergleichbarer Bestechungen und Absprachen rechnen und dürfte Korruption im zeitgenössischen Sport auch außerhalb Olympias ein weit verbreitetes Phänomen gewesen sein[248].

---

245 *Drees*, OLYMPIA, S. 60; *Weeber*, Die unheiligen Spiele, S. 119; *Decker*, Sport in der griechischen Antike, S. 151.

246 *Weeber*, Die unheiligen Spiele, S. 119.

247 *Philostrat*, Gymnastikos 45: *„Sie kommen nämlich mit Geld versehen zum Training, leihen den Athleten zu höherem Zinsfuß, als er bei Kaufleuten zur See üblich ist und nehmen keine Rücksicht auf den Ruhm der Athleten, sondern raten ihnen zum Kauf und Verkauf (der Siege) und suchen nur ihren eigenen Vorteil…"*, zitiert bei *Weeber*, Die unheiligen Spiele, S. 120.

248 *Decker*, Sport in der griechischen Antike, S. 152; *Weeber*, Die unheiligen Spiele, S. 119f.; *Seitscheck*, Forum Archaeologiae, 42/III/2007, 1 (5). Dagegen waren *Drees*, OLYMPIA, S. 60, zufolge „solche Fälle des Betrugs, selbst wenn nicht alle Vergehen bekannt oder überliefert sind, doch sehr selten."

D.
Umfang der Korruption im Sport – Rechtstatsächliche Situation

Ob Spiel- oder Wettmanipulationen, der Kampf um bessere Rangplätze, beim Sponsoring, bei der Berichterstattung im Fernsehen, bei der Vergabe von sportlichen Großereignissen, von Bauaufträgen für Stadien oder von Funktionärsposten – Verdachtsmomente und Korruptionsvorwürfe wurden schon in der Vergangenheit laut und haben sich oftmals bewahrheitet.

I. Übersicht dokumentierter Korruptions(verdachts)fälle im nationalen und internationalen Spitzensport

Die Manipulation von sportlichen Ergebnissen, das sog. match-fixing, ist ein ernstzunehmendes Problem für viele Sportarten auf allen Ebenen. Quer durch das Sportspektrum sind Funktionäre, Schiedsrichter, Trainer und Athleten, die ihre Positionen für persönliche Vorteile missbrauchen, im Zentrum der Manipulationen. Das match-fixing betrifft nicht nur die sportlichen Ergebnisse, sondern auch die im Hintergrund platzierten Sportwetten, die weltweit einen Markt von 290 Mrd. US-$ ausmachen und Sportarten von Boxen über American Football bis hin zu Eishockey und Kricket einschließen[249].

Die Übersicht 1[250] zeigt eine Auswahl von Korruptions(verdachts)fällen aus der Geschichte der Korruption im Sport mit einem Schwerpunkt auf den letzten Jahren.

---

249 Allein im US-Staat Nevada werden jährlich durchschnittlich drei Mrd. US-$ auf Rennen und Sport gesetzt, *TRANSPARENCY INTERNATIONAL*, Corruption and Sport, Working Paper # 03/2009, S. 3.

250 In Anlehnung an *Maennig*, in: *von Arnim* (Hrsg.), Korruption und Korruptionsbekämpfung, S. 81 (87 ff.) und *ders.*, Vierteljahreshefte zur Wirtschaftsforschung 73 (2004), 263 (266 ff.).

Lfd. Nr.	Zeitperiode	Institution/ Sportart	Land	Art der Korruption (sverdachts-momente)	Konsequenzen
1	1919	*Major League* Baseball	USA	*Thomas Burns* und eine weitere Person bestachen erfolgreich acht Spieler der *Chicago White Sox* mit je 12.500 US-$, damit sie das Spiel um die *World Series* verlieren.	Die acht Spieler wurden vom ersten Kommissar der *Major League* Baseball lebenslang vom Baseball suspendiert, obwohl alle vor ordentlichen Gerichten freigesprochen wurden. Keiner der Spieler wurde in die Hall of Fame aufgenommen, obwohl dies nach den athletischen Leistungen für mindestens einen angemessen gewesen wäre[251].
2	1945, 1947–1951, 1957–1961, 1978/79, 1984/85, 1989, 1993/94, 1996–1998	College Basketball	USA	Zwei Spieler vom *Brooklyn College* nahmen 1945 1.000 US-$ an, um dafür das Spiel gegen das *Akron College* zu verlieren. Mitte der 50er Jahre wurden 32 Spieler von sieben US-Universitäten des *point shavings* (Manipulation der Spielhöhe) gegen Bestechungssummen von wöchentlich 50 US-$ bis zu einmalig 2.500 US-$ pro Spieler und Spiel überführt. Zwischen 1948 und 1951 wurden 87 Spiele manipuliert, zumeist um Wett-	Beide Spieler von 1945 wurden der Universität verwiesen und mussten eine Strafe von 500 US-$ zahlen. Durch eine Gesetzesänderung wurden die Bestechung im Amateurbereich und das *point shaving* strafbar; ab dem Jahr 1951 auch für Schiedsrichter. Es wurden etliche Verwarnungen, (teilweise lebenslange) Sperren, Geld- und Haftstrafen in den Fällen nach 1945 verhängt. Die *National Collegiate Athletic Asso-*

251 *Mallory*, in: *Lee/Lee* (Hrsg.), Sport and Criminal Behavior, S. 107 (122); *Kudlac*, Fair or foul, S. 97 f.

Lfd. Nr.	Zeitperiode	Institution/ Sportart	Land	Art der Korruption (sverdachts- momente)	Konsequenzen
				gewinne zu beeinflussen. 1961 wurden 476 Spieler aus 27 Universitäten von Buchmachern bestochen, um 43 Spiele zu manipulieren. 1978/79 wurden zwei Spieler des *Boston College* bestochen, um neun Spiele zu manipulieren.	*ciation (NCAA)* verfolgte eine „zero tolerance"-Politik, baute mit den anderen Verbänden und dem *FBI* ein Anti-Korruptions-Programm auf und produzierte einen Aufklärungsfilm für Athleten und Trainer. Mittlerweile sind Wetten auf Hochschulsportveranstaltungen verboten[252].
3	1988	Olympische Spiele/Boxen	Korea	Zahlreiche Kampfrichter erhielten Bestechungsgelder, damit Koreaner aus möglichst vielen Kämpfen als Sieger hervorgehen. Hauptbetroffener war der Supermittelgewichtsboxer *Roy Jones*, der hinter dem Koreaner *Park Si-Hun* „nur" Silber gewann.	Es wurde ein neues computergestütztes Punktesystem eingeführt, bei dem fünf Ringrichter eine Tastatur verwenden, um die Treffer zu registrieren. Ein Ringrichter wurde lebenslang gesperrt. *Jones* wurde die Goldmedaille aber nicht aberkannt.
4	Ca. 1994/95	IOC	USA und andere	Die Führung des Bewerbungskomitees von Salt Lake City für die Olympischen Winterspiele 2002 um den Vorsitzenden *Tom Welch* und seinen Stellvertreter *Dave Johnson* soll bei den (erfolgreichen) Bemühungen	Sechs *IOC*-Mitglieder wurden ausgeschlossen, vier traten zurück, zehn weitere erhielten Verwarnungen. *Tom Welch* und *Dave Johnson* wurden vom US-Bundesgericht in Utah explizit von allen

252 *Maennig*, Vierteljahreshefte zur Wirtschaftsforschung 73 (2004), 263 (266); *Mallory*, in: *Lee/Lee* (Hrsg.), Sport and Criminal Behavior, S. 107 (124) und *Kudlac*, Fair or foul, S. 98 ff. jeweils mit zahlreichen weiteren Fällen von Korruption im US-College-Basketball.

Lfd. Nr.	Zeitperiode	Institution/ Sportart	Land	Art der Korruption (sverdachts-momente)	Konsequenzen
				um die Winterspiele IOC-Mitglieder u. a. mit Reisen, Immobiliengeschäften, Operationen, Barzahlungen und sonstigen Vorteilsgewährungen wie Aufenthaltsgenehmigungen und Universitätsstipendien für Angehörige in Höhe von rund 1,2 Mio. US-$ beeinflusst haben.	Bestechungsvorwürfen freigesprochen[253].
5	Bis 1999	Boxen/*IBF* und andere	USA	Der Präsident der *IBF*, *Bob Lee*, und drei weitere Verbandsfunktionäre sollen mindestens 338.000 US-$ Bestechungsgelder angenommen haben und im Gegenzug dafür Ranglisten manipuliert und Titelkämpfe angesetzt haben, ohne dass eine angemessene sportliche Legitimation vorlag. Allein von *George Foremans* Management soll *Lee* 100.000 US-$ erhalten haben, um einen WM-Titelkampf gegen den damals	*Lee* und seine drei Gefolgsleute wurden vor dem US-Bundesgericht angeklagt[254].

253 *„[...] a reasonable jury could not find beyond a reasonable doubt that either defendant Welch or defendant Johnson had the required intent to promote, manage, establish, carry on or faciliate any unlawful activity. Moreover, there is insufficient evidence for a reasonable jury to find that these defendants violates elements of Utah's commercial bribery statute [...]"*, so Richter Sam in seiner Urteilsbegründung, vgl. *o. V.*, Concluding Words in Salt Lake City. Transcript of Judge Sam's December 5th dismissal of the Olympic case, Sport intern, 35 (25), 4.

254 *Graham*, Hot to Get Ranked in Boxing, abrufbar unter http://a.espncdn.com/boxing/columns/graham/207931.html (Stand: 02.02.2012).

Lfd. Nr.	Zeitperiode	Institution/ Sportart	Land	Art der Korruption (sverdachts-momente)	Konsequenzen
				nicht gelisteten *Axel Schulz* anzusetzen.	
6	1994 bis 2000	Cricket	Australien, Pakistan, Südafrika	Australian Cricket Board 1994: *M Waugh* und *S Warne* erhielten von Buchmachern 4.000 bzw. 5.000 US-$ für Insiderinformationen. Pakistan Cricket Board 1994: *S Malik* bot den australischen Spielern *M Waugh, S Warne* und *T May* 200.000 US-$ für schlechte Leistungen. United Cricket Board of South Africa: Der Kapitän der südafrikanischen Mannschaft *Hansie Cronjé* erhielt von einem Buchmacher 100.000 US-$ für eine schlechte Leistung.	Nach ihren Geständnissen erhielten *Waugh* und *Warne* eine Geldstrafe von 10.000 bzw. 8.000 US-$. *Malik* und *Cronjé* wurden lebenslang aus dem Cricket-Verband ausgeschlossen. Der Internationale Cricket-Verband führte Anti-Korruptionseinheiten und Erklärungsformulare ein und verstärkte die Zusammenarbeit mit der Justiz und den Verbänden[255].
7	1989 bis 2001	ISMM	Schweiz/ International	Sechs Managern der einst größten, im Jahre 2001 jedoch in Insolvenz gegangenen Sportvermarktungsagentur *International Sports Media & Marketing (ISMM)* wurde vorgeworfen, in ihrem verschachtelten Konzern ein weit verzweigtes Schmiergeldsystem aufgebaut und aus einem	Ein Strafgericht im Schweizer Kanton Zug, vor dem die Manager wegen Untreue, Gläubigerschädigung und Konkursbetrug angeklagt waren, sprach im Juli 2008 drei der sechs Angeklagten frei, die übrigen erhielten Geldstrafen in geringer Höhe[256].

255 *Maennig*, Vierteljahreshefte zur Wirtschaftsforschung 73 (2004), 263 (267).

256 *Dunsch*, F.A.Z. v. 26.03.2008, S. 31; *ders.*, F.A.Z. v. 27.10.2010, S. 27; *Ashelm*, F.A.Z. v. 21.10.2011, S. 32.

Lfd. Nr.	**Zeitperiode**	**Institution/ Sportart**	**Land**	**Art der Korruption (sverdachtsmomente)**	**Konsequenzen**
				„Schmiergeld-Fonds" Gelder im Umfang von 100 Mio. CHF an diverse Sportverbände, allen voran der *FIFA*, im Zusammenhang mit dem Abschluss von Verträgen überwiesen zu haben[257].	
8	2002	Olympische Spiele/ Eiskunstlauf, Paarlauf	Frankreich/ Russland	Die französische Punktrichterin *Marie-Reine Le Gougne* hat dem russischen Paar *Yelena Berezhnaya* und *Anton Sikharulidze* eine unangemessen hohe Benotung zukommen lassen und damit deren Olympiasieg im Paarlauf gesichert. Im Gegenzug soll ein russischer Punktrichter den Franzosen *Marina Anissina* und *Gwendal Peizerat* die Goldmedaille im Eiskunstpaarlauf mit einer sehr hohen Bewertung ermöglicht haben. Vermittler soll der Russe *Alimzhan Thktakhunov* gewesen sein.	Dem dadurch geschädigten kanadischen Paar *Jamie Sale* und *David Pelletier* wurde vom *IOC* eine zweite Goldmedaille im Paarlauf verliehen. *Marie-Reine Le Gougne* und der Präsident des französischen Eislaufverbandes wurden für jeweils drei Jahre gesperrt und von den Olympischen Winterspielen 2006 in Turin ausgeschlossen. Ferner hat die Internationale Eislauf-Union in der Saison 2004/2005 ein neues Bewertungssystem eingeführt, das angesichts der Traditionsverhaftung dieses Verbandes durchaus als „revolutionär" bezeichnet werden kann. Unter anderem wurden die A- und B-

257 *Dunsch*, F.A.Z. v. 26.03.2008, S. 31; *ders.*, F.A.Z. v. 27.10.2010, S. 27; *Ashelm*, F.A.Z. v. 21.10.2011, S. 32.

Lfd. Nr.	Zeitperiode	Institution/ Sportart	Land	Art der Korruption (sverdachts-momente)	Konsequenzen
					Note zugunsten einer einheitlichen Bewertung abgeschafft. Nunmehr bewerten 14 Preisrichter anonym, dann wählt ein Computer neun Noten per Zufall aus[258].
9	Bis 2003	Koreanisches *NOK/IOC/* Welt-Taekwondo-Verband	Südkorea	Der damalige Präsident des koreanischen *NOK* und Vizepräsident des *IOC, Kim Un-Yong,* soll insgesamt etwa 333.000 € von Funktionären erhalten haben, die dafür in das Nationale Olympische Komitee von Südkorea aufgenommen wurden.	Die südkoreanische Justiz verurteilte *Un-Yong* zu zwei Jahren Haft[259].
10	Bis 2004	*Hessischer Rundfunk (hr)*/mehrere Sportarten	Deutschland	Der ehemalige Leiter der Sportredaktion des *hr*, Dr. *Jürgen Emig*, gründete 2000 mit einem Geschäftspartner die *SMP GmbH*, die sich mit der Vermarktung von Sportveranstaltungen befasste. Für eine umfangreiche und werbewirksame Fernsehberichterstattung im *hr* u. a. des Euromarathons 2000	Am 02.10.2008 verurteilte das LG Frankfurt den ehemaligen Sportchef wegen Bestechlichkeit in sechs Fällen, wegen Untreue in sechs Fällen und wegen Beihilfe zur Bestechung zu einer Gesamtfreiheitsstrafe von zwei Jahren und acht Monaten[260].

258 *Zorn*, F.A.Z. v. 09.09.2002, S. 27.

259 S. hierzu http://www.faz.net/aktuell/sport/sportpolitik/olympia-letzte-instanz-bestaetigt-urteil-gegen-kim-1209189.html (Stand: 20.01.2012).

260 Das Urteil des LG Frankfurt v. 02.10.2008 – 5–12 KLs/2/07/7740 Js 214435/04 wurde vom BGH, Urt. v. 27.11.2009 – 2 StR 104/09, bestätigt. S. dazu ausführlich Drittes Kapitel A. I. 3 und III. 3. a).

Lfd. Nr.	Zeitperiode	Institution/ Sportart	Land	Art der Korruption (sverdachts-momente)	Konsequenzen
				bis 2003, des Ironman 2002 und 2003 und des Radrennens „Rund um den Henninger Turm“ 2001 bis 2003 verlangte er von den jeweiligen Verbänden Zahlungen von 20.000 bis 30.000 € an die Vermarktungsfirma.	
11	Bis 2004	Infineon Technologies AG	Deutschland/ Schweiz	Der frühere *Infineon*-Chef *Ulrich Schumacher* und das Vorstandsmitglied *Andreas von Zitzewitz* sollen von dem damaligen Sponsorenvermittler *Udo Schneider* Geld angenommen haben, damit sie die Geschäftsbeziehung und das Motorsport-Sponsoring aufrechterhalten.	Die Staatsanwaltschaft München warf *Schumacher* u. a. Bestechlichkeit im geschäftlichen Verkehr vor, doch der Strafprozess vor dem LG München I wurde am 14.09.2009 eingestellt, weil der Hauptvorwurf der Bestechlichkeit im geschäftlichen Verkehr *Schumacher* nicht nachzuweisen gewesen war[261].
12	2004	Olympische Spiele/Boxen	Griechenland/ Thailand	Es sollen 40.000 US-$ bezahlt worden sein, um den Sieg des thailändischen Boxers *Manus Boomjumjong* gegen den Kubaner *Yudel Johnson* sicherzustellen[262].	
13	Bis 2005	Mitteldeutscher Rundfunk (MDR)	Deutschland	Die Firma *Techem AG* zahlte von 1997 bis 2005 insgesamt über 100.000 € an den Medienberater	*Mohren* wurde am 29.09.2009 vom LG Leipzig wegen Vorteilsannahme in drei Fällen und wegen

261 *O. V.*, F.A.Z. v. 06.01.2011, S. 14.
262 *O. V.*, Sport intern, 36 (20/21), 1.

Lfd. Nr.	Zeitperiode	Institution/ Sportart	Land	Art der Korruption (sverdachts-momente)	Konsequenzen
				Winfried Mohren, der gleichzeitig Sportchef des *MDR* war. Dafür setzte dieser sich konsequent für eine breite Berichterstattung über ein jährlich stattfindendes, sportlich zwar unbedeutendes, aber von der *Techem AG* gesponsertes Hallenfußball-Turnier und über von der *Techem AG* geförderte und deren Logo präsentierende Sportler im *MDR* ein.	Bestechlichkeit in 19 Fällen zu einer Gesamtfreiheitsstrafe von zwei Jahren verurteilt, deren Vollstreckung zur Bewährung ausgesetzt wurde[263].
14	2004	IOC	Bulgarien	Ein durch die *BBC* vorgetäuschter Bestechungsversuch für die Olympischen Spiele 2012 in London gegenüber *Iwan Slawkow* war erfolgreich.	Das IOC entzog *Slawkow* die Mitgliedschaft. Vier Nicht-Mitglieder, die als „*IOC*-Stimmen-Händler" auftraten, werden zur persona non grata erklärt[264].
15	2004	Schach	Russland/ Deutschland	Der Ukrainer *Sergej Karjakin* behauptete, der Russe *Wassilij Malinin* habe ihm Geld für einen für *Wassilij* günstigen Spielausgang geboten. Der in Deutschland lebende Russe *Igor Chenkin* soll mit seinem Schachgegner	Die Einladung der verdächtigen Spieler zu wichtigen Turnieren wurde in Frage gestellt[265].

263 LG Leipzig, Urt. v. 29.09.2009 – 11 KLs 918 Js 41987/09, S. 2. Die Zitierweise richtet sich nach der der Verfasserin vorliegenden anonymisierten Urteilsabschrift. Ausführlich zu diesem Fall der „indirekten Sportkorruption", s. Drittes Kapitel A. I. 3. und III. 3. b).

264 *O. V.*, F.A.Z. v. 08.07.2005, S. 32.

265 *Löffler*, F.A.Z. v. 27.07.2004, S. 30.

Lfd. Nr.	Zeitperiode	Institution/ Sportart	Land	Art der Korruption (sverdachts-momente)	Konsequenzen
				Sergej Rubljewski für das Moskauer Frühjahrs-Open eine Teilung des Preisgeldes vereinbart haben. Daraufhin vermied *Chenkin* ein logisches Remis und verlor die Partien sehr schnell.	
16	2005	Tennis	Frankreich	Der französische Tennisprofi *Mathieu Montcourt* platzierte von Juni bis September 2005 über ein von ihm unter seinem Namen eingerichtetes Online-Wettkonto bei einem kommerziellen Wettanbieter verschiedene Wetten im Gesamtwert von 192 US-$ auf 36 verschiedene Tennismatches. Dabei wettete er allerdings nie auf ein eigenes Match oder auf ein Match innerhalb eines Turniers, an dem er selbst teilnahm. Unter Berücksichtigung aller Gewinne und Verluste verbuchte er insgesamt ein Minus in Höhe von 36,60 US-$[266].	Am 07.08.2008 belegte der gemäß den *ATP*-Regeln insoweit zuständige „Anti-Corruption Hearing Officer" der *ATP Montcourt* mit einer Sperre von acht Wochen für jedwede *ATP*-Veranstaltung sowie mit einer Geldstrafe von 12.000 US-$. Der CAS (2008/A/1630 *Mathieu Montcourt* v/ATP) entschied in der Berufung am 13.05.2009, dass die Dauer der Sperre von acht auf fünf Wochen herabgesetzt wird. Er bestätigte dagegen die Höhe der festgesetzten Geldbuße von 12.000 US-$[267].

266 *Dittschar*, CaS 2009, 204 (205).
267 *O. V.*, CaS 2009, 200 ff.; *Dittschar*, CaS 2009, 204 (206 ff.).

Lfd. Nr.	Zeitperiode	Institution/ Sportart	Land	Art der Korruption (sverdachts-momente)	Konsequenzen
17	2007	Handball	Deutschland	Beim *Champions-League*-Sieg des *THW Kiel* gegen die *SG Flensburg-Handewitt* im Jahr 2007 sollen die Schiedsrichter bestochen worden sein. Nach Aussagen von Zeugen gegenüber der Kieler Staatsanwaltschaft soll der damalige Manager des *THW Kiel, Uwe Schwenker,* gesagt haben, dass der *THW Kiel* insgesamt 120.000,00 € gezahlt habe, um auf dem Weg zum *Champions-League*-Sieg Unparteiische zu bestechen[268].	Das LG Kiel, bei dem *Schwenker* und *Serdarusic* wegen Betrugs zu Lasten der *EHF, Schwenker* zudem wegen Untreue zu Lasten des *THW Kiel* und *Serdarusic* der Beihilfe hierzu angeklagt waren, sprach beide am 26.01.2012 frei[269].

II. Übersicht dokumentierter Korruptions(verdachts)fälle speziell im nationalen und internationalen Fußballsport/ Spielmanipulationen

Fußball, die beliebteste aller Sportarten[270], ist eine jener Sportarten, die weltweit relativ stark von Spielmanipulationen betroffen ist. Die Übersicht 2[271] an ausgewählten Fällen zeigt, dass nicht bis zum Bundesliga-Skandal 1970/71 zurückgegriffen werden muss, um dies zu untermauern. Selbst bei einer Beschränkung auf das 21. Jahrhundert ist die Anzahl der Korruptionsfälle im Fußballsport beeindruckend hoch.

268 S. dazu ausführlich Drittes Kapitel C. I. 2. und III. 1. und 2.

269 *Heike*, F.A.Z. v. 27.01.2012, S. 32.

270 *Koch/Krämer*, CaS 2010, 302.

271 In Anlehnung an *Maennig*, in: *von Arnim* (Hrsg.), Korruption und Korruptionsbekämpfung, S. 81 (83 ff.) und *Koch/Maennig*, Fußball und Politik 2006, 50 (51 f.).

Lfd. Nr.	**Zeitperiode**	**Land**	**Art der Korruption(sverdachtsmomente)**	**Konsequenzen**
1	2000	Singapur	Der deutsche Torhüter *Lutz Pfannenstiel* und sein australischer Mannschaftskamerad *Mirko Jurilji* sollen Gelder von Buchmachern akzeptiert und versucht haben, Spiele mit eigener Beteiligung in der nationalen *S-League* zu verlieren.	Beide Spieler wurden wegen Korruption durch das *Corrupt Practices Investigation Bureau* in Singapur angeklagt. Obwohl *Pfannenstiel* der Gelderhalt nicht nachgewissen werden konnte, wurde er zu einer Freiheitsstrafe von drei Jahren verurteilt. *Jurilji* gestand die Taten und wurde zu Freiheitsstrafe von fünf Monaten verurteilt. Beide wurden aus ihren Verträgen mit ihrem damaligen Verein entlassen und von der *Singapore Football Association* lebenslang gesperrt[272].
2	2001/2002	Deutschland/ TSV München von 1860 e. V.	*Karl-Heinz Wildmoser jr.*, Sohn des damaligen Präsidenten des TSV München von 1860 e. V., hat 2,58 Mio. € dafür erhalten, dass er ausschreibungsrelevante Informationen an den österreichischen Baukonzern *Alpine GmbH* gegeben hat. Diese Informationen ermöglichten es dem Konzern, seine Konkurrenten gezielt zu unterbieten und sich den Bauauftrag für das Stadion *Allianz* Arena in München über 280 Mio. € zu sichern.	*Wildmoser jr.* wurde am 13.05.2005 vom LG München I wegen Bestechlichkeit im geschäftlichen Verkehr in Tateinheit mit Untreue zu einer Freiheitsstrafe von vier Jahren und sechs Monaten verurteilt[273].
3	Bis 2004	Portugal	150 Personen aus zehn portugiesischen Vereinen	Es wurden 16 Personen festgenommen und der

272 *Koch/Maennig* Fußball und Politik 2006, 50 (52).

273 LG München I, Urt. v. 13.05.2005 – 4 KLs 571 Js 50602/03, bestätigt durch den BGH, Urt. v. 09.08.2006 – 1 StR 50/06 (NJW 2006, 3290 ff.). S. zu diesem Fall ausführlich Drittes Kapitel A. I. 1. und III. 1.

Lfd. Nr.	Zeitperiode	Land	Art der Korruption(sverdachtsmomente)	Konsequenzen
			der ersten bis zur dritten Liga waren verdächtig, den Ausgang von Meisterschaftsspielen manipuliert zu haben.	Vorsitzende der Schiedsrichterkommission, *Jose Antonio Pinto de Sousa*, wurde wegen des Verdachts der Manipulation in 21 Fällen angeklagt[274].
4	Bis 2004	Tschechien	30 Schiedsrichter sollen Spielergebnisse der ersten Liga für je 1.000 bis 6.000 € im Auftrag von Vereinsfunktionären manipuliert haben, die Wetteinnahmen maximieren oder ihren Tabellenplatz verbessern wollten. 14 der 16 Erstligavereine waren davon betroffen.	Zwölf Schiedsrichtern wurden die Zahlungen nachgewiesen. Der tschechische Ligaausschuss verhängte Punktabzüge und Geldbußen für die bestechenden Vereine und belegte sechs Schiedsrichter und zwei Funktionäre mit Sperren und Geldstrafen[275].
5	Bis 2004	Südafrika	34 der 40 bestqualifizierten Schiedsrichter des Südafrikanischen Fußballverbandes wurde vorgeworfen, Spiele der höchsten Ligen für 3.000 Rand (was einem durchschnittlichen Monatsgehalt entspricht) bis 40.000 Rand (umgerechnet 5.300 €) manipuliert zu haben. Die meisten von ihnen waren geständig.	Zwei Verbandsangestellte und die Schiedsrichter wurden gesperrt[276].
6	Bis 2004	Italien	Der *FC Genua* erkaufte sich den Sieg gegen den *AC Venedig*, um aufzusteigen. Darüber hinaus geriet ein Großteil der Erstligavereine in den Verdacht, Fußballspiele in den höchsten Ligen zu Wettzwecken manipuliert zu haben.	Der Erstligist *FC Genua* stieg zwangsweise in die dritte Liga ab. Im Übrigen wurden lediglich geringfügige Strafen gegen 34 verwickelte Spieler und 19 Vereine verhängt[277].

274 *O. V.*, F.A.Z. v. 24.04.2004, S. 31.
275 *Koch/Maennig*, Fußball und Politik 2006, 50 (51).
276 *Koch/Maennig*, Fußball und Politik 2006, 50 (51).
277 *Koch/Maennig*, Fußball und Politik, a. a. O., S. 51.

Lfd. Nr.	Zeitperiode	Land	Art der Korruption(sverdachtsmomente)	Konsequenzen
7	Saison 2004 / 2005	Türkei	Der türkische Nationalspieler *Gökdeniz Karadeniz* gestand, mehrere Partien der türkischen *Süper Lig* manipuliert zu haben, um Wetterlöse zu maximieren.	*Karadeniz* wurde für zehn Monate gesperrt[278].
8	Bis 2005	Brasilien	Unternehmen sollen bei Schiedsrichtern Ergebnisse „bestellt" haben, um bei Online-Wetten zu gewinnen. Der *FIFA*-Schiedsrichter *Edilson Pereira de Carvalho* gab zu, bis zu elf Liga-Spiele manipuliert zu haben. Der Schiedsrichter *Paulo Danelon* gab die Manipulation von vier Partien in der Regionalmeisterschaft von São Paulo zu. Pro Spiel sollen 3.700 bis 5.550 € geflossen sein.	Elf Begegnungen der laufenden Meisterschaft wurden vom Verband annulliert und neu angesetzt. *Pereira de Carvalho* wurde lebenslang gesperrt[279].
9	2005	Deutschland	*Ante Sapina* und seine beiden Brüder gewannen die Schiedsrichter *Robert Hoyzer* und *Dominik Marks* sowie den Fußballspieler *Steffen Karl* gegen Zahlung oder das Versprechen von erheblichen Geldbeträgen (zwischen 3.000 und 50.000 €), dass diese durch falsche Schiedsrichterentscheidungen oder unsportliche Spielzurückhaltung Einfluss auf das Spielgeschehen nahmen. Auf ihre Bestechungsinitiative hin	*Sapina* wurde vom LG Berlin wegen Betrugs in zehn Fällen zu einer Gesamtfreiheitsstrafe von zwei Jahren und elf Monaten, *Hoyzer* wegen Beihilfe zum Betrug in sechs Fällen zu zwei Jahren und fünf Monaten verurteilt. Der BGH bestätigte die Verurteilungen[280]. Der *DFB* führte ein allgemeines Wettverbot für Spieler, Trainer, Funktionsträger und Schiedsrichter ein (§ 1 Nr. 2 und 3 Rechts- und Verfahrens-

278 *Koch/Maennig*, Fußball und Politik, a. a. O., S. 51.

279 *O. V.*, F.A.Z. v. 04.10.2005, S. 38.

280 BGH NStZ 2007, 151 ff. Zu dem Fall des Wettbetrugs ausführlich Drittes Kapitel B. I. 1. und III.

Lfd. Nr.	Zeitperiode	Land	Art der Korruption(sverdachtsmomente)	Konsequenzen
			schlossen sie auf die verfälschten Spiele Sportwetten bei Anbietern von *Oddset* ab und kassierten die fälligen Gewinne. Dadurch konnten sie das übliche und allseits bekannte Wettrisiko erheblich mindern und insbesondere bei nicht zu erwartenden Spielausgängen entsprechende Wettgewinne realisieren. An dem früh aufgeklärten Musterbeispiel dieser Machenschaften, dem Erstrundenpokalspiel am 21.08.2004 zwischen dem Regionalligaverein *SC Paderborn* und dem Bundesligisten *Hamburger SV*, lässt sich das komplexe Tatgeschehen veranschaulichen: Das Spiel endete völlig überraschend mit 4:2 für Paderborn, nachdem Schiedsrichter *Hoyzer* zwei fragwürdige Strafstöße gegen Hamburg verhängt und einen Spieler dieser Mannschaft vom Platz gestellt hatte. Für spielentscheidende Manipulationen dieser Art hatte *Sapina* zwischen 5.000 und 30.000 € gezahlt. Die immensen Wettgewinne nach dem Pokalspiel lagen bei über 1 Mio. €.	ordnung *DFB*). Der *Hamburger SV* erhielt eine Entschädigung (500.000 € in bar und die Austragung eines Länderspiels) im Wert von insgesamt rund 2 Mio. €.
10	2005	Finnland	Hohe Gewinnquoten wurden wahr, als der finnische Club *FC Allianssi* mit 8:0 gegen den *FC Haka Valkeakoski* verlor. In dieser	Die *UEFA*, der finnische Fußballverband und die Staatsanwaltschaft ermittelten. Der Präsident des *FC Alliassi* und ein weite-

Lfd. Nr.	Zeitperiode	Land	Art der Korruption(sverdachtsmomente)	Konsequenzen
			Höhe noch nie eingesetzte Gelder, die vor allem aus Südostasien kamen, wurden auf dieses Ergebnis gesetzt. Die „glücklichen" Gewinner erhielten das 8787-fache ihres Einsatzes. Der *FC Allianssi* wurde nur einen Monat vor dem Spiel von dem reichen chinesischen Geschäftsmann *Zhenyun Ye*, der zugleich Eigentümer eines Wettbüros war, gekauft.	res Vorstandsmitglied traten zurück[281].
11	2006	Deutschland	Im März 2006 kam der Verdacht auf, der ehemalige Geschäftsführer des *TSV Bayer 04 Leverkusen*, *Reiner Calmund*, habe 580.000 € eingesetzt, um den Ausgang von Bundesligaspielen zu beeinflussen und damit den Abstieg zu verhindern. Möglich schien aber auch, dass die Gelder in seine eigenen Taschen flossen oder als Schmiergeldzahlungen bei Spielerkäufen im Ausland gedient haben.	Die Staatsanwaltschaft Köln hat das Verfahren wegen des Verdachts der Untreue gegen Zahlung von 30.000 € zugunsten gemeinnütziger Einrichtungen eingestellt[282].
12	2006	Italien	Der Manager von *Juventus Turin*, *Luciano Moggi*, hat nach den Ermittlungen der Staatsanwaltschaft Neapel mit Hilfe von korrupten Schiedsrichtern, Spielern und Funktionären in der Saison 2004/2005 29 von 38 Meisterschaftsspielen manipuliert.	Neben zahlreichen Funktionären gerieten neun Erst- und Zweitligisten ins Visier der Staatsanwaltschaften in Neapel, Turin, Rom und Parma. Das Sportgericht des italienischen Fußballverbandes verurteilte *Juventus Turin* zum Zwangsabstieg

281 *Hill*, Sichere Siege, S. 101; *Kock*, playthegame magazine 2006, 5.
282 *Mikolajczyk*, in: *Nolte* (Hrsg.), Doping und Korruption im Sport, S. 25 (29).

Lfd. Nr.	Zeitperiode	Land	Art der Korruption(sverdachtsmomente)	Konsequenzen
				in die 2. Liga. *Moggi* und dessen Helfer wurden mit langjährigen Berufsverboten und Freiheitsstrafen belegt[283].
13	2007	Deutschland / *EnBW*	Ende 2005 versandte der damalige Vorstandsvorsitzende der *EnBW*, Prof. *Utz Claassen*, rund 700 Weihnachtskarten an Personen aus seiner eigenen VIP-Datei. Aus diesem Kreis fanden 36 Adressaten unübertragbare Gutscheine für Plätze in der *EnBW*-Loge in den WM-Stadien Stuttgart und Berlin in ihrer Post. Bedacht wurden auch der Ministerpräsident und fünf Minister des Landes Baden-Württemberg sowie ein Staatssekretär des Bundesumweltministeriums, die im Rahmen ihrer Ressortzuständigkeit mit Angelegenheiten befasst waren, die für die Geschäftspolitik und den wirtschaftlichen Erfolg der *EnBW* oder *Utz Claassen* persönlich von erheblicher Bedeutung waren.	Das LG Karlsruhe sprach *Claassen* aus rechtlichen sowie aus tatsächlichen Gründen vom Vorwurf der Vorteilsgewährung frei. Der BGH verwarf die Revision der Staatsanwaltschaft Karlsruhe und bestätigte das erstinstanzliche Urteil[284].
14	2008	Polen/ England	In Polen, Mitaustragungsland der Fußball-Europameisterschaft 2012, sind zur Zeit mindestens 29 Mannschaften, mehrere hundert Funktionäre, Schiedsrichter, Trainer und	Gegen rund 120 Personen wurde in Polen bereits Anklage erhoben[285].

283 Vgl. hierzu http://www.focus.de/sport/fussball/italien-haftstrafe-fuer-ex-juventus-sportdirektor-moggi_aid_682540.html (Stand: 20.01.2012).

284 BGH NJW 2008, 3580 ff. Eingehend zu diesem Fall s. Drittes Kapitel A. I. 4. und III. 4.

285 *Mikolajczyk*, in: *Nolte* (Hrsg.), Doping und Korruption im Sport, S. 25.

Lfd. Nr.	Zeitperiode	Land	Art der Korruption(sverdachtsmomente)	Konsequenzen
			Spieler in einen Korruptionsskandal verwickelt. Ebenso wird der englische Fußball von Manipulationen erschüttert. Der englische Verband *Football Association (FA)* teilte mit, dass er Vorwürfen nachgehe, wonach ein ehemaliger *Premier League*-Spieler angeblich 50.000 £ an Bestechungsgeld für die Manipulation eines Spiels erhalten haben soll.	
15	2009	Europa	Laut Angaben der ermittelnden Staatsanwaltschaft Bochum stehen europaweit rund 200 Partien im Verdacht, manipuliert worden zu sein. Darunter sind 32 Spiele in Deutschland von der 2. Bundesliga bis zur Oberliga, drei Spiele der *Champions League* und zwölf Spiele der *Europa League*.	
16	2010	Deutschland/ Ukraine	Das EM-Qualifikationsspiel der deutschen U21-Nationalmannschaft in San Marino am 17.11.2009 steht unter Manipulationsverdacht. Der ukrainische Schiedsrichter *Igor Ischtschenko* der Partie, die Deutschland 11:0 gewann, soll nach den Angaben der Staatsanwaltschaft Bochum bestochen worden sein. Der Schiedsrichter soll wiederum von *Ante Sapina* und dessen Gehilfen einen fünfstelli-	

Lfd. Nr.	Zeitperiode	Land	Art der Korruption(sverdachtsmomente)	Konsequenzen
			gen Betrag erhalten haben, damit Deutschland mit „sechs, sieben oder mehr Toren" gewinnt. *Sapina* soll vor dem Spiel nach Kiew gereist sein, um das Bestechungsgeld von 50.000 € an einen Mittelsmann *Ischtschenkos*, ebenfalls ein *UEFA*-Schiedsrichter, zu übergeben. Mit den geplanten Live-Wetten auf einen hohen deutschen Sieg hatte *Sapina* keinen Erfolg: Die Londoner Agentur, über die er 70.000 € auf dem asiatischen Wettmarkt platzieren wollte, nahm seinen Einsatz kurz nach Anpfiff des Spiels nicht an[286].	

Die aufgezählten Fälle lassen sich in zwei Arten unterteilen: In der Regel dominieren in den Ländern, in denen der Wettmarkt weniger entwickelt ist, die Spielmanipulationen mit dem Ziel, den Kampf um bessere Tabellenplätze in den Ligen, insbesondere zur Erreichung von Aufstiegsplätzen und zur Vermeidung von Abstiegsplätzen, zu beeinflussen. In Ländern mit entwickelten Wettmärkten, vor allem im asiatischen Raum, dominiert die Korruption mit dem Ziel der Manipulation einzelner Spiele, um damit den Wetterlös zu maximieren.

Auf das Ergebnis eines vermeintlich unwichtigen Spiels in der 3. oder 4. Liga in der Provinz wird inzwischen weltweit „gezockt[287]“. Das „Online-Betting“ ermöglicht es, dass ein Wettspieler in Deutschland über eine von Bangkok aus betriebene Internetplattform bei einem Baseball-Spiel in Baltimore (USA) wetten kann, dass die Heimmannschaft das erste Team mit drei Runs ist. Mittlerweile gibt es im Sport nämlich nichts, worauf man nicht wetten kann: Es werden „Live in play“-Wetten, Kombinationswetten und Spezialwetten angeboten, bei denen man beispielsweise im Fußball auf

286 S. hierzu http://www.spiegel.de/sport/fussball/0,1518,700219,00.html (Stand: 20.01.2012).
287 *Reif*, CaS 2008, 480 (481).

den ersten Einwurf, den dritten Eckball, den Siegesvorsprung[288], auf die Mannschaft, die das erste Tor erzielt, auf die Anzahl der gelben Karten oder der gepfiffenen Abseits-Positionen, Ecken oder Freistöße oder auf die Anzahl der Asse sämtlicher Einzel- und Doppelpartien im Tennis und unzählige weitere spezifische Vorkommnisse einer jeden Sportart und -disziplin setzen und gewinnen kann[289]. Durch immer weitere Verfeinerungen kann so der Zufall als Grundlage eines Wettkampfs (und auch der Wette) fast gänzlich ausgeschaltet werden und der Sportler wird immer mehr zum Dreh- und Angelpunkt des Geschehens[290].

Die Unterteilung in die beiden genannten Arten von Spielmanipulationen spiegelt die Korruption im Fußballsport jedoch nicht ausreichend wider. Auch das Geschehen rund um den Sport bleibt von Korruptionsfällen nicht verschont. Wie die Fälle 2 und 13 zeigen, existiert die Korruption darüber hinaus auch beim Bau von Fußballstadien oder bei sog. Hospitality-Einladungen. Wenngleich in den letzten Jahren im Fußballsport offiziell keine derartigen Fälle verzeichnet wurden, kann davon ausgegangen werden, dass auch der „sonstige Produktions- und Wertschöpfungsprozess" des Fußballsports[291] – ebenso wie dies in anderen Sportarten bekannt ist – betroffen ist.

III. Relativierungen zum Umfang der Korruption im Sport

Die meisten Korruptionsvorwürfe und -verdachtsmomente im (Fußball-) Sport sollten zunächst einmal mit Vorsicht registriert werden. Wenn Sportler oder Mannschaften verlieren, neigen sie schnell dazu, unlautere Machenschaften des Gegners wie Doping oder Korruption für dessen Sieg als Argument anzuführen. Insbesondere im Bereich des Sports muss deshalb der juristische Grundsatz gelten, nur dann von Tatsachen auszugehen, wenn rechtskräftige Urteile vorliegen.

Allerdings spricht aus ökonomischer Sicht ein Aspekt dafür, sich ausdrücklich auch mit den Verdachtsmomenten zu beschäftigen: Die tatsächliche Korruption in einer Gesellschaft hängt über den Mechanismus der „self-

---

288 Die beliebteste Wettform ist das sog. *Asian Handicap*, bei dem die favorisierte Mannschaft die Partie mit einer bestimmten Tordifferenz gewinnen muss. Setzt man auf die starke Mannschaft und wettet, dass sie die schwächere um „zwei Bälle" schlägt, bedeutet das, dass die favorisierte Mannschaft mindestens zwei Tore mehr als das andere Team erzielen muss: wenn sie verliert, unentschieden spielt oder nur mit einem Tor Unterschied gewinnt, gilt die Wette als verloren, *Hill*, Sichere Siege, S. 68.

289 Vgl. dazu die Wettangebote auf den Homepages der Wettanbieter bet356 [http://www.bet365.com/de (Stand: 20.01.2012)], sportingbet [http://de.sportingbet.com (Stand: 20.01.2012)], bwin [https://www.bwin.com/de (Stand: 20.01.2012)], mybet [http://www.mybet.com/de (Stand: 20.01.2012)] oder Interwetten [https://www.interwetten.com/en (Stand: 20.01.2012)].

290 *Rössner*, S.Z. v. 30.11.2009, S. 2.

291 *Koch/Maennig*, Fußball und Politik 2006, 50.

fulfilling prophecies“ positiv von der allgemein wahrgenommenen bzw. empfundenen Korruption ab[292]. Die Wahrnehmung, dass Korruption weit verbreitet ist, senkt die Moralschranken der Menschen und erhöht auf diese Weise die Korruption.

Insofern ist zu beachten, dass sich die Übersichten 1 und 2 sowie die folgenden Ausführungen teilweise auch auf Fälle erstrecken, in denen noch keine rechtskräftigen Urteile, sondern lediglich Verdachtsmomente bestehen.

1. Verbreitung der Korruption – Statistik und Dunkelfeld

Was das Ausmaß anbelangt, sind erhebliche Dunkelziffern der Korruption (im Sport) zu beachten. In Industrieländern wie der Bundesrepublik Deutschland werden höchstens 5 % der Korruptionsfälle aufgedeckt[293]. Dieser korruptionsspezifische Wert entspricht der Schätzung von Dunkelziffern bezüglich der allgemeinen Wirtschaftskriminalität von 96 %[294]. Nimmt man nun an, dass in der Wirtschaftskriminalität und im Sport vergleichbare Dunkelziffern herrschen, bedeutet dies, dass das tatsächliche Ausmaß der Korruption im Sport größer ist, als die bekannt gewordenen Fälle vermuten lassen. Dies liegt insbesondere deshalb nahe, weil die in der allgemeinen Korruptionsdiskussion als besonders belastet geltenden Kontinente Afrika, Südamerika[295] und Asien[296] in den Übersichten 1 und 2 mit wenigen Ausnahmen nicht oder allenfalls untergeordnet vorkommen.

2. Vielzahl täglicher Sportbegegnungen

Diese Schlussfolgerungen dürfen aber nicht so weit führen, dass man die Korruption im Sport als ein besonders großes, über die Korruption in anderen Lebensbereichen hinausgehendes Problem ansieht. Angesichts der Vielzahl täglicher Sportbegegnungen weltweit relativieren sich die nachgewie-

---

292 *Koch/Maennig*, Fußball und Politik 2006, 50.

293 In der Praxis der Strafverfolgung spielen Korruptionsdelikte in Deutschland ungeachtet der aufsehenerregenden Presseberichterstattung der jüngeren Zeit immer noch keine bedeutende Rolle. Nur ein geringer Anteil der bekannt gewordenen Fälle gelangt überhaupt zur Anklage. Die Dunkelziffer ist sehr hoch, die Schadensberechnung schwierig. Es sind daher nur grobe Schätzungen möglich, vgl. *Fischer*, StGB, Vor § 298 Rn. 4.

294 *O. V.*, F.A.Z. v. 29.07.2003, S. 15.

295 Zu den problematischen Verhältnissen im südamerikanischen Fußball, bei dem die Grenze zwischen Korruption, systematischen Wettbewerbsverzerrungen und Erpressung schwer zu ziehen ist, vgl. *Poli*, in: *Weinreich* (Hrsg.), Korruption im Sport, S. 126 ff.

296 S. dazu die Rangliste des Corruption Perceptions Index (Korruptionswahrnehmungsindex) 2009 des *TRANSPARENCY INTERNATIONAL Deutschland e. V.*, Pressemappe Korruptionswahrnehmungsindex 2009, S. 5–10. Länder dieser Kontinente finden sich vorwiegend auf den Rängen 100–180 des insgesamt 180 Länder umfassenden Indexes.

senen Korruptionsfälle im Sport[297], auch unter Berücksichtigung einer erheblichen Dunkelziffer.

3. Geringe Bestechungsgelder

Im Verhältnis zu anderen Bereichen, in denen mittlerweile bis zu 30 % der Summe des Auftrags[298], der „an Land gezogen" werden soll, erreicht werden, sind die Bestechungsgelder im Sport deutlich geringer.

Im Fall der Münchener *Allianz* Arena floss lediglich 1 %. Die Gelder, welche die Spieler und Schiedsrichter im Fall des Wettbetrugs um *Ante Sapina* und *Robert Hoyzer* erhielten, bewegten sich im Vergleich zu den erzielten Wettgewinnen im Promillebereich. Im wohl bekanntesten Korruptionsfall der Sportgeschichte, der Bestechungsskandal um die Ausrichtung der Olympischen Winterspiele 2002 in Salt Lake City, beeinflusste die Führung des Bewerbungskomitees von Salt Lake City die *IOC*-Mitglieder mit Geschenken und Zuwendungen aller Art in Höhe von rund 1,2 Mio. US-$. Dieser Betrag stellte im Verhältnis zu den Milliarden-Effekten, die Olympische Spiele in einer Austragungsregion entfalten können, nur 1 ‰ dar.

4. Erhöhte öffentliche Aufmerksamkeit

Schließlich darf die obige Darstellung der Korruptionsfälle nicht dahingehend interpretiert werden, dass die Korruption im Sport ein in jüngerer Zeit verstärkt auftretendes Phänomen sei – es könnte vielmehr auch so sein, dass lediglich die öffentliche Aufmerksamkeit für das Thema erhöht ist und dass angesichts neugewonnener kriminologischer Erkenntnisse und eines gesteigerten Problembewusstseins das Dunkelfeld im Vergleich zu früheren Zeiten weiter aufgehellt wird. Ferner ist zu berücksichtigen, dass aufgrund der stetig verbesserten Archivierungs- und internationalen Kommunikationstechnologien Informationen auch über die Korruption im Sport besser verfügbar werden.

5. Stellungnahme

Klare empirische Belege zur These einer verstärkten Korruption im Sport liegen bislang jedenfalls nicht vor[299]. Nicht abzustreiten ist jedoch, dass es sich bei ihr besonders im Sport um ein ernst zu nehmendes Problem handelt, das, wenn man ihm nicht entgegentritt, verheerende Folgen haben kann. Aufgrund der vorsätzlichen Verletzung sportlicher Werte wie Fairness, Chancengleichheit und leistungsorientierter, aber ansonsten ergebnisoffener Wettkämpfe wird der zentrale Sinn des Sports nicht mehr erfüllt. Die Glaubwürdigkeit des Sports sinkt, potentielle Athleten wenden sich vom

297 *Maennig*, in: *von Arnim* (Hrsg.), Korruption und Korruptionsbekämpfung, S. 81 (97).
298 *Bannenberg*, in: *Wabnitz/Janovsky*, HbdWSStR, 10. Kapitel Rn. 5.
299 *Maennig*, in: *von Arnim* (Hrsg.), Korruption und Korruptionsbekämpfung, S. 81 (99).

Sport ab und Sponsoren werden ihre Unterstützung einstellen. Diese Probleme werden spätestens mittelfristig dem gesamten Sport entstehen. Es ist deshalb nur richtig, wenn *IOC*-Präsident *Jacques Rogge* feststellt, dass die Korruption „eine der größten Gefahren für den Sport[300]" ist, der entschieden entgegengewirkt werden muss.

300 *Rogge*, Rede vor dem Internationalen Olympia-Forum, auszugsweise veröffentlicht in: DSB Presse v. 04.10.2005, S. 23 ff.

E.
Korruptionsbegünstigende Merkmale des Sportsystems

Der Sport bietet große Schnittmengen zwischen Wirtschaft, Politik, Medien und Kultur. Diese enge Verflechtung von Beteiligten im Sport, Wirtschaftsvertretern, Politikern, Sponsoren und Journalisten schafft ein Umfeld mit hohem Risiko für das Auftreten von Korruption[301]. Darüber hinaus wird die Korruption von vielen Merkmalen des Sportsystems selbst, beginnend bei den sportrechtlichen Rahmenbedingungen, begünstigt, die zur Herausbildung sportspezifischer Korruptionsformen geführt haben.

I. Sportrechtliche Rahmenbedingungen

Ergebnis der zunehmenden Verrechtlichung des Sports[302] und daher Kennzeichen des Sportrechts ist seine „Zweispurigkeit[303].“ Das Zweisäulenmodell des Sportrechts beruht auf der Zweispurigkeit von selbst gesetzten Regeln nationaler, europäischer und internationaler Sportorganisationen sowie der gleichzeitigen Geltung sportrelevanter Rechtsnormen des staatlichen, europäischen und internationalen Rechts.

1. Erste Säule: Das selbst gesetzte Regelwerk der Sportorganisationen (lex sportiva)

Vereine, Verbände und sonstige Sportorganisationen nehmen für sich in Anspruch, „ihren“ Sport im Einzelnen nach ihren eigenen sportethischen Wertvorstellungen durch privatrechtliche Satzungen und Ordnungen selbst zu gestalten, diese Regelungen anzuwenden und Verstöße hiergegen durch interne Streitschlichtung zu ahnden. Ihre Legitimation finden sie im Hinblick auf das deutsche Recht in der durch Art. 9 Abs. 1 GG i. V. m. Art. 19 Abs. 3 GG[304] garantierten und einfachgesetzlich in den §§ 21 ff. BGB gere-

---

301 Vgl. hierzu ausführlich bereits Erstes Kapitel B. II. 1.

302 Vgl. hierzu Zweites Kapitel A. II. 5.

303 *Vieweg*, JuS 1983, 825; *Wüterich/Breucker*, Das Arbeitsrecht im Sport, S. 68; Sportrecht in der Praxis/*Wüterich/Breucker*, 7. Kapitel Rn. 517.

304 Entsprechende Regelungen im europäischen Ausland sind beispielsweise Art. 20 der Verfassung des Königreichs Belgien; Art. 18 der Verfassung der Italienischen Republik; Kapitel 2, § 1 Nr. 5 der Verfassung des Königreichs Schweden; Art. 22 Abs. 1 der Verfassung des Königreichs Spanien; vgl. insgesamt hierzu *Tettinger*, in: *Tettinger* (Hrsg.), Sport im Schnittfeld von europäischem Gemeinschaftsrecht und nationalem Recht, S. 9 (11). *Vieweg/Siekmann* (Eds.), Legal Comparison and the Harmonisation of Doping Rules, S. 67: *„All of the European count-*

gelten Vereinigungsfreiheit, welche die Verbandsautonomie bzw. – konkret – die Autonomie des Sports gewährleistet. Ungeachtet ihrer spezifischen Organisationsform (Verband, Verein, Stiftung[305] etc.) haben die Sportorganisationen dadurch das Recht zur eigenverantwortlichen Lenkung, Steuerung und Lösung ihrer sport(arten-)spezifischen Probleme durch Satzungen, Statuten und Richtlinien. Auf diesem System der Selbstregulierung ist die erste Säule des Sportrechts gebaut. Die Rede ist von der *lex sportiva*[306] als eine Parallelrechtsordnung zum staatlichen Rechtsgefüge.

Die verbandsrechtlichen Regelungen sind Ausdruck dem Sport eigener Wert- und Ordnungsvorstellungen: Sie stellen Sportregeln im engeren Sinne dar, die das Ziel und den Ablauf der sportlichen Betätigung vorgeben[307]. Darüber hinaus formulieren sie sporttechnische Maßstäbe, sportethische Grundsätze (Anti-Doping-Klauseln, Fair Play-Gebote) sowie Teilnahmevoraussetzungen für Mannschaften (Lizenzierungsbestimmungen) und für Einzelsportler (Nominierungsvoraussetzungen). Schließlich gehören auch Bestimmungen über Organisation, Bindung und Verfahren verbandseigener oder verbandsfremder Streitschlichtungsinstanzen (unechte oder echte Schiedsgerichte) dazu.

Die einheitliche Anwendung und gegebenenfalls Durchsetzung der verbandsrechtlichen Regelungen wird durch die hierarchische Monopol-Struktur[308] und durch die Organisation von Sportgerichten mit dem Anspruch auf endgültige Entscheidung gewährleistet.

---

ries (…) acknowledge Freedom of Association within their legal systems.“ Auf europäischer Ebene wird die Vereinigungsfreiheit durch Art. 11 EMRK i. V. m. Art. 6 Abs. 3 EUV sowie durch die gemeinsamen Verfassungsüberlieferungen der Mitgliedstaaten garantiert, *Vieweg/ Röthel*, ZHR 2002, 6 (14, 33).

305 Die „Gesellschaften“ in Art. 9 Abs. 1 GG umfassen „alle sozialen Gruppen mit einer bestimmten soziologisch messbaren Struktur.“ Hiervon ausgenommen sind die im Sport bedeutsamen Stiftungen, da diese nicht auf einem personalen Zusammenschluss basieren. Allerdings gewährt Art. 2 Abs. 1 GG der Stiftung grundrechtlichen Schutz, *Scholz*, in: *Maunz/Dürig* (Begr.), GG, Bd. II, Art. 9 Rn. 62.

306 *Steiner*, in: Jahresband 2008, S. 117 (119); *Pfister*, in: *Fritzweiler/Pfister/Summerer*, Praxishandbuch Sportrecht, Einführung, B. Rn. 6; *Wüterich/Breucker*, Das Arbeitsrecht im Sport, S. 70.

307 Sportregeln dienen der Typisierung der Sportart, indem sie abstrakt-generelle Festlegungen z. B. hinsichtlich der Wettkampfstätte (Spielfläche usw.), des Spielziels, der Spieldauer, der Mannschaftsstärke, der Sportkleidung, des Bewegungsverhaltens bis hin zur äußeren Erscheinung des Sportlers treffen. Sie erlangen dadurch eine außerordentlich praktische Bedeutung, weil sie gemäß den Verbandsbestimmungen für die gesamte verbandsrechtlich organisierte Ausübung der jeweiligen Sportart verbindlich sind, vgl. *Vieweg*, Faszination Sportrecht, S. 9 f., Online-Version, abrufbar unter http://www.irut.jura.uni.erlangen.de/Forschung/Veroeffentlichungen/OnlineVersionFaszinationSportrecht/FaszinationSportrecht.pdf (Stand: 12.01.2012).

308 Das sog. Ein-Platz-Prinzip ergibt sich aus dem Zusammenspiel von § 4 Nr. 2 Aufnahmeordnung *DOSB* mit den Regelwerken der internationalen Spitzenverbände und des *IOC*, wonach

Im Zuge der sportgerichtlichen Aufarbeitung des Wettbetrug-Falles um *Ante Sapina* und *Robert Hoyzer* hat der *DFB* reagiert und neben einem Wettverbot für Spieler, Trainer und Funktionsträger von Vereinen und Tochtergesellschaften[309] – bezogen auf Fußballspiele oder Fußballwettbewerbe, an denen ihre Mannschaften mittelbar oder unmittelbar beteiligt sind – und einem generellen Wettverbot für Schiedsrichter[310] aller Spielklassen, in denen Wettangebote gemacht werden, auch den neuen Sportstraftatbestand der Spielmanipulation in seine Rechts- und Verfahrensordnung aufgenommen. Darüber hinaus wurde die Spielmanipulation als eigener Einspruchsgrund gegen die Spielwertung eingeführt[311] und das Wiederaufnahmerecht im Falle eines manipulierten Spiels bei bereits abgeschlossenen Verfahren hinsichtlich der Fristen entsprechend angepasst[312].

Die Manipulation eines Fußballspiels durch Mitgliedsverbände des *DFB*, deren Mitgliedsvereine und Tochtergesellschaften, Spieler, Trainer, Schiedsrichter, Funktionsträger und Einzelmitglieder wird generell gemäß § 6a Nr. 2 Rechts- und Verfahrensordnung *DFB* als unsportliches Verhalten mit einer Strafe nach § 44 Satzung *DFB* geahndet, die Maßnahmen von der Verwarnung über den Ausschluss des Vereins auf Zeit oder auf Dauer bis hin zur Aberkennung von Punkten oder die Versetzung in eine tiefere Spielklasse beinhalten kann.

Darüber hinaus sieht nunmehr § 7 Nr. 1 lit. j) Rechts- und Verfahrensordnung *DFB* für jede aktive oder passive Bestechung eines Vereins oder einer Tochtergesellschaft speziell im Rahmen eines Bundesspiels eine Geldstrafe bis zu € 250.000,00 vor. Auch der Versuch einer Bestechung ist strafbar[313]. In schwerwiegenderen Fällen, in denen eine höhere Geldstrafe als 2.500,00 € verhängt werden soll, kann an Stelle oder neben der Geldstrafe die weiter gehende Strafe nach § 44 Satzung *DFB* verhängt werden[314].

Ein Spieler, der eine aktive oder passive Bestechung begeht, um ein Bundesligaspiel zu beeinflussen, wird nach § 8 Nr. 1 lit. j) Rechts- und Verfah-

für jedes Fachgebiet nur ein Spitzenverband in den *DOSB* aufgenommen werden kann. Infolge des Ein-Platz-Prinzips entsteht ein pyramidenförmiges Sportverbandswesen, indem die internationalen Regeln für die europäische und nationale Ebene zumindest rahmenrechtlich bindend sein müssen, denn nur auf diese Weise lassen sich Sportregeln auf der ganzen Welt durchsetzen. Umgekehrt setzen sich europäische und internationale Regelwerke aus den zuvor kodifizierten Regelungen nationaler Mitgliedsorganisationen zusammen, *Summerer*, in: *Fritzweiler/Pfister/Summerer* (Hrsg.), Praxishandbuch Sportrecht, 2. Teil, 2. Kapitel Rn. 108; *Pfister*, in: *Hadding* (Hrsg.), Festgabe Zivilrechtslehrer 1934/1935, S. 457 (459); vgl. hierzu auch *Holla*, Der Einsatz von Schiedsgerichten im organisierten Sport, S. 10 f.

309 *Deutscher Fußball-Bund*, § 1 Nr. 2 Rechts- und Verfahrensordnung *DFB*.

310 *Deutscher Fußball-Bund*, § 1 Nr. 3 Rechts- und Verfahrensordnung *DFB*.

311 *Deutscher Fußball-Bund*, § 17a Rechts- und Verfahrensordnung *DFB*.

312 *Deutscher Fußball-Bund*, § 32 Nr. 2 Rechts- und Verfahrensordnung *DFB*.

313 *Deutscher Fußball-Bund*, § 7 Nr. 2 Rechts- und Verfahrensordnung *DFB*.

314 *Deutscher Fußball-Bund*, § 7 Nr. 4 Rechts- und Verfahrensordnung *DFB*.

rensordnung *DFB* mit einer Sperre von drei Monaten bis zu zwei Jahren belegt; in schweren Fällen kann eine Sperre auf Dauer ausgesprochen werden. Daneben kann auch auf eine Geldstrafe erkannt werden. Ebenso ist bereits der Versuch einer Bestechung strafbar[315].

Die Sportkorruption wird damit zumindest im Fußballsport, der von ihr am stärksten betroffen zu sein scheint, in Deutschland verbandsstrafrechtlich voll erfasst.

2. Zweite Säule: Die sportrelevanten Normen des staatlichen, europäischen und internationalen Rechts (lex extra sportiva)

Die zweite Säule des Sportrechts bilden die sportrelevanten Normen des staatlichen, europäischen und internationalen Rechts, die sog. *lex extra sportiva*[316]. Ihre Geltung beruht auf der Überzeugung, dass weder der nationale Sport ein Staat im Staate noch der internationale Sport ein Staat neben den völkerrechtlich anerkannten Staaten der Welt sein kann[317], denn auch der Sport ist – wie alle menschlichen Aktivitäten – in dem Sinne staatsgebunden, als er einer staatlichen Rechtsordnung unterliegt. Dem von den Sportverbänden geschaffenen Regelwerk kommt daher, unabhängig davon, ob es weltweit oder nur national als *lex sportiva* Geltung beansprucht, weder Völkerrechtsqualität zu noch steht es gleichrangig oder gar über den staatlichen Rechtsordnungen.

Die gewährleistete Autonomie der Verbände und Vereine bedeutet in erster Linie die Freiheit vor dem Einfluss des Staates. Erst wenn Rechte Dritter oder der Allgemeinheit beeinträchtigt werden, besteht Anlass für staatliche Regelungen[318]. Die Geltung der zweiten Säule des Sportrechts entspringt deshalb auch der rechtspraktischen Notwendigkeit, dass bestimmte tatsächliche Probleme im Sport nur mit Hilfe des Staates oder der Staatengemeinschaft gelöst werden können. Die wachsende Bedeutung des Sports führt immer häufiger zu Konflikten, die der Sport allein nicht zu lösen vermag. Die Selbstregulierungskräfte des Sports stoßen immer öfter an ihre Grenzen. Beispielhaft aufgeführt seien nur die zunehmenden Gewaltausschreitungen im Zusammenhang mit Fußballspielen[319], die Umweltprobleme beim sog.

---

315 *Deutscher Fußball-Bund*, § 8 Nr. 2 Rechts- und Verfahrensordnung *DFB*.

316 *Nolte*, DFG-Rundgespräch „Privates Recht", 23.04.2010.

317 *Pfister*, in: *Fritzweiler/Pfister/Summerer*, Praxishandbuch Sportrecht, Einführung, B. Rn. 7; *Nolte*, DFG-Rundgespräch „Privates Recht", 23.04.2010.

318 *Wüterich/Breucker*, Das Arbeitsrecht im Sport, S. 71.

319 Vgl. zu den (auch länderübergreifenden) Präventivmaßnahmen, mit denen Veranstalter, Ausrichter und Polizei mögliche Ausschreitungen durch gewaltbereite Fans verhindern können, ausführlich *Breucker*, Transnationale polizeiliche Gewaltprävention; *ders.*, NJW 2006, 1233 ff.; *ders.*, SpuRt 2005, 133 ff.

Outdoor-Sport[320], die notwendige Finanzierung des Breitensports[321] mit seinen vielfältigen Aufgaben für Staat und Gesellschaft oder die korrupten Verhaltensweisen im Profisport.

Soweit die Probleme nicht oder nicht allein vom Sport zu lösen sind, kann oder muss der Staat oder die Staatengemeinschaft tätig werden. Die Rechtsnormen des Staates oder der Staatengemeinschaft gelten grundsätzlich für alle Lebensbereiche und damit auch für den Sport. Allerdings erfasst das deutsche Strafrecht bislang – wie im Folgenden noch aufzuzeigen sein wird – nur einen Teil der vielfältigen korrupten Handlungsweisen im und um den Sport.

3. Das Problem der partiellen Rechtlosigkeit

Neben der soeben bezüglich der korrupten Verhaltensweisen im Sport angesprochenen Gesetzeslücke im deutschen Strafrecht vollzieht sich auch das Handeln der großen Verbände und Institutionen wie der *FIFA* oder des *IOC* in einem teilweise rechtsfreien Raum, obwohl sie – in ihrem Geschäftsjahr jeweils Milliarden US-$ umsetzend[322] – global operierenden Wirtschaftsunternehmen gleichzustellen sind. Das wirtschaftliche und politische Handeln dieser „Sportkonzerne" wird weder vollumfänglich von Strafgesetzen noch von den verabschiedeten internationalen Konventionen erfasst: Die UN-Konventionen gegen Korruption[323], das *OECD*-Abkommen über die Bekämpfung der Bestechung ausländischer Amtsträger im internationalen Ge-

320 Vgl. zum Problem der Sportraumnutzung außerhalb der Sportstätten in der freien Natur *Tettinger/Kleinschnittger*, JZ 1992, 109 ff.; *Turner/Werner*, SpuRt 1997, 51 ff. In Baden-Württemberg wurde inzwischen sogar eine Klärungsstelle „Sport und Umwelt" eingerichtet, die bei Interessenkonflikten zwischen Sport und Naturschutz wie etwa dem Landschaftsverbrauch, Verbrauch natürlicher Ressourcen oder dem Sporttourismus vermittelnd auftritt und Lösungen anbietet, vgl. http://www.kultusportal-bw.de/servlet/PB/menu/1234433/index.html?ROOT=1229629 (Stand: 03.02.2012).

321 S. hierzu die im Rahmen ihres Aktionsplanes *„PIERRE DE COUBERTIN"* durchgeführte Studie der Europäischen Kommission über die Finanzierung des Breitensports. Hauptziel der ersten Konferenz am 16.02.2010 dazu war es, die unterschiedlichen Sportfinanzierungssysteme der EU vorzustellen, die Auswirkungen der Wirtschaftskrise auf die Sportfinanzierung zu diskutieren und die potentiellen Herausforderungen für die künftige Sportfinanzierung anzusprechen, vgl. auch die Präsentation von *Montel/Waelbroeck-Rocha*, The different funding models for grassroots sport in the EU, abrufbar unter http://ec.europa.eu/internal_market/services/docs/sport/conference20100216/2the_different_grassroots_sports_funding_models_in_the_eu_en.pdf (Stand: 03.02.2012).

322 Die *FIFA* erzielte 2009 einen Umsatz von 1,06 Milliarden US-$, vgl. *Pöhner*, DIE ZEIT v. 27.05.2010, Ausgabe 22.

323 United Nations Convention against Transnational Organized Crime (UNTOC) vom 15.11.2000, abrufbar unter http://www.unodc.org/documents/treaties/UNTOC/Publications/TOC%20Convention/TOCebook-e.pdf (Stand: 03.02.2012); United Nations Convention against Corruption (UNCAC) vom 31.10.2003, abrufbar unter http://www.unodc.org/pdf/crime/convention_corruption/signing/Convention-e.pdf (Stand: 03.02.2012).

schäftsverkehr[324] und das Gesetz zur Bekämpfung internationaler Bestechung (IntBestG), welches das *OECD*-Abkommen mittlerweile in deutsches Recht umgesetzt hat[325], finden auf die Geschäftstätigkeit der Sportverbände ebenso wenig Anwendung wie die inzwischen ebenfalls in deutsches Recht (EUBestG[326]) umgesetzten Straf- und Zivilrechts-Konventionen des Europarats[327] und die Anti-Korruptions-Konventionen der Europäischen Union[328]. Grund hierfür ist, dass die Konventionen, Abkommen und daraufhin erlassenen Gesetze den Amtsträgerbegriff *(„foreign public official")* selbst definieren und als Amtsträger internationaler Organisationen nur solche intergouvernementaler Organisationen, nicht aber nicht-gouvernementaler Organisationen wie der *FIFA* oder des *IOC* erfassen.

Die meisten olympischen Weltsportverbände haben ihren Sitz in der Schweiz[329] und tragen das Rechtskleid des Vereins, weshalb dem schweize-

324 Convention on Combating Bribery of Foreign Public Officials in International Business Transactions and Related Documents (*OECD* Convention) vom 21.11.1997, abrufbar unter http://www.oecd.org/dataoecd/4/18/38028044.pdf (Stand: 03.02.2012).

325 BGBl. II 1997, S. 2327; Auszüge in: *Fischer*, StGB, Anhang 22.

326 BGBl. II 1998, S. 2340; Auszüge in: *Fischer*, StGB, Anhang 21.

327 Criminal Law Convention on Corruption vom 04.11.1998 und Civil Law Convention on Corruption vom 04.11.1999, abrufbar unter http://conventions.coe.int/treaty/en/Treaties/word/173.doc bzw. http://conventions.coe.int/treaty/en/Treaties/Html/174.htm (Stand jeweils: 03.02.2012).

328 Convention on the protection of the communities' financial interests and the fight against corruption, First and Second Protocol vom 26.07.1995 und Convention on the fight against corruption involving officials of the European Communities or officials of Member States of the European Union vom 26.05.1997, abrufbar unter http://europa.eu/legislation_summaries/fight_against_fraud/ptrotecting_european_communitys_financial_interests/133019_en.htm bzw. http://europa.eu/legislation_summaries/fight_against_fraud/fight_against_corruption/l33027_en.htm (Stand jeweils: 03.02.2012). Der räumliche Geltungsbereich des deutschen Strafrechts nach den §§ 3 ff. StGB wäre nur dann eröffnet, wenn sich ein Sportfunktionär in Deutschland einen Vorteil versprechen oder bezahlen lässt oder etwa Funktionäre des die Meisterschaft ausrichtenden Verbandes von Verantwortlichen einer deutschen Bewerberstadt bestochen werden, vgl. hierzu *Reinhart*, SpuRt 2011, 241 ff.

329 Die Bedeutung des Standorts Schweiz für die Verbandsführung der Weltsportverbände ist außerordentlich. Rund 36 internationale Sportverbände, darunter der Weltfußballverband *FIFA* in Zürich, der Europäische Fußballverband *UEFA* in Nyon, der Internationale Radsportverband *UCI* in Aigle, der Internationale Schwimmverband *FINA* in Lausanne oder der Skiverband *FIS* in Oberhofen am Thunersee haben ihren Sitz in der Schweiz und genießen diesen Sonderstatus. Hinzu kommen weitere 21 Sportorganisationen wie etwa das *IOC* (Lausanne), die sich in der Schweiz niedergelassen haben – sei es aufgrund der Neutralität des Landes, seiner wirtschaftlichen und politischen Stabilität im Zentrum Europas oder aufgrund des reizvollen schweizerischen Vereinsrechts, das selbst Milliardenverbände weitgehend von der Steuerpflicht befreit. So erzielte beispielsweise die *FIFA* 2009 bei einem Umsatz von 1,06 Milliarden US-$ einen Gewinn von 196 Millionen US-$ und bezahlte dafür lediglich 789.000 US-$ an Steuern, *Pöhner*, DIE ZEIT v. 27.05.2010, Ausgabe 22; *Dunsch*, F.A.Z. v. 27.10.2010, S. 27; *Eidgenössisches Departement für Verteidigung, Bevölkerungsschutz und Sport, Bundesamt für Sport*, Besteuerung internationaler Spitzenverbände mit Sitz in

rischen Recht besondere Bedeutung zukommt[330]. Allerdings ist das schweizerische Bundesgesetz gegen den unlauteren Wettbewerb (schwUWG) betreffend die korrupten Verhaltensweisen in den nicht-gouvernementalen Sportorganisationen auch nicht einschlägig, denn dessen Anwendungsbereich erfasst die Amtsträger der Sportverbände ebenso wenig[331].

Der Sport kann seine rechtlichen Rahmenbedingungen folglich weitgehend selbst festlegen; seine Selbstregulierungskräfte scheinen hinsichtlich der zahlreichen korrupten Handlungsweisen im Sport jedoch an ihre Grenzen zu stoßen – diesen steht der derzeit (noch) auf sich selbst gestellte Sport jedenfalls relativ machtlos gegenüber.

---

der Schweiz – Bewährtes bewahren, abrufbar unter http://www.vbs.admin.ch/internet/vbs/de/home/documentation/news/news_detail.236 (Stand: 15.01.2012). Der Strafrechtsprofessor an der Universität Basel und Leiter der Arbeitsgruppe „Korruption" der Organisation für wirtschaftliche Zusammenarbeit und Entwicklung *(OECD)*, *Mark Pieth*, schlug deshalb vor, im Schweizer Strafrecht klarzustellen, dass Sportverbände unter internationale Organisationen fallen, um es auf diese Weise den Schweizer Ermittlungsbehörden zu ermöglichen, in Verdachtsfällen von Bestechlichkeit und Bestechung von sich aus tätig zu werden. Funktionäre der *FIFA* könnten damit wie Amtsträger behandelt werden. Bislang planen das Bundesamt für Sport und das Justizministerium jedoch keine Neuregelungen, *Dunsch*, F.A.Z. v. 27.07.2010, S. 27.

330 Vgl. zum liberalen schweizerischen Vereinsrecht *Tanda*, in: *Weinreich* (Hrsg.), Korruption im Sport, S. 108 ff.

331 Vgl. dazu der *Schweizer Bundesrat*, Botschaft über die Genehmigung und die Umsetzung des Strafrechts-Übereinkommens und des Zusatzprotokolls des Europarats über Korruption (Änderung des StGB und des Bundesgesetzes gegen den unlauteren Wettbewerb) 04.072 v. 10.11.2004, abrufbar unter http://www.admin.ch/ch/d/ff/2004/6983.pdf (Stand: 15.01.2012), S. 8: *„(…) sowohl nach dem Übereinkommen wie auch vom schweizerischen Korruptionsstrafrecht sind nur Amtsträger intergouvernementaler Organisationen erfasst. Außer Betracht fallen demgegenüber Funktionäre von nicht-gouvernementalen Organisationen (sog. NGO's).“* S. dazu auch bereits der *Schweizer Bundesamt für Justiz*, Bericht und Vorentwurf 2003, abrufbar unter http://www.admin.ch/ch/d/gg/pc/documents/1036/Ergebnisse_d.pdf (Stand: 15.01.2012), S. 27: *„Auch wenn Mitglieder eines solchen Verbandes beispielsweise von einer für die Organisation einer Veranstaltung kandidierenden Stadt finanzielle Vorteile für die Erteilung des Zuschlags entgegennehmen würden, ist fraglich, ob es sich um ein vom UWG erfasstes Geschäftsgebaren handelt und ob die Kandidatenstädte in einem Wettbewerbsverhältnis im Sinne des UWG stehen. (…) Auch wenn es vorliegend um eine ideelle Zweckverfolgung geht, lässt sich zwar nicht bestreiten, dass auch hier unter Umständen erhebliche finanzielle Interessen im Spiel sind. Andererseits ist nicht zu verkennen, dass es in erster Linie den genannten Verbänden obliegt, Vorkehrungen zu treffen, um ihre internen Wahl- und Abstimmungsmechanismen frei von unstatthafter Beeinflussung zu halten.“*

II. Strukturmerkmale des Sportsystems

1. Fehlende Transparenz

Zum Teil schwache Führungsstrukturen innerhalb der Sportverbände mit einem Mangel an Transparenz und Verantwortlichkeit schaffen ein Umfeld, in dem Missbrauch und Risiken auftreten können, welche die Integrität des Sports unterminieren. Generell gibt es in vielen Sportorganisationen keine ausreichende Transparenz, vor allem, wenn es darum geht, wichtige Informationen und Dokumente öffentlich zu machen[332].

Weiterhin ist es problematisch, auf welche Art und Weise interne Entscheidungsprozesse und Wahlen innerhalb nationaler und internationaler Sportorganisationen ablaufen. Von den Vorstandsmitgliedern internationaler Verbände sowie Mitgliedern der Kommissionen wird oftmals erwartet, dass sie Beschlüsse einstimmig fassen; abweichende Stimmen werden im Protokoll nicht vermerkt[333]. Solche Praktiken verhindern jegliche tatsächliche Verantwortung sowohl innerhalb der Gremien als auch in der Außenwahrnehmung des Sports.

Die Verteilung von Geldern innerhalb internationaler Sportorganisationen vollzieht sich weitgehend ohne oder nur mit geringer Aufsicht[334]. Vergleichbar mit dem politischen Wettbewerb können Finanzmittel, deren Verwendung nicht ausreichend geprüft wird, Möglichkeiten eröffnen, Stimmen für Wahlen innerhalb einer Organisation zu „kaufen[335]."

Mangelnde Transparenz ist auch im Bereich des Sport-Sponsorings festzustellen; insbesondere fehlt es an einer einheitlichen Berichterstattung der sponsernden Unternehmen darüber, welche Mittel an welche Veranstaltung oder Mannschaft gegeben wurden oder an welche Politiker Tickets verteilt wurden. Ohne eine solche Offenlegung besteht das Risiko, dass Unternehmen diese Entscheidungen später dazu nutzen können, die Begünstigten zu beeinflussen, eine dem Unternehmen willkommene Politik zu betreiben.

2. Organisierte Kriminalität

Hinter den Wettskandalen, welche die Reputation des Sports beschädigen, stehen oftmals Geldwäscheaktivitäten der Organisierten Kriminalität. Sportwetten werden sowohl mit illegalen Machenschaften als auch mit der Manipulation von (Fußball-)Spielen in Verbindung gebracht. Das Wetten wird

---

332 *TRANSPARENCY INTERNATIONAL*, Corruption and Sport, Working Paper # 03/2009, S. 3; *Hahn*, F.A.Z. v. 22.10.2010, S. 24.

333 *TRANSPARENCY INTERNATIONAL*, Corruption and Sport, Working Paper # 03/2009, S. 4.

334 *TRANSPARENCY INTERNATIONAL*, Corruption and Sport, Working Paper # 03/2009, S. 4.

335 So hat beispielsweise die britische Presse Vertreter von Bahrain beschuldigt, Mittel der *FIFA* zu missbrauchen, um Stimmen für die Übernahme der stark umkämpften Präsidentschaft des Asiatischen Fußball-Verbandes *AFC* zu sichern, *Ziegler*, The Independent v. 16.04.2009.

einerseits als Einnahmequelle durch Manipulation von Spielen missbraucht, andererseits wird es auch zur Geldwäsche eingesetzt: Das aus illegalen Quellen stammende „schmutzige" Geld dient hierbei als Wetteinsatz[336]. Um diese Investition als „Wettgewinn" auch sicher „reingewaschen" vom Wettbüro zurückzuerhalten, wird diese dann nicht selten durch Beeinflussung von Spielern oder Schiedsrichtern „abgesichert[337]".

Die Organisierte Kriminalität gewinnt auch dadurch einen immer größeren Einfluss auf den Sport, indem sie den Kauf von Sport-Clubs und Spielern sowie das Sponsoring von Mannschaften oder Werbemaßnahmen zur Geldwäsche zu nutzen versucht[338]. Die Übernahmen ganzer Fußballvereine durch Investoren[339] stellen Transaktionen mit intransparenter Preisbildung und schwer nachvollziehbarer Durchführung dar. Darüber hinaus sind die in und rund um den Sport investierten Gelder in den letzten Jahren rapide angestiegen, während sich der Sport-Arbeitsmarkt zunehmend globalisiert hat. Die erheblichen, (bei Spielertransfers) häufig grenzüberschreitenden Geldflüsse bieten vielfältige Möglichkeiten, schmutzige Gelder zu waschen[340]. Nach Ansicht der *TRANSPARENCY INTERNATIONAL* stellt

---

336 *FIFA*, Task Force Report „For the Good of the Game", S. 25 [erhältlich über documentation@-fifa.org (Stand: März 2006)].

337 *Financial Action Task Force (FATF)*, Money Laundering through the Football Sector, S. 25 [der Report 2009 ist abrufbar auf der Webseite der *FATF* unter http://www.fatf-gafi.org/dataoecd/7/41/43216572.pdf (Stand: 14.01.2012)].

338 Die *FATF*, eine durch die G 7-Staaten gegründete Expertengruppe unter dem Dach der *OECD*, die national durch die *Financial Intelligence Units* der Strafverfolgungs- und Finanzaufsichtsbehörden (in Deutschland beim *BKA*) unterstützt wird und kontinuierlich durch proaktive Ermittlungen sowie durch die Auswertung von Fällen gewonnene Erkenntnisse über Geldwäschekriminalität in sog. *Typology Reports* zusammenstellt, hat sich im Juni 2008 näher mit dem Verdacht auseinandergesetzt, dass sich der kommerzialisierte Sport insgesamt, aber in besonders exponierter Weise der Fußballsport, zu einem wichtigen Zielgebiet von Geldwäscheaktivitäten durch komplexe Techniken – einschließlich der Nutzung von Bargeld, grenzüberschreitender Transfers, Steueroasen und Scheingesellschaften – entwickelt hat. Die *FATF* hat mehr als 20 Fälle von Geldwäscheaktivitäten im Fußballsektor in 25 Ländern festgestellt, vgl. *FATF*, Money Laundering through the Football Sector, S. 7 f., abrufbar unter http://www.fatf-gafi.org/dataoecd/7/41/43216572.pdf (Stand: 14.01.2012). Vgl. zur Geldwäsche im Fußballsport auch *Herzog/Hoch/Laustetter*, SpuRt 2010, 90 ff.

339 Immer mehr traditionsreiche englische Clubs haben ausländische Investoren als Eigentümer. Nachdem der *FC Chelsea* von dem russischen Milliardär *Roman Abramowitsch*, der *FC Fulham* von dem ägyptischen Multimillionär *Mohamed al-Fayed* gekauft wurden und hinter *Aston Villa* und *Manchester United* reiche US-Amerikaner stehen, zeigen nunmehr die chinesische Investmentgesellschaft *China Investmentcorporation (CIC)*, eine Milliardärs-Familie aus Kuwait und eine Investorengruppe aus dem Mittleren Osten und Kanada Interesse an dem überschuldeten 18-maligen englischen Meister *FC Liverpool*, *Gürke*, StN v. 06.08.2010, S. 24.

340 *Herzog/Hoch/Laustetter*, SpuRt 2010, 90 (91).

die Verwundbarkeit des Sports im Bereich seiner Finanzierung das Einfallstor für Geldwäscheaktivitäten der Organisierten Kriminalität dar[341].

3. Mangelnde Kontrolle

Ein weiteres, die Korruption begünstigendes Merkmal des Sportsystems ist der fehlende Kontrollmechanismus in vielen Bereichen. Die Undurchsichtigkeit des Spielertransfer-Wesens[342] ist geradezu prädestiniert für unlautere Praktiken der Spielervermittler[343]. Der mit einem einjährigen Transferbann durch die *FIFA* sanktionierte englische Premiere League-Club *FC Chelsea* wegen angeblichen Verleitens des französischen Stürmers *Gaël Kakuta* vom *RC Lens* zum Vertragsbruch, um ihn für die eigene Nachwuchsmannschaft zu gewinnen, sei hierfür exemplarisch angeführt[344]. Erst die Disziplinarkommission der *FIFA*[345] sanktionierte die unlautere Transfermethode, eine vorherige Kontrollinstanz gab es bislang nicht.

Große internationale Sportveranstaltungen erfordern oft die kurzfristige Errichtung einer Infrastruktur. Kombiniert mit hohen Geldflüssen und einer unzureichenden Kontrolle entsteht so eine Situation, in der Korruption gedeihen kann[346].

4. Familiäres Netzwerk

Bezeichnend für den Sport sind letztlich auch familiäre und ehrenamtliche Strukturen[347], die oftmals bei der Ämtervergabe innerhalb von Sportverbänden, vor allem aber zwischen den Medien und dem Sport existieren. Zwar macht die Unabhängigkeit und Neutralität von Journalisten sie zu wichtigen Partnern bei der Aufdeckung und Bekämpfung der Korruption im Sport, allerdings kann diese positive Rolle in Frage stehen, wenn sie beispielsweise in die Organisation von Pressezentren bei sportlichen Großveranstaltungen oder der Vorbereitung von Presseerklärungen einbezogen werden

341 *TRANSPARENCY INTERNATIONAL*, Corruption and Sport, Working Paper # 03/2009, S. 3.

342 *FATF*, Money Laundering through the Football Sector, S. 21, abrufbar unter http://www.fatf-gafi.org/dataoecd/7/41/43216572.pdf (Stand: 14.01.2012).

343 Die *FIFA* plant deshalb in Zusammenarbeit mit den Konföderationen und Verbänden die Schaffung eines Instruments (z. B. eines „Transfervergleichssystems“) zur Verbesserung der Transparenz und des Informationsflusses, vgl. *FIFA*, Task Force Report „For the Good of the Game“, S. 19; Minutes Task Force For the Good of the Game, meeting no. 2 of the working group „Finance“, Zürich, 08.02.2006, S. 3 (jeweils erhältlich über documentation@fifa.org).

344 *O. V.*, F.A.Z. v. 04.09.2009, S. 31.

345 Vgl. *Deutscher Fußball-Bund*, *FIFA*-Reglement bezüglich Status und Transfer von Spielern.

346 In der Ukraine haben sich örtlich Verantwortliche in Lviv, eine der ehemaligen Bewerberstädte um einen Spielort bei der Fußball-Europameisterschaft 2012, geweigert, den Bauvertrag für das neue Stadion mit zu unterzeichnen, nachdem das österreichische Unternehmen, das die Ausschreibung gewonnen hat, die Kosten um mehr als 40 % erhöhte, *TRANSPARENCY INTERNATIONAL*, Corruption and Sport, Working Paper # 03/2009, S. 5.

347 *Hahn*, F.A.Z. v. 22.10.2010, S. 24.

oder Artikel über die Veranstaltung und die dort startenden Athleten verfassen[348]. Angesichts der Undurchsichtigkeit des Sportbereiches können die engen Verbindungen zwischen Medien und Sport[349] auch korruptes Verhalten hervorrufen: In vielen Ländern werden wichtige Spiele der Nationalmannschaften an private Fernsehsender nach einem oft unklaren Vergabeverfahren verkauft. Während der Verkauf den Verbänden Gelder einbringt, kann dies durchaus um den hohen Preis von Anschuldigungen wegen Korruption geschehen[350].

III. Sportspezifische Korruptionsformen

In ihrer Kombination bieten diese Strukturmerkmale beste Bedingungen und Gelegenheiten für die Korruption im Sport in all ihren Größenordnungen und Schattierungen. Die Korruption im Sport wird dennoch regelmäßig in lediglich zwei Bereiche unterteilt: Die Korruption unter Athleten und unter Funktionären[351]. Diese Art der Betrachtung wird jedoch der Vielschichtigkeit des Phänomens und der korruptionsbegünstigenden Eigenheiten des Sports nicht gerecht; vielmehr haben sich im Laufe der Zeit drei sportspezifische Korruptionsformen herausgebildet, wobei die Grenzen zwischen den drei Formen weiterhin fließend sind.

Bei der **Korruption außerhalb des sportlichen Wettbewerbs** dient das globale Sportsystem mit seinen spezifischen Eigenschaften wie der Aufhebung von Zollschranken, der diplomatischen Immunität für Funktionsträger[352] oder Sondergesetzen[353] nur als Bühne für Organisierte Kriminalität wie

---

348 *Maennig*, Olympisches Feuer 1/2005, 20 (22) spricht davon, dass „sog. PR-Anzeigen, also bezahlte Artikel, die jedoch nicht von normalen redaktionellen Beiträgen optisch oder anderweitig abgegrenzt werden, (...) insbesondere im Zusammenhang mit großen Sportveranstalten [sogar] üblich" sind.

349 So engagierte beispielweise die *Deutsche Telekom GmbH* bzw. deren Tochtergesellschaft *T-Mobile* den *ARD*-Sportchef *Hagen Boßdorf* bis einschließlich 2004 als „Berater". Der *ARD*-Berichterstattung während der *Tour de France* über das *T-Mobile-Team* dürfte dies zumindest nicht geschadet haben. Maßnahmen der Staatsanwaltschaft oder des Presserats sind diesbezüglich nicht bekannt, vgl. *Maennig*, Olympisches Feuer 1/2005, 20 (22).

350 Vgl. dazu den Fall der Sportvermarktungsagentur *International Sports Media & Marketing (ISMM)*, *Dunsch*, F.A.Z. v. 26.03.2008, S. 31; *ders.*, F.A.Z. v. 27.10.2010, S. 27; *Ashelm*, F.A. Z. v. 21.10.2011, S. 32. S. hierzu bereits Fn. 24.

351 *Maennig*, Vierteljahreshefte zur Wirtschaftsforschung 73 (2004), 263 (265); *ders.*, in: *von Arnim* (Hrsg.), Korruption und Korruptionsbekämpfung, S. 81 (82); *ders.*, Olympisches Feuer 1/2005, 20 (21).

352 Im Frühjahr 2011 bekamen die Tennisspieler der im Jahr 2010 siegreichen *Davis-Cup*-Mannschaft Serbiens sowie die beiden Spitzenspielerinnen Serbiens, *Ana Ivanovic* und *Jelena Jancovic*, Diplomatenpässe überreicht, *o. V.*, F.A.Z. v. 26.04.2011, S. 25.

353 So befreite die Bundesregierung Anfang 1999 in der Bewerbungsphase um die Fußballweltmeisterschaft 2006 die *FIFA* von der Quellensteuer. Derartige Steuerbefreiungen sind im Weltsport üblich und werden von den Verbänden sogar als Bedingung für eine erfolgreiche Bewer-

etwa Geldwäsche oder Drogenhandel oder für internationale Wirtschaftskriminalität. Oftmals wird der Sport auch zu politischen Zwecken missbraucht[354].

Bei der **indirekten Sportkorruption** wird das wirtschaftliche Umfeld des Sports für unlautere Vorteile im Geschäftsleben ausgenutzt. Da der Sportsektor ein weites und einträgliches Gebiet darstellt, ergeben sich vielfältige Möglichkeiten der Korruption, insbesondere bei der Organisation von Sportveranstaltungen: Bei der Vergabe von sportlichen Großereignissen wie Olympischen Spielen, Welt- oder Europameisterschaften, von Marketingrechten (Sponsoren- und Fernsehrechte) oder von Bauaufträgen für Sportstätten. Denkbar ist auch die Korruption bei Anträgen oder Beschlüssen innerhalb der Sportverbände zu Regeländerungen oder zur Aufwertung von Disziplinen oder Sportarten wie zum Beispiel bei ihrer Aufnahme in das Olympische Programm aufgrund von Absprachen mit Sportartikelherstellern.

Die **direkte Sportkorruption** setzt unmittelbar beim Wettkampf an und betrifft Handlungsweisen in der Ausübung oder Durchführung des reinen sportlichen Wettkampfs. Dabei zahlen Sportler selbst oder aus ihrem Umfeld Trainer, Manager, Vereins- oder Verbandsfunktionäre Geld oder andere Leistungen an Gegner, Schiedsrichter, Juroren u. a., um den Verlauf und/oder das Ergebnis des Wettkampfs zu manipulieren. Von einem Unterfall der direkten Sportkorruption, dem sog. **Wettbetrug**, ist dann die Rede, wenn eine Person die Manipulationshandlung vornimmt, um dadurch eine von ihr im Hintergrund platzierte Sportwette zu ihren Gunsten zu beeinflussen.

---

bung vorausgesetzt. Vgl. z. B. das *FIFA*-Pflichtenheft, das den Bewerbern um eine Weltmeisterschaft zugeschickt wird, in dem eine Steuerbefreiung festgeschrieben ist, *Zorn*, F.A.Z. v. 16.01.1999, S. 39.

354 Ein Beispiel hierfür war der 135.000 km lange und durch 19 Länder führende Fackellauf im Jahr 2008 im Vorfeld der Olympischen Spiele in Peking. Die vom chinesischen Organisationskomitee als „Reise der Harmonie" bezeichnete Feuerstafette sollte von dem blutigen Aufstand in Tibet im März ablenken und die positive Ausstrahlung Olympias sollte für politische und ökonomische Eigenwerbung nutzbar gemacht werden, *Simeoni*, F.A.S. v. 29.03.2009, S. 17.

Drittes Kapitel
Bestechlichkeit und Bestechung im sportlichen Wettbewerb und deren derzeitige Strafbarkeit – de lege lata

Die Sportkorruption erfasst verschiedenartige Handlungsweisen im und um den Sport. Diese sollen im Folgenden – kategorisiert in die soeben vorgestellten sportspezifischen Korruptionsformen „indirekte Sportkorruption" (A.), „Wettbetrug" (B.) und „direkte Sportkorruption" (C.) – auf ihre derzeitige Strafbarkeit hin untersucht werden. Bei einigen Konstellationen greift bereits heute der staatlich-strafrechtliche Schutz in vollem Umfang. Bei anderen gilt es, dies zu überprüfen: Werden die Handlungen, welche die Öffentlichkeit als Korruption wahrnimmt, vollständig im Strafgesetzbuch abgebildet oder gibt es Strafbarkeitslücken (D.)?

In diesem Zusammenhang wird darauf hingewiesen, dass der Betrug i. S. d. § 263 StGB nicht den Schwerpunkt der Untersuchung bilden soll[355], sondern nur einen der Straftatbestände darstellen wird, die im Rahmen der jeweiligen sportkorrupten Handlungsweise überprüft werden. Es wird daher lediglich die hierzu ergangene Rechtsprechung des BGH aufgezeigt; abweichende Ansichten finden sich in den Fußnoten.

355 Hierzu ausführlich bereits *Paringer*, Korruption im Profifußball, S. 1 ff. und *Schattmann*, Betrug des Leistungssportlers im Wettkampf, S. 1 ff.

A.
Indirekte Sportkorruption

I. Definition

Die Definition „direkt“ oder „indirekt“ orientiert sich am Bezugspunkt der unmittelbaren Sportausübung bzw. einer mehr oder weniger bloß vermittelten Beziehung zum eigentlichen Sportgeschehen[356]. Die indirekte Form der Sportkorruption setzt nicht unmittelbar beim Wettkampf an, sondern nutzt das wirtschaftliche Umfeld, das den Sport umgibt, in unlauterer Weise für Vorteile im Geschäftsleben aus, wie einige signifikante Fallbeispiele veranschaulichen.

1. Fallbeispiel: Bestechung und Absprachen im Bereich von Bauaufträgen für Sportstätten (Der Fall *„Wildmoser jr.“* – Bau der Münchener *Allianz* Arena)

Nach den Feststellungen des Landgerichts München I[357] war der Angeklagte *Karl-Heinz Wildmoser jr.* Mitglied des *TSV München von 1860 e. V.* und Geschäftsführer der *TSV München von 1860 GmbH & Co. KG.* Als Mitglied eines Lenkungsausschusses, des Gutachtergremiums und als Geschäftsführer der für die Errichtung und den Betrieb des Fußballstadions *Allianz* Arena gegründeten *Allianz Arena München Stadion GmbH* (im Folgenden: *Stadion GmbH)* war er in maßgeblicher Position in das Vergabeverfahren des europaweit ausgeschriebenen Bauprojekts einbezogen. Für diese Funktionen erhielt er jeweils 200.000,00 € netto.

Zu den acht Bietergemeinschaften zählte auch die *Alpine Bau Deutschland GmbH* (im Folgenden: *Alpine GmbH*) mit den Architekten *Herzog & de Meuron*, die einen entsprechenden Hinweis von dem Angeklagten und dem mit ihm geschäftlich verbundenen Mitangeklagten erhalten hatte. Der Mitangeklagte hatte sich für den Fall des Zuschlags an die *Alpine GmbH* die Zahlung einer Maklerprovision erhofft. Nachdem der Kreis der Bewerber um die Bauvergabe auf Empfehlung des Obergutachtergremiums, dem der Angeklagte angehörte, auf die *Alpine GmbH* und auf die Baufirma *Max Bögl GmbH* zusammen mit einem Architekturbüro reduziert wurde, signalisierte die *Alpine GmbH* dem Mitangeklagten, dass sie die Zahlung der „Pro-

356 S. *Rössner*, in: FS Mehle, S. 567, der die Begriffe der „direkten Sportkorruption“ und der „indirekten Sportkorruption“ erstmalig verwendet.

357 LG München I, Urt. v. 13.05.2005 – 4 KLs 571 Js 50602/03. Der Verfasserin lag eine anonymisierte Urteilsabschrift vor. Die Zitierweise orientiert sich an den Seitenzahlangaben dieser Urteilsabschrift.

vision" von Insiderinformationen über das Vergabeverfahren abhängig mache[358].

Daraufhin kam es zu vier Treffen zwischen dem Angeklagten, dem Mitangeklagten und dem anderweitig verfolgten Chef des in Salzburg ansässigen *Alpine*-Konzerns, der die Zahlung von 5,5 Mio. DM für den Fall versprach, dass der Angeklagte sich erfolgreich für eine Vergabe an die *Alpine GmbH* einsetzt, Insiderinformationen liefert und als „Ansprechpartner" in der späteren Bauphase für Nachtrags- und Zusatzarbeiten zur Verfügung steht[359]. Dieser Vereinbarung stimmte der Angeklagte zu. Nachdem die *Alpine GmbH* den Zuschlag für den Bau des Stadions für die Auftragssumme von 285.917.206,69 € erhalten hatte, kam es zur Auszahlung des vereinbarten Geldes in Höhe von 2.812.094,82 € an die Firma des Mitangeklagten, die mittels fingierter Rechnungen und lediglich pro forma geschlossener Vereinbarungen verschleiert wurde[360]. Der Mitangeklagte leitete die Gelder nahezu vollständig an den Angeklagten weiter.

2. Fallbeispiel: Sportsponsoring (Der Fall *„Infineon Technologies AG"* – Motorsportsponsoring)

Die Staatsanwaltschaft München I hatte dem früheren Vorstandsvorsitzenden des Halbleiterkonzerns *Infineon Technologies AG*, *Ulrich Schumacher*, neben Bestechlichkeit im geschäftlichen Verkehr in acht Fällen auch Untreue, Betrug und Steuerhinterziehung in acht Fällen vorgeworfen. Die Anklage ging davon aus, dass *Udo Schneider*, der die Schweizer Firma *BF Consulting* führte, Veranstaltungen bei Autorennen organisierte und Sponsoringaufträge vermittelte, *Schumacher* die Teilnahme an privaten Autorennen finanziert und ihm anderweitig Geld zukommen ließ. Dadurch soll er ihn zum Erhalt der Geschäftsbeziehungen bewogen und sich Sponsoringaufträge der *Infineon Technologies AG* in Millionenhöhe gesichert haben.

Der Strafprozess gegen *Schumacher* vor dem Landgericht München I wurde im Herbst 2009 eingestellt. Der Hauptvorwurf der Bestechlichkeit im geschäftlichen Verkehr (§ 299 StGB) war *Schumacher* nicht nachzuweisen gewesen[361].

3. Fallbeispiel: Medienbereich (Die Fälle *„Emig"* und *„Mohren"* – Übertragung von Randsportarten gegen Geld)

Ein großes Feld sportbezogener Wirtschaftskriminalität stellt auch der Medienbereich dar:

358 LG München I, Urt. v. 13.05.2005 – 4 KLs 571 Js 50602/03, S. 5, 10.
359 LG München I, Urt. v. 13.05.2005 – 4 KLs 571 Js 50602/03, S. 11 ff.
360 LG München I, Urt. v. 13.05.2005 – 4 KLs 571 Js 50602/03, S. 15 ff.
361 *O. V.*, F.A.Z. v. 06.01.2011, S. 14.

Der Angeklagte Dr. *Jürgen Emig* war von 1987 bis März 2004 im Angestelltenverhältnis Leiter der Sportredaktion des *Hessischen Rundfunks* (im Folgenden: *hr*). Im Rahmen seiner Tätigkeit war er sehr erfolgreich darin, für den *hr* Drittmittel in Form von Sponsorengeldern zu erzielen, die Sportveranstalter an den *hr* leisteten, um dadurch eine umfangreichere oder aufwändigere Fernsehberichterstattung über die von ihnen durchgeführte Veranstaltung zu erreichen[362].

Im Januar 2000 gründeten der Angeklagte und der Mitangeklagte gemeinsam die *SportMarketing & Production GmbH* (im Folgenden: *SMP GmbH*), um die Drittmittel zukünftig über diese Agentur abzuwickeln. Der Angeklagte sollte seine Position als *hr*-Sportchef weiterhin nutzen, um zu erreichen, dass Sponsorverträge mit Sportveranstaltern über die *SMP GmbH* anstatt unmittelbar über den *hr* abgewickelt wurden. Für eine umfangreichere Fernsehberichterstattung über die Sportveranstaltungen *Euromarathon* in den Jahren 2000 bis 2003 und *Ironman* in den Jahren 2002 und 2003 durch den *hr* haben deren Organisatoren bzw. Veranstalter auf Veranlassung der Angeklagten hohe Geldbeträge an die *SMP GmbH* gezahlt. Es wäre die Pflicht des Angeklagten gegenüber dem *hr* gewesen, dafür Sorge zu tragen, dass diese Gelder ganz oder zumindest abzüglich einer angemessenen Agenturprovision an den *hr* fließen. Stattdessen hat er in drei Fällen für den Abschluss von Beistellungsverträgen zwischen der *SMP GmbH* und dem *hr* gesorgt, aufgrund derer nur deutlich geringere Beträge an den *hr* abgeführt wurden. In drei weiteren Fällen hat er es gänzlich unterlassen, für Zahlungen der *SMP GmbH* an den *hr* zu sorgen. Dadurch hat er zu Lasten des *hr* einen Schaden in Höhe von insgesamt mehr als 265.000,00 € verursacht[363].

Aufgrund von Vereinbarungen des Angeklagten *Emig* mit den Geschäftsführern der Veranstalterin der Radrennens *„Rund um den Henninger Turm"* in Frankfurt zahlte die Veranstaltergesellschaft in den Jahren 2001 bis 2003 Vermittlungsprovisionen in einer Gesamthöhe von 138.691,23 € an die Agentur. Die Zahlungen dienten zum Teil als Entgelt für eine Akquise von Sponsoren der Veranstaltung durch den Angeklagten. Der Angeklagte und die Veranstalterin verständigten sich aber zumindest stillschweigend darauf, dass sie aber auch deshalb gewährt wurden, damit der Angeklagte sie bei den im Zusammenhang mit den Übertragungen der Rennen durch den *hr* anfallenden Entscheidungen mit auf die Waagschale seines Ermessens legen würde. Tatsächlich nahm der Angeklagte im Hinblick auf die Zahlungen Einfluss auf Entscheidungen über die Gestaltung der Sendungen

362 LG Frankfurt, Urt. v. 02.10.2008 – 5/12 Kls-2/07-7740 Js 214435/04 – BeckRS 2009, 86525.
363 LG Frankfurt, Urt. v. 02.10.2008 – 5/12 Kls-2/07-7740 Js 214435/04 – BeckRS 2009, 86525.

im Sinne der Veranstalterin und ihrer Sponsoren, so etwa im Hinblick auf die Sichtbarkeit von Sponsorenlogos und -werbung[364].

Auch der Abteilungsleiter Sport des *Mitteldeutschen Rundfunks* (im Folgenden: *MDR*), *Wilfried Mohren*, entschloss sich, sein Gehalt dauerhaft durch Zusatzeinnahmen aufzubessern, indem er Sendezeit beim *MDR* im Rahmen der Sportsendungen *„Sportarena"*, *„Sport im Osten"* und Zusammenfassungen bei *„Sport aktuell"* als eigene Leistungen einsetzte und dafür sorgte, dass Studiogäste bestimmte Sponsorenlogos gut sichtbar aufgenäht trugen. Dabei wählte er unter mehreren Möglichkeiten und Bewerbern diejenigen aus, bei denen die Organisatoren von Veranstaltungen, die für eine Übertragung in den genannten Sportsendungen in Frage kamen, in der Lage und bereit dazu waren, ihm einen Vorteil zu verschaffen[365]. Zur Verschleierung der im Folgenden erzielten Zahlungen wurden diese teilweise über die Werbe- und Veranstaltungsagentur der Ehefrau des Angeklagten *Mohren* abgewickelt. Insgesamt erwirtschaftete das Ehepaar auf diese Weise 330.718,30 €[366].

4. Fallbeispiel: „Hospitality[367]"-Einladungen zu großen Sportveranstaltungen (Der Fall *„Claassen"* – Freikarten für die Fußballweltmeisterschaft 2006)

Nach den Feststellungen des LG Karlsruhe[368] gehörte der Energiekonzern *Energie Baden-Württemberg AG* (im Folgenden: *EnBW*) als „nationaler Förderer" zu den offiziellen Sponsoren der Fußballweltmeisterschaft 2006 und ließ sich dieses Engagement insgesamt rund 25 Mio. € kosten. Im Rahmen eines internen Marketing- und Sponsorenkonzepts war seitens der *EnBW* beabsichtigt, ca. 14.000 Eintrittskarten zu den Spielen des Turniers an Gäste aller Art zu verteilen. Es sollten Repräsentanten der Wirtschaft, Gesellschaft,

---

364 LG Frankfurt, Urt. v. 02.10.2008 – 5/12 Kls-2/07-7740 Js 214435/04 – BeckRS 2009, 86525.

365 LG Leipzig, Urt. v. 29.09.2009 – 11 KLs 918 Js 41987/09, S. 8. Der Verfasserin lag eine anonymisierte Urteilsabschrift vor, an deren Seitenzahlangaben sich die Zitierweise orientiert.

366 LG Leipzig, Urt. v. 29.09.2009 – 11 KLs 918 Js 41987/09, S. 8.

367 Unter „Hospitality" versteht man von Unternehmen für ihre wichtigsten bzw. potentiellen Kunden organisierte Unterhaltung bei meist prestigeträchtigen Sport- und Kulturveranstaltungen. Eine aktuelle Erhebung der Sport Business Gruppe der Prüfungs- und Beratungsgesellschaft *Deloitte* verdeutlicht den Stellenwert, den das Marketinginstrument Sportsponsoring/Hospitality mittlerweile im Profisport in Deutschland einnimmt. Die Studie untersuchte die wirtschaftliche Bedeutung von Hospitality für Vereine der 1. und 2. Fußballbundesliga, der Handballbundesliga, der Basketballbundesliga und der Deutschen Eishockeyliga: Die Hospitality-Tickets machen knapp 6 % des gesamten Platzangebots in den Stadien und Arenen der fünf Profiligen aus. Die durchschnittliche Auslastung des Logen- und Business-Bereichs im Profisport liegt bei ca. 90 %. Insgesamt 12,6 % bzw. 240,1 Mio. € des Gesamtumsatzes der Profiligen werden über die Vermarktung der Hospitality-Pakete erzielt, vgl. *Ludwig/Jacobi*, Jahrbuch Sponsoring 2009, 40.

368 LG Karlsruhe, Urt. v. 28.11.2007 – 3 KLs 620 Js 13113/06, Rn. 2 ff. – juris.

Kultur, Wissenschaft und Politik eingeladen werden. Durch den gemeinsamen Auftritt versprach sich der Energiekonzern werbewirksame Bilder, welche die Rolle der *EnBW* als Hauptsponsor der Fußballweltmeisterschaft hervorheben sollten. Dabei waren für hochrangige Regierungsvertreter Plätze im *FIFA*-VIP-Bereich, für den die *EnBW* pro Spiel 12 bis 14 Tickets zu vergeben hatte, vorgesehen, und nicht in der firmeneigenen Loge[369].

Ende 2005 versandte der damalige Vorstandsvorsitzende der *EnBW*, Prof. *Utz Claassen*, rund 700 der im Geschäftsleben üblichen Weihnachtskarten an Personen aus seiner eigenen „VIP-Datei“. Aus diesem Kreis fanden später 36 Adressaten personengebundene und nicht übertragbare Gutscheine für Plätze in der *EnBW*-Loge in den WM-Stadien Stuttgart und Berlin in ihrer Post[370]. Bedacht wurden auch der Ministerpräsident und fünf Minister des Landes Baden-Württemberg sowie ein Staatssekretär des Bundesumweltministeriums, die allesamt im Rahmen ihrer Ressortzuständigkeit als Aufsichts- oder Genehmigungsbehörden für verschiedene Geschäftsbereiche der *EnBW* fungierten oder in sonstiger Weise hoheitlich oder politisch Einfluss auf Interessen des Konzerns nehmen konnten[371]. Vom Wert der Gutscheine hatte Prof. *Claassen*, dem pro Grußkarte max. 20 bis 25 Sek. zur Unterzeichnung zur Verfügung standen, keine Vorstellung[372].

Die Mitglieder der Landesregierung waren auf Einladungen von Sponsoren ins Stuttgarter Stadion nicht angewiesen, da ihnen sowohl Plätze in der Loge, die sich das Land mit (damals noch) *DaimlerChrysler* teilte, als auch im *FIFA*-Ehrenbereich zur Verfügung standen. Ferner hatten die Minister des Landes im Ministerrat beschlossen, dass Ehrenkarten für Veranstaltungen, deren Besuch zu den Repräsentationspflichten eines Regierungsmitglieds gehört, nicht als Geschenke zu bewerten sind und daher nicht der Genehmigungspflicht unterfallen[373].

II. Sportgerichtliche Beurteilung

Die indirekten Formen der Sportkorruption werden nicht unmittelbar im Wettkampfgeschehen, sondern im wirtschaftlichen Umfeld des Sports begangen, weshalb diese Taten zwar nicht sportgerichtlich, aber strafrechtlich beurteilt werden.

369 LG Karlsruhe, Urt. v. 28.11.2007 – 3 KLs 620 Js 13113/06, Rn. 2 ff., Rn. 43 – juris.
370 LG Karlsruhe, Urt. v. 28.11.2007 – 3 KLs 620 Js 13113/06, Rn. 2 ff., Rn. 54–59 – juris.
371 LG Karlsruhe, Urt. v. 28.11.2007 – 3 KLs 620 Js 13113/06, Rn. 2 ff., Rn. 59 ff. – juris.
372 LG Karlsruhe, Urt. v. 28.11.2007 – 3 KLs 620 Js 13113/06, Rn. 2 ff., Rn. 54 – juris.
373 LG Karlsruhe, Urt. v. 28.11.2007 – 3 KLs 620 Js 13113/06, Rn. 2 ff., Rn. 47 – juris.

III. Strafrechtliche Beurteilung

1. Bestechung und Absprachen im Bereich von Bauaufträgen für Sportstätten (Der Fall „*Wildmoser jr.*“ – Bau der Münchener *Allianz* Arena)

Die Handlungen des an der Absprache bei der Vergabe des Bauauftrags für die *Allianz* Arena beteiligten Funktionärs werden strafrechtlich als Bestechlichkeit im geschäftlichen Verkehr gem. § 299 Abs. 1 StGB und Untreue gem. § 266 Abs. 1, 2. Alt. StGB qualifiziert.

a) Strafbarkeit wegen Bestechlichkeit im geschäftlichen Verkehr, § 299 Abs. 1 StGB

aa) Beauftragter

Als Geschäftsführer der *Stadion GmbH* war der Angeklagte zur Tatzeit deren Beauftragter. Beauftragter ist, wer befugtermaßen für den Geschäftsbetrieb tätig werden kann, ohne Angestellter zu sein[374]. Angestellter war der Angeklagte mangels Weisungsbefugnis der Geschäftsherrin nicht, denn er hatte mit dieser keinen Anstellungs-, sondern einen Geschäftsbesorgungsvertrag. Die *Stadion GmbH* war auch ein Geschäftsbetrieb.

bb) Geschäftlicher Verkehr

Bei seinen Absprachen bezüglich der Vergabe des Auftrags an die *Alpine GmbH* betätigte sich *Wildmoser jr.* im geschäftlichen Verkehr. Es ging um den Bezug gewerblicher Leistungen.

cc) Vorteil

Der Vorteil bestand für ihn darin, dass die *Alpine*-Gruppe ihm über die Firma des Mitangeklagten rund 2,58 Mio. € zuwendete. Diese Zuwendung ließ er sich versprechen und nahm sie in einem Zeitraum an, in welcher er Geschäftsführer der *Stadion GmbH* und der Komplementärin der *TSV München von 1860 GmbH & Co. KG* war. Auf diese Zuwendung hatte der Angeklagte weder selbst noch die Firma des Mitangeklagten einen Anspruch.

dd) Unrechtsvereinbarung

Der Vorteil war Bestandteil der Unrechtsvereinbarung. Die rund 2,58 Mio. € wurden nicht auf eine Provisionsforderung des Mitangeklagten bezahlt, sondern waren Schmiergeld, das aufgrund der konkludent gezeigten Bereitschaft des Angeklagten, sich im Gegenzug für eine Vergabe an die *Alpine GmbH* einzusetzen, für Nachtragsaufträge und -forderungen ein gewogener Ansprechpartner zu sein und weiterhin geheime Informationen über das Angebot der anderen Bietergemeinschaft zu liefern, gewährt wurde.

---

374 *Fischer*, StGB, § 299 Rn. 10; NK-StGB/*Dannecker*, § 299 Rn. 22.

(1) Bevorzugung

Diese in Aussicht gestellten Handlungen waren – jede für sich genommen – Bevorzugungen der *Alpine GmbH* im Vergabeverfahren. Bevorzugung ist nämlich jede ins Auge gefasste Besserstellung des Täters oder eines von ihm begünstigten Dritten, auf die er oder der Dritte keinen Anspruch hat[375]. Gerade auch die Mitteilung von Insiderinformationen und die Begünstigung *nach* Auftragsvergabe sind tauglicher Gegenstand einer Bevorzugung i. S. d. § 299 Abs. 1 StGB. Zwar muss sich die Bevorzugung grundsätzlich auf den Bezug von Waren oder gewerblichen Leistungen beziehen; hierunter sind aber wiederum alle wirtschaftlichen Vorgänge von der Bestellung über die Abwicklung der Lieferung (Abnahme, Prüfung und Beanstandung) bis zur Bezahlung zu verstehen[376].

Die Erfüllung des Tatbestands setzte auch nicht voraus, dass die in Aussicht gestellte und vom Geber erstrebte Bevorzugung später tatsächlich verwirklicht wird, denn Schutzgut des § 299 StGB ist die strafwürdige Störung des Wettbewerbs und die abstrakte Gefahr sachwidriger anstelle wettbewerblicher Entscheidungen[377]. Dass im Ergebnis tatsächlich die beste Leistung vorgezogen wurde, änderte deshalb nichts am Vorliegen der Regelverletzung.

(2) Unlauterkeit der Bevorzugung

Die in Aussicht gestellte Bevorzugung der *Alpine GmbH* war auch unlauter im Sinne des Gesetzes, da sich *Wildmoser jr.* in pflichtwidriger Weise dazu bereit gezeigt hatte, weitere geheime Informationen über das Angebot des Mitbieters zu beschaffen. Diese lieferte er sodann auch, indem er die *Alpine GmbH* über Einsparpotenziale beim Mitbieter aufklärte. Er handelte dabei in der Absicht, die *Alpine GmbH* bei ihrem Gebot ebenfalls zu Einsparungen zu veranlassen, aus denen das Schmiergeld an ihn gezahlt werden sollte.

Aus denselben sachwidrigen Erwägungen heraus – nämlich um des persönlichen wirtschaftlichen Vorteils willen – befürwortete der Angeklagte auch Nachträge, indem er durch die Erteilung von Nachtragsaufträgen die *Alpine GmbH* begünstigte und Zusatzforderungen gewogen behandelte, anstatt nüchtern zu prüfen, welche Nachtragsarbeiten erforderlich werden und welche Baufirma zu welchen Konditionen mit diesen zu beauftragen

375 Schönke/Schröder/*Heine*, StGB, § 299 Rn. 18; NK-StGB/*Dannecker*, § 299 Rn. 43.

376 LG München I, Urt. v. 13.05.2005 – 4 KLs 571 Js 50602/03, S. 63 unter Berufung auf BGHSt 10, 269 (270) und BGHSt 10, 358 (360). Wenn in der Kommentarliteratur immer wieder ausgeführt wird, Bevorzugung bedeute die „Entscheidung zwischen mindestens zwei Bewerbern" (LK-*Tiedemann*, StGB, § 299 Rn. 31) bzw. setze diese voraus (*Fischer*, StGB, § 299 Rn. 14), so ist hiermit nicht gemeint, die Bevorzugung könne nur durch den Zuschlag verwirklicht werden, sondern gemeint ist, dass ein Bewerber nur dann „bevorzugt" i. S. d. § 299 StGB ist, wenn er gerade im Verhältnis zu seinem Mitbewerber besser gestellt wird bzw. die Bevorzugung auf Kosten eines Mitbewerbers geht.

377 *Fischer*, StGB, § 299 Rn. 2; LK-*Tiedemann*, StGB, § 299 Rn. 12.

ist. Es handelte sich um einen „geradezu klassischen Fall der Bestechung im geschäftlichen Verkehr durch eine Schmiergeldzahlung[378]“.

(3) Wettbewerbsbezogenheit der Bevorzugung

Die Bevorzugung war auch auf einen Wettbewerb bezogen. Das galt für die Vergabefrage und für die Insiderinformationen selbst dann, wenn sich die Bauherren bereits vor der offiziellen Vergabe insgeheim darauf festgelegt hätten, auf keinen Fall den Stadion-Entwurf des Mitbewerbers zu bauen, denn die Vereine setzten das Vergabeverfahren bewusst fort, um den Konkurrenzdruck aufrechtzuerhalten und auszunutzen. Damit bestand sowohl objektiv Wettbewerb als auch in der Vorstellung der Beteiligten[379].

Auch hinsichtlich etwaiger Nachtragsarbeiten bestand Wettbewerb, weil es sich nicht von selbst verstand, dass die Bauherrin Leistungen, welche vom Generalunternehmervertrag nicht umfasst waren und Zusatzforderungen auslösen konnten, der *Alpine GmbH* würde in Auftrag geben müssen[380].

ee) Vorsatz

Wildmoser jr. handelte hinsichtlich aller Tatbestandsmerkmale auch vorsätzlich. Er wusste, dass er als Geschäftsführer der *Stadion GmbH* Beauftragter eines geschäftlichen Betriebs war und im Geschäftsverkehr tätig war. Er wollte die rund 2,58 Mio. € erlangen und wusste, dass die Zahlung mit der Erwartung verknüpft war, er werde zuvörderst seinen Einfluss zugunsten einer Vergabe an die *Alpine GmbH* ausüben und später Nachtragsforderungen wohlwollend behandeln sowie daneben auch noch weitere Insiderinformationen liefern. Es kam ihm auch darauf an, den Eindruck zu erwecken, dass er dies könne und wolle. Er handelte also hinsichtlich des Umstandes

---

378 BGH NJW 2006, 3290 (3298).

379 LG München I, Urt. v. 13.05.2005 – 4 KLs 571 Js 50602/03, S. 66. Ablehnend hierzu und zu der die Entscheidung des LG München I bestätigenden Entscheidung des BGH (NJW 2006, 3290 ff.) *Klengel/Rübenstahl*, HRRS 2007, 52 (56 f.), die allein auf die Vorstellung des Täters der passiven Bestechung im geschäftlichen Verkehr abstellen wollen, hier also auf *Wildmoser jr.*, denn dessen Strafbarkeit hinge, jedenfalls soweit dieser von einem Wettbewerb ausgegangen sein sollte, bei Zugrundelegung der Sichtweise des LG München I und der des BGH davon ab, ob die Verantwortlichen der *Alpine GmbH* das Spiel des *Wildmoser jr.* und der Bauherren, die nach seiner Aussage nach außen hin nur vorgaben, dass noch keine Entscheidung gefallen sei, durchschauten. Dies könne bei Anlegung rechtsstaatlicher Grundsätze, vor allem aber des speziellen strafrechtsbezogenen Bestimmtheitsgrundsatzes, nicht überzeugen.

380 LG München I, Urt. v. 13.05.2005 – 4 KLs 571 Js 50602/03, S. 67. Bezweifelnd, ob die Vereinbarung von etwaigen Nachtragsaufträgen eine Bevorzugung im Wettbewerb darstellen kann, da offenkundig zum entscheidenden Zeitpunkt der Absprache – im Vorfeld der Vergabe des Generalunternehmervertrages – diesbezüglich ein Vergabeverfahren noch nicht begonnen hatte, ja noch nicht einmal sicher oder auch nur naheliegend war, dass es derartige (rechtlich selbstständige) Nachtragsarbeiten jemals geben würde, *Klengel/Rübenstahl*, HRRS 2007, 52 (58 ff.).

vorsätzlich, dass die Bevorzugung von ihm als Gegenleistung für die 2,58 Mio. € erwartet wurde.

Unerheblich war der Einwand des Angeklagten, er habe die *Alpine GmbH* gar nicht bevorzugen können, weil er im Glauben gewesen sei, der Stadion-Entwurf des anderen Bewerbers werde unabhängig von seinem Einfluss ohnehin niemals gebaut, sondern entweder an die *Alpine GmbH* oder gar nicht vergeben. Unerheblich war ferner, dass der Angeklagte meinte, der Entwurf der *Alpine GmbH* sei immer der bessere Entwurf gewesen, denn der Vorsatz bei § 299 StGB braucht nämlich nicht den Willen zur späteren Bevorzugung zu enthalten, insbesondere nicht einen Willen dazu, dem schlechteren Bieter gegenüber dem besseren Konkurrenten den Vorzug zu geben[381].

ff) Besonders schwerer Fall der Bestechlichkeit im geschäftlichen Verkehr, § 300 Satz 2 Nr. 1 StGB

In der der Entscheidung des LG München I zugrunde liegenden Konstellation bezog sich die Bestechlichkeit im geschäftlichen Verkehr auf einen Vorteil großen Ausmaßes, denn dass die von *Wildmoser jr.* erstrebten und erlangten Geldbeträge weit überdurchschnittlich[382] waren, ist offensichtlich. Ob auch in anderen Konstellationen ein besonders schwerer Fall vorliegt, ist jedoch Tatfrage.

gg) Besonderes öffentliches Interesse an der Strafverfolgung, § 301 Abs. 1 StGB

Die Staatsanwaltschaft hatte das besondere öffentliche Interesse an der Strafverfolgung bejaht, so dass gem. § 301 Abs. 1 StGB die Straftat zu verfolgen war.

b) Strafbarkeit wegen Untreue, § 266 Abs. 1, 2. Alt. StGB

aa) Vermögensbetreuungspflicht

Wildmoser jr. hatte als Mitgeschäftsführer der *Stadion GmbH* eine qualifizierte Vermögensbetreuungspflicht. Zu seinem Aufgaben- und Pflichten-

---

381 LG München I, Urt. v. 13.05.2005 – 4 KLs 571 Js 50602/03, S. 68. Insofern ist die Kommentierung bei *Fischer*, StGB, § 299 Rn. 15, irreführend, denn dass „nach der Vorstellung des Täters ein (zukünftiger) Wettbewerb unlauter beeinflusst werden soll", bezieht sich auf den Geber (§ 299 Abs. 2 StGB), nicht aber auf denjenigen Täter, der sich nach Abs. 1 strafbar macht. Dass dieser (d. h. der Nehmer) von *Fischer* hier nicht gemeint ist, zeigt schon dessen Verweis auf Rn. 21, wo klargestellt ist, dass die Tat im Fall des Abs. 1 mit dem Fordern, Versprechen-Lassen oder Annehmen vollendet ist und es auf einen weitergehenden Taterfolg nicht ankommt, „insbesondere nicht darauf, ob tatsächlich eine Bevorzugung eintritt oder ob eine vorgenommene Bevorzugung Folge der Bestechung ist". Da der weitergehende Taterfolg also nicht Teil des objektiven Tatbestands ist, braucht er auch nicht vom Vorsatz umfasst zu sein, und ein selbstständiges subjektives Tatbestandsmerkmal (etwa „Bevorzugungsabsicht" des Nehmers) enthält § 299 Abs. 2 StGB nicht.

382 *Fischer*, StGB, § 300 Rn. 4; Schönke/Schröder/*Heine*, StGB, § 300 Rn. 4.

kreis gehörte es, im Vergabeverfahren darauf hinzuwirken, dass der Stadionneubau allen qualitativen Anforderungen entsprach und dass dabei ein möglichst günstiger Preis erzielt wurde. Sobald er erkannte, dass der *Alpine*-Konzern finanzielle Zugeständnisse zu machen bereit war, um eine Vergabe an die *Alpine GmbH* zu sichern, hätte er darauf hinwirken müssen, dass diese Bereitschaft dazu ausgenutzt wird, um den Auftrag zu einem möglichst günstigen Preis zu vergeben.

bb) Treuwidrige Verletzung der Vermögensbetreuungspflicht

Indem er in Erfüllung der Vereinbarung mit dem *Alpine*-Konzern Informationen über Einsparpotenziale bei dem Wettbewerber herausgab, trug der Angeklagte treuepflichtwidrig dazu bei, dass bei der Vergabe dennoch der höhere Preis akzeptiert wurde, damit aus den bei der *Alpine GmbH* erzielten Einsparungen das Schmiergeld an den Mitangeklagten gezahlt werden konnte[383].

cc) Vermögensnachteil

Wildmoser jr. handelte eine Zahlung an sich und den Mitangeklagten aus, anstatt dem *Alpine*-Konzern eine betragsgleiche Vergünstigung an dessen deutsche Tochtergesellschaft nahezulegen, damit diese ihr Angebot nochmals verbillige. Da ein solches Ansinnen mit an Sicherheit grenzender Wahrscheinlichkeit erfolgreich gewesen wäre, entstand eine auf Verbilligung gerichtete Anwartschaft der *Stadion GmbH*, die der Angeklagte jedoch sogleich zunichte machte. Dadurch blieb eine entsprechende Vermögensmehrung bei der *Stadion GmbH* aus, was einen Nachteil im Sinne des § 266 Abs. 1 StGB begründete[384]. Dieser Nachteil wurde nicht dadurch berührt, ob und inwieweit die *Alpine GmbH* das Schmiergeld in ihr letztes Angebot (bewusst) einkalkulierte und ob der Vergabepreis insgesamt etwa in dem Sinne doch angemessen war, dass er sich im Rahmen des Marktgerechten und Ortsüblichen bewegte[385].

Der BGH hat zwar verschiedentlich herausgearbeitet, dass eine Schmiergeldannahme nicht denknotwendig Untreue impliziert und namentlich die *bloße Nichtabführung* von Schmiergeldern an den Geschäftsherrn *als solche* nicht den Untreuetatbestand erfüllt[386], weil die zivilrechtliche Herausgabeverpflichtung (§§ 687 Abs. 2 Satz 1, 681 Satz 2, 667 BGB) keine qualifizierte Vermögensbetreuungspflicht begründet. Dagegen hat der BGH die Vereinnahmung von sog. „kick-back[387]"-Zahlungen, die letztlich vom Geschäfts-

383 BGH NJW 2006, 3290 (3297).

384 LG München I, Urt. v. 13.05.2005 – 4 KLs 571 Js 50602/03, S. 70.

385 LG München I, Urt. v. 13.05.2005 – 4 KLs 571 Js 50602/03, S. 70f.

386 BGHSt 47, 295 (298); BGH NJW 2001, 2102 (2105), BGH wistra 2005, 58 (63).

387 Von einem „kick-back", das bezeichnenderweise aus dem Fußball stammt, wird im strafrechtlich-relevanten Sinn dann gesprochen, wenn dem Vertreter einer vertragschließenden Partei vom Geschäftspartner in Zusammenhang mit dem Vertragsschluss oder der Vertragsdurch-

herrn getragen werden, in ständiger Rechtsprechung als Untreuehandlung diesem gegenüber qualifiziert und herausgestellt, dass bei Schmiergeldzahlungen an den Beauftragten dessen Geschäftsherr in der Regel einen Nachteil i. S. d. § 266 StGB erleidet, und zwar regelmäßig mindestens in Höhe der bezahlten Schmiergelder[388].

dd) Besonders schwerer Fall der Untreue, §§ 266 Abs. 2, 263 Abs. 3 StGB

Das Landgericht München I hat in der konkreten Entscheidung keinen besonders schweren Fall der Untreue angenommen, etwa in Form der Verwirklichung des Regelbeispiels des § 263 Abs. 3 Satz 2 Nr. 2 StGB in Form eines Vermögensverlustes großen Ausmaßes oder eines unbenannten Regelbeispiels im Hinblick auf die außerordentliche Höhe des Schadens und die Verschleierung der Zahlungsvorgänge mittels Scheinrechnungen. Nach dem Revisionsurteil des BGH[389] konnte offen bleiben, ob das Landgericht rechtsfehlerhaft keinen besonders schweren Fall angenommen hat, da die gegen den Angeklagten verhängte Strafe angemessen erschien.

In allen anderen Konstellationen ist das Vorliegen eines besonders schweren Falles jedoch Tatfrage.

c) Zwischenergebnis

Bestechungen und Absprachen im Rahmen der Vergabe von Bauaufträgen für Sportstätten werden nach den allgemeinen Tatbeständen des Wirtschaftsstrafrechts als Bestechlichkeit im geschäftlichen Verkehr nach § 299 Abs. 1 StGB und als Untreue nach § 266 Abs. 1, 2. Alt StGB (ggf. jeweils in einem besonders schweren Fall, § 300 StGB und §§ 266 Abs. 2, 263 Abs. 3 StGB) bestraft.

2. Sportsponsoring (Der Fall *„Infineon"* – Motorsportsponsoring)

Die wenig kontrollierten und teilweise ausufernden Geldverschiebungen bei dem für Bestechlichkeit und Bestechung äußerst anfälligen Sportsponsoring erfüllen – im Falle ihrer Nachweisbarkeit – die Tatbestände der Bestechung und Bestechlichkeit im geschäftlichen Verkehr, § 299 Abs. 1 und 2 StGB, und der Untreue, § 266 Abs. 1 StGB. Auch diese sportspezifische indirekte Korruptionsform kann nach den allgemeinen Wirtschaftsstraftatbeständen behandelt werden.

---

führung wirtschaftliche Vorteile gewährt werden, die aus Leistungen bewirkt werden, welche die vertretene Gesellschaft an den Partner erbracht hat, vgl. *Pragal*, in: *Weinreich* (Hrsg.), Korruption im Sport, S. 206 (213 Fn. 9); MünchKommStGB/*Dierlamm*, § 266 Rn. 231; *Fischer*, StGB, § 266 Rn. 38.

388 BGH wistra 2005, 58 (62).

389 BGH NJW 2006, 3290 (3299).

3. Medienbereich (Die Fälle *„Emig"* und *„Mohren"* – Übertragung von Randsportarten gegen Geld)

Die zur sportbezogenen Wirtschaftskriminalität im Medienbereich zählenden Handlungen werden strafrechtlich regelmäßig als Vorteilsannahme (§ 331 StGB), Bestechlichkeit (§ 332 StGB) und Untreue (§ 266 StGB) erfasst.

a) Der Fall *„Emig"*

aa) Strafbarkeit wegen Bestechlichkeit, § 332 Abs. 1 Satz 1, Abs. 3 Nr. 2 StGB

(1) Amtsträger i. S. d. § 11 Abs. 1 Nr. 2 lit. c) StGB

Redakteure öffentlich-rechtlicher Rundfunkanstalten im Allgemeinen und der Angeklagte als Leiter der Sportredaktion des *hr* im Besonderen werden als Amtsträger i. S. d. § 11 Abs. 1 Nr. 2 StGB angesehen[390]. Er war beim *hr*, einer sonstigen Stelle im Sinne dieser Vorschrift, dazu angestellt, die inhaltliche Auswahl und Gestaltung dessen, was gesendet werden soll, vorzunehmen und damit Aufgaben der öffentlichen Verwaltung zu erfüllen[391].

(2) Unrechtsvereinbarung

Indem der Angeklagte und der Mitangeklagte sich darauf verständigten, dass der Angeklagte seinen Anteil an der Gewinnausschüttung der Sportmarketingagentur dafür erhält, dass er im Rahmen seiner Tätigkeit beim *hr* diese Gewinnausschüttungen bei der Ausübung seines Ermessen berücksichtigt, haben sie eine Unrechtsvereinbarung i. S. d. § 332 StGB geschlossen. In einigen Fällen war es für die Tatbestandserfüllung bereits ausreichend, dass der Angeklagte zum Ausdruck brachte, dass er bei der Frage, ob und welche Agentur eingesetzt wird, die vereinbarte Gewinnausschüttung mit auf die Waagschale seiner Entscheidung legen werde (vgl. § 332 Abs. 3 Nr. 2 StGB).

(3) Pflichtwidrigkeit der Diensthandlung

Dienstpflichtwidrig war das Handeln zum einen deshalb, weil der Angeklagte im Hinblick auf die ihm gewährten Geldzahlungen gegen das Gebot der redaktionellen Unabhängigkeit nach §§ 8 Abs. 2, 10 Abs. 1 Sätze 1 und 2 RStV verstieß. Er ließ sich bei seiner Entscheidung über das „Ob" der Durchführung von Sportsendungen durch die ihm gewährten Vorteile nicht nur beeinflussen, er nahm vielmehr auch auf den Inhalt der von ihm verantworteten Sendungen zugunsten der Veranstalter Einfluss und verstieß damit gleichzeitig gegen das Schleichwerbungsverbot[392].

---

390 LG Frankfurt, Urt. v. 02.10.2008 – 5–12 KLs/2/07/7740 Js 214435/04 – BeckRS 2009, 86525, bestätigt durch den BGH, Urt. v. 27.11.2009 – 2 StR 104/09 – juris.

391 Vgl. dazu eingehend BGH, Urt. v. 27.11.2009 – 2 StR 104/09 – juris Rn. 26 ff.

392 BGH, Urt. v. 27.11.2009 – 2 StR 104/09 – juris, Rn. 42.

Pflichtwidrige Diensthandlungen des Angeklagten bestanden zum anderen auch darin, dass er entgegen der ihm erteilten Weisung, bei der Durchführung von Sportsondersendungen möglichst hohe „Beistellungen“ zu erzielen, die Beziehungen des *hr* zu der Sportmarketingagentur *SMP GmbH* so ausgestaltete, dass dieser ein deutlich über die marktübliche Agenturprovision hinausgehender Anteil oder sogar der jeweilige Gesamtbetrag der vom betreffenden Sportveranstalter geleisteten Zahlung verblieb[393].

(4) Besonders schwerer Fall der Bestechlichkeit, § 335 Abs. 1 Nr. 1 a), Abs. 2 Nr. 1 und 3 StGB

In der vom LG Frankfurt zu entscheidenden Strafsache waren auch die Regelbeispiele des Vorteils großen Ausmaßes und der gewerbsmäßigen Begehung erfüllt, was in anderen zu beurteilenden Konstellationen jeweils Fallfrage ist.

bb) Strafbarkeit wegen Untreue, § 266 Abs. 1, 2. Alt. StGB

(1) Vermögensbetreuungspflicht

Der Angeklagte hatte eine Vermögensbetreuungspflicht für den *hr*, die zu seinen Hauptpflichten zählte, denn die Etatverantwortung war wesentlicher Bestandteil seines Pflichtenkreises als Leiter der Sportredaktion.

(2) Treuwidrige Verletzung der Vermögensbetreuungspflicht

Der Angeklagte hatte die Aufgabe, die Budgetsituation – soweit möglich – durch die Erzielung von Drittmitteln zu verbessern und hierbei die Möglichkeit, Verträge mit der *SMP GmbH* zu besseren Konditionen abzuschließen. Die Vermögensbetreuungspflicht gebietet es in solchen Fällen, dass der Treupflichtige die Möglichkeit des vorteilhaften Vertragsschlusses im Interesse des betreuten Vermögens nutzt[394]. Hinsichtlich eines Teils der Anklagevorwürfe hat sich der Angeklagte der Untreue durch Unterlassen strafbar gemacht, indem er keinen Vertrag mit dem *hr* geschlossen hat, obwohl er die Pflicht hierzu hatte.

(3) Vermögensnachteil

Diese Pflichtverletzung hat auch zu einem Nachteil des *hr* geführt. Dieser hatte, nachdem sich die Sportveranstalter an den Angeklagten gewandt hatten, spätestens aber nach Beginn der jeweiligen Verhandlungen bereits eine gesicherte Aussicht, die „Beistellungen“ in der Höhe des von den Sportveranstaltern an die *SMP GmbH* gezahlten Betrages abzüglich einer angemessenen Provision zu erlangen. Der *hr* hätte bereits unmittelbar mit den Veranstaltern einen Vertrag schließen können, da sich diese an den Angeklagten in seiner Funktion als *hr*-Mitarbeiter wandten und bereit waren, den letztendlich gezahlten Betrag zu zahlen, in der Annahme, dieser sei vom *hr*

393 BGH, Urt. v. 27.11.2009 – 2 StR 104/09 – juris, Rn. 43.

394 BGH NJW 2006, 925 (931); BGH wistra 1989, 224 (225); BGH wistra 1984, 109 (110).

gefordert[395]. Im Hinblick darauf wäre es dem Angeklagten möglich gewesen, einen Vertrag mit der *SMP GmbH* zu schließen, nachdem die vollständige Höhe des von den Veranstaltern an die *SMP GmbH* gezahlten Betrages abzüglich einer angemessenen Provision weitergeleitet wurde.

Der Verlust dieser gesicherten Erwerbschancen des *hr* hatte auch Vermögenswert, denn er durfte diese „Beistellungen" rechtmäßig erzielen[396].

b) Der Fall *„Mohren"*

Der Angeklagte *Mohren* hat sich durch den oben dargestellten Sachverhalt[397] als Amtsträger i. S. d. § 11 Abs. 1 Nr. 2 lit. c) StGB der Vorteilsannahme gemäß § 331 Abs. 1 StGB schuldig gemacht.

c) Zwischenergebnis

Die Amtsdelikte der Vorteilsannahme (§ 331 StGB) und der Bestechlichkeit (§ 332 StGB) sowie der Wirtschaftsstraftatbestand der Untreue (§ 266 StGB) erfassen die sportbezogene Wirtschaftskriminalität im Medienbereich. Sollte es aber an der – in den vorliegenden Konstellationen zwar umstrittenen, vom BGH letztlich jedoch bestätigten – Amtsträgereigenschaft des beim öffentlichen Rundfunk oder Fernsehen beschäftigten Täters fehlen, dürfte ein Strafrechtsverstoß nur noch schwer konstruierbar sein. Ein solcher ließe sich allenfalls über Untreue herleiten mit dem Problem, dass der betroffene Sender und sein handelnder Vertreter meist dieselben Interessen verfolgen.

4. „Hospitality"-Einladungen zu großen Sportveranstaltungen (Der Fall *„Claassen"* – Freikarten für die Fußballweltmeisterschaft 2006)

Die Einladung von Gästen zu prestigeträchtigen Sportveranstaltungen als Instrument der Unternehmenskommunikation und Kundenpflege kann strafrechtlich als Vorteilsgewährung nach § 333 StGB erfasst werden.

a) Strafbarkeit wegen Vorteilsgewährung, § 333 Abs. 1 StGB

aa) Vorteil

Die Eintrittskarten für Spiele der Fußballweltmeisterschaft, die der Angeklagte Prof. *Claassen* sechs Mitgliedern der Landesregierung und einem Staatssekretär im Bundesumweltministerium anbot und versprach, stellen

---

395 LG Frankfurt, Urt. v. 02.10.2008 – 5–12 KLs/2/07/7740 Js 214435/04 – BeckRS 2009, 86525.

396 Der BGH (Urt. v. 27.11.2009 – 2 StR 104/09 – juris, Rn. 47 ff.) führt dazu aus, dass die Zahlungen der Sportveranstalter in diesen Fällen keine unzulässige Schleichwerbung i. S. d. §§ 2 Abs. 2 Nr. 6, 7 Abs. 6 Satz 1 RStV a. F. zum Ziel hatten. Zweck der Darstellung im Rundfunkprogramm war gerade die Präsentation der jeweiligen Sportveranstaltung selbst.

397 S. Drittes Kapitel A. I. 3.

Vorteile i. S. d. § 333 Abs. 1 StGB dar[398]. Unter einem Vorteil ist jede Leistung zu verstehen, auf die der Amtsträger keinen Anspruch hat und die seine wirtschaftliche, rechtliche oder auch nur persönliche Lage objektiv verbessert[399]. Besser gestellt wird der Amtsträger vor allem durch materielle Zuwendungen aller Art, wozu auch Eintrittskarten für regulär entgeltpflichtige Veranstaltungen zählen, da solche Karten einen Vermögenswert haben[400].

Dass die vom Angeklagten bedachten Mitglieder der Landesregierung nach den Feststellungen des LG Karlsruhe ohnehin freien Zugang, und zwar auch in Begleitung einer weiteren Person, zu allen WM-Spielen in Stuttgart hatten, hat nach dem BGH auf die Bewertung der für diesen Spielort vorgesehenen Eintrittskarten als Vorteil keinen Einfluss: Wird dem Amtsträger ein geldwerter Vorteil angeboten, versprochen oder gewährt, ist es unbeachtlich, wenn der Begünstigte einen vergleichbaren Vorteil auch auf eine andere Art und Weise erlangen kann[401]. Auf hypothetische Erwägungen kommt es nicht an.

bb) Unrechtsvereinbarung

Die für die Tatbestandserfüllung erforderliche Unrechtsvereinbarung war in dem konkreten Fall des Angeklagten Prof. *Claassen* nicht nachzuweisen. Eine solche setzt nämlich voraus, dass der Vorteil und die Dienstausübung durch ein Gegenseitigkeitsverhältnis derart miteinander verknüpft sind, dass der Vorteil nach dem (angestrebten) ausdrücklichen oder stillschwei-

398 BGH NJW 2008, 3580 (3581).

399 BGHSt 47, 295 (304); BGH NStZ 2008, 216 (217).

400 MünchKommStGB/*Korte*, § 331 Rn. 62.

401 BGH NJW 2008, 3580 (3581); zustimmend *Hamacher/Robak*, DB 2008, 2747 (2748 f.) und *Staschik*, SpuRt 2010, 187 (188). Dagegen war das LG Karlsruhe, NStZ 2008, 407 (408), zunächst zu dem Ergebnis gelangt, dass für die nach Stuttgart eingeladenen Regierungsmitglieder die Einladung des Angeklagten kein Vorteil i. S. d. § 333 Abs. 1 StGB war, weil die personengebundenen und nicht übertragbaren Gutscheine deren wirtschaftliche, rechtliche oder auch nur persönliche Lage objektiv nicht verbesserten, da die Regierungsmitglieder ohnehin freien Zugang zu allen WM-Spielen im Stuttgarter Stadion hatten, und zwar auch in Begleitung einer weiteren Person. Anders als von der Staatsanwaltschaft angenommen, sah das LG Karlsruhe in der Einladung auch keinen immateriellen Vorteil. Das „in der Einladung zum Ausdruck gebrachte Ansehen der Person und des Amtes und die Repräsentationsfunktion" habe keinen objektiv messbaren Inhalt und sei daher bei der Betrachtung außen vor zu lassen, so auch *Paster/Sättele*, NStZ 2008, 366 (372). Die divergierenden Entscheidungen und Auffassungen machten den Entscheidungsträgern in den Unternehmen eine zuverlässige Einschätzung der Strafbarkeitsrisiken unmöglich, weshalb der *Deutsche Olympische Sportbund*, das Bundesministerium des Innern und die Sponsorenvereinigung *S20* einen Leitfaden rund um die Einladungspraxis von Sponsoren bei Sport- und Kulturveranstaltungen herausgaben, der dieser Verunsicherung Abhilfe schaffen soll, abrufbar unter http://www.bmi.bund.de/SharedDocs/Downloads/DE/Themen/Politik_Gesellschaft/Sport/DatenundFakten/Hospitality_Strafrecht.pdf;jsessionid=DEEA0166CC69E85AC015EAFE45DB5DFF.2_cid231?__blob=publicationFile (Stand: 05.02.2012), vgl. hierzu auch *Richter*, NJW-Spezial 2011, 568 f.

genden Einverständnis der Beteiligten seinen Grund gerade in der Dienstausübung hat[402]. Ziel der Vorteilszuwendung ist deshalb, auf die künftige Dienstausübung Einfluss zu nehmen und/oder die vergangene zu honorieren[403].

Ob der Vorteilsgeber ein solches von § 333 Abs. 1 StGB pönalisiertes oder ein anderes Ziel verfolgt, ist allerdings Tatfrage. Für die Abgrenzung strafbarer von straflosen Verhaltensweisen ist eine einzelfallbezogene Betrachtung vorzunehmen, die aber auch den Gesamtzusammenhang erfassen muss, in dem die Zuwendung erfolgte. Da das LG Karlsruhe nach der Gesamtschau sämtlicher Umstände[404] die naheliegende Möglichkeit, dass die Versendung der Gutscheine einen (sachlich gerechtfertigten) anderen Beweggrund als den der Dienstbeeinflussung hatte, nicht ausschließen konnte, war dem Angeklagten eine Unrechtsvereinbarung als „Tatbestandskern[405]" der Vorteilsgewährung nicht nachzuweisen.

Dass die Vorinstanz sich nicht von der notwendigen inhaltlichen Verknüpfung zwischen dem angebotenen oder versprochenen Vorteil und der Dienstausübung zu überzeugen vermochte, haben die Karlsruher Richter nicht beanstandet. Der strafrechtlich relevante Bezug zur Dienstausübung war vorliegend insbesondere deshalb fraglich, weil die Einladungen auch im Rahmen eines bestehenden Sponsoringkonzepts aufgrund der Repräsentations- bzw. Werbefunktion der Eingeladenen ausgesprochen worden sein konnten[406]. In der Einladung hochrangiger Amtsträger als Repräsentanten des Staates zu öffentlichkeitswirksamen Veranstaltungen ist grundsätzlich keine strafbare Vorteilsannahme oder -gewährung zu sehen[407]. Wegen der übereinstimmenden Interessen am guten Gelingen der Veranstaltung kommt es dabei nicht entscheidend darauf an, ob die Einladung vom Veranstalter selbst oder von einem Sponsor ausgesprochen wurde. Dabei liegt es zwar auf der Hand, dass den Eingeladenen nicht nur uneigennützig die Gelegen-

402 BGH NJW 2005, 3011 (3012).

403 BGH NStZ-RR 2007, 309 (310 f.); ähnlich *Fischer*, StGB, § 331 Rn. 23.

404 Vorzunehmen ist eine Gesamtschau der Indizien: Als mögliche Indizien für oder gegen das Ziel, mit dem Vorteil auf die künftige Dienstausübung Einfluss zu nehmen oder die vergangene Dienstausübung zu honorieren, fließen neben der Plausibilität einer anderen Zielsetzung auch die Stellung des Amtsträgers, die Beziehung des Vorteilsgebers zu dessen dienstlichen Aufgaben, die Vorgehensweise bei dem Angebot, dem Versprechen oder dem Gewähren von Vorteilen sowie die Art, der Zweck und die Anzahl der Vorteile mit ein, vgl. BGH NJW 2008, 3580 (3583). Für eine Unrechtsvereinbarung sprechen insbesondere ein heimliches Vorgehen sowie ein enger zeitlicher Zusammenhang zwischen der Zuwendung und einer bestimmten Diensthandlung, Schönke/Schröder/*Heine*, StGB, § 331 Rn. 28.

405 LG Karlsruhe NStZ 2008, 407 (408).

406 BGH NJW 2008, 3580 (3583); kritisch hierzu *Trüg*, NJW 2009, 196 (197 f.), der die Vorteilsgewährung losgelöst von dem bestehenden Sponsoringkonzept prüfen will, wenn der Sponsor Freikarten zu einer Veranstaltung erhält und diese an Amtsträger verteilen will.

407 MünchKommStGB/*Korte*, § 331 Rn. 103.

heit gegeben werden sollte, „zu präsentieren und zu repräsentieren“, sondern dass das Erscheinen bekannter Persönlichkeiten zu Werbezwecken genutzt und/oder die Rolle des Sponsors der Veranstaltung aufgewertet werden sollte[408]. Hierbei handelt es sich jedoch um ein legitimes Ziel des Sponsors; die Verfolgung kommerzieller Ziele begründet noch nicht die Strafbarkeit[409].

b) Zwischenergebnis

Sog. Hospitality-Aktivitäten werden als Vorteilsgewährung (§ 333 StGB) und Bestechung (§ 334 StGB) oder – wenn die Einladung oder Zuwendung aus dem Vermögen des Unternehmens für eine Privatperson bestimmt ist – als Bestechung im geschäftlichen Verkehr (§ 299 Abs. 2 StGB) strafrechtlich erfasst. Dass die Versendung der Gutscheine im Fall des Angeklagten Prof. *Claassen* nicht als Vorteilsgewährung nach § 333 Abs. 1 StGB zu bewerten war, ist lediglich den Besonderheiten des Falles geschuldet.

IV. Ergebnis

Bei den Formen der indirekten Sportkorruption greift der staatlich-strafrechtliche Schutz bereits heute in vollem Umfang[410]: Die allgemeinen Tatbestände des Wirtschaftsstrafrechts, insbesondere die der §§ 263, 266, 298 und 299 StGB, aber auch die Amtsdelikte nach §§ 331 – 334 StGB erfassen nicht nur sämtliche indirekten sportkorrupten Handlungen, die darauf gerichtet sind, aus dem den Wirtschaftsbereich Sport umgebenden einträglichen und weiten Gebiet unlautere Vorteile zu ziehen; auch deren Verfolgung und Aburteilung erfolgt effektiv mit den staatlichen Mitteln des Strafprozessrechts.

---

408 LG Karlsruhe NStZ 2008, 407 (408).

409 MünchKommStGB/*Korte*, § 331 Rn. 103.

410 *Rössner*, in: FS Mehle, S. 567.

B. Wettbetrug

I. Definition

Beim sog. Wettbetrug[411] geht es im Kern darum, dass unlautere Teilnehmer an Sportwetten über die Spielereignisse und/oder -ergebnisse diese systematisch in die von ihnen gewünschte Richtung lenken, indem sie Schiedsrichter und/oder Spieler bestechen. Das für diese Art von Sportmanipulation bereitliegende Musterbeispiel ist der in der öffentlichen Wahrnehmung untrennbar mit dem Namen des Ex-Schiedsrichters *Robert Hoyzer* verbundene Fall, bei dem erstmals die Gefahr des organisierten kriminellen Zusammenwirkens von „außersportlichem Gewinnstreben und innersportlicher Manipulation[412]" von der Sportwelt und Öffentlichkeit wahrgenommen wurde.

1. Fallbeispiel: Manipulierte Schiedsrichterentscheidungen (Der Fall *„Hoyzer"* – Wettbetrug)

Der Angeklagte *Ante Sapina* beschäftigte sich jahrelang intensiv mit Sportwetten. Seit 2000 riskierte und gewann er jährlich sechsstellige Beträge. Trotz seines großen Insiderwissens erlitt er bis im Frühjahr 2004 bei *Oddset* Spielverluste in Höhe von 300.000,00 € bis 500.000,00 €, weshalb er sich entschloss, durch die Einflussnahme auf das Spielgeschehen mittels Bestechung von Schiedsrichtern und Spielern seine Gewinnchancen entscheidend zu erhöhen[413]. Die Manipulation hielt er vor dem jeweiligen Wettanbieter geheim, um von diesem nicht von der Spielteilnahme ausgeschlossen zu werden.

Der Angeklagte gewann auf diese Weise, teilweise unter Mithilfe seiner beiden älteren Brüder, die ebenfalls angeklagten Schiedsrichter *Robert Hoyzer* und *Dominik Marks* sowie weitere gesondert verfolgte Fußballspieler gegen Zahlung oder das Versprechen von erheblichen Geldbeträgen (zwischen 3.000,00 € und 50.000,00 €) dazu, dass diese ihre Unparteilichkeit abstreiften und in ausgewählten Spielen in der Regionalliga, in der 2. Bundesliga und im *DFB*-Pokal, auf die er gewettet hatte, im Rahmen ihrer Möglichkeiten den Ausgang der Spiele durch bewusst falsche Schiedsrichterent-

---

411 Auch *Rössner* bezeichnet den Fall *„Hoyzer"* in seinem kriminellen Kern als „ein[en] Fall des Wett- und nicht des Sportbetruges", vgl. CaS 2005, 391.

412 *Rössner*, CaS 2005, 391.

413 BGH wistra 2007, 102 (103).

scheidungen bzw. unsportliche Spielzurückhaltung zugunsten der ihnen zuvor benannten Mannschaft manipulierten[414].

Zum Teil scheiterten die von *Sapina* geplanten Manipulationsversuche oder blieben ohne Einfluss auf die von ihm kombiniert gewetteten Spiele und er verlor seine Einsätze. Zum Teil gewann er aber auch erhebliche Geldbeträge (zwischen 300.000,00 € und 870.000,00 €)[415].

Nach den Festsstellungen des Landgerichts Berlin[416] lag der bei den Wettanbietern in den zehn Fällen verursachte Vermögensschaden bei knapp 2 Mio. € (Gewinn abzüglich der jeweiligen Einsätze); in Fällen erfolgloser Wetten nahm das Landgericht darüber hinaus eine schadensgleiche Vermögensgefährdung von insgesamt etwa 1 Mio. € an.

2. Der Sportwettenvertrag – Klärung in tatsächlicher Hinsicht

Um diesen Sachverhalt sportgerichtlich und strafrechtlich beurteilen zu können, muss zunächst eine Klärung des Sportwettenvertrags in tatsächlicher Hinsicht erfolgen.

Zu unterscheiden ist hierzu die klassische Fußball-Wette in Form des Totos von einer jüngeren Form der Fußball-Wette, der sog. Oddset-Sportwette[417].

Die Ergebnis- und die Auswahlwette[418] sind dabei Erscheinungsformen des Fußballtotos, bei denen vom Gesamtbetrag der Spieleinsätze 50 % von der Lotteriegesellschaft einbehalten werden, um davon Steuern an den Bund und Abgaben an das Land abzuführen und ihre sonstigen Kosten zu decken. Die übrigen 50 % werden an die Wettteilnehmer entsprechend den Gewinnquoten der einzelnen Klassen und der Anzahl der jeweiligen Gewinner anteilig ausgeschüttet[419].

In die Kategorie Oddset-Sportwette sind insbesondere die sog. Top-Wette und die Kombi-Wette[420] einzuordnen. Für diese Art von Sportwette ist charakteristisch, dass die Gewinnquote schon im Voraus feststeht, der Wettspie-

---

414 BGH wistra 2007, 102 (103).

415 BGH wistra 2007, 102 (103).

416 LG Berlin, Urt. v. 17.11.2005 – 68 Js 451/05, BeckRS 2006, 05289.

417 „Oddset-Sportwette" ist dabei lediglich ein Synonym für eine Sportwette mit festen Gewinnquoten, vgl. BGH NJW 2005, 150; *Leipold*, NJW-Spezial 2005, 183.

418 Die Vorhersage des Ausgangs (Heim-, Auswärtssieg oder Unentschieden) von 13 Fußballspielen ist Gegenstand der Ergebniswette. Bei der Auswahlwette geht es dagegen um die Vorhersage des unentschiedenen Ausgangs von sechs Fußballspielen, die aus 45 in einem Spielplan festgelegten Spielen auszuwählen sind, *Fasten/Oppermann*, JA 2006, 69 Fn. 2.

419 *Müller-Metge*, CaS 2010, 118.

420 Bei der ersten Wettart wird auf ein bestimmtes Spielergebnis, bei der zweiten dagegen auf mehrere Ergebnisse in einer bestimmten Kombination gesetzt (bei der Oddset-Sportwette der Lotteriegesellschaften muss auf das Ergebnis von mindestens drei und höchstens zehn ausgewählten Wettereignissen getippt werden; daneben kann z. B. auch auf einen bestimmten Zwischenstand oder auf andere Spielereignisse gewettet werden).

ler folglich schon vor Vertragsschluss weiß, wie viel Geld er im Falle eines erfolgreichen Spieltipps erhalten wird[421]. Der Wettteilnehmer, der einen bestimmten Betrag entsprechend seinen Vorstellungen setzt und die Wette entweder durch Abgabe eines Spielscheins an der Lotto-Annahmestelle, per Internet oder neuerdings auch per SMS platziert, und die Lotteriegesellschaft sind an der Sportwette beteiligt.

Der Sportwettvertrag zwischen dem Spielteilnehmer und der jeweiligen Lotteriegesellschaft kommt durch Übertragung und Aufzeichnung der Daten des Spielteilnehmers auf einem auswertbaren Speichermedium bei der Zentrale der Lotteriegesellschaft zustande, bei Internetwetten mit erfolgreicher Abbuchung des Spieleinsatzes und der Bearbeitungsgebühr[422] vor Beginn des betreffenden Sportereignisses[423] bzw. neuestens bei sog. Live-Wetten noch während des Spiels bis zu einem vorher bestimmten Zeitpunkt und bei klassischen Wetten an der Lotterie-Annahmestelle, wenn eine zu erstellende Spielquittung die abgespeicherten Daten aufweist[424].

Es ist offensichtlich, dass die heutige Möglichkeit der Oddset-Wette für kriminelle Wettspieler und die Wettmafia im Hinblick auf Manipulationen lukrativer ist. Zum einen können beim Platzieren einer Wette auf ein konkretes Ergebnis, das beim klassischen Toto gerade nicht möglich ist, sehr hohe Beträge gewonnen werden, zum anderen muss sich die Manipulation nur auf dieses einzelne Spiel beziehen, wodurch der finanzielle Einsatz und das Entdeckungsrisiko verhältnismäßig gering gehalten werden können.

II. Sportgerichtliche Beurteilung

1. Urteile des *DFB*-Sportgerichts

Die Aufarbeitung der Spielmanipulationen in der Saison 2004/2005 erfolgte durch die Sportgerichtsbarkeit des *DFB* dergestalt, dass sie sich sowohl mit den Einsprüchen gegen die Spielwertung wegen behaupteter Manipulation[425] als auch mit den Verfahren gegen beteiligte Schiedsrichter, Spieler

---

421 *Leipold*, NJW-Spezial 2005, 183.

422 Entweder von einem bei der Lotteriegesellschaft dafür eingerichteten Kundenkonto oder bei Bezahlung mit Kreditkarte mit Übergang der entsprechenden Forderung.

423 *Fasten/Oppermann*, JA 2006, 69 (70).

424 *Fasten/Oppermann*, JA 2006, 69 (70); *Kohlhaas*, JZ 1951, 135 (136).

425 Drei Einsprüche gab es gegen Spielwertungen in der 1. und 2. *DFB*-Pokalrunde im Herbst 2004, wovon zwei Einsprüche (nämlich die des *1. FC Nürnberg* und des *MSV Duisburg*) wieder zurückgenommen wurden. Der dritte Einspruch betraf die von *Hoyzer* geleitete Partie zwischen dem *SC Paderborn* und dem *Hamburger SV*, die nach fragwürdigen Strafstoß-Entscheidungen zugunsten des *SC Paderborn* und einem Platzverweis des Hamburger Spielers *Emil Mpenza* wegen Schiedsrichterbeleidigung letztlich mit 4:2 endete. Der Einspruch des *HSV* wurde in zweiter Instanz – die erste Instanz hatte zuvor trotz nachgewiesener Manipulation die beantragte Wiederholung nicht angeordnet, weil zwischenzeitlich zwei weitere Pokalrunden gespielt waren – zurückgenommen, nachdem der *DFB* dem *HSV* eine großzügige

und Funktionäre befasste und dabei Sperren und Geldstrafen in unterschiedlicher Höhe festsetzte oder die Verfahren gegen Zahlung von Geldbußen einstellte. Exemplarisch sei hier wiederum Ex-Schiedsrichter *Hoyzer* genannt: Zwar verhängte das *DFB*-Sportgericht nicht die gegen ihn beantragte Geldstrafe in Höhe von 50.000,00 €, jedoch sperrte es ihn lebenslänglich[426]. Er darf daher zukünftig weder als Schiedsrichter noch als Spieler, Trainer oder Jugendbetreuer beim *DFB* und seinen Mitgliederverbänden und -vereinen fungieren.

2. Sportpolitische und verbandsrechtliche Aufarbeitung

Neben der sportgerichtlichen Beurteilung des „Wettskandals" nahm der *DFB* auch dessen sportpolitische und verbandsrechtliche Aufarbeitung vor. Der außerordentliche Bundestag des *DFB* beschloss bereits am 28.04.2005, nur wenige Tage nach Bekanntwerden des Skandals, eine Reihe von entsprechenden Anträgen, unter anderem zu Satzungsänderungen[427].

In die *DFB*-Satzung wurden als Zweck und Aufgabe des *DFB* die Gewährleistung der Integrität des sportlichen Wettbewerbs und die Befugnis, notwendige wettbewerbssichernde Maßnahmen zu treffen, ausdrücklich verankert (vgl. § 4 lit. j) *DFB*-Satzung) und gleichzeitig als Verpflichtung für eine entsprechende Satzungsänderung dem Ligaverband (Die Liga – Fußballverband e. V.) auferlegt[428].

In § 1 Nr. 2 Rechts- und Verfahrensordnung *DFB* wurde ein ausdrückliches Bekenntnis zu den Grundsätzen der Integrität, Loyalität, Solidarität

---

pauschale Entschädigung in Höhe von 500.000,00 € und die Einnahmen aus dem zuvor stattgefundenen Länderspiel gegen China in der *AOL* Arena in Hamburg in Höhe von rund 2 Mio. € zugesagt und die Sperre gegen *Mpenza* im Gnadenweg erlassen hatte.

Der Einspruch des *SC Freiburg* im einzig betroffenen Bundesliga-Spiel wurde rechtskräftig zurückgewiesen, weil sich der Manipulationsverdacht nicht bestätigte.

In nur einem Fall der acht betroffenen Spiele der 2. Bundesliga wurde auf Spielwiederholung entschieden, weil sich ergab, dass durch Schiedsrichter *Hoyzer* die Begegnung *LR Ahlen* gegen *Wacker Burghausen* zu Lasten von *Wacker Burghausen* „sportwidrig beeinflusst" wurde (vgl. *DFB*-Sportgericht, Urt. v. 15.02.2005 – 85/2004/2005, SpuRt 2005, 82 ff.). Damit wurde erstmals in der Geschichte des deutschen Fußballs die Wiederholung eines Spiels vor kriminellem Hintergrund angeordnet.

In ebenfalls nur einem Spiel der vier betroffenen Regionalligapartien wurde dem Einspruch stattgegeben, so dass es zu einer Spielwiederholung zwischen den zweiten Mannschaften von *Arminia Bielefeld* und *Hertha BSC* kam.

In allen anderen Fällen wurden die Einsprüche rechtskräftig zurückgewiesen oder vom Einspruchsführer zurückgenommen, da sich der Manipulationsverdacht nicht bestätigte oder nicht nachgewiesen werden konnte. Kritisch zu den Urteilen und ausführlich zum Einspruchsverfahren *Gewaltig*, CaS 2005, 396 ff.

426 *DFB*-Sportgericht, Urt. v. 28.04.2005, s. http://www.dfb.de/index.php?id=508295 (Stand: 05.02.2012).

427 *DFB*, Offizielle Mitteilungen Nr. 4 v. 29.04.2005.

428 *DFB*, Offizielle Mitteilungen Nr. 4 v. 29.04.2005.

und Fairness eingefügt. Dadurch wird ermöglicht, dass Verstöße hiergegen gegebenenfalls als sportwidriges Verhalten geahndet werden können.

Gleichzeitig wurde in § 1 Nr. 2 Rechts- und Verfahrensordnung *DFB* ein Wettverbot für unmittelbar am Spielbetrieb beteiligte Personen eingeführt, das auch die Weitergabe von Sonderwissen erfasst. Insbesondere für Schiedsrichter (§ 1 Nr. 3 Rechts- und Verfahrensordnung *DFB*) gilt ein generelles Wettverbot, wenn sie für die Spielklassen qualifiziert sind, in denen Wettangebote gemacht werden.

Ferner wurde beschlossen, solche Wettverbote zusätzlich in den vertraglichen Vereinbarungen der Spieler mit den Vereinen und der Nationalspieler und Schiedsrichter mit dem *DFB* abzusichern.

Von besonderer Bedeutung ist der Versuch der Legaldefinition der Spielmanipulation und deren Verankerung als speziell normierter Sportstraftatbestand und Einspruchsgrund in § 6a Rechts- und Verfahrensordnung *DFB*[429]. Dabei wurde bewusst eine Formulierung gewählt, die diesen Tatbestand als Delikt deklariert, das unabhängig vom Erfolg verwirklicht wird. Satz 2 dient der Klarstellung, dass Verhaltensweisen von Spielern, die **im** Spiel bewusst Spielregeln verletzen, um sich und ihrer Mannschaft dadurch sport- und regelwidrige Vorteile, insbesondere durch veranlasste Fehlentscheidungen des Schiedsrichters, zu verschaffen (z. B. eine „Schwalbe" oder ein „Handspiel" im Strafraum), nicht unter den Tatbestand der Spielmanipulation im Sinne der Bestimmung fallen, sondern lediglich der Sanktion durch den Schiedsrichter und anschließend durch die Rechtsorgane unterliegen[430].

Es wurde ferner darauf verzichtet, in § 6a Rechts- und Verfahrensordnung *DFB* eine Bestimmung aufzunehmen, die Bestechungsvorgänge durch Zahlung von Geldprämien betrifft[431].

---

429 § 6a Rechts- und Verfahrensordnung *DFB* lautet:

„Spielmanipulation

1. Wer es, insbesondere als Spieler, Schiedsrichter, Trainer oder Funktionsträger, unternimmt, auf den Verlauf und/oder das Ergebnis eines Fußballspiels und/oder den sportlichen Wettbewerb durch wissentlich falsche Entscheidungen oder andere unbefugte Beeinflussung einzuwirken in der Absicht, sich oder einem anderen einen Vorteil zu verschaffen, macht sich der Spielmanipulation schuldig. Dies gilt nicht für Spieler, die beim Spiel oder im Zusammenhang mit diesem durch Verletzung einer Fußballregel ausschließlich einen spielbezogenen sportlichen Vorteil erstreben; die Möglichkeit der Bestrafung als unsportliches Verhalten gemäß § 1 Nr. 4 bleibt insoweit unberührt.

2. Eine Spielmanipulation wird als unsportliches Verhalten gemäß § 1 Nr. 4 geahndet (§ 44 der Satzung des DFB)."

430 *Sengle*, in: *WFV e. V.* (Hrsg.), Die Manipulation sportlicher Wettbewerbe, S. 9 (24).

431 Im Vorfeld des Bundestages wurde überlegt, die jetzige Regelung durch eine Bestimmung zu ergänzen, der zufolge in Nr. 2 des § 6a formuliert werden sollte: *„Manipulation stellt auch das Fordern oder Annehmen sowie das Versprechen oder Gewähren von Prämien durch Dritte dar, um Einfluss auf das Spielergebnis zu nehmen; dies gilt auch für Siegprämien*

Unabhängig von der sportpolitischen Aufarbeitung des „Wettskandals" ergriff der *DFB* weitere Maßnahmen, die das Schiedsrichterwesen, nämlich die Schiedsrichteransetzung und -beobachtung betrafen. Er entschloss sich, verstärkt finanzielle Anreize zur Korruptionsvermeidung zu schaffen und erhöhte zur Spielzeit 2006/2007 die bis dahin gültigen Sätze für die Leitung der Ligaspiele um ca. 18 %. Danach beträgt die Vergütung pro Spiel in der Bundesliga für einen Schiedsrichter nunmehr 3.800,00 €, für die Assistenten je 2.000,00 €, für den vierten Offiziellen 900,00 €, in der zweiten Bundesliga die Hälfte dieser Sätze, während in der halbprofessionellen Regionalliga als dritter Liga der Schiedsrichter eine Vergütung von 750,00 € pro Spiel erhält; vom *DFB* ersetzt werden zusätzlich jeweils Reise- und Unterbringungskosten[432].

III. Strafrechtliche Beurteilung

Täuschung und List sind im Fußball die oftmals den Reiz ausmachenden Aspekte des Spiels und nicht immer verboten. Vielmehr sind es die Regeln des Fair Play und die staatlichen Gesetze, welche die Grenzen des erlaubten Handelns kennzeichnen.

Es gilt nun festzustellen, welche der vielfältigen „Taten" gegenüber unterschiedlichen „Getäuschten" innerhalb verschiedener Tatkomplexe[433], beginnend bei der Foulsimulation oder der „Schwalbe" innerhalb des Strafraums gegenüber dem getäuschten Schiedsrichter über die Spielmanipulation durch eine Mannschaft gegenüber den getäuschten Zuschauern bis hin zu der Spielmanipulation durch den Schiedsrichter gegenüber dem getäuschten Wettkunden[434], nicht nur die Regeln des Fair Play deutlich überschreiten, sondern sogar strafbar sind – neben dem bloßen spielimmanenten Freistoßtrick gegenüber dem getäuschten Gegenspieler, der keine Sanktionen auslöst, oder neben dem Erschleichen der Spielberechtigung gegenüber der getäuschten gegnerischen Mannschaft, das (lediglich) zum Einspruch und zur Anrufung des Sportgerichts führt.

---

durch Dritte." Während der *DFB* von einer Normierung absah, weil solche Vorgänge durch den Tatbestand des unsportlichen Verhaltens (§ 1 Nr. 4 Rechts- und Verfahrensordnung *DFB* i. V. m. § 44 Satzung *DFB*) bereits erfasst werden und insoweit auch eine gesicherte (Sport-) Rechtsprechung vorliegt, hat der Württembergische Fußballverband (*WFV e. V.*) eine entsprechende Bestimmung in seine Rechts- und Verfahrensordnung (§ 13a Nr. 1) aufgenommen.

432 *Sengle*, in: *WFV e. V.* (Hrsg.), Die Manipulation sportlicher Wettbewerbe, S. 9 (19).

433 Nicht untersucht wird das betrügerische Verhalten des Wettanbieters. Vgl. hierzu *Petropoulos/Morozinis*, wistra 2009, 254 ff.

434 *Koch*, in: *Büch/Maennig/Schulke* (Hrsg.), Der Sportzuschauer als Konsument: Gast, Mitspieler, Manipulierter?, S. 144 f. spricht von einer „Typologie" von Täuschung und List im Fußball.

1. Einflussnahme auf den oder die Schiedsrichter bzw. Spieler

a) Strafbarkeit des Wettteilnehmers, Spielers, Trainers und Vereinsfunktionärs wegen Bestechung im geschäftlichen Verkehr, § 299 Abs. 2 StGB

Wenn ein Wettteilnehmer, Spieler, Trainer oder Funktionär dem/den Schiedsrichter(n) bzw. Spieler(n) eine bestimmte Geldsumme oder andere Vorteile für diese(n) oder einen Dritten für bewusste Fehlentscheidungen bzw. für die bewusste Zurückhaltung seiner (ihrer) sportlichen Leistung anbietet, verspricht oder gewährt, um auf diese Weise seiner Wette zum Gewinn zu verhelfen, werden derartige Geldzahlungen oder Versprechungen von Vorteilen umgangssprachlich oftmals als „Bestechung" bezeichnet; die tatbestandlichen Voraussetzungen des § 299 Abs. 2 StGB erfüllen sie allerdings nicht.

Der Wettspieler, der einem Schiedsrichter oder Spieler einer Mannschaft einen bestimmten Geldbetrag für den Fall verspricht, dass dieser für bestimmte Spielereignisse oder einen bestimmten Spielausgang „sorgt", steht schon in keiner Wettbewerbssituation.

Ist der Täter dagegen ein Spieler, Trainer oder Vereinsfunktionär, handelt dieser jedoch „im Wettbewerb", denn bei § 299 Abs. 2 StGB geht es nicht etwa um den Wettbewerb des Bestochenen, d. h. des Schiedsrichters oder Spielers, mit anderen, sondern um den des Vorteilsgebers[435], mithin um den sportlichen und wirtschaftlichen Wettbewerb der Vereine untereinander und ihrer angestellten Spieler, Trainer und Funktionäre. Auch die Geldzahlung oder Gewährung des Vorteils erfolgt durchaus im geschäftlichen Verkehr, da zu diesem weit auszulegenden Tatbestandsmerkmal[436] alle Kontakte zählen, die sich auf den geschäftlichen Betrieb beziehen, der jede auf gewisse Dauer betriebene Tätigkeit im Wirtschaftsleben umfasst[437]. Die Teilnahme der Vereine mit ihren Mannschaften am Profispielbetrieb verschiedener Ligen stellt sich mit ihren Einnahmen aus Werbung, Merchandising, Fernsehübertragungsrechten, Spielertransfers und Ablösesummen als Tätigkeit in der kommerzialisierten Sportwelt und damit im Wirtschaftsleben dar.

Bestochen werden muss ein Angestellter oder Beauftragter eines geschäftlichen Betriebes. Grundsätzlich sind professionelle Sportler einer Mannschaftssportart, die für eine komplette Saison verpflichtet sind, als Arbeitnehmer und damit Angestellte des geschäftlichen Betriebes zu qualifizieren[438].

---

435 LK-*Tiedemann*, StGB, § 299 Rn. 35.

436 *Lackner/Kühl*, StGB, § 299 Rn. 3.

437 *Fischer*, StGB, § 299 Rn. 4, 12; NK-StGB/*Dannecker*, § 299 Rn. 28.

438 *Fritzweiler*, in: *Fritzweiler/Pfister/Summerer*, Praxishandbuch Sportrecht, 3. Teil, 1. Kapitel Rn. 15; *Bepler*, in: *Bepler* (Hrsg.), Sportler, Arbeit und Statuten, S. 44 ff. m. w. N.

§ 8 Spielordnung *DFB* unterscheidet die Begriffe „Lizenzspieler", „Amateur" und „Vertragsspieler": Der Lizenzspieler (§ 8 Nr. 3 Spielordnung *DFB*) betreibt Fußball auf Grundlage eines vom *DFB* lizenzierten Vertrags mit einem Lizenzligaverein und übt seine Dienste in einer umfassenden persönlichen Abhängigkeit und eingebunden in die vom Verein verantwortete Organisation aus[439]. Lizenzspieler gelten im Mannschaftssport Fußball aufgrund der Betriebseingliederung und Weisungsgebundenheit als Arbeitnehmer des Vereins[440].

Im Unterschied zum Lizenzspieler spielt der Amateur nach § 8 Nr. 1 Spielordnung *DFB* ohne Entgelt für seinen Verein. Er ist Mitglied des Vereins und erhält für seine Leistungen allenfalls eine pauschalierte Aufwendungsentschädigung bis zu 149,99 € im Monat erstattet. Der Amateur ist zwar bei der Sportausübung organisatorisch in seinen Verein eingebunden, mangels entgeltlicher Tätigkeit und sozialer Abhängigkeit aber kein Arbeitnehmer[441].

Der Vertragsspieler[442], der zwischen dem Lizenzspieler und dem Amateur steht, ist Vereinsmitglied, betreibt den Fußballsport auf vertraglicher Grundlage und erhält eine Vergütung oder andere geldwerte Vorteile in Höhe von mindestens 150,00 € monatlich (§ 8 Nr. 2 Spielordnung *DFB*). Vertragsspieler gelten dann als Arbeitnehmer, wenn sie aufgrund der Gestaltung ihres Vertrags in einer für ein Arbeitsverhältnis typischen Abhängigkeit stehen und Weisungen unterliegen, die über das mitgliedschaftliche Verhältnis hinausgehen. Die Rechtsprechung[443] geht deshalb davon aus, dass der Vertragsspieler trotz der Vergütungsverpflichtung weder Arbeitnehmer noch arbeitnehmerähnliche Person ist[444], wenn die vereinsrechtlichen Bindungen überwiegen.

Ein Schiedsrichter ist zwar kein Angestellter, aber als Beauftragter, der befugtermaßen für den geschäftlichen Betrieb *DFB*[445] tätig ist, ein ebenso

---

439 *Bepler*, in: *Bepler* (Hrsg.), Sportler, Arbeit und Statuten, S. 44 ff. unter Analyse des Mustervertrages des *DFB*.

440 BGH NJW 2002, 1963 (1964).

441 *Wüterich/Breucker*, Das Arbeitsrecht im Sport, S. 110; LAG Rheinland-Pfalz SpuRt 2000, 119.

442 Früher Vertragsamateur.

443 BAG NZA 1991, 308.

444 Bei einem Leihspieler, der für das Training und den Spieleinsatz vorübergehend einem anderen Verein zur Verfügung steht, verhält es sich dagegen anders. Im Falle einer Leihe vereinbart der etatmäßige Verein mit dem Spieler das Ruhen des bestehenden Arbeitsverhältnisses mit einer Wiedereinstellungsklausel. Mit dem entleihenden Verein schließt der Spieler ein befristetes Arbeitsverhältnis. Auch der Leihspieler ist Arbeitnehmer, vgl. *Wüterich/Breucker*, Das Arbeitsrecht im Sport, S. 110.

445 Wenngleich es sich bei dem *Deutschen Fußball-Bund* um einen gemeinnützigen Verein (vgl. § 5 Satzung *DFB*) handelt, dessen Zweck es insbesondere ist, den Fußballsport und seine Entwicklung zu fördern, ist in ihm auch ein geschäftlicher Betrieb im Sinne des § 299 StGB zu sehen, Schönke/Schröder/*Heine*, StGB, § 299 Rn. 9a m. w. N.

geeigneter Vorteilsempfänger. Die Verpflichtung des Schiedsrichters[446] zur Spielleitung beruht auf vertraglicher Grundlage, die durch Ausstellung des Schiedsrichterausweises seitens des regional zuständigen Verbandes und dessen Annahme durch den Schiedsrichter zustande kommt[447]. Aufgrund dieses „Dauerschuldverhältnisses[448]" hat der Schiedsrichter die Befugnis zur Spielleitung und ist gehalten, die internationalen Spielregeln umzusetzen. Er ist der „verlängerte Arm" des *DFB* im Sinne eines „Exekutivorgans[449]" und hat eigenverantwortlich und selbstständig die ihm zugewiesene Aufgabe, das Spiel ordnungsgemäß zu leiten, zu erfüllen[450].

Demzufolge sind Lizenz- und Vertragsspieler sowie Schiedsrichter taugliche Vorteilsempfänger im Sinne des § 299 Abs. 2 StGB.

Der Vorteil muss als Gegenleistung für eine künftige unlautere Bevorzugung angeboten, versprochen oder gewährt werden, weshalb ein auf eine Unrechtsvereinbarung gerichteter Wille des Täters erforderlich ist[451]. Die Unrechtsvereinbarung kann vorliegend darin gesehen werden, dass der Spieler bzw. Schiedsrichter die finanzielle Zuwendung als Gegenleistung dafür annimmt, dass er seine sportliche Leistung bewusst zurückhält bzw. er im Rahmen seiner Möglichkeiten bewusste Fehlentscheidungen trifft, so dass die zuvor benannten Spielereignisse eintreten und/oder die zuvor benannte Mannschaft das Spiel gewinnt.

Allerdings scheitert die Strafbarkeit der Bestechung am Merkmal des „Bezuges" (von Waren oder Dienstleistungen), denn das Ergebnis eines Fußballspiels stellt weder eine „Ware" oder „gewerbliche Leistung" dar, noch kann der Ausgang des Spiels „bezogen" werden[452]. Die Leistung des bestochenen Spielers oder Schiedsrichters wird nicht von deren Arbeitgeber als Leistung des Vorteilsgebers „bezogen"; der Spieler bzw. Schiedsrichter

446 Schiedsrichter ist, wer als Vereinsmitglied dem Verband als Schiedsrichter gemeldet ist, die Schiedsrichterprüfung bestanden hat und durch Aushändigung des Schiedsrichterausweises als Schiedsrichter anerkannt ist, vgl. §§ 6a, 7 SchiedsrichterO *WFV e. V.*

447 *Kuhn*, Der Sportschiedsrichter zwischen bürgerlichem Recht und Verbandsrecht, S. 59.

448 So *Pfister*, *WFV* Heft Nr. 25 1988, S. 62, der aufgrund der Tatsache, dass ein Schiedsrichter kein Entgelt, sondern nur eine Aufwandsentschädigung erhält, den Vertrag als „eine Art Auftrag i. S. d. §§ 662 ff. BGB" qualifiziert. Andere sehen darin eine Rahmenvereinbarung sui generis, die noch keinen dienstrechtlichen Charakter hat oder ordnen den Schiedsrichter als freien Unternehmer ein, vgl. insoweit *Kuhn*, Der Sportschiedsrichter zwischen bürgerlichem Recht und Verbandsrecht, S. 75. Offen gelassen bei *Fritzweiler*, in: *Fritzweiler/Pfister/Summerer*, Praxishandbuch Sportrecht, 3. Teil, 1. Kapitel Rn. 70, 71.

449 *Schwab*, NJW 2005, 938 (940).

450 *Schwab*, NJW 2005, 938 (940).

451 *Fischer*, StGB, § 299 Rn. 13.

452 *Schlösser*, NStZ 2005, 423 (424); *Schattmann*, Betrug des Leistungssportlers im Wettkampf, S. 107; *Pragal*, Die Korruption innerhalb des privaten Sektors, S. 202 f., weist darauf hin, dass „die Begrenzung auf eine Bevorzugung beim Bezug von Waren oder gewerblichen Leistungen zur Folge [hat], dass die korrupte Beeinflussung vieler sonstiger Entscheidungen nicht erfasst wird."

selbst ist insoweit sein „eigener Herr“, der seinem Arbeitgeber die vertraglich geschuldete, in der vorliegenden Konstellation freilich minderwertige Leistung erbringt[453].

b) Strafbarkeit des Schiedsrichters und Spielers wegen Bestechlichkeit im geschäftlichen Verkehr, § 299 Abs. 1 StGB

Damit entfällt zugleich eine mögliche Strafbarkeit nach § 299 Abs. 1 StGB – auch hier fehlt es am Tatbestandsmerkmal des Bezuges.

Ein *DFB*-Schiedsrichter ist auch kein Amtsträger, insbesondere kein Schiedsrichter im Sinne der §§ 331 ff. StGB, weshalb auch eine Strafbarkeit nach diesen Vorschriften ausscheidet.

c) Strafbarkeit des Wettteilnehmers, Spielers, Trainers und Vereinsfunktionärs wegen Betrugs zum Nachteil des Wettanbieters, § 263 Abs. 1 StGB

In der dem Wettvertrag in der Regel vorausgehenden Einwirkung auf Schiedsrichter bzw. Spieler durch den unredlichen Wettteilnehmer kann ein erster Anknüpfungspunkt für eine Täuschungshandlung gegenüber den Angestellten des Wettanbieters gesehen werden.

Dies würde voraussetzen, dass eine Täuschung nicht allein durch Hervorrufen einer falschen Vorstellung im Wege eines kommunikativen Einwirkens auf das Vorstellungsbild eines anderen möglich ist, sondern darüber hinaus auch dadurch erfolgen kann, dass die zunächst richtige Vorstellung durch Verändern des Gegenstandes, auf den sie sich bezieht, unzutreffend wird[454].

Demzufolge könnte das Verfälschen des Vorstellungsbildes der Angestellten des Wettveranstalters darin liegen, dass der Gegenstand ihrer Vorstellung – die Durchführung eines unmanipulierten Spiels – in genau dem Zeitpunkt verändert wird, in dem der unredliche Wettteilnehmer mit dem/n Schiedsrichter(n) bzw. Spieler(n) eine entsprechende Absprache trifft.

Eine tatbestandsmäßige Täuschung liegt jedoch erst dann vor, wenn der Täter denjenigen Irrtum hervorruft, der den Getäuschten zu der schädigenden Verfügung bestimmt und deshalb für den Eintritt des Schadens ursächlich wird[455].

---

453 LK-*Tiedemann*, StGB, § 299 Rn. 32a; im Ergebnis übereinstimmend, aber auf die bei der Bevorzugung beim Bezug von Waren oder gewerblichen Leistungen erforderliche, hier aber nicht vorliegende Auswahlmöglichkeit zwischen dem Vorteilsgeber und anderen Mitbewerbern abstellend *Paringer*, Korruption im Profifußball, S. 241 f.

454 *Weber*, in: *Pfister* (Hrsg.), Rechtsprobleme der Sportwette, S. 39 (59 f.); *Arzt/Weber*, Strafrecht BT, § 20 Rn. 33. Dagegen liegt nach *Lackner/Kühl*, StGB, § 263 Rn. 6; Schönke/Schröder/*Cramer/Perron*, StGB, § 263 Rn. 37 und SK-StGB/*Hoyer*, § 263 Rn. 40, eine Täuschung nur bei einer intellektuellen Einwirkung auf das Vorstellungsbild des Getäuschten vor oder – beim Unterlassen – wenn die Fehlvorstellung entgegen einer Rechtspflicht nicht beseitigt wurde.

455 BGHSt 37, 294 (295 f.).

Im Zeitpunkt der Einflussnahme auf den/die Schiedsrichter bzw. Spieler wird jedoch kein Irrtum bei den Angestellten des Wettanbieters hervorgerufen, der zu einer vermögensschädigenden Verfügung auf Seiten des Wettveranstalters führt. Es sind vielmehr weitere täuschende Zwischenhandlungen erforderlich, um einen die Vermögensverfügung veranlassenden Irrtum und damit das Tatbestandsmerkmal der Täuschung i. S. d. § 263 StGB zu begründen. Die dem Abschluss des Wettvertrags vorausgehende unlautere Einflussnahme auf den/die Schiedsrichter bzw. Spieler stellt deshalb kein betrugsrelevantes Verhalten dar.

d) Strafbarkeit des Wettteilnehmers, Spielers, Trainers und Vereinsfunktionärs wegen Betrugs zum Nachteil der anderen Wettteilnehmer, § 263 Abs. 1 StGB

Im Gegensatz dazu lässt sich bei der Konstellation eines Betrugs eines unlauteren Wettspielers zum Nachteil der anderen Wettteilnehmer die Einwirkung auf den/die Schiedsrichter bzw. Spieler als mögliche Täuschungshandlung nicht mit dem Argument verneinen, dass die betreffende Handlung nicht zu einer durch Irrtum veranlassten Vermögensverfügung führt, denn der auf Seiten der unwissenden anderen Wettspieler hervorgerufene Irrtum kann wiederum damit begründet werden, dass die Durchführung eines unmanipulierten Spiels – der Gegenstand ihrer Vorstellung – durch die Einflussnahme geändert wurde. Die Wettteilnehmer schließen dadurch veranlasst einen Wettvertrag ab und platzieren ihre Wette entsprechend ihrer Kalkulation und Vorstellung, denen ein den Spielregeln entsprechendes Ergebnis zugrunde liegt. Damit verfügen sie über ihren Wetteinsatz, allerdings ohne einen damit korrespondierenden Gegenwert in Form einer Gewinnaussicht zu haben, die allein durch den Zufall (als Grundlage des Wettkampfs und auch der Wette) und sonstige Faktoren (z. B. die Heim-/Auswärtsstärke der Mannschaften, die Konstitution der Spieler oder verletzungsbedingte Ausfälle und damit Schwächung einer Mannschaft), die der Wettspieler in seine Wettanalyse mit einbezieht, bestimmt wird. Deshalb erscheinen eine durch Täuschung und Irrtum veranlasste Vermögensverfügung und ein dadurch verursachter Vermögensschaden plausibel.

Der erstrebte Vorteil und der bei den anderen Wettspielern entstandene Vermögensschaden müssen jedoch auf derselben Verfügung beruhen. Die Beeinträchtigung von deren Gewinnaussichten allein bewirkt jedoch keine Mehrung des Vermögens des unredlichen Wettenden. Selbst aus seiner Sicht kann es hierzu erst mit der Vornahme einer Handlung kommen, die eine Teilhabe an den Wettgewinnen begründen kann. Es fehlt in diesem Moment deshalb an der Absicht stoffgleicher Bereicherung[456].

456 *Fasten/Oppermann*, JA 2006, 69 (70); a. A. *Weber*, in: *Pfister* (Hrsg.), Rechtsprobleme der Sportwette, S. 39 (59 ff.).

e) Strafbarkeit des Schiedsrichters, Spielers und Trainers wegen Untreue zum Nachteil des DFB bzw. des eigenen Vereins bzw. des gegnerischen Vereins, § 266 Abs. 1 StGB

Sowohl der Missbrauchs- als auch der Treuebruchtatbestand in § 266 Abs. 1 StGB setzen einen dem Vermögensträger gegenüber Treuepflichtigen voraus, dessen Verpflichtung bereits im Zeitpunkt der Tathandlung bestehen und auf einem rechtlichen oder tatsächlichen Verhältnis beruhen muss[457]. Allerdings begründet weder die Stellung als in den Spielbetrieb eingebundener Spieler oder verantwortlicher Trainer gegenüber dem eigenen Verein noch die Funktion als Schiedsrichter gegenüber dem Verband oder den sich an einem Spieltag gegenüberstehenden Vereinen eine solche Treuepflicht. Insoweit scheitert der Tatbestand bereits an dieser fehlenden Tätereigenschaft gegenüber dem Vermögensträger als besonderes persönliches Merkmal im Sinne des § 14 StGB.

f) Zwischenergebnis

Einflussnahmen auf den/die Schiedsrichter bzw. Spieler im Vorfeld des Abschlusses des Wettvertrages sind lediglich als straflose Vorbereitungshandlungen zu qualifizieren.

2. Abschluss von Sportwetten und Auszahlung des Wettgewinns

a) Strafbarkeit des Wettteilnehmers[458] wegen Betrugs in einem besonders schweren Fall zum Nachteil des Wettanbieters, § 263 Abs. 1 und 3 StGB

Der für die systematische Beeinflussung von Spielergebnissen und -ereignissen durch die Bestechung von Schiedsrichtern und/oder Spielern durch unlautere Teilnehmer an Sportwetten existierende Muster-Fall, bei dem es auch zur Auszahlung von Wettgewinnen kam, ist der bereits oben (vgl. unter Drittes Kapitel B. I. 1.) erläuterte Fall *„Hoyzer“*, in dem der BGH in einer umstrittenen Entscheidung – der Sitzungsvertreter der Generalbundesanwaltschaft hatte Freispruch beantragt – im Abschluss einer manipulierten Fußballwette einen Betrug annahm[459]. Die „sportpolitisch begrüßenswerte Entscheidung[460]“ steht, was ihre Begründung anbelangt, jedoch „in doppel-

---

457 *Lackner/Kühl*, StGB, § 266 Rn. 2.

458 Beteiligt sich der bestochene Spieler selbst, etwa unter Zuhilfenahme eines Strohmannes, an der Wette, so begeht auch er einen Wettbetrug.

459 BGH, Urt. v. 15.12.2006 – 5 StR 181/06, NStZ 2007, 151 ff.

460 *Rössner*, in: FS Mehle, S. 567 (568). Von den Verantwortlichen des *DFB* wurde insbesondere die dadurch rechtskräftige Freiheitsstrafe von zwei Jahren und fünf Monaten wegen Beihilfe zum Betrug in sechs Fällen gegen *Robert Hoyzer* begrüßt. *DFB*-Präsident Dr. *Theo Zwanziger* sprach auf einer noch am Tag der Urteilsverkündung anberaumten Pressekonferenz von einem *„klaren Signal, das wichtig (...) für unseren Fußball sowie für die gesamte Gesellschaft“* sei, da *„bei einem Freispruch die Menschen (...) in die Orientierungslosigkeit*

ter Hinsicht auf wackligen Beinen[461]“: Erstens war fraglich, ob und inwieweit der Wettspielteilnehmer durch den Abschluss des Vertrags im Wettbüro im Wissen um die Manipulation des Spiels den Wettanbieter konkludent getäuscht hat; zweitens ging es um die Frage, ob dem Wettanbieter durch den manipulierenden Wettspielteilnehmer ein Vermögensschaden entstanden ist.

aa) Konkludente Täuschung im Zusammenhang mit dem Abschluss der Sportwette

Als Täuschungsgegenstand kommt der zukünftige ungewisse Spielausgang nicht in Betracht, da Gegenstand einer Täuschung nur Tatsachen, d. h. vergangene oder gegenwärtige Zustände der Außenwelt und des menschlichen Innenlebens[462], sein können, nicht aber zukünftige Ereignisse, die dem Beweis (noch) nicht zugänglich sind. Getäuscht werden konnte der Mitarbeiter der Oddset-Wettannahmestelle[463] demnach allenfalls über die auf das Fußballspiel bezogene Manipulationsabsprache zwischen *Sapina* und *Hoyzer* und die damit einhergehende verbesserte Gewinnchance bezüglich der Wette.

Problematisch war jedoch, ob seitens des vertragschließenden *Sapina* überhaupt eine Täuschung des Wettanbieters – entweder durch ein Tun oder Unterlassen – vorlag. Der 5. Strafsenat des BGH war der Auffassung, dass ein Wettspieler im Zeitpunkt des Wettvertragsabschlusses konkludent erklärt, den Wettgegenstand nicht manipuliert zu haben, dass das Wettrisiko für beide Parteien gleich und der Ausgang der wettgegenständlichen Spiele daher für beide Seiten gleichermaßen ungewiss sei[464].

---

geschickt worden“ wären, vgl. http://www.fussballportal.de/em-2008/news/Zwanziger-sieht-Hoyzer-Urteil-als-klares-Signal.php (Stand: 05.02.2012).

461 *Rössner*, in: FS Mehle, S. 567 (568). *Meyer-Lohkamp*, NJW Heft 52/2006, Editorial, kritisierte die erstinstanzlichen Verurteilungen durch das LG Berlin bestätigende Urteil dahingehend, dass es „einen faden Beigeschmack“ hinterlasse.

462 Schönke/Schröder/*Cramer/Perron*, StGB, § 263 Rn. 10; LK-*Tiedemann*, StGB, § 263 Rn. 9; *Fischer*, StGB, § 263 Rn. 21; SK-StGB/*Hoyer*, § 263 Rn. 13; NK-StGB/*Kindhäuser*, § 263 Rn. 73, 76.

463 Es liegt ein klassischer Dreiecksbetrug vor, in dem Verfügender (der jeweilige Mitarbeiter des Wettbüros) und Geschädigter (der Wettanbieter) nicht identisch sind, so dass der Verfügende zumindest in einem Näheverhältnis zum Geschädigten stehen muss. Ein solches kann aufgrund des Arbeitsverhältnisses zwischen beiden bejaht werden. Vgl. dazu *Rengier*, Strafrecht BT 1, § 13 Rn. 44 ff.

464 BGH NStZ 2007, 151 (152 ff.). Das Gericht begründete seine Auffassung in drei Schritten: In einem ersten Schritt legte der 5. Strafsenat die allgemeinen Grundsätze der konkludenten Täuschung dar, wonach eine Täuschung außer durch ausdrückliche Erklärungen auch durch irreführendes Verhalten erfolgen kann, das von der Verkehrsanschauung aber als stillschweigende Erklärung verstanden werde. Zu den konkludenten Erklärungsinhalten gehöre jedenfalls die Erklärung, dass der Vertragsgegenstand nicht vorsätzlich zum eigenen Vorteil manipuliert worden sei.

bb) Irrtum

Infolge der Täuschung ist auf Seiten des Wettanbieters ein entsprechender Irrtum erregt worden. Die Mitarbeiter des Wettanbieters gingen – jedenfalls in Form des sachgedanklichen Mitbewusstseins – jeweils davon aus, dass das wettgegenständliche Risiko nicht durch eine Manipulation des Sportereignisses zum Nachteil ihres Arbeitgebers verändert wird. Für die Vertragspartner ist beim Abschluss einer Sportwette mit festen Quoten für die Einschätzung des Wettrisikos entscheidend, dass der Wettgegenstand nicht manipuliert wurde, weshalb Wettspieler und Wettanbieter mit ihrer rechtsgeschäftlichen Erklärung in der Regel die Vorstellung verbinden, dass der Wettgegenstand nicht manipuliert wird[465]. Bei einem in manipulativer Absicht handelnden Wettspieler irrten sich die Mitarbeiter eines Wettanbieters über den manipulierten Wettgegenstand.

cc) Vermögensverfügung

Dieser Irrtum führte auch zu einer Vermögensverfügung[466], nämlich zum Vertragsabschluss des Wettanbieters, mit dem er sich verpflichtete, dem Wettteilnehmer den durch die Quote bestimmten Gewinn auszubezahlen.

Danach übertrug das Gericht diese Grundsätze in einem zweiten Schritt auf die Sportwette, die der BGH als eine Unterart des zufallsabhängigen Glücksspiels ansieht.

Sein Ergebnis sicherte der BGH in einem letzten Schritt durch den Vergleich ähnlich gelagerter Fälle ab. Der ihm vorliegende Fall war zwar mit dem „Pferdewetten"-Fall, in dem die Täter über Geldzahlungen an Jockeys auf den Ausgang von Pferdewetten Einfluss genommen und den Wettgegenstand manipuliert hatten und in dem der 3. Strafsenat des BGH eine konkludente Täuschung bejaht hatte (BGHSt 29, 165, 167), vergleichbar, nicht jedoch mit dem „Spätwetten"-Fall, in dem die Wettspieler in Kenntnis der Ergebnisse der im Ausland stattgefundenen Rennen auf Pferderennen gesetzt haben, von denen der Wettanbieter im Inland nur wusste, dass sie bereits begonnen hatten. In diesem Fall hatte der 5. Strafsenat die Annahme einer konkludenten Täuschung noch als „willkürliche Konstruktion" abgelehnt (BGHSt 16, 120).

Die Annahme einer konkludenten Täuschung in den Fällen der Sportwettenmanipulation ist immer noch stark umstritten. Demgemäß ist das Urteil des 5. Strafsenats auf ein kontroverses Echo gestoßen: Dem BGH stimmen (zum Teil nur im Ergebnis) zu: *Krack*, ZIS 2007, 103 ff.; *Saliger/Rönnau/Kirch-Heim*, NStZ 2007, 361 ff. differenzieren dabei in „wettereignisinterne" und „wettereignisexterne Manipulation"; *Gaede*, HRRS 2007, 16 ff.; *Kubiciel*, HRRS 2007, 68 ff.; *Radtke*, JURA 2007, 445 ff; *Reinhart*, SpuRt 2007, 52 ff.; *Hartmann/Niehaus*, JA 2006, 432 ff.; *Feinendegen*, NJW 2007, 782 ff.; *Müller-Metge*, CaS 2010, 118 (123). Ablehnend dagegen *Jahn/Maier*, JuS 2007, 215 ff.; *Trüg/Habetha*, JZ 2007, 878 ff.; *Schlösser*, NStZ 2005, 423 ff.

465 BGH NStZ 2007, 151 (154); BGHSt 24, 386 (389).

466 Die Unmittelbarkeit der angenommenen Vermögensverfügung bezweifelnd *Reinhart*, SpuRt 2007, 52 (55). Dagegen zweifeln *Petropoulos/Morozinis*, wistra 2009, 254 (257) aufgrund des Zeitpunkts an der Vermögensverfügung. Die Verpflichtung des Wettanbieters, dem Wettspieler seinen möglichen Gewinn auszubezahlen, könne vor dem endgültigen Abschluss des sportlichen Ereignisses in Geld nicht bestimmt werden, was sich auch aus der Möglichkeit des Wettanbieters, die Quoten jederzeit (bei „Live-Wetten" sogar bis zum Ende des Spiels) zu verändern. Erst nach Spielende werde das Vermögen des Wettanbieters bis auf die Höhe des

dd) Vermögensschaden

Bei dem Wettveranstalter ist durch diese täuschungsbedingte Vermögensverfügung auch ein Schaden entstanden. Zwar war zum maßgeblichen Zeitpunkt des Wettvertragsabschlusses die Spielmanipulation beabsichtigt, deren Erfolg war jedoch keineswegs sicher, so dass eine schadensgleiche Vermögensgefährdung – wie vom LG Berlin erstinstanzlich angenommen – fraglich war.

Der BGH begründete den Vermögensschaden bereits bei Vertragsschluss mit einem scheinbar neuen Begriff, dem sog. „Quotenschaden[467]", welcher der schadensgleichen Vermögensgefährdung „ähnelt[468]", und knüpfte an die Rechtsfigur des Eingehungsbetrugs an, die aber insoweit einer „Anpassung an die Besonderheiten der [hier] gegenständlichen Sportwetten[469]" bedurfte. Der 5. Senat verstand unter dem Quotenschaden bei einem Eingehungsbetrug die Differenz zwischen der Höhe des vom Wettspieler aufgewandten Wetteinsatzes und der Höhe der ihm damit durch den Wettveranstalter eröffneten Gewinnchance. Basis des Quotenschadens ist bei Wetten mit festen Gewinnquoten die von dem Wettveranstalter aufgrund einer Risikoanalyse festgelegte Quote, die zum einen gleichsam der „Verkaufspreis" für die vom Wettveranstalter angenommene Höhe der Gewinnchance und zum anderen der Faktor ist, mit dem der getätigte Wetteinsatz für den Fall des Gewinns multipliziert wird. Erhöht der Wettspieler durch die konkret geplante und ins Werk gesetzte Manipulation seine Gewinnchance, ist diese dadurch (ökonomisch) mehr wert als der von ihm gezahlte Wetteinsatz. In der „Quotendifferenz" zwischen dem jetzt höheren Wert der Gewinnchance und dem dafür gezahlten Preis liegt der Quotenschaden des Wettveranstalters[470]. Der Quotenschaden tritt mit Abschluss des Wettvertrages ein, so dass der Betrug bereits mit dem Vertragsabschluss vollendet ist[471].

Gewinns des Wettspielers vermindert; erst dann könne man von einer „spürbaren wirtschaftlichen Schlechterstellung" des Wettanbieters sprechen, nicht aber bereits im Zeitpunkt des Wettvertragsabschlusses.

467 Bislang war der Begriff des „Quotenschadens" dem Bereich des Insolvenz(straf)rechts vorbehalten, vgl. hierzu etwa *Baumbach/Hueck/Fastrich*, GmbHG, § 64 Rn. 95; *Spindler*, in: MünchKommAktG, § 92 Rn. 47 f.

468 BGH NStZ 2007, 151 (154).

469 BGH NStZ 2007, 151 (154).

470 BGH NStZ 2007, 151 (154).

471 Kritisch zu dieser Vorverlagerung der Vollendung, bei der ein späterer Rücktritt vom Versuch ausgeschlossen wird und spätere Abweichungen vom geplanten Verlauf nur noch bei der Strafzumessung berücksichtigt werden können, *Jahn/Meier*, JuS 2007, 215 (219); *Reinhart*, SpuRt 2007, 52 (54 f.) und *Valerius*, SpuRt 2005, 90 (92 f.). Generelle Kritik am Quotenschaden üben *Kutzner*, JZ 2006, 712 (717); *Saliger/Rönnau/Kirch-Heim*, NStZ 2007, 361 (364 f.); *Petropoulos/Morozinis*, wistra 2009, 254 (257 ff.) und *Rönnau/Soyka*, NStZ 2009, 12 ff., denen zufolge der BGH § 263 StGB insoweit zu einem Gefährdungsdelikt umfunktioniert, wenn er

In denjenigen Fällen, in denen Wettgewinne auf manipulierte Spiele ausgezahlt wurden, ist dem BGH zufolge das mit dem Eingehungsbetrug verbundene erhöhte Verlustrisiko in einen endgültigen Vermögensverlust des jeweiligen Wettanbieters in Höhe der Differenz zwischen Wetteinsatz und Wettgewinn umgeschlagen[472].

ee) Vorsatz, Bereicherungsabsicht und Stoffgleichheit

Der unlautere Wettspieler *Sapina* handelte vorsätzlich; ihm kam es gerade auf die Erlangung des Vermögensvorteils an.

Die erforderliche Stoffgleichheit zwischen dem Vermögensverlust auf Seiten der Geschädigten und der erstrebten rechtswidrigen Vermögensmehrung auf Seiten des Täters war gegeben.

ff) Strafschärfungsgründe

Ob die Taten als besonders schwere Fälle des Betrugs anzusehen sind, ist jeweils eine Frage des Einzelfalls.

In der zugrunde liegenden Konstellation haben sich die Täter zusammengeschlossen, um dauerhaft und arbeitsteilig erhebliche Gewinne zu realisieren, insbesondere hat *Sapina* jahrelang mit seinem kompliziert angelegten Wett- und Manipulationssystem und dem damit verbundenen erheblichen organisatorischen Aufwand auf dem Sportwettenmarkt agiert, so dass ein besonders schwerer Fall des Betrugs in Gestalt der gewerbsmäßigen Begehung (§ 263 Abs. 3 Satz 2 Nr. 1, 1. Alt. StGB) vorlag.

Ob darüber hinaus bei den jeweiligen Taten auch eine bandenmäßige Begehung (§ 263 Abs. 3 Satz 2 Nr. 1, 2. Alt. StGB) gegeben ist, hängt von den Umständen des Einzelfalls ab. Dafür wäre es notwendig, den Tätern eine Abrede mit dem Inhalt nachzuweisen, sich zum Zwecke der wiederholten Begehung gleichartiger Straftaten zusammengeschlossen zu haben[473]. Vom Vorliegen einer solchen Bandenabrede konnte sich das Tatgericht im betreffenden Fall jedoch nicht überzeugen[474].

Bei einigen Taten lagen zusätzlich auch die Voraussetzungen des § 263 Abs. 3 Satz 2 Nr. 2, 1. Alt. StGB vor, da die Täter einen Vermögensverlust großen Ausmaßes herbeigeführt hatten.

---

den Instanzgerichten der Sache nach die Schadensberechnung erlässt und zukünftig die Feststellung einer bloßen Wertdifferenz genügen soll.

472 BGH NStZ 2007, 151 (154); a. A. *Kutzner* JZ 2006, 712 (717) und *Schild*, ZfWG 2006, 213 (219).

473 Schönke/Schröder/*Eser*, StGB, § 244 Rn. 23 ff.

474 Dagegen hatte die Staatsanwaltschaft den hinreichenden Tatverdacht insoweit bejaht, vgl. LG Berlin Pressemitteilung v. 17.11.2005, abrufbar unter http://www.berlin.de/senjust/Gerichte/KG/presse/archiv/26052/index.html (Stand: 15.09.2010).

b) Strafbarkeit des Wettteilnehmers wegen Betrugs zum Nachteil der anderen Wettteilnehmer, § 263 Abs. 1 StGB

Den anderen Wettspielern entstand bei den Wetten im sog. „Oddset-System“ (Wetten zu festen Quoten) kein betrugsrelevanter Vermögensschaden[475], denn ihr Schaden beruhte nicht unmittelbar auf einer täuschungsbedingten Vermögensverfügung, sondern (lediglich) auf der strafrechtlich irrelevanten Spielmanipulation, so dass eine Strafbarkeit in dieser Hinsicht ausschied.

Vertretbar erscheint die Annahme eines betrugsrelevanten Vermögensschadens anderer Wettspieler dagegen beim sog. „Toto-System“, bei dem die Gewinnquoten erst in Nachhinein festgelegt werden, was vorliegend aber nicht der Fall war.

c) Strafbarkeit des Spielers wegen Beihilfe zum Betrug in einem besonders schweren Fall zum Nachteil des Wettanbieters, §§ 263 Abs. 1 und 3, 27 Abs. 1 StGB

Eine sukzessive Strafbarkeit des die Manipulation im Spiel verwirklichenden Spielers kommt nur als Teilnahme an der angenommenen Betrugstat des Wettspielers zum Nachteil des Wettanbieters wegen dessen Vermögensschadens in Betracht. Die Entscheidung zwischen Beihilfe zum Betrug und mittäterschaftlichem Betrug richtet sich nach dem Gewicht der Tathandlungen und dem Interesse am Taterfolg. In dem der Entscheidung zugrunde liegenden Fall erfolgten zwar die Beihilfehandlungen des Spielers nicht in unmittelbarem Vorfeld des Wettbetrugs, vor allem nicht vor der Täuschungshandlung gegenüber dem jeweiligen Mitarbeiter des Wettanbieters – hier agierte allein der Haupttäter –, jedoch war sein Tatinteresse an der Manipulation des Spiels im Hinblick auf die dadurch erlangbaren eigenen finanziellen Vorteile erheblich. Nach der Ansicht des BGH war aufgrund der Eigenart der Sportwette, die ein zukünftiges Sportereignis betrifft, eine Beihilfe zum Wettbetrug in Form der Manipulation des Wettereignisses nicht nur durch deren vorherige Zusage, sondern auch noch nach Wettvertragsabschluss möglich[476]. Die Betrugstaten des Haupttäters *Sapina* waren in der von ihm beabsichtigten und von dem Teilnehmer erkannten Reichweite frühestens mit der Auszahlung des unrechtmäßigen Wettgewinns beendet. Bis zu diesem Zeitpunkt förderten alle Handlungen des Spielers, die der Manipulation des wettgegenständlichen Spiels dienten, den zu Unrecht beanspruchten Wettgewinn *Sapinas*[477].

d) Zwischenergebnis

Wertet man mit dem BGH das bloße Schweigen beim Abschluss des Wettvertrags im Wissen um die arrangierte Manipulation als aktive konkludente

475 A. A. *von Komorowski/Bredemeier*, SpuRt 2005, 181 (184).
476 BGH NStZ 2007, 151 (155).
477 BGH NStZ 2007, 151 (155).

Täuschung, ist darin ein Fall des Eingehungsbetrugs zu sehen, und zieht man mit dem BGH zu dessen Begründung den Quotenschaden heran, sind die Beteiligten des schweren Betrugs in einem besonders schweren Fall und der Beihilfe dazu strafbar. Mit einer Reihe guter Argumente wird dagegen vorgebracht, dass eine bloße Wertdifferenz kein konkreter vermögensmindernder Schaden ist[478]. So bleibt selbst in den Fällen des Wettbetrugs der durch den BGH aufgezeigte Weg zum Schutz vor Sportbetrug immer noch fragwürdig.

3. Spielmanipulation durch den Schiedsrichter

Während der Schiedsrichter bislang vor allem als Irrtumssubjekt im Rahmen eines von (Wett-)Spielern begangenen Betrugs im Mittelpunkt stand, ist er seit dem Fall *„Hoyzer"* erstmals in die Rolle des Vermögensstraftäters geschlüpft. Im Folgenden soll die Frage nach der Strafbarkeit des Schiedsrichters, der ein Fußballspiel manipuliert und dafür von Dritten einen Vorteil erhält, beantwortet werden; hierzu ist zwischen dem Schiedsrichterverhalten auf und außerhalb des Fußballfeldes zu unterscheiden.

a) Schiedsrichterverhalten auf dem Spielfeld

aa) Strafbarkeit des Schiedsrichters wegen Beihilfe zum Betrug in einem besonders schweren Fall zum Nachteil des Wettanbieters, §§ 263 Abs. 1 und 3, 27 Abs. 1 StGB

Wie bei dem die Manipulation im Spiel verwirklichenden Spieler[479] kommt auch bei dem Schiedsrichter, der durch bewusste Fehlentscheidungen regelwidrig Spielereignisse herbeiführt oder Spielergebnisse derart beeinflusst, um einen gewünschten, zumeist unerwarteten Spielausgang zu schaffen, eine Beihilfe an der Betrugstat des Wettspielers zum Nachteil des Wettveranstalters in Frage. Unbeachtlich ist auch hier, dass die Beihilfehandlungen des Schiedsrichters zeitlich nicht der Täuschungshandlung des Haupttäters vorgelagert waren, sondern dieser erst nachfolgten. Bis zum Zeitpunkt der Auszahlung der unrechtmäßigen Gewinnsumme förderten alle Handlungen des Schiedsrichters die Manipulation des Spiels und den daraufhin zu Unrecht an den Haupttäter ausbezahlten Wettgewinn.

Die Tat des angeklagten Schiedsrichters *Hoyzer* stellte zudem einen besonders schweren Fall der Beihilfe dar – er wies das Merkmal der Gewerbsmäßigkeit in entsprechender Anwendung des § 28 Abs. 2 StGB in seiner eigenen Person auf[480], da bei ihm die hierzu erforderliche Absicht,

478 Vgl. dazu bereits oben Drittes Kapitel B. III. 2. a) aa) und dd) sowie die Argumente von *Jahn/Meier*, JuS 2007, 215 ff.; *Rönnau/Soyka*, NStZ 2009, 12 ff.; *Krack*, ZIS 2007, 103 ff.

479 S. Drittes Kapitel B. III 2. c).

480 Da es sich bei der Gewerbsmäßigkeit um ein besonderes persönliches Merkmal handelt, § 263 Abs. 3 StGB jedoch keine Tatbestandsmerkmale enthält, kann § 28 Abs. 2 StGB nur entsprechend angewandt werden, vgl. Schönke/Schröder/*Eser*, StGB, § 243 Rn. 47.

Einkünfte von gewisser Dauer und Erheblichkeit zu erzielen, vorlag. Was die Bandenmäßigkeit anbelangte (§ 263 Abs. 3 Satz 2 Nr. 1, 2. Alt. StGB), so reichte seine Kenntnis davon, dass die Haupttat bandenmäßig begangen wurde, aus, um auch seine Beihilfetat als „besonders schwer" zu beurteilen. Aufgrund der besonders pflichtwidrigen Ausnutzung seiner Stellung als unparteiischer Schiedsrichter lag die Annahme eines unbenannten besonders schweren Falles nach § 263 Abs. 3 Satz 1 StGB auf der Hand.

bb) Strafbarkeit des Schiedsrichters wegen Betrugs zum Nachteil der Vereine und ihrer Spieler, § 263 Abs. 1 StGB

Ungeachtet des Vorliegens der objektiven Tatbestandsmerkmale[481], müsste der Vermögensvorteil mit dem Schaden auch stoffgleich sein. Der vom Schiedsrichter erstrebte Vermögensvorteil besteht in der ihm von Dritten für den Fall der Spielmanipulation versprochenen Belohnung. Zwischen diesem Vermögensvorteil und dem bei den Vereinen bzw. Spielern gegebenenfalls festgestellten Vermögensschaden besteht jedoch keine Stoffgleichheit.

cc) Strafbarkeit des Schiedsrichters wegen Untreue zum Nachteil der Vereine, ihrer Spieler und des *DFB*, § 266 Abs. 1 StGB

Dem manipulierenden Schiedsrichter kann auch keine Untreue zum Nachteil der Vereine und Spieler vorgeworfen werden, da er sowohl gegenüber den Mannschaften der Partie als auch gegenüber den einzelnen Spielern keine Vermögensbetreuungspflicht innehat.

Eine Untreue zum Nachteil des *DFB* scheidet ebenfalls aus. Diesem gegenüber besteht zwar die Pflicht zu regelkonformer Leitung des Spiels[482]; dabei

481 Dabei bestehen gleichwohl Schwierigkeiten bei der Schadensbestimmung der Vereine und Spieler: Auf Seiten des Vereins, der es irrtumsbedingt unterlässt, eine Wiederholung des manipulierten Spiels einzufordern, ist ein Schaden zu verneinen, da die Chance, das Wiederholungsspiel zu gewinnen, keine vermögenswerte Exspektanz darstellt. Eine solche wird nur dann angenommen, wenn der Vermögenszuwachs nach dem gewöhnlichen Verlauf der Dinge und den besonderen Umständen mit Wahrscheinlichkeit erwartet werden kann. Es besteht jedoch keine betrugsrechtlich relevante Wahrscheinlichkeit, dass eine Mannschaft das Spiel gewinnen wird. Dagegen würde die irrtumsbedingte unterlassene Einforderung des Wiederholungsspiels auf Spielerseite allenfalls dann einen Vermögensschaden nach sich ziehen, wenn ihnen – unabhängig vom Spielausgang – Antrittsprämien zustehen, vgl. dazu ausführlich *von Komorowski/Bredemeier*, SpuRt 2005, 181 (182f.); a. A. *Schlösser*, NStZ 2005, 423 (429), der den Betrug schon wegen des Fehlens einer Täuschungshandlung verneint, da „der Schiedsrichter sich den entsprechenden Personen gegenüber entweder gar nicht verhält oder sein Verhalten keinen täuschenden Erklärungswert besitzt (…), weil man von dessen Neutralität nicht eben wegen seines Verhaltens ausgeht, sondern verhaltensunabhängig mit der Institution des Schiedsrichters seine Unparteilichkeit verbindet."

482 Diese Pflicht (vgl. §§ 7, 8 Schiedsrichterordnung *DFB*) ist eine Hauptpflicht aus dem Dienstvertrag des Schiedsrichters mit dem *DFB*, vgl. *Fritzweiler*, in: *Fritzweiler/Pfister/Summerer*, Praxishandbuch Sportrecht, 3. Teil, 1. Kapitel Rn. 71. Darüber hinaus ist der Schiedsrichter

handelt es sich jedoch nicht um eine untreuerechtlich relevante Vermögensbetreuungspflicht. § 266 StGB hat schließlich nicht den Zweck, jede zivilrechtliche Schlechterfüllung strafrechtlich zu sanktionieren[483].

Die weitere Strafbarkeit des Schiedsrichters wegen Betrugs zum Nachteil der Zuschauer im Stadion nach § 263 Abs. 1 StGB scheitert an der fehlenden Kausalität zwischen dem durch den Schiedsrichter hervorgerufenen Irrtum und der Vermögensverfügung der Zuschauer, dem Kauf der Eintrittskarte[484], ebenso wie die wegen Betrugs zum Nachteil der Fernsehzuschauer, unabhängig davon, ob das manipulierte Spiel im öffentlich-rechtlichen Fernsehen, im Privatfernsehen oder im sog. Pay-TV übertragen wird, ausscheidet. Hier fehlt es sowohl an der Kausalität, an der Vermögensverfügung als auch am Vermögensschaden[485].

b) Schiedsrichterverhalten außerhalb des Spielfeldes

Der bislang kaum thematisierte Betrug[486] des Schiedsrichters durch Übernahme der Leitung des Spiels gegenüber und zum Nachteil des *DFB* gemäß § 263 Abs. 1 StGB dürfte dagegen dann vorliegen, wenn er sich von dem Schiedsrichterausschuss mit der Spielleitung betrauen lässt, obwohl er bereits vor Spielanpfiff die Absicht hat, das Spiel zu manipulieren.

Wesentlicher Inhalt des Dienstvertrags des Schiedsrichters mit dem *DFB* ist, dass er eine ordnungsgemäße Leistung, d. h. eine aufmerksame, an den Regeln orientierte und von bewussten Verfälschungen freie und neutrale Leitung des Spiel erbringt, wofür er im Gegenzug bei einem Bundesligaspiel vom *DFB* 3.800,00 € erhält[487]. Im Fall des zur Manipulation entschlossenen Schiedsrichters ist ersichtlich, dass er aktiv durch seine den Spielregeln widersprechenden Entscheidungen seinen Dienstherrn und dessen Kon-

---

Mitglied eines Vereins des *DFB* (§ 1 Satz 3 Schiedsrichterordnung *DFB*) und damit zugleich auch Mitglied des *DFB*.

483 Schönke/Schröder/*Perron*, StGB, § 266 Rn. 28.

484 *Hartmann/Niehaus*, JA 2006, 432; *Schlösser*, NStZ 2005, 423 (429); anders *Kerner/Trüg*, JuS 2004, 140 (144 f.), die auf diesen Aspekt nicht eingehen, einen Betrug aber mangels eines Vermögensschadens verneinen.

485 Fernsehgebühren werden aufgrund der gesetzlichen Gebührenpflicht gezahlt. Ein Anspruch auf bestimmte Programminhalte oder gar auf eine bestimmte Ausgestaltung einzelner Sendungen („fairer Sport") geht mit der Gebührenzahlung nicht einher. Dies gilt in gleicher Weise für das Pay-TV, s. *Hartmann/Niehaus*, JA 2006, 432 (433).

486 Bislang haben – soweit ersichtlich – lediglich *Rössner*, CaS 2005, 391 (393); *Schlösser*, NStZ 2005, 423 (429) und *von Komorowski/Bredemeier*, SpuRt 2005, 181 (183) einen Betrug zum Nachteil des *DFB* angesprochen, wobei die beiden Ersteren einen solchen bejahen, während Letztere ihn mangels Stoffgleichheit verneinen, da es dem Schiedsrichter vorwiegend auf die ausgelobte Belohnung ankomme und der von ihm ebenfalls erlangte Vergütungsanspruch gegen den *DFB* als „mittelbare Folge seines auf die fragliche Belohnung gerichteten Verhaltens zu qualifizieren [ist] und (…) sich (…) gerade nicht als absichtsvoll erstrebtes (Zwischen-)Ziel" darstelle.

487 *Sengle*, in: *WFV e. V.* (Hrsg.), Die Manipulation sportlicher Wettbewerbe, S. 9 (19).

trollgremien zu täuschen versucht[488] und im Erfolgsfall einen entsprechenden Irrtum erregt. Wird ihm anschließend der vereinbarte Betrag für die vermeintlich ordnungsgemäße Spielleitung ausgezahlt, besteht der Schaden in seiner Schlechtleistung gegenüber dem vertraglich Geschuldeten.

c) Zwischenergebnis

Das manipulative Verhalten des Schiedsrichters auf dem Spielfeld verwirklicht den Tatbestand der Beihilfe zum Betrug in einem besonders schweren Fall zum Nachteil des Wettanbieters, §§ 263 Abs. 1 und 3, 27 Abs. 1 StGB. Signalisiert er die Bereitschaft zur Übernahme der Spielleitung und leitet er ein solches später sodann, obwohl er bereits vor Anpfiff die Absicht hatte, das Spiel regelwidrig zu beeinflussen, ist der Schiedsrichter auch wegen seines Verhaltens außerhalb des Spielfeldes wegen Betrugs gegenüber und zum Nachteil des *DFB* nach § 263 Abs. 1 StGB strafbar.

4. Exkurs: Manipulation einzelner Spielsituationen durch einen Spieler („Handspiel", „Schwalbe")

a) Definition

Abzugrenzen von den bislang untersuchten Varianten der Steuerung von Sportwettkämpfen von außen sind „betrügerische" innersportliche Aktionen, bei denen sich ein Sportler in einer Spielsituation einen regelwidrigen Vorteil verschafft. Bekannte Beispiele eines solchen Vorteils sind das „Handspiel[489]" und die sog. „Schwalbe" im Fußball- sowie das „Herausschinden" eines Siebenmeters im Handball- oder eines Penalty im Eishockeysport.

---

488 Nach Spielende wird vom Schiedsrichter ein sog. Spielbericht verfasst und an den *DFB* weitergeleitet (vgl. § 8 Nr. 4 Schiedsrichterordnung *DFB*). Werden darin keine Beanstandungen vermerkt, besitzt der Spielbericht den objektiven Erklärungswert, der Ausgang des Spiels sei unter sportlichen Gesichtspunkten nicht zu beanstanden. Ein Betrug des Schiedsrichters durch Unterlassen, begangen durch das nach Spielschluss andauernde Verschweigen der Manipulationen gegenüber dem *DFB*, ist auszuschließen, da er keine Rechtspflicht zum Tätigwerden hat, vgl. *Schlösser*, NStZ 2005, 423 (429); *von Komorowski/Bredemeier*, SpuRt 2005, 181 (183).

489 Weltweites Aufsehen erregte im November 2009 das Handspiel des Kapitäns der französischen Nationalmannschaft *Thierry Henry*. Im Relegations-Rückspiel um die Teilnahme an der Fußballweltmeisterschaft in Südafrika 2010 der Franzosen gegen die irische Nationalmannschaft in Paris berührte er den Ball zwei Mal mit der Hand, ehe er einen Pass zu *William Gallas* spielte, der in der Verlängerung den Ausgleich für die *Equipe tricolore* zum 1:1 erzielte. Nachdem Irland eine Woche zuvor gegen die *Bleus* eine 0:1-Heimniederlage bezogen hatte, der Schiedsrichter das Handspiel *Henrys* nicht ahndete und auch der Einspruch gegen die Spielwertung und die Forderung Irlands nach einer Wiederholung des Qualifikationsspiels durch die *FIFA* mit dem Hinweis auf die Tatsachenentscheidung des Schiedsrichters abgelehnt wurden, bedeutete das Remis mit Hilfe des offenkundigen Regelverstoßes *Henrys* die Teilnahme Frankreichs an der WM-Endrunde, *Zorn*, F.A.Z. v. 20.11.2009, S. 30.

b) Strafbarkeit nach dem StGB

Während die Ahndbarkeit derartiger Manipulationen durch die Verbandsgerichte unbestritten ist[490], stellt sich noch die Frage, ob ein solches Spielerverhalten auch als Betrug im Sinne von § 263 StGB strafbar ist.

aa) Strafbarkeit des Spielers wegen Betrugs zum Nachteil des gegnerischen Vereins bzw. seiner Spieler, § 263 Abs. 1 StGB

Erklärt ein Spieler, der nach dem Kontakt mit einem Gegenspieler im Strafraum zu Boden fällt nonverbal, jedoch durch schlüssiges Handeln, dass dieser ihn durch ein unerlaubtes Foulspiel zu Fall gebracht habe, obwohl der Zweikampf im Rahmen der geltenden Spielregeln des jeweiligen Verbandes stattfand, täuscht er den Schiedsrichter konkludent über das Geschehen[491].

Die Täuschung löst beim Schiedsrichter den Irrtum aus, dass ein Foulspiel stattgefunden hat, das ihn dazu veranlasst, für einen Strafstoß zugunsten der Mannschaft des täuschenden Spielers zu entscheiden.

Von dem bei fehlender Identität zwischen getäuschtem Schiedsrichter und dem/n Betrugsopfer/n, der gegnerische Verein bzw. dessen Spieler, erforderlichen Näheverhältnis kann ausgegangen werden, weil ein solches jedenfalls dann angenommen werden kann, wenn der Getäuschte zur Verfügung über das fremde Vermögen rechtlich befugt ist[492]. Da sich die Vereine und deren Spieler in den jeweiligen Lizenzverträgen der Spielordnung des *DFB* und damit zugleich der gegebenenfalls vermögenswirksamen Entscheidungsgewalt des *DFB*-Schiedsrichters rechtlich unterworfen haben[493], liegt selbst nach der restriktiven Mindermeinung ein Näheverhältnis vor.

Obwohl die Verwandlung eines Strafstoßes ganz überwiegend wahrscheinlich ist[494], stellt sich dennoch die Frage, ob er mit hinreichender

---

490 § 44 Satzung *DFB* i. V. m. § 8 Rechts- und Verfahrensordnung *DFB*.

491 Die Täuschung kann jedoch nicht nur konkludent durch das Wettkampfhandeln erfolgen. Fragt der Schiedsrichter nach einem Foulspiel, das weder er noch seine Assistenten gesehen haben, den foulenden Spieler, ob er eine Regelwidrigkeit begangen habe und verneint dieser die Regelwidrigkeit, täuscht er den Schiedsrichter ausdrücklich. Diesem von *von Komorowski/Bredemeier*, SpuRt 2005, 227, gebildeten Beispiel lag der Fall *Oliver Held* aus der Saison 1997/98 zugrunde. Die Staatsanwaltschaft Essen hat das aufgrund einer Strafanzeige gegen *Held* eingeleitete Ermittlungsverfahren am Saisonende gemäß § 170 Abs. 2 StPO eingestellt; so auch *Tenter/Thomas*, JA 1996, 855; *Paringer*, Korruption im Profifußball, S. 232; a. A. *Schattmann*, Betrug des Leistungssportlers im Wettkampf, S. 150, der die Täuschung bei aus dem Wettkampf heraus begangener Handlungen sportimmanent beschränken will.

492 So die restriktive Mindermeinung, vgl. *Mitsch*, BT 2/1, § 7 Rn. 74; *Roxin/Schünemann*, JuS 1969, 372 ff., während die h. M. bereits eine tatsächliche Befugnis zur Einwirkung auf das Vermögen ausreichen lässt, vgl. BGHSt 18, 221 (223); Schönke/Schröder/*Cramer/Perron*, StGB, § 263 Rn. 65; LK-*Tiedemann*, StGB, § 263 Rn. 115; NK-StGB/*Kindhäuser*, § 263 Rn. 209, 220. Das Näheverhältnis verneinend *Tenter/Thomas*, JA 1996, 855.

493 § 1 Nr. 3 Lizenzierungsordnung *DFB* sowie Anhang I zur Lizenzierungsordnung *DFB*, § 11 Nr. 1 Lizenzordnung Spieler (LOS) *DFB* sowie Anhang I zur Lizenzordnung Spieler *DFB*.

494 Rund 75–80 % aller anfallenden Strafstöße werden verwandelt.

Sicherheit zu einem Vermögenszuwachs bei einem Verein bzw. Spieler führt[495] und deshalb betrugsrechtlich als vermögenswerte Exspektanz bewertet werden kann. Voraussetzung dafür ist, dass der Vermögenszuwachs nach dem gewöhnlichen Verlauf der Dinge und den besonderen Umständen mit Wahrscheinlichkeit erwartet werden kann. Lediglich in der besonderen Ausnahmesituation eines spielentscheidenden Strafstoßes unmittelbar vor Spielende kann sich die vom Schiedsrichter ermöglichte Elfmeterchance zu einer vermögenswerten Exspektanz verdichten. Dann liegt in der Schiedsrichterentscheidung auch eine unmittelbare Vermögensverfügung[496].

Zwar lässt sich aus dem objektiven Handeln des Spielers die Verwirklichung des subjektiven Tatbestands nicht unmittelbar entnehmen; es besteht jedoch der dringende Verdacht, dass der sich spielregelwidrig verhaltende Spieler die Verwirklichung des objektiven Betrugstatbestands zumindest für möglich gehalten und billigend in Kauf genommen hat. Aus den von den Vereinen und Spielern vertraglich anerkannten Regelwerken des *DFB*[497] ergibt sich, dass der möglicherweise seinem Verein, seinen Mannschaftskollegen oder ihm selbst zuwachsende Vermögensvorteil rechtwidrig ist. Die erforderliche Stoffgleichheit würde in dieser Konstellation allerdings nur dann vorliegen, wenn Identität zwischen der durch die Elfmeterchance ermöglichten Exspektanz und dem Vermögenswert besteht, der auf der Seite des Täuschenden oder des von ihm begünstigten Vereins entsteht, wenn der Strafstoß nicht gewährt wird. Hiervon kann lediglich bei einem vom K. o.-System beherrschten Pokalwettbewerb ausgegangen werden. Die täuschungsbedingte Gewährung des Strafstoßes hat zur Folge, dass der täuschende Verein die Chance hat, die nächste Runde und die unmittelbar

495 Zu berücksichtigen sind die Vermögenszuwächse, die mit dem Erreichen eines höheren Tabellenplatzes verbunden sind. Damit sind die vom erreichten Tabellenplatz bestimmte Verteilung der Fernsehgelder sowie die gleichzeitig durch den Tabellenplatz determinierte und unmittelbar mit Einnahmen verbundene Teilnahme an den europäischen Wettbewerben angesprochen. Zu denken ist auch an diejenigen Vermögenszuwächse, die mit dem Erreichen der nächsten Runde in einem vom K. o.-System geprägten Pokalwettbewerb einhergehen. Was die Elfmeterchance als vermögenswertes Gut eines Spielers angeht, so kann dieser bei einer solchen Torchance nicht mit hinreichender Wahrscheinlichkeit davon ausgehen, dass er Punkte-, Sieg- oder Tabellenplatzprämien erhält. Nur in der Ausnahmesituation eines spiel- und saisonentscheidenden Strafstoßes unmittelbar vor Spielschluss rückt aufgrund der hohen Torwahrscheinlichkeit die Ausschüttung einer solchen Prämie in so greifbare Nähe, dass eine vermögenswerte Exspektanz anzunehmen ist, vgl. *von Komorowski/Bredemeier*, SpuRt 2005, 227 (228).

496 Die unmittelbar vermögensmindere Wirkung der Vermögensverfügung ablehnend *Paringer*, Korruption im Profifußball, S. 233 f.

497 § 1 Nr. 3 Lizenzierungsordnung *DFB*, § 5 des Formulars für Verträge zwischen Vereinen/Kapitalgesellschaften und dem Ligaverband (Anhang I zur Lizenzierungsordnung *DFB*), § 11 Nr. 1 Lizenzordnung Spieler *DFB* sowie §§ 2, 3 des Formulars für Verträge zwischen Spielern und dem Ligaverband (Anhang I zur Lizenzordnung Spieler *DFB*).

damit verbundenen Einnahmen zu erlangen und deshalb diese Exspektanz innehätte. Bezüglich der durch die Elfmeterchance begründeten Exspektanzen auf Spielerseite ist festzustellen, dass diese auf Vermögenszuwächse aus dem Vermögen ihres eigenen Vereins abzielen, so dass der infolge der Schiedsrichterentscheidung möglicherweise erlittene Schaden nicht mit dem auf Seiten der täuschenden Mannschaft gegebenenfalls entstandenen Vermögensvorteil wirtschaftlich identisch ist, weshalb – von der Ausnahmesituation des Pokalwettbewerbs abgesehen – der Betrugstatbestand spätestens am Kriterium der Stoffgleichheit scheitert.

bb) Strafbarkeit des Spielers wegen Betrugs zum Nachteil der *DFL* bzw. des *DFB*, § 263 Abs. 1 StGB

Zu verneinen ist auch ein Betrug zum Nachteil der *DFL* bzw. des *DFB*, da die täuschungsbedingte Schiedsrichterentscheidung zu keinem Vermögensschaden auf Seiten der *DFL* bzw. des *DFB* führt[498].

cc) Strafbarkeit des Spielers wegen Betrugs zum Nachteil der Zuschauer, § 263 Abs. 1 StGB

Ein Betrug zum Nachteil der Zuschauer, die Eintrittsgeld bezahlt haben, scheidet zum einen deshalb aus, weil die Zahlung des Eintrittsgeldes zeitlich vor der Täuschungshandlung geschieht und für sie damit nicht kausal ist, zum anderen deshalb, weil der Schiedsrichter mit seiner täuschungsbedingten Entscheidung nicht unmittelbar über ein geldwertes Gut der Zuschauer verfügt[499].

dd) Zwischenergebnis

Abgesehen von der Ausnahmekonstellation eines täuschungsbedingt gegebenen und spielentscheidenden Strafstoßes kurz vor Spielende im Pokalwettbewerb, in welcher der Betrugstatbestand zum Nachteil des gegnerischen Vereins nach § 263 Abs. 1 StGB erfüllt wird, ergibt sich keine Strafbarkeit des Spielers für ein manipulatives, spielimmantes Verhalten. Für die Fälle innersportlichen Täuschungsverhaltens, das gegebenenfalls

498 Weder die *DFL* noch der *DFB* loben Sieg- oder Mannschaftsprämien aus; das einzige vermögenswerte Gut, über das ein Schiedsrichter bei einem regelwidrig verschafften und spielentscheidenden Strafstoß verfügen könnte, wäre der Besitz an der Meisterschale der *DFL* bzw. an dem Pokal des *DFB*. Doch auch dieser unrechtmäßige Besitzverlust an der Trophäe stellt keinen Vermögensschaden dar, denn zum einen ist er nicht auf Dauer angelegt, da die Meisterschale als Wanderpokal nach einem Jahr wieder zurückgegeben werden muss, zum anderen findet durch die interimsmäßige Inbesitznahme der Trophäe kein wertmindernder Gebrauch statt, vgl. *von Komorowski/Bredemeier*, SpuRt 2005, 227 (230).

499 *Tenter/Thomas*, JA 1996, 855; *von Komorowski/Bredemeier*, SpuRt 2005, 227 (229). Selbst wenn man annimmt, dass die Zuschauer mit ihrem Eintrittsgeld einen Anspruch auf ein redliches Spiel erlangt hätten, fehlt es jedenfalls an einem für den Dreiecksbetrug notwendigen Näheverhältnis zwischen dem Schiedsrichter und den Zuschauern.

zu erheblichen Vermögensschädigungen bei Dritten führen kann, verbleibt es bei der sportlichen und/oder verbandsrechtlichen Ahndung.

IV. Ergebnis

Wie die soeben[500] aufgeworfenen verschiedenen Konstellationen im Rahmen des Wettbetrugs zeigen, sind sie strafrechtlich kaum zu erfassen. Ihre Verfolgung ist fast nur dann möglich, wenn dadurch eine im Hintergrund platzierte Sportwette beeinflusst werden soll[501]. Das zwar rechtlich angreifbare[502], sportpolitisch aber begrüßenswerte Urteil des BGH[503] wurde als generalpräventives Zeichen gegen die Manipulationen positiv aufgenommen und der Wettskandal um den ehemaligen Schiedsrichter *Robert Hoyzer* als „strafrechtlich weitgehend zufriedenstellend bewältigt[504]" angesehen, wogegen in sportpolitischer und sportethischer Hinsicht auch nichts einzuwenden ist[505]. Allerdings lebt die Öffentlichkeit seitdem in dem Glauben, dass der „Sportbetrug" zweifelsfrei strafbar ist – und unterliegt hierbei einem Irrtum: Das bei der Verfolgung des Wettbetrugs nach § 263 StGB geschützte Rechtsgut ist ausschließlich das Vermögen des Sportwettenanbieters. Nicht geschützt, weil er nicht zum Schutzbereich der hier verletzten Norm des Wettbetrugs gehört, ist der sportliche Wettbewerb, bestehend aus den Eckpfeilern des Sports wie der Chancengleichheit, dem Zufall und der natürlichen Leistung. Strafrechtlich als Betrug bzw. Beihilfe dazu können bislang deshalb lediglich die Hintergründe der Manipulationen erfasst werden; nicht aber der hierbei gleichzeitig erfolgende Angriff auf den sportlichen Wettbewerb, das zentrale Sportgeschehen.

500 S. Drittes Kapitel B. III. 1.- 4.

501 Auch nach *Weber*, in: *Pfister* (Hrsg.); Rechtsprobleme der Sportwette, S. 39 (73), gewinnt die unlautere Beeinflussung von sportlichen Wettbewerben „nur in Verbindung mit dem Abschluss von Sportwetten (...) strafrechtliche Relevanz."

502 Vgl. nur Drittes Kapitel B. III. 2. a) aa) und dd).

503 BGH, Urt. v. 15.12.2006 – 5 StR 181/06, NStZ 2007, 151 ff.

504 *Rössner*, CaS 2005, 391 (394).

505 *Rössner*, CaS 2005, 391 (394).

C.
Direkte Sportkorruption

I. Definition

Die direkte Form der Sportkorruption setzt unmittelbar bei der Ausübung oder Durchführung des reinen sportlichen Wettkampfes an[506] und führt regelmäßig nur zu mittelbaren wirtschaftlichen Gewinnen. Die Sportler selbst oder ihr Umfeld aus Verein, Verband oder Management zahlen Geld oder andere Leistungen an Gegner, Schiedsrichter oder Juroren, um den Ausgang eines Wettkampfes zu beeinflussen.

1. Fallbeispiel: Zahlung von Vereinsgeldern an Spieler eines anderen Bundesligavereins zur Beeinflussung des Spielausgangs (Der „Bundesligaskandal 1970/71" – Verwendung von Vereinsgeldern zu Bestechungszwecken)

Der für die direkte Sportkorruption bereitliegende Musterfall ist der sog. „Bundesligaskandal", der in der Saison 1970/71 in die deutsche Sportgeschichte einging[507] und zu deren „düstersten Kapiteln[508]" zählt.

In der Endphase der Saison waren damals mindestens 18 Spiele, vor allem solche, an denen Vereine beteiligt waren, die konkret vom Abstieg in die Regionalliga[509] bedroht waren, „gekauft" worden[510]. Rund 60 Spieler aus zehn Vereinen waren an den Manipulationen des Spielverlaufs beteiligt und haben dabei rund 1.000.000 DM umgesetzt[511].

Ins Rollen kam der Skandal durch Tonbandaufzeichnungen des damaligen Präsidenten der *Kickers Offenbach*, *Horst Gregorio Cañellas*, die er einen Tag nach Abschluss der Bundesligasaison 1970/71 am 06.06.1971 auf der Feier zu seinem 50. Geburtstag seinen Gästen, zu denen auch Journalisten und Offizielle des *DFB* zählten, vorspielte. Die Aufzeichnungen enthielten verschiedene Telefongespräche, die *Cañellas* mit Spielern anderer Vereine geführt hatte und in denen ihm verschiedene Spiele „zum Kauf"

---

506 *Rössner*, in: FS Mehle, S. 567; *Weinreich*, in: *Weinreich* (Hrsg.), Korruption im Sport, S. 22 (30).

507 Einen ausführlichen Überblick zum Bundesligaskandal und dessen Hintergründe gibt *Rauball*, Bundesliga-Skandal, S. 1 ff.

508 *Bringewat*, JZ 1977, 667.

509 Die 2. Fußballbundesliga gab es zu diesem Zeitpunkt noch nicht.

510 Von 72 Spielen der letzten acht Spieltage der Saison 1970/71 waren nachweislich 18 manipuliert worden oder es wurde zumindest versucht, sie zu manipulieren.

511 *Rössner*, CaS 2005, 391 (394).

angeboten wurden[512]. Die daraufhin aufgedeckten Zuwendungen waren entweder vereinsfremden Spielern als sog. „Verlustprämie“ dafür gewährt worden, dass sie die Mannschaft des Geld gebenden Vereins gewinnen ließen, oder als sog. „Siegprämie“, damit sie die Mannschaft eines dritten, mit dem Geld gebenden Verein im Abstiegskampf konkurrierenden Vereins schlugen, um dadurch die eigene Abstiegsgefahr des manipulierenden Vereins zu verringern[513].

So „gewann“ beispielsweise am letzten Spieltag der Saison der Abstiegskandidat *D. S. C. Arminia Bielefeld* in Berlin gegen *Hertha BSC Berlin* völlig überraschend mit 0:1[514]. Wie sich später herausstellte, hob der Vereinsvorsitzende der *Kickers Offenbach* mit Billigung einiger Vorstandsmitglieder vom Vereinskonto 100.000,00 DM ab. Die Verwendung dieser Summe wurde durch einen unrichtig erstellten Beleg gegenüber der Vereinsbuchhaltung verschleiert. Tatsächlich gelangten die 100.000,00 DM – 30.000,00 DM hiervon vorab – mit weiteren, von „privater Seite“ zur Verfügung gestellten 150.000,00 DM nach dem Spiel, das Bielefeld vor dem Abstieg in die Regionalliga rettete, zu den Spielern von *Hertha BSC Berlin*[515].

In die Reihe „gekaufter“ Spiele reiht sich auch das „legendäre Geldspiel[516]“ zwischen dem *1. FC Schalke 04* und dem *D. S. C. Arminia Bielefeld* vom 17.04.1971 ein, in dem die abstiegsbedrohten Gäste ihren 1:0-Sieg mit 2.300,00 DM pro Schalker Spieler erkauft hatten[517].

Darüber hinaus gab es eine Vielzahl weiterer Spielergebnisse, auf die im Einzelnen nicht eingegangen werden kann, bei denen aber darauf hingewiesen werden soll, dass auch sie nicht in einem sportlich offenen Wettkampf, sondern durch finanzielle Zuwendungen an Spieler entstanden sind.

---

512 Hintergrund der Angebote war, dass die *Kickers Offenbach* vom Abstieg bedroht waren. In dem Zeitpunkt, in dem *Cañellas* die Tonbänder veröffentlichte, hatte sich diese Abstiegsgefahr bewahrheitet, vgl. http://www.spiegel.de/sport/fussball/0,1518,338187,00.html (Stand: 09.02.2012).

513 *Triffterer*, NJW 1975, 612; s. dazu im Einzelnen *Rauball*, Bundesliga-Skandal, S. 9–35.

514 Berlin war damals im eigenen Stadion seit zwei Jahren ungeschlagen.

515 Hierbei war besonders brisant, dass auf den von *Cañellas* aufgezeichneten Gesprächen die zwei Berliner Spieler *Patzke* und *Wild* jeweils mit *Cañellas* um die Höhe der Siegprämie feilschten, sie gleichwohl aber nicht – wie besprochen – auf Sieg spielten, sondern auf Niederlage, weil sie von Funktionären des *D. S. C. Arminia Bielefeld*, Konkurrent der *Kickers Offenbach* um den Abstieg, mehr Geld, nämlich 15.000,00 DM pro Spieler, erhielten, *Rauball*, Bundesliga-Skandal, S. 58 ff.; *Sengle*, in: *WFV e. V.* (Hrsg.), Die Manipulation sportlicher Wettbewerbe, S. 9 (12).

516 *Schattmann*, Betrug des Leistungssportlers im Wettkampf, S. 104.

517 *Schattmann*, Betrug des Leistungssportlers im Wettkampf, S. 104.

2. Fallbeispiel: Geldzahlungen an Spieler oder Schiedsrichter zur Manipulation des Spielablaufs und -ausgangs (Der Fall *„THW Kiel"*)

Über die Jahre hinweg ist die Situation bis heute keine andere. Aktuell deutlich wurde dies bei den sehr konkreten Vorwürfen wegen Manipulation von mindestens zehn *Champions League*-Spielen des Handball-Rekordmeisters *THW Kiel* durch dessen früheren Manager *Uwe Schwenker* und dessen ehemaligen Trainer *Zvonimir Serdarusic*. Auch beim *Champions League*-Sieg 2007 gegen die *SG Flensburg-Handewitt* sollen die Schiedsrichter bestochen worden sein. Nach Aussagen von Zeugen gegenüber der Kieler Staatsanwaltschaft soll *Schwenker* im Juli 2007 bei einer Feier des Präsidenten des *HSV Hamburg, Andreas Rudolph*, Gästen gegenüber gesagt haben, dass der *THW Kiel* insgesamt 120.000,00 € gezahlt habe, um auf dem Weg zum *Champions League*-Sieg Unparteiische zu bestechen[518]. Vor allem zwei Überweisungen des *THW Kiel* in Höhe von insgesamt 92.000,00 € – verteilt auf eine Zahlung über 56.000,00 € und eine zweite über 36.000,00 € –, die auf einem Konto des kroatischen Geschäftsmannes *Nenad Volarevic* im April und Juni 2007 eingingen, stehen im Fokus der Vorwürfe. *Volarevic* bezichtigte sich sodann angeblich selbst, mit dem Geld zwei polnische Schiedsrichter bestochen zu haben, die am 29.04.2009 das Rückspiel des *Champions League*-Finales in Kiel leiteten[519]. Die Staatsanwaltschaft Kiel hatte am 29.01.2010 Anklage gegen *Schwenker* und *Serdarusic* wegen Betrugs zu Lasten der *Europäischen Handballföderation (EHF)* erhoben; sie warf *Schwenker* zudem Untreue zu Lasten des *THW Kiel* und *Serdarusic* Beihilfe hierzu vor[520]. Das LG Kiel sprach am 26.01.2012 die beiden Angeklagten frei[521].

518 Vgl. http://www.spiegel.de/sport/sonst/0,1518,617773,00.html (Stand: 09.02.2012).

519 Vgl. http://sport.t-online.de/thw-kiel-ex-manager-schwenker-wegen-betrugs-angeklagt-/id_21559674/index (Stand: 09.02.2012).

520 Eine Sprecherin des Kieler Landgerichts bestätigte bereits einen Bericht der „Süddeutschen Zeitung" vom 10.11.2010, wonach die 5. Große Strafkammer des LG Kiel derzeit nicht von einem Betrug der beiden (damals noch) Angeschuldigten zu Lasten der *Europäischen Handballföderation (EHF)* ausgehe. Sie erachte auch den Vorwurf der Untreue zu Lasten des *THW Kiel* für fraglich. Die Kammer prüfe zur Zeit jedoch, ob der Straftatbestand der Bestechung im geschäftlichen Verkehr erfüllt sei, vgl. http://www.spiegel.de/sport/sonst/0,1518,728418,00.html (Stand: 09.02.2012).

521 Die schriftliche Fassung des Urteils liegt noch nicht vor. In der mündlichen Urteilsbegründung hieß es, dass *Schwenker* und *Serdarusic* weder der Tatbestand des Betrugs noch der Untreue nachgewiesen werden konnte, *Heike*, F.A.Z. v. 27.01.2012, S. 32.

II. Sportgerichtliche Beurteilung

Die Zahlung und die Annahme sog. „Verlust- und Siegprämien" wertete der *DFB* als unsportliches Verhalten und als einen Verstoß gegen die Statuten der Bundesliga[522]. Die an den nachgewiesenen Manipulationen beteiligten Spieler und Trainer wurden teilweise lebenslang bzw. auf Zeit bis zu zehn Jahren gesperrt[523], Funktionären wurde befristet, teilweise auf Dauer die Fähigkeit aberkannt, ein Amt in einem Verein, Verband oder im *DFB* zu führen, Vereine wurden entweder aus der Bundesliga ausgeschlossen[524] oder ihnen wurde, soweit sie trotz der Manipulationen bereits abgestiegen waren, die Möglichkeit des Wiederaufstiegs für eine Saison versagt[525] oder ihnen wurde auf Dauer die Lizenz entzogen[526].

III. Strafrechtliche Beurteilung

Die Spielmanipulationen und -absprachen konnten trotz des großen Ausmaßes nicht strafrechtlich, sondern lediglich verbandsrechtlich durch die Sportgerichte verfolgt werden[527], da es keinen Wetthintergrund gab. Der Einsatz des Strafrechts wurde zwar versucht, führte aber lediglich zu der Erkenntnis, dass – wie sogleich aufgezeigt wird – diese Handlungsweisen eine Form korrupten Vorgehens darstellen, die strafrechtlich bislang nicht erfasst werden kann: Das erstinstanzliche Urteil[528] gegen einen Bundesligavereinsvorsitzenden wegen Untreue nach § 266 StGB durch Zahlung einer sog. „Verlustprämie" in Höhe von mindestens 100.000,00 DM aus Vereinsgeldern an Spieler des gegnerischen Vereins hob der BGH wieder auf[529]. Lediglich acht Schalker Spieler wurden fünf Jahre später wegen Meineids zu einer Geldstrafe verurteilt, allerdings nur deshalb, weil sie ihre selbst nicht strafbaren Spielmanipulationen abstritten, im Rahmen des sportge-

522 Vgl. die bei *Rauball*, Bundesliga-Skandal, S. 104, 109, 118–120, 123, 125, 209 f. und 221 abgedruckten Urteile des *DFB*-Bundesgerichts bzw. *DFB*-Sportgerichts.

523 Vgl. das Urteil des *DFB*-Bundesgerichts vom 15.04.1972 und das Urteil des *DFB*-Sportgerichts vom 26.04.1972, abgedruckt bei *Rauball*, Bundesliga-Skandal, S. 222 f. und 223 f.

524 Vgl. das Urteil des *DFB*-Sportgerichts vom 19.02.1972 und des *DFB*-Bundesgerichts vom 15.04.1972, abgedruckt bei *Rauball*, Bundesliga-Skandal, S. 209 f. und S. 222 f.

525 Vgl. die Urteile des *DFB*-Bundesgerichts vom 12./13.09.1971, abgedruckt bei *Rauball*, Bundesliga-Skandal, S. 104 ff.

526 Vgl. z. B. die Urteile des *DFB*-Bundesgerichts bzw. *DFB*-Sportgerichts vom 12./13.09.1971, vom 08.04.1972 und vom 15.04.1972, alle abgedruckt bei *Rauball*, Bundesliga-Skandal, S. 104 ff., 221, 222 f.

527 Vgl. dazu ausführlich *Triffterer*, NJW 1975, 612 ff.

528 LG Bielefeld, Urt. v. 07.02.1974 – S 1/73 (Ia).

529 BGH NJW 1975, 1234 ff.

richtlichen Verfahrens darüber jedoch falsche eidesstattliche Versicherungen abgegeben hatten[530].

1. Zahlung von Vereinsgeldern an vereinsfremde Spieler bzw. an Schiedsrichter zur Beeinflussung des Spielablaufs und/oder -ausgangs (Der „Bundesliga-Skandal 1970/71" und der Fall *„THW Kiel"*)

a) Strafbarkeit des Vereinsfunktionärs wegen Bestechung im geschäftlichen Verkehr, § 299 Abs. 2 StGB

Verspricht, gewährt oder bietet ein Funktionär vereinsfremden Spielern oder Schiedsrichtern eine bestimmte Geldsumme oder andere Vorteile für diese oder für Dritte an im Gegenzug für die bewusste Zurückhaltung ihrer sportlichen Leistung bzw. für bewusste Fehlentscheidungen, um auf diese Weise seinem Verein zum Gewinn des Spieles zu verhelfen, erfüllen derartige Geldzahlungen oder Versprechungen von Vorteilen nicht die tatbestandlichen Voraussetzungen des § 299 Abs. 2 StGB.

Der Vereinsfunktionär handelt zwar „im Wettbewerb[531]" und auch die Geldzahlung oder Gewährung des Vorteils erfolgt im geschäftlichen Verkehr, denn die Teilnahme der Vereine mit ihren Mannschaften am Profispielbetrieb verschiedener Ligen stellt eine Tätigkeit in der kommerzialisierten Sportwelt und damit im Wirtschaftsleben dar. Die Strafbarkeit des Vereinsfunktionärs wegen Bestechung scheitert jedoch wiederum am Merkmal des „Bezuges" (von Waren oder Dienstleistungen), denn das Ergebnis eines Fußball-/Handballspiels stellt weder eine „Ware" oder „gewerbliche Leistung" dar, noch kann der Ausgang des Spiels „bezogen" werden[532].

b) Strafbarkeit des Vereinsfunktionärs wegen Untreue, § 266 Abs. 1 StGB

Die Verwendung von Geldern aus dem Vereinsvermögen zur „Bestechung" von Gegenspielern oder Schiedsrichtern stellt zwar eine Untreuehandlung

---

530 *Hilpert*, Sportrecht und Sportrechtsprechung im In- und Ausland, S. 210 Rn. 2; *Wolters/Schmitz*, in: *Horst/Nolte* (Hrsg.), Handbuch Sportrecht, S. 247 (275); *Rössner*, in: FS Mehle, S. 567 (569).

531 Bei § 299 Abs. 2 StGB geht es nicht etwa um den Wettbewerb der bestochenen vereinsfremden Spieler mit anderen, sondern um den des Vorteilsgebers, mithin um den sportlichen und wirtschaftlichen Wettbewerb der Vereine untereinander und ihrer angestellten Spieler, Trainer und Funktionäre, LK-*Tiedemann*, StGB, § 299 Rn. 35.

532 Zum Scheitern der Strafbarkeit des Wettteilnehmers, Spielers, Trainers oder Vereinsfunktionärs wegen Bestechung im geschäftlichen Verkehr nach § 299 Abs. 2 StGB (im Zusammenhang mit einer im Hintergrund platzierten Wette) an diesem Tatbestandsmerkmal vgl. bereits oben, Drittes Kapitel B. III. 1. a); *Schlösser*, NStZ 2005, 423 (424); *Schattmann*, Betrug des Leistungssportlers im Wettkampf, S. 107; LK-*Tiedemann*, StGB, § 299 Rn. 32a.

im Sinne des § 266 Abs. 1 StGB dar; jedoch bewirkt der Täter bei seinem Verein keinen Vermögensnachteil.

aa) Vermögensbetreuungspflicht

Der Tatbestand der Untreue erfordert sowohl in der Form des Missbrauchs- als auch des Treuebruchtatbestands[533] zunächst das Vorliegen einer Vermögensbetreuungspflicht[534]. Der Befugnisinhaber muss die Pflicht haben, die Vermögensinteressen desjenigen zu betreuen, über dessen Vermögen ihm Rechtsmacht eingeräumt wurde. Durch Rechtsgeschäft war dem im Rahmen des „Bundesligaskandals 1970/71" angeklagten Vereinsvorsitzenden (§ 26 Abs. 2 Satz 1 BGB) und dem beschuldigten Geschäftsführer der ausgegliederten Handballabteilung des *THW Kiel* (§§ 6, 35 Abs. 1 Satz 1 GmbHG) eine selbstständige und eigenverantwortliche Stellung eingeräumt[535]. In ihrem weiten Pflichtenkreis war die Wahrung der geschäftlichen Vermögensinteressen des Vereins zwar nicht die einzige, aber dennoch wesentliche Aufgabe des Angeklagten als dem zuständigen Organ bzw. des Beschuldigten als dem Geschäftsführer des Vereins, sobald solche Interessen bei ihrer Tätigkeit für den Verein im Spiel waren.

bb) Verletzung der Vermögensbetreuungspflicht

Diese Pflicht haben der Anklagte und der Beschuldigte durch die satzungswidrige Verfügung über das Vereinsvermögen verletzt. Der BGH legte dar, dass trotz handfester wirtschaftlicher Interessen der Vereine die Unterstützung des fairen Sports oberstes, satzungsgemäß festgelegtes Vereinsziel ist[536]. Die Vereinssatzungen untersagen jeden Gebrauch von Vereinsmitteln zu vereinswidrigen Zwecken. Vereinszwecke sind etwa die körperliche Ertüchtigung, die sportliche Förderung seiner Mitglieder, die Pflege von Sportgemeinschaft und Geselligkeit innerhalb des Vereins oder die Förderung der Funktion des Sports als verbindendes Element zwischen Nationalitäten, Kulturen, Religionen und sozialen Schichten[537]. Zudem haben nach

533 Der BGH (NJW 1975, 1234 ff.) ließ es in seiner Revisionsentscheidung zum „Bundesligaskandal 1970/71" dahinstehen, ob tatsächlich (nur) der Treuebruchtatbestand oder (auch) der Missbrauchstatbestand erfüllt war.

534 *Fischer*, StGB, § 266 Rn. 6; *Lackner/Kühl*, StGB, § 266 Rn. 4; *Arzt/Weber*, Strafrecht BT, § 22 Rn. 68; *Wessels/Hillenkamp*, Strafrecht BT 2, Rn. 750; *Rengier*, Strafrecht BT 1, § 18 Rn. 2, 8; *Eisele*, Strafrecht BT 2, Rn. 832 f.

535 Ausführlich zur Einräumung der Befugnis *Weise*, Finanzielle Beeinflussungen von sportlichen Wettkämpfen durch Vereinsfunktionäre, S. 52–87.

536 BGH NJW 1975, 1234.

537 *Weise*, Finanzielle Beeinflussungen von sportlichen Wettkämpfen durch Vereinsfunktionäre, S. 120. Vgl. beispielsweise § 2 Nr. 3 Satzung *VfB Stuttgart 1893 e. V.*, § 2 Nr. 1, 2 und 5 Satzung und Jugendordnung des *Sport-Verein „Werder" v. 1899 e. V. Bremen* (Stand: 23.11.2009), abrufbar unter http://www.werder.de/media/native/ueber_werder/satzung_und_jugendordnung_sv-werder_2010_neu.pdf (Stand: 09.02.2012) sowie den *SV Werder Bre-*

§ 1 Nr. 1 Rechts- und Verfahrensordnung *DFB* bzw. § 4 Abs. 5 Satzung *Deutscher Handballbund (DHB)*[538] neben dem *DFB/DHB* und seinen Mitgliedsverbänden auch die Mitgliedsvereine und Tochtergesellschaften sowie die Spieler, Trainer und Funktionäre sich zu den Grundsätzen der Integrität, Loyalität, Solidarität und Fairness zu bekennen und für die Einhaltung dieser Grundsätze und für Recht und Ordnung zu sorgen.

Die an vereinsfremde Spieler gezahlten Verlustprämien zielen darauf, einen sportlich fairen, ergebnisoffenen Wettkampf zu verhindern und verstoßen sowohl gegen den Vereinszweck als auch gegen die Bestimmungen des *DFB/DHB*.

Dasselbe gilt auch für Siegprämien, die zwar im professionellen Sport nicht unüblich sind, aber zumindest dann dem Vereinszweck widersprechen, wenn sie vereins**fremden** Spielern gewährt werden[539], da der jeweilige Verein nach seiner Satzung nur die eigenen Mitglieder fördern will. Gleichzeitig liegt darin auch ein Verstoß gegen die in den Statuten der beiden Fachverbände verankerte Fairness im sportlichen Wettbewerb, weil am Spiel oder Abstiegskampf unbeteiligte Spieler dafür bezahlt werden, dass sie das Spiel der (vom Abstieg bedrohten) Konkurrenten zugunsten des Vereins beeinflussen, der ihnen die Prämie gewährt[540].

Der Vorsitzende oder Geschäftsführer des Sportvereins, der ein solches satzungswidriges Verhalten mit Vereinsgeldern honoriert und dabei Vermögenswerte des Vereins aufs Spiel setzt, verletzt seine Pflicht zur Wahrung der Vermögensinteressen seines Vereins im Sinne des § 266 StGB[541].

---

men Kodex, abrufbar unter http://www.werder.de/media/native/fankurve/sv_werder_bremen-kodex.pdf (Stand: 09.02.2012).

538 Satzung des *DHB* in der Fassung vom 24.09.2011, abrufbar unter http://www.dhb.de/fileadmin/redakteure/03_downloads/Satzung24092011.pdf (Stand: 09.02.2012).

539 So auch *Weise*, Finanzielle Beeinflussungen von sportlichen Wettkämpfen durch Vereinsfunktionäre, S. 106 f.; *Triffterer*, NJW 1975, 612 (613).

540 *Triffterer*, NJW 1975, 612 (613); *Weise*, Finanzielle Beeinflussung von sportlichen Wettkämpfen durch Vereinsfunktionäre, S. 137.

541 BGH NJW 1975, 1234 (1235); *Triffterer*, NJW 1975, 612 (613); *Wolters/Schmitz*, in: *Horst/Nolte* (Hrsg.), Handbuch Sportrecht, S. 247 (273). Dagegen sehen *Schreiber/Beulke*, JuS 1977, 656 (658), den Sinn der in Frage stehenden Transaktion der Vereinsgelder in der „Rettung“ des Vereins und fragen, ob nicht der Vorsitzende in der Abstiegssituation ausnahmsweise befugt ist, seine Kompetenzen zu überschreiten. Das Geschäftsleben zwinge schließlich zum Risiko. Es seien viele Fälle denkbar, in denen der Vermögensbetreuer nur dann seiner Pflicht richtig nachkommt, wenn er sich im Einzelfall nicht an die starren Grenzen seiner Vollmachten hält. Man sei sich im Grunde darüber einig, dass riskante Geschäfte auch bei Überschreitung der dem Geschäftsführer gezogenen Grenzen dann nicht unter § 266 StGB fallen, wenn die Grenzen des sog. „verkehrsüblichen Risikos“ eingehalten werden. *Schreiber/Beulke*, JuS 1977, 656 (658), erkennen sodann aber selbst, dass dieser Gedanke im Bundesligafall nicht weiterhilft, da bei Zahlungen von derartig hohen Verlustprämien gegen jedes sportliche Gebot man nicht mehr von einem Geschäft sprechen kann, das sich im Rahmen des Risikos hält, wie es bei ordnungsgemäßer Geschäftsführung immer wieder auftritt.

cc) Vermögensnachteil

Wie beim Tatbestand des Betrugs ist bei der Untreue die Nachteilszufügung durch einen Vergleich des Vermögens, das der betreute Verein ohne die Pflichtverletzung des Täters hätte, mit dem Vermögen, über das er infolge der Pflichtverletzung verfügt, festzustellen. Hierbei ist ferner zu berücksichtigen, dass der Nachteil entfallen kann, wenn dem Verein durch die Handlung des Täters zugleich ein Gegenwert zufließt, der sich mit dem Verlust in Waage hält oder den wirtschaftlichen Wert des Verlustes sogar übersteigt[542].

Die Vereine bemühen sich bekanntlich – je nach Anspruch, Mannschaftsstärke und Budget – mit allen Mitteln um den Verbleib in der ersten Liga, den Gewinn von Titeln sowie die Erreichung von Tabellenplätzen, die ihnen die Teilnahme an internationalen Wettbewerben ermöglichen. Hierzu werden enorme Summen eingesetzt (z. B. Siegprämien für eigene Spieler, Ankauf und Vertragsverlängerungen guter Spieler und Trainer, Aufbau und Unterhaltung eigener Jugendakademien etc.) und es besteht kein Zweifel daran, dass diese Ziele wirtschaftliche Bedeutung haben. Dem BGH zufolge können die mit der Erreichung dieser Ziele einhergehenden wirtschaftlichen Erfolge den zunächst eingetretenen Verlust durch die Hingabe der Manipulationsgelder ausgleichen[543]. Vor allem bei den Manipulationen, die endgültig über den Verbleib des Vereins in der ersten Liga, den Titelgewinn oder auch die Teilnahme am internationalen Wettbewerb entscheiden, kann von einem Vermögenszuwachs des Vereins ausgegangen werden, da mit solchen Erfolgen höhere Einnahmen verbunden sind[544]. Die Differenz zwischen Vereinseinnahmen aufgrund sportlicher Erfolge mit Hilfe von Manipulationen und Vereinseinnahmen ohne diese Erfolge wird in der Regel die Gesamtsumme der von dem Verein ausgegebenen Gelder zum Zwecke der Manipulation übersteigen, so dass die Annahme einer Kompensation nicht fernliegend ist.

542 BGH NJW 1975, 1234 (1235).

543 BGH NJW 1975, 1234 (1235 f.).

544 So führt – um nur einige vermögenswerte Vorteile eines Vereins beispielhaft zu nennen – die durch die Zahlung von Prämien erreichte Bundesligazugehörigkeit zum einen nicht dazu, dass der Verein die für die kommende Bundesliga-Saison bereits verkauften Dauerkarten wieder zurücknehmen oder einen Teil des Kaufpreises angesichts der bei einem Abstieg „nur" auszutragenden Zweitliga- bzw. (1970/71 noch) Regionalligaspiele zurückzuerstatten hat. Zum anderen münden bereits getätigte Investitionen (z. B. Spielerkäufe zu Bundesliga-Konditionen) für die nächste Bundesliga-Saison in kein Verlustgeschäft, so auch die Verteidigung in den vom LG Bielefeld (Urt. v. 07.02.1974 – S 1/73 (Ia) und Urt. v. 09.02.1977 – S 1/75 (XI), JZ 1977, 692 ff.) und vom BGH (NJW 1975, 1234 ff.) entschiedenen Verfahren. Mit einem Titelgewinn sind nicht nur der Verkauf einer größeren Anzahl an Dauerkarten für die kommende Saison, sondern auch höhere Ticketpreise zu realisieren. Im Falle der Teilnahme des Vereins an internationalen Wettbewerben erwarten diesen sowohl ein Prestigegewinn als auch beträchtliche Einnahmen aus den Fernsehübertragungsrechten. Auch der Wert seiner Spieler auf dem Spielermarkt wird dadurch enorm ansteigen.

Gegen eine Schadenskompensation könnte die vorherige Erbringung der Gegenleistung sprechen. Für sich betrachtet wäre die Hingabe des Geldes nicht (mehr) erforderlich gewesen, weil eine Verpflichtung aus dem unredlichen Geschäft (§ 138 Abs. 1 BGB) dazu nicht bestand und im Zeitpunkt der Hingabe des Geldes der Sieg des Vereins bereits feststand – so gesehen wäre durch die Geldzahlung kein vergleichbarer Vermögensvorteil erreicht worden. Nach dem BGH wird diese Betrachtungsweise den Besonderheiten eines solchen Manipulationsgeschäfts jedoch nicht gerecht. Ihm zufolge ist dieses Geschäft – wirtschaftlich gesehen – ein einheitlicher, zusammenhängender Vorgang, der es nicht zulasse, dass beim Vermögensvergleich die Bewertung von Nachteil und Vorteil in einzelne, unabhängig voneinander zu beurteilende Abschnitte aufgeteilt werde[545]. Da ein solches Geschäft keine durchsetzbaren Ansprüche entstehen lasse, seien beide Seiten mit einem besonderen Risiko belastet, das sinnvoll verteilt werden müsse, wenn das Manipulationsgeschäft wie geplant ablaufen solle[546]. Dem Bedürfnis einer angemessenen Risikoverteilung entspricht es, dass der Angeklagte und der Beschuldigte, jeweils ohne Gewähr für ein entsprechendes Verhalten der Spieler der gegnerischen Mannschaften bzw. Schiedsrichter, vorab Zahlungen vorgenommen haben und die Spieler bzw. Schiedsrichter wiederum daraufhin den sie bezahlenden Verein haben gewinnen lassen – auch sie agierten ohne Gewähr, dass ihnen die weiter versprochenen Gelder auch tatsächlich zufließen würden. Dass hierdurch der mit der Manipulation für den versprechenden und leistenden Verein bezweckte Vorteil bereits eingetreten war, ehe wiederum der Angeklagte bzw. Beschuldigte die restliche versprochene Summe erbrachte, kann nicht dazu führen, diesen Vorteil nunmehr bei der Schadensbewertung unberücksichtigt zu lassen, denn allein er sollte der Ausgleich für die Zahlungen sein[547].

Dieser Vorteil wäre aber deshalb nicht kompensationsfähig, weil der Vermögenszuwachs nicht – wie erforderlich – im Zeitpunkt der Verfügung gleichzeitig mit dem Nachteil, sondern später als dieser, nämlich erst in der folgenden Saison, eingetreten ist. An dieser Stelle zieht der BGH den Gedanken der Anwartschaft bzw. der Exspektanz heran und sieht den Vermögensvorteil darin, dass durch die Manipulationen eine begründete Aussicht auf den in der Differenz der Einnahmen liegenden Vermögenszuwachs

545 BGH NJW 1975, 1234 (1235).

546 BGH NJW 1975, 1234 (1235).

547 Richtig erscheint hierbei das vom BGH angeführte Argument, dass es anderenfalls bei solchen oder ähnlich gelagerten (unredlichen oder verbotenen) Geschäften auf einen (durch pflichtwidrige Handlung zugefügten) Vermögensnachteil überhaupt nicht ankomme; diese Handlungen vielmehr nur deshalb als Untreue bestraft würden, weil sie pflichtwidrig, d. h. unredlich oder verboten waren, was aber nicht der wirtschaftlichen Betrachtungsweise der Untreue als Vermögensdelikt entspreche, BGH NJW 1975, 1234 (1235).

entstanden ist[548]: Wenn im Zeitpunkt des Vermögensverlustes eine noch näher zu konkretisierende Chance auf Erlangung eines Wertzuwachses besteht, ist diese Aussicht mit Vermögenswert auch in der Lage, den Nachteil zu kompensieren.

Letztlich beurteilt der BGH die Rechtslage ähnlich wie bei den sog. Risikogeschäften, bei denen die Erwartung künftiger Vorteile den Nachteil schon bei seiner Entstehung ausgleichen und wirtschaftlich aufheben kann[549]. Hierzu genügt eine Sachlage, bei der das Zuwachsen eines Vermögensvorteils mit Wahrscheinlichkeit zu erwarten ist. Bei wirtschaftlich vernünftiger, alle bekannten äußeren Umstände berücksichtigender Gesamtbetrachtung war die Aussicht auf einen Gewinnzuwachs – und hierfür ließen sich einige Gründe aufführen[550] – wahrscheinlicher als die Gefahr eines Verlustgeschäfts, weshalb der Angeklagte und der Beschuldigte aufgrund des Griffs in die Vereinskasse nicht wegen Untreue zur Verantwortung gezogen werden sollen.

dd) Zwischenergebnis

Der Griff des Vereinsfunktionärs in die Vereinskasse zwecks Zahlung von Verlustprämien an Spieler gegnerischer Mannschaften oder Schiedsrichter, um den Spielausgang oder das -ergebnis zugunsten des eigenen Vereins zu beeinflussen, ist straflos, da die Zahlungen mit hoher Wahrscheinlichkeit die Verwirklichung der Aussicht auf die mit dem Klassenerhalt bzw. der Erreichung des internationalen Wettbewerbs oder gar den Sieg desselben verbundenen Vermögensvorteile sicherten.

548 BGH NJW 1975, 1234 (1235). Kritisch dazu *Schreiber/Beulke*, JuS 1977, 656 (660).

549 BGH NJW 1975, 1234 (1235). Diese Problematik wurde bereits vor der Auseinandersetzung mit dem Geschehen im „Bundesliga-Skandal" – wenn auch nicht im Hinblick auf Manipulationen im Sport – in zumindest ähnlich gelagerten Fällen vereinzelt in der Rechtsprechung [vgl. RGSt 61, 211 (212 ff.) zu § 266 StGB a. F.] meist unter dem Begriff „Risikogeschäft" behandelt. Eingehender befassten sich – soweit ersichtlich – erstmalig der BGH in der oben genannten Entscheidung und das LG Bielefeld (JZ 1977, 692 ff.) sowie die nachfolgenden Veröffentlichungen von *Triffterer*, NJW 1975, 612 ff.; *Schreiber/Beulke*, JuS 1977, 656 ff.; *Weise*, Finanzielle Beeinflussung von sportlichen Wettkämpfen durch Vereinsfunktionäre, S. 251 ff. und *Bringewat*, JZ 1977, 667 ff. damit. Vor allem Letzterer sieht in dem Griff des angeklagten Vereinsvorsitzenden bzw. beschuldigten Geschäftsführers in die Vereinskasse zum Zwecke der Spieler-/Schiedsrichterbestechung alle objektiven Merkmale strafbarer Untreue verwirklicht und tritt der Auffassung des BGH entschieden entgegen, insbesondere diene der Rekurs auf das Risikogeschäft in Wirklichkeit nur dazu, im Rahmen der Kompensationsproblematik an Stelle der zur Feststellung eines Vermögensschadens auch sonst notwendigen Einzelbetrachtung einer das Manipulationsgeschehen mit seinen (wirtschaftlichen) Folgen vollständig umfassenden (wirtschaftlichen) Gesamtbetrachtung den Vorzug geben zu können, vgl. *Bringewat*, JZ 1977, 667 (671).

550 Vgl. Fn. 544.

c) Strafbarkeit des Vereinsfunktionärs wegen Betrugs durch Zahlung einer sog. Verlustprämie, § 263 Abs. 1 StGB

aa) Täuschung

Für einen Betrug gegenüber dem Ligaverband zu Lasten konkurrierender Vereine durch Vergabe einer Prämie an vereinsfremde Spieler zwecks Verlust einer bestimmten Partie kann eine konkludente Täuschung darin gesehen werden, dass nach dem betreffenden Spiel der Spielberichtsbogen von dem die Verlustprämie versprechenden und leistenden Verein gegengezeichnet und dem Schiedsrichter und dem Beauftragten des Ligaverbandes weitergeleitet wird.

Zunächst ist festzuhalten, dass der Ligaverband als Veranstalter u. a. der Spiele der Bundesliga und 2. Bundesliga in den Wettbewerben dieser Lizenzligen die Spiele wertet, die Sieger und daraus resultierend den Deutschen Fußballmeister des *DFB* bzw. den Deutschen Handballmeister des *DHB* und die Teilnehmer an den europäischen Clubwettbewerben der *UEFA* bzw. der *EHF* aus den Lizenzligen ermittelt und die Entscheidung darüber trifft, welche Vereine bzw. Kapitalgesellschaften auf- oder absteigen[551]. Die Beauftragten der beteiligten Vereine bzw. Kapitalgesellschaften müssen rechtzeitig vor Spielbeginn den Spielberichtsbogen ausfertigen und ihn dem Schiedsrichter überreichen[552]. Während dieser gemäß § 8 Nr. 4 Schiedsrichterordnung *DFB* bzw. § 81 Abs. 9 SpO *DHB* dazu verpflichtet ist, nach dem Spiel einen Spielbericht anzufertigen, sind die Vereine/Kapitalgesellschaften verpflichtet, nach dem Spiel den vom Schiedsrichter ausgefüllten Spielberichtsbogen durch einen Beauftragten einzusehen und gegenzuzeichnen. Sie bestätigen damit, dass sie von allen Eintragungen auf dem Spielbericht Kenntnis genommen haben[553].

Infolge des durch die in Aussicht gestellte Verlustprämie motivierten Spielverhaltens wird der Schiedsrichter über die Tatsache getäuscht, dass das Ergebnis des Spiels ordnungsgemäß zustande gekommen ist. Zwar ist dieser nicht für die Punktevergabe zuständig, sondern der Beauftragte der *Deutschen Fußball-Liga* (*DFL*) bzw. die *Spielleitende Stelle* der Handball-

551 §§ 1 Nr. 1 a), 2 Nr. 1, 4 Spielordnung (SpOL) des Ligaverbandes als Teil des Ligastatuts des Ligaverbandes (Stand: 01.07.2009). Ein gewonnenes Spiel wird für den Sieger mit drei Punkten, ein unentschiedenes Spiel für beide Mannschaften mit je einem Punkt gewertet. Meister der Runde ist, wer nach Durchführung aller Spiele die meisten Gewinnpunkte erzielt hat. Absteiger sind die Mannschaften, die die wenigsten Punkte erzielt haben, § 2 Nr. 3 a), b) SpOL. Für den Handballsport gilt Ähnliches: Nach § 60 Abs. 1 Satz 2 Spielordnung (SpO) *DHB* in der Fassung vom 07.01.2012, abrufbar unter http://www.dhb.de/fileadmin/redakteure/03_downloads/Spielordnung07012012.pdf (Stand: 09.02.2012), obliegt dem zuständigen Ligaverband die Organisation und Vorbereitung der Wettbewerbe der Bundesligen und der Pokalspiele auf Bundesebene.

552 § 4 Nr. 2 der Richtlinien zur SpOL *DFB* bzw. § 81 Abs. 1 SpO *DHB*.

553 § 4 Nr. 2 der Richtlinien zur SpOL *DFB* bzw. § 81 Abs. 7 SpO *DHB*.

bundesliga, weshalb allein in der Täuschung des Schiedsrichters noch kein Vermögen bestimmendes Verhalten zu sehen ist[554]. Maßgebend für die Punktevergabe aber ist, dass infolge der Täuschung des Schiedsrichters „keine Beanstandungen" in den Spielbericht eingetragen werden und hiermit die Erklärung im Spielbericht unvollständig wird, denn auf diese Weise beinhaltet er den objektiven Erklärungswert, dass der Ausgang des Spiels unter sportlichen Gesichtspunkten nicht zu beanstanden ist, was jedoch aufgrund der Manipulation durch die Vergabe der Verlustprämie unzutreffend ist[555].

bb) Irrtum

Aufgrund der unvollständigen Angaben im Spielbericht befinden sich der Beauftragte bzw. die *Spielleitende Stelle* und folglich auch der Veranstalter, der Ligaverband, in einem Irrtum darüber, dass das Spiel ordnungsgemäß ausgetragen wurde.

cc) Vermögensverfügung

Infolge des täuschungsbedingten Irrtums ermittelt der Ligaverband den Verein, der die Verlustprämie versprochen oder geleistet hat und deshalb zu Unrecht als Sieger vom Platz gegangen ist, als Sieger bzw. schreibt diesem bei sog. Mehrstufenspielen, die in Form einer „(...)-Liga" durchgeführt werden, fälschlich die Punkte gut. Diese Siegermittlung/Gutschreibung der Punkte an den einen Verein müsste zugleich auch eine Verfügung zu Lasten des anderen Vereins bedeuten: Die Manipulationshandlung muss unmittelbar zum veränderten Spielausgang geführt haben, die entsprechende Siegermittlung/Punktevergabe damit unmittelbar Folge des täuschungsbedingten Irrtums geworden sein und dies wiederum unmittelbar zum Abstieg in die untere Spielklasse, zum Nichterreichen eines internationalen Wettkampfs oder zum Ausscheiden bei einem (inter-)nationalen Wettbewerb geführt haben[556]. Lediglich in diesen Fällen kann eine Vermögensminderung im Sinne einer kausalen Vermögensverfügung in Betracht kommen.

Im erstgenannten Fall vernichtet die Punktvergabe die Aussicht, in der kommenden Saison weiterhin der höheren Spielklasse anzugehören und in der zweiten und letztgenannten Konstellation werden durch die Manipulation die (inter-)nationale Teilnahme bzw. das Erreichen der nächsten Runde und ggf. des Finals des (inter-)nationalen Wettbewerbs vereitelt. In allen drei Fällen wird jeweils die Aussicht auf höhere Einnahmen aus Kartenverkäufen und Fernsehübertragungsrechten sowie der Marktwert des vorhandenen Spielerkaders auf dem Transfermarkt durch die Manipulationen verscho-

554 *Schattmann*, Betrug des Leistungssportlers im Wettkampf, S. 116; a. A. *von Komorowski/Bredemeier*, SpuRt 2005, 227 (228).

555 *Triffterer*, NJW 1975, 612 (614); *Paringer*, Korruption im Profifußball, S. 108.

556 *Schattmann*, Betrug des Leistungssportlers im Wettkampf, S. 117 f.

ben[557]. Der Abstieg aus der ersten Liga, das Nichterreichen eines Tabellenplatzes, der die Qualifikation für einen internationalen Wettbewerb bedeutet, sowie das Nichterreichen der nächsten Runde in einem (inter-)nationalen Wettbewerb betrifft vermögenswerte Exspektanzen, weshalb sich das Vermögen des Vereins durch die Manipulation als gemindert erweist[558].

Neben der Vermögensverfügung des Ligaverbandes scheidet eine eigene Vermögensverfügung des mitkonkurrierenden Vereins aus. Zwar könnte in der irrtumsbedingten Nichtgeltendmachung eines Anspruchs auf Annullierung des Spielergebnisses der manipulierten Partie eine kausale Vermögensverfügung liegen; es ist aber zu bezweifeln, ob durch einen etwaigen Einspruch die Punktvergabe rückgängig gemacht wird. Schließlich bestimmen § 17a Nr. 2 Rechts- und Verfahrensordnung *DFB* bzw. § 14 Abs. 9 Rechtsordnung *DHB*[559], dass bei Einsprüchen infolge Ergebnis beeinflussender Spielmanipulationen sowohl auf Spielwiederholung als auch auf eine bestimmte Spielwertung (dann wird das Spiel für die manipulierende Mannschaft mit 0:2 als verloren gewertet) erkannt werden kann. Insoweit führt der Einspruch nicht unmittelbar zu einem Nichtabstieg[560], dem Erreichen eines internationalen Wettbewerbs oder dem Weiterkommen innerhalb eines solchen.

Dass der getäuschte Ligaverband und der geschädigte Verein nicht personenidentisch sind, ist betrugsstrafrechtlich unbeachtlich. Der Tatbestand des § 263 StGB in Form eines Dreiecksbetrugs ist erfüllt, wenn die Vermögensverfügung des Getäuschten dem Vermögensinhaber zuzurechnen ist – dies setzt ein zwischen diesen Personen bestehendes besonderes tatsächliches oder rechtliches Näheverhältnis voraus[561]. Die Position des Ligaverbandes beruht auf der zum Ligastatut gehörenden Spielordnung: Er bestimmt die Spielwertung, ermittelt die Sieger und Meister (§ 2 SpOL), entscheidet über den Auf- und Abstieg (§§ 3, 4 SpOL) sowie über die Teilnahme an internationalen Wettbewerben (Ziff. I. Präambel SpOL), wobei der *DFB* nach den Qualifikationskriterien der *FIFA* und *UEFA*, im Einvernehmen mit dem Ligaverband die Meldung vornimmt (§ 8 SpOL)[562]. Die lizenzierten Vereine und Kapitalgesellschaften der deutschen Fußball-Lizenzligen haben

---

557 Ausführlich zu Gewinnaussichten als Vermögensminderung *Schattmann*, Betrug des Leistungssportlers, S. 118–122; *Paringer*, Korruption im Profifußball, S. 113–121.

558 *Triffterer*, NJW 1975, 612 (614); *Paringer*, Korruption im Profifußball, S. 171.

559 Rechtsordnung (RO) in der Fassung vom 07.01.2012, abrufbar unter http://www.dhb.de/fileadmin/redakteure/03_downloads/Rechtsordnung07012012.pdf (Stand: 09.02.2012).

560 *Schattmann*, Betrug des Leistungssportlers im Wettkampf, S. 125.

561 *Fischer*, StGB, § 263 Rn. 79; Schönke/Schröder/*Cramer*, StGB, § 263 Rn. 65; SK-StGB/*Hoyer*, § 263 Rn. 141.

562 Vgl. parallel dazu § 60 Abs. 1 Spielordnung (SpO) *DHB* in der Fassung vom 07.01.2012, abrufbar unter http://www.dhb.de/fileadmin/redakteure/03_downloads/Spielordnung07012012.pdf (Stand: 09.02.2012).

sich zum Ligaverband zusammengeschlossen und sich kraft § 11 lit. a) Satzung Ligaverband[563] dazu verpflichtet, die Entscheidungen und Beschlüsse der zuständigen Organe des Ligaverbandes bzw. des *DFB* zu befolgen. Demnach haben der Ligaverband und in Rechtsangelegenheiten der *DFB* die Entscheidungsbefugnis über die Punktvergabe. Wie auch anhand der anderen Pflichten der Mitglieder des Ligaverbandes in § 11 Satzung Ligaverband bzw. § 15 Satzung *DHB* ersichtlich ist[564], handelt es sich hierbei um eine Zuständigkeitsübertragung der Vereine bzw. Kapitalgesellschaften auf den Ligaverband bzw. im Streitfall auf die Schiedsgerichtsbarkeit des *DFB*, so dass das erforderliche Näheverhältnis in dieser Dreieckskonstellation unproblematisch gegeben ist[565].

dd) Vermögensschaden des Mitkonkurrenten

Die fälschliche Gutschreibung der Punkte wirkt sich für den betroffenen Mitkonkurrenten unmittelbar vermögensmindernd aus, denn er verliert die begründete Aussicht auf höhere Einnahmen, die mit dem Verbleib in der höheren Spielklasse bzw. mit dem Erreichen eines internationalen Wettbewerbs verbunden sind und damit den in dieser Aussicht liegenden Vermögenswert. Durch den Abstieg ist der Vermögensverlust auch nicht mehr durch andere zukünftige Einnahmen kompensationsfähig. Ebenso tritt bei der fälschlichen Siegermittlung in einem (inter-)nationalen Wettbewerb bei dem „verlierenden“ Verein durch das Nichterreichen der nächsten Runde oder gar durch die Niederlage im entscheidenden Finale ein Vermögensschaden ein.

ee) Vorsatz bezüglich der objektiven Tatbestandsmerkmale, Bereicherungsabsicht und Rechtswidrigkeit der Bereicherung

Der Vereinsfunktionär hat durch die Spielmanipulation zwecks Zahlung einer Verlustprämie beabsichtigt, den Spielausgang entscheidend zu beeinflussen. Er nimmt damit regelmäßig billigend in Kauf, dass dem konkurrierenden Verein die Punkte zum Klassenerhalt bzw. zur Qualifikation zu einem internationalen Wettbewerb bzw. innerhalb desselben für die nächste Runde fehlen.

---

563 Dasselbe gilt für die Vereine und/oder ihre wirtschaftlichen Träger der Handballbundesligen, vgl. §§ 13 Abs. 1, 15 Abs. 1 Satzung *DHB* in der Fassung vom 24.09.2011, abrufbar unter http://www.dhb.de/fileadmin/redakteure/03_downloads/Satzung24092011.pdf (Stand: 09.02.2012).

564 Vgl. etwa die Pflicht der Mitglieder zur sinngemäßen Übernahme der für sie geltenden Verpflichtungen in ihre Satzungen bzw. Gesellschaftsverträge (§ 11 lit. b) Satzung Ligaverband), die Pflicht zur Übertragung ihrer Vereinsstrafgewalt an den Ligaverband bzw. den *DFB* zur Ausübung durch deren Rechtsorgane (§ 11 lit. c) Satzung Ligaverband) oder die Pflicht, die vom Ligaverband und der *DFL* Deutsche Fußball Liga GmbH satzungsgemäß geschlossenen Verträge umzusetzen (§ 11 lit. m) Satzung Ligaverband).

565 *Schattmann*, Betrug des Leistungssportlers im Wettkampf, S. 125.

Bei seinem Handeln kam es ihm gerade darauf an, den drohenden Abstieg zu vermeiden und die höheren Einnahmen aus einem weiteren Jahr in der höheren Spielklasse bzw. aus der länger andauernden Teilnahme in einem (inter-)nationalen Wettbewerb zu erzielen. In Hinblick auf diese Vorteile handelte der Funktionär mit dem notwendigen zielgerichteten Erfolgswillen. Unbeachtlich war zum einen, dass er dabei die Bereicherung nicht für sich persönlich, sondern für den von ihm vertretenen Verein anstrebte, denn es handelt sich dann um einen sog. fremdnützigen Betrug[566]; unbeachtlich war bezüglich der Bereicherungsabsicht zum anderen, ob der Erfolg als End- oder Zwischenziel, um ein anderes Ziel zu erreichen, begehrt wird, denn nicht erforderlich ist, dass die Vorteilserlangung in Form der höheren Einnahmen die eigentliche Triebfeder, das Motiv oder das in erster Linie erwünschte Ziel ist[567].

Ferner war auch das dem erstrebten Vermögensvorteil zugrunde liegende Rechtsgeschäft sittenwidrig und damit rechtswidrig[568].

ff) Stoffgleichheit

Die mit dem Begriff der „Stoffgleichheit" gemeinte Unmittelbarkeitsbeziehung liegt dann vor, wenn sich Vorteil und Schaden in der Weise entsprechen, dass sie durch ein und dieselbe Vermögensverfügung vermittelt werden[569]; in der vorliegenden Konstellation dann, wenn sich infolge der fälschlichen Siegermittlung/Gutschreibung der Punkte die Aussicht auf höhere Einnahmen, um die der bestechende Verein bereichert ist, mit dem Vermögensschaden des anderen Vereins deckt.

Dass der Vermögensvorteil des einen mit dem Vermögensschaden des anderen Vereins der Höhe nach nie identisch sein wird (man denke nur an die unterschiedlichen Stadiongrößen und Zuschauerzahlen, die jeweils differierenden Eintrittspreise, Merchandising-Artikel und die damit verbundenen Einnahmen sowie die verschiedenen Vermarktungsmöglichkeiten), ist

---

566 *Rengier*, Strafrecht BT 2, § 13 Rn. 103; LK-*Tiedemann*, StGB, § 263 Rn. 283; *Eisele*, Strafrecht BT 2, Rn. 601.

567 BGHSt 16, 1 (6); 18, 246 (248); *Lackner/Kühl*, StGB, § 263 Rn. 58; LK-*Tiedemann*, StGB, § 263 Rn. 50.

568 Bereits das RG hatte entschieden, dass durch eine solche Vereinbarung dem Sinn und Zweck des sportlichen Wettkampfs, den sportlich Besten und Tüchtigsten zu ermitteln, entgegengewirkt wird. Der Sieg sei nicht „das Ergebnis [eines] echten, sportgerechten, offen ausgetragenen Kampfes", sondern „Preis eines lichtscheuen Geldhandels" und mit den „Anschauungen eines anständigen Sportbetriebes jeder Art gänzlich unvereinbar.", vgl. RGZ 138, 137 (142). Auch der BGH geht davon aus, dass es sich bei der Bestechung von Gegenspielern um einen der „schwersten Verstöße" gegen Regeln handelt, vgl. BGH NJW 1975, 1234 (1235).

569 Schönke/Schröder/*Cramer/Perron*, StGB, § 263 Rn. 168; *Fischer*, StGB, § 263 Rn. 108; *Wessels/Hillenkamp*, Strafrecht BT 2, Rn. 585; *Arzt/Weber*, Strafrecht BT, § 20 Rn. 122 f.; *Eisele*, Strafrecht BT 2, Rn. 599.

nach herrschender Ansicht ebenso wenig von Bedeutung[570] wie die Tatsache, dass die Aussicht auf einen Vermögenszuwachs aus einem Drittvermögen (Zuschauer, Fernsehanstalten und Werbepartner) stammt, denn in dem Zeitpunkt, in dem die Gewinnaussichten des einen Vereins infolge der fälschlichen Siegermittlung/Punktegutschreibung aufgrund der Manipulation zerstört werden, erstarken zeitgleich die Aussichten des unberechtigten Siegers zu einer echten Exspektanz[571]. Die Siegermittlung/Punktegutschreibung bewirkte sowohl den Schaden des einen als auch den Vorteil des anderen Vereins.

gg) Zwischenergebnis

Der Vereinsfunktionär, der Spielern eines anderen Vereins eine aus Vereinsgeldern finanzierte Verlustprämie zahlt, um derart Einfluss auf das Spielergebnis zu nehmen, dass hierdurch der Abstieg aus der Spielklasse, das Nichterreichen eines internationalen Wettbewerbs oder das Ausscheiden aus einem solchen und damit Vermögensschäden eines mitkonkurrierenden Vereins resultieren, ist wegen Betrugs strafbar.

d) Strafbarkeit des Vereinsfunktionärs wegen Betrugs durch Zahlung einer sog. Siegprämie, § 263 Abs. 1 StGB

Dagegen macht sich der Funktionär eines abstiegsgefährdeten Vereins durch die Zahlung einer Siegprämie für den Sieg einer anderen Mannschaft gegen den mit seinem Verein im Abstiegskampf konkurrierenden Verein nicht wegen Betrugs strafbar.

Im modernen professionellen Sport ist es übliche Praxis, durch die Vergabe von Siegprämien zusätzlichen Anreiz und Motivation für die Sportler zu schaffen, um ihre absolute Leistungsfähigkeit hervorzurufen bzw. zu steigern[572]. Im Gegensatz zur Zahlung von Verlustprämien, die gerade darauf zielen, dass ein Sportler die ihm mögliche Leistung bewusst zurückhält und durch die der Spielausgang bereits vorherbestimmt wird, ist die Situation bei der Vergabe einer Siegprämie eine andere: Der Ausgang des Spiels ist im Zeitpunkt der Auslobung der Prämie noch ungewiss und der Wettkampfcharakter des Sportspiels bleibt gewahrt, weil jeder Spieler, dem eine Siegprämie versprochen ist, die ihm maximal mögliche Leistung erbringt, unbedingt den Sieg seiner Mannschaft anstrebt und – wie es im Fußballjargon heißt – „auf Sieg" spielt[573] –, d. h., er macht lediglich das, was ohnehin von ihm verlangt und erwartet wird.

---

570 BGHSt 34, 379 (391); *Lackner/Kühl*, StGB, § 263 Rn. 59; *Rengier*, JuS 1989, 802 (804); ausführlich hierzu *Paringer*, Korruption im Profifußball, S. 181 f.

571 *Schattmann*, Betrug des Leistungssportlers im Wettkampf, S. 132.

572 § 10 Nr. 1 Lizenzordnung Spieler (LOS) regelt sogar ausdrücklich, dass der Verein bzw. die Kapitalgesellschaft und der Spieler im Vertrag ein Grundgehalt und/oder eine erfolgsabhängige Vergütung vereinbaren können.

573 *Preis*, DB 1971, 1570 (1572).

Zwar hat die Zahlung von Siegprämien dann einen „faden Beigeschmack", wenn der Funktionär sie vereins**fremden** Spielern verspricht und bezahlt, doch kann hierin kein betrugsrelevant täuschendes Verhalten gesehen werden[574]. Wie bereits zuvor erwähnt[575], sah der *DFB* zwar davon ab, § 6a Rechts- und Verfahrensordnung *DFB* um eine Bestimmung zu ergänzen, welche die Zahlung einer Siegprämie durch Dritte der Spielmanipulation gleichstellt, weil ein solcher Vorgang durch den Tatbestand des unsportlichen Verhaltens (§ 1 Nr. 4 Rechts- und Verfahrensordnung *DFB* i. V. m. § 44 Satzung *DFB*) bereits erfasst werde. Doch ungeachtet einer möglichen verbandsrechtlichen Ahndung wegen „unsportlichen Verhaltens" ruft der Spieler trotz des Anreizes einer Siegprämie das ab, was er kraft seiner Fähigkeiten zu leisten im Stande ist[576]. Da der Charakter der sportlichen Begegnung unberührt bleibt – denn sie bleibt ein Leistungswettbewerb[577] –, fehlt es an einer Täuschungshandlung.

e) Strafbarkeit des Vereinsfunktionärs wegen Betrugs zum Nachteil der Sponsoren, der zahlenden Zuschauer und der Teilnehmer von Sportwetten, § 263 Abs. 1 StGB

Als in ihrem Vermögen Geschädigte kommen bei Spiel verfälschenden Absprachen auch die Sponsoren, die zahlenden Zuschauer sowie die Teilnehmer von Sportwetten in Betracht.

Dem den Werbeeffekt verfolgenden Sponsor geht es in erster Linie um das Prestige des geförderten Vereins. Ob dieser zum Erreichen seiner Erfolge unlautere Zahlungen vornimmt, liegt außerhalb der Überlegungen des Sponsors, solange der Werbeeffekt gewährleistet ist[578]. Deshalb kann nicht davon ausgegangen werden, dass das Vorstellungsbild des Sponsors beeinflusst wurde, wie es für einen relevanten Irrtum im Sinne des Betrugstatbestands erforderlich ist. Jedenfalls wäre dieser nicht kausal für die Zahlung des gesponserten Betrages gewesen[579]. Nicht zuletzt stellt sich auch die

574 *Paringer*, Korruption im Profifußball, S. 187 ff.; *Schattmann*, Betrug des Leistungssportlers im Wettkampf, S. 115; *Westermann*, Die Verbandsstrafgewalt, S. 44; a. A. *Triffterer*, NJW 1975, 612 (613), der darin einen Verstoß gegen die in den Statuten des *DFB* verankerte „Sauberkeit im Fußballsport" sieht, weil am Abstiegskampf unbeteiligte Spieler dafür bezahlt werden, dass sie den sportlichen Wettkampf der um den Nichtabstieg konkurrierenden Mannschaften zugunsten des Geld gebenden Vereins beeinflussen.

575 S. Fn. 431.

576 *Schattmann*, Betrug des Leistungssportlers im Wettkampf, S. 115; *Paringer*, Korruption im Profisport, S. 187.

577 *Weise*, Finanzielle Beeinflussungen von sportlichen Wettkämpfen durch Vereinsfunktionäre, S. 218; ähnlich bereits RGZ 138, 137 (142).

578 *Hirsch*, in: FS Szwarc, S. 559 (575).

579 Dagegen will *Cherkeh*, Betrug (§ 263 StGB), verübt durch Doping im Sport, S. 79 ff., 90 f., 128 ff. und 208 ff. die Täuschungshandlung, die Irrtumserregung sowie die anderen Tatbe-

Frage, worin der Vermögensschaden besteht, denn der Werbezweck wurde dadurch erreicht, dass die Mannschaft bei den Spielen unter dem Namen des finanzierenden Unternehmens auflief und dem Zuschauer vor Ort oder in den Fernsehbildern der Name des Unternehmens vor Augen geführt wurde. Ein infolge der Aufdeckung der unlauteren Praktiken des Funktionärs und seines Vereins finanziell messbarer Imageschaden wird sich in der Regel nicht mit der für das Strafrecht erforderlichen Gewissheit nachweisen lassen[580].

Beabsichtigt ein Funktionär des das Spiel austragenden und die Eintrittsgelder einnehmenden Vereins, dieses dadurch zu manipulieren, indem er die Schiedsrichter besticht oder eine Spiel verfälschende Verabredung mit dem Gegner trifft, werden die Zuschauer über die Korrektheit des Spielverlaufs getäuscht. Der dadurch entstehende Irrtum ist jedoch nicht kausal für die Vermögensverfügung der zahlenden Zuschauer, denn diese zahlen für die Veranstaltung als Gesamtereignis[581]. Bei einem sportlich inkorrekten Wettkampf liegt deshalb noch kein Vermögensschaden der zahlenden Zuschauer vor[582].

Schließlich scheidet auch ein Betrug zum Nachteil der Teilnehmer von Sportwetten aus, weil gegenüber diesem Personenkreis keine Täuschungshandlung vorliegt. Es gibt keine Kommunikation zwischen dem unlauter agierenden Vereinsfunktionär und den Wettspielern – dies gilt sowohl für den Zeitpunkt des Kaufs des Lottoscheins als auch für den Abschluss einer sonstigen Sportwette.

f) Zwischenergebnis

Finanziert der Vereinsfunktionär die vereinsfremden Spielern versprochene Verlustprämie mit einem Griff in die eigene Vereinskasse, ist er wegen Betrugs gegenüber dem Ligaverband zum Nachteil eines anderen Vereines nur in der Konstellation strafbar, dass dieser Verein unmittelbar infolgedessen absteigt, sich nicht für einen internationalen Startplatz qualifiziert oder aus einem internationalen Wettbewerb ausscheidet und deshalb einen Vermögensverlust erleidet.

---

standsmerkmale für die parallel anzusehende Manipulation des sportlichen Wettbewerbs durch Doping bejahen.

580 So auch *Grotz*, SpuRt 2005, 93 (97) für den Betrug zum Nachteil des Sponsors in Doping-Fällen.

581 *Hirsch*, in: FS Szwarc, S. 559 (578).

582 *Hirsch*, in: FS Szwarc, S. 559 (578); a. A. dagegen *Triffterer*, NJW 1975, 612 (615), der den Schaden der Zuschauer darin sehen will, dass „nach objektiven Maßstäben des redlichen Verkehrs für die Bewertung von Leistungen ein manipuliertes Spiel, bei dem jedenfalls eine Mannschaft nur mit soviel Kraft spielt, dass die andere sicher gewinnt, nicht den üblichen Eintrittspreis wert ist."

2. Annahme der Geldprämien von vereinsfremden Spielern (Der „Bundesliga-Skandal 1970/71" und der Fall *„THW Kiel"*)

a) Strafbarkeit des vereinsfremden Spielers und Schiedsrichters wegen Bestechlichkeit im geschäftlichen Verkehr, § 299 Abs. 1 StGB

Wie bereits zuvor ausgeführt[583], fehlt es der Strafbarkeit wegen Bestechlichkeit im geschäftlichen Verkehr eines vereinsfremden Spielers oder Schiedsrichters, der eine ihm versprochene Prämie annimmt, am Tatbestandsmerkmal des „Bezugs" (von Waren oder Dienstleistungen), denn das Ergebnis eines Sportwettkampfs oder -spiels stellt weder eine „Ware" dar noch kann dessen Ausgang „bezogen" werden.

b) Strafbarkeit des vereinsfremden Spielers und Schiedsrichters wegen Untreue zum Nachteil des eigenen Vereins bzw. des DFB/DHB, § 266 Abs. 1 StGB

Auch hierzu wurde bereits festgestellt[584], dass weder die Position als in den Spielbetrieb eingebundener Spieler gegenüber dem eigenen Verein noch die Funktion als Schiedsrichter gegenüber dem Verband oder den sich in einer Begegnung gegenüberstehenden Mannschaften eine Treuepflicht gegenüber dem Vermögensträger begründen und eine Untreuestrafbarkeit deshalb schon an der fehlenden Tätereigenschaft scheitert.

c) Strafbarkeit des vereinsfremden Spielers wegen Betrugs zum Nachteil des konkurrierenden Vereins durch Annahme einer Verlustprämie, § 263 Abs. 1 StGB

Erklärt der vereinsfremde Spieler sich mit der Annahme der Verlustprämie einverstanden, so liegt hierin noch keine betrugsrelevante Täuschung im Hinblick auf seine spätere Wettkampfleistung. Täuschungsrelevanz kann diese allenfalls dann entwickeln, wenn der Spieler durch sie zum Ausdruck bringen würde, nicht in manipulativer Weise aktiv zu sein[585]. Teilweise wird die Täuschung darin gesehen, dass „der Spieler nach außen hin so tut, als ob er mit vollem Einsatz [spiele], obwohl er in Wirklichkeit dazu beitragen wolle, dass sein Verein verliert[586]". Allerdings kann ein Verstoß in sportlicher Hinsicht nicht allein darin gesehen werden, dass ein Spieler ein Mal nicht mit allerletztem Einsatz spielt[587]. Dies muss auch für das Betrugsstrafrecht gelten[588]. Einem Spieler kann nicht allein die subjektive Absicht, sei-

583 S. Drittes Kapitel B. III. 1. b).
584 S. Drittes Kapitel B. III. 1. e).
585 *Valerius*, SpuRt 2005, 90 (91).
586 *Paringer*, Korruption im Profifußball, S. 212; *Triffterer*, NJW 1975, 612 (615).
587 *Preis*, DB 1971, 1570 (1572).
588 *Schattmann*, Betrug des Leistungssportlers im Wettkampf, S. 112.

ner Mannschaft nicht zum Sieg verhelfen zu wollen, vorgeworfen werden; es bedarf darüber hinaus auch eines Handlungsunrechts. Entscheidend ist demnach, ob der Sportler während des Spiels bestechungsbedingt in einer oder mehreren Spielsituationen bewusst seine Leistung zurückhält (z. B. in Form eines veränderten Zweikampfverhaltens, einer verminderten Treffsicherheit oder einer geringeren Lauf-/Einsatzbereitschaft) oder anders agiert als er dies ohne die versprochene Verlustprämie getan hätte. Legt der Spieler ein solches verändertes Wettkampfverhalten an den Tag, wohnt diesem zugleich die Erklärung inne, dass er manipuliert habe.

Die Verlustprämie beeinflusst den Sportler bei seiner ureigenen Entscheidung über die Art und Weise der Erbringung seiner sportlichen Leistung. Ein durch die Verlustprämie verändertes Wettkampfverhalten widerspricht den sportlichen Regeln sämtlicher Sportarten und Disziplinen, wurde im „Bundesliga-Skandal 1970/71" als „unsportliches Verhalten" gewertet und erfüllt gemäß § 6a Nr. 1 Rechts- und Verfahrensordnung *DFB* bzw. gemäß § 14a Abs. 1 Rechtsordnung *DHB*[589] den Tatbestand der Spielmanipulation. Die Prämienannahme setzt das für den Sport charakteristische Leistungsprinzip und das Prinzip der Chancengleichheit außer Kraft und widerspricht den Statuten sämtlicher Sportverbände. Diese Statuten setzen eine von Bestechung und Manipulation unbeeinflusste, natürliche sportliche Leistung voraus, weshalb der durch die Prämienannahme veränderten sportlichen Leistung die konkludente Täuschung anhaftet, sie sei manipulationsfrei erbracht[590].

Was die weiteren Tatbestandsmerkmale des Irrtums, der Vermögensverfügung, des Vermögensschaden des Mitkonkurrenten und der Stoffgleichheit anbelangt, kann vollumfänglich auf die Ausführungen zur Strafbarkeit des die Verlustprämie zahlenden Vereinsfunktionärs wegen Betrugs verwiesen werden[591], die auf den die Prämie annehmenden Spieler gleichsam zutreffen.

Der Spieler, der das Spiel vorsätzlich manipuliert, um die Verlustprämie zu erlangen, will das Spielergebnis entscheidend beeinflussen. Er nimmt

589 Rechtsordnung (RO) in der Fassung vom 07.01.2012, abrufbar unter http://www.dhb.de/fileadmin/redakteure/03_downloads/Rechtsordnung07012012.pdf (Stand: 09.02.2012).

590 *Schattmann*, Betrug des Leistungssportlers im Wettkampf, S. 112 ff.; *Cherkeh*, Betrug (§ 263 StGB), verübt durch Doping im Sport, S. 74, vertritt bezüglich des Täuschungswerts der Wettkampfteilnahme eines gedopten Sportlers die Ansicht, dass die Verkehrsauffassung dem Verhalten eines am Wettkampf teilnehmenden Sportlers stets den Erklärungswert beimesse, er bestreite diesen ohne „außersportliche Mittel." Bei Anwendung dieser Ansicht auf die innersportliche bewusste Leistungszurückhaltung, die mit dem außersportlichen Mittel der – untechnisch gesprochen – Bestechung initiiert wurde, kommt dieser ebenfalls konkludenter Täuschungscharakter zu. A. A. *Valerius*, SpuRt 2005, 90 (91), der eine Täuschung des Spielers für „zweifelhaft" hält, da es der Teilnahme am Wettkampf an einem entsprechenden Erklärungsinhalt fehle.

591 S. Drittes Kapitel C. III. 1. c) bb)-dd) und ff).

hierbei billigend in Kauf, dass der gegnerischen Mannschaft am Saisonende die Punkte zum Klassenerhalt bzw. zur Qualifikation für einen internationalen Wettbewerb fehlen oder der Gegner aus einem Wettbewerb ausscheidet.

Im Hinblick auf die Erlangung der Verlustprämie handelt der Spieler mit zielgerichtetem Erfolgswillen. Dass daneben auch – als Drittbereicherung – der Vermögensvorteil des begünstigten, die Prämie auslobenden Vereins in Gestalt der mit dem Klassenerhalt bzw. dem Erreichen des internationalen Wettbewerbs oder dem Sieg in ebensolchem verbundenen Vermögensaussichten tritt, ist dann unbeachtlich, wenn die Vereinbarung der Verlustprämie erfolgsabhängig formuliert wurde[592], denn dann ist dieser Vorteil als notwendiges Zwischenziel zur Erlangung des Prämie anzusehen und die Drittbereicherungsabsicht gegeben.

Die erstrebte Prämie ist rechtswidrig, da der Spieler aufgrund der Sittenwidrigkeit des ihr zugrunde liegenden Rechtsgeschäfts keinen Anspruch auf sie hat.

Der Spieler, der sich aufgrund einer ihm gezahlten oder versprochenen Prämie dazu verleiten lässt, seine Leistung im Spiel bewusst zurückzuhalten, um derart Einfluss auf das Spielergebnis zu nehmen, dass hierdurch am Saisonende der Abstieg aus der Spielklasse, das Nichterreichen eines internationalen Wettbewerbs oder das Ausscheiden aus einem solchen und damit Vermögensschäden eines mitkonkurrierenden Vereins resultieren, ist – mit Ausnahme des vom Erfolg des begünstigten Vereins unabhängigen Erhalts der Prämie – wegen Betrugs schuldig.

d) Strafbarkeit des vereinsfremden Spielers wegen Betrugs zum Nachteil des eigenen Vereins und der eigenen Mitspieler durch Annahme einer Verlustprämie, § 263 Abs. 1 StGB

Die Täuschungshandlung des Spielers, dem eine Verlustprämie von einem anderen Verein gezahlt oder versprochen wurde, liegt bei einem Betrug gegenüber seinem Verein bzw. seinen Mannschaftskollegen bereits in dessen durch die Prämie motiviert veränderten Wettkampfverhaltens während des Spiels.

Ob dieses einen Irrtum des Vereins bzw. der eigenen Mitspieler hervorruft, hängt davon ab, ob sie die Vorstellung – das unreflektierte sachgedankliche Mitbewusstsein – haben, hinsichtlich des konkreten Wettkampfverhaltens des Täters sei „alles in Ordnung“, oder ob sie lediglich bloßes Nichtwissen ohne jegliche Vorstellung im Sinne einer sog. ignorantia facti haben[593] – dann nämlich wäre ein Irrtum zu verneinen. Angesichts der inzwischen bekannt gewordenen Vielzahl nationaler und internationaler

592 Ausführlich hierzu *Schattmann*, Betrug des Leistungssportlers im Wettkampf, S. 129.

593 Schönke/Schröder/*Cramer/Perron*, StGB, § 263 Rn. 36; LK-*Tiedemann*, StGB, § 263 Rn. 78; *Arzt/Weber*, Strafrecht BT, § 20 Rn. 53; *Rengier*, Strafrecht BT 2, § 13 Rn. 20; *Wessels/Hillenkamp*, Strafrecht BT 2, Rn. 508.

Korruptionsfälle und -verdachtsmomente kann man davon ausgehen, dass der Verein und die Mannschaftskollegen mit solchen zu rechnen haben, weshalb sie zumindest sachgedankliches Mitbewusstsein aufweisen.

Bezüglich einer etwaigen vermögensmindernden Verfügung ist zwischen dem eigenen Verein und den eigenen Mitspielern zu unterscheiden. Während *Triffterer* und ihm folgend *Paringer* bei Ersterem die Vermögensverfügung in dem irrtumsbedingten Unterlassen der Geltendmachung von Gehaltsrückzahlungsansprüchen wegen positiver Vertragsverletzung des Arbeitsvertrags bzw. eines Schadensersatzanspruchs wegen vorsätzlicher sittenwidriger Schädigung aus § 826 BGB aufgrund der Verlustprämienannahme sehen[594], ist mit *Schattmann* diese Ansicht abzulehnen, denn ihre Schlussfolgerung, man könne zur Feststellung der betrugstatbestandlichen Vermögensverfügung an zivilrechtliche Pflichten anknüpfen, die selbst erst durch dieselbe Handlung entstehen, führt zu einem Zirkelschluss[595]. Würde man in jeder Nichtgeltendmachung eines aus der Schlechtleistung erst entstehenden Schadensersatzanspruchs eine vermögensmindernde Verfügung sehen, würde sich dies enorm auf sämtliche zivilrechtlichen, vertraglichen Schlechtleistungen auswirken: Dann nämlich könnte bei jeder vertraglichen Schlechtleistung zugleich eine betrugstatbestandliche Vermögensverfügung darin gesehen werden, dass dem Vertragspartner diese verborgen wird und der hieraus resultierende Schadensersatzanspruch irrtumsbedingt nicht geltend gemacht wird[596]. Eine vermögensmindernde Verfügung und damit ein Betrug zum Nachteil des eigenen Vereins sind deshalb abzulehnen.

Die Vermögensverfügung der eigenen Mitspieler könnte dagegen darin liegen, dass diese irrtumsbedingt keine Punkte- oder Siegprämien gegenüber dem Verein geltend machen. Allerdings sind diese Prämien vom Erreichen eines sportlichen Zieles, wie etwa des Nichtabstiegs, eines bestimmten Tabellenplatzes, der Teilnahme am internationalen Wettbewerb oder der Meisterschaft, abhängig. Allein der – ohnehin nur schwerlich zu führende – Nachweis, dass ein Spieler mit seinem durch die Verlustprämienannahme veränderten Spielverhalten in lediglich einem Spiel das Erreichen des sportlichen Ziels vereitelt habe, verhilft den betroffenen Mannschaftskollegen nicht zum Erhalt der Prämie für das Ergebnis einer Vielzahl von Spielen.

Deshalb kommt als Vermögensverfügung der eigenen Mitspieler ebenfalls nur die Nichtgeltendmachung von Schadensersatzansprüchen, etwa aus § 826 BGB, in Betracht, die jedoch entsprechend den soeben gemachten Ausführungen zu einer Vermögensverfügung des eigenen Vereins ebenso

594 *Triffterer*, NJW 1975, 612 (615); *Paringer*, Korruption im Profifußball, S. 214 f.

595 Ausführlich setzt sich hiermit *Schattmann*, Betrug des Leistungssportlers im Wettkampf, S. 134 f. auseinander.

596 *Schattmann*, Betrug des Leistungssportlers im Wettkampf, S. 134.

abzulehnen ist[597]. Ein Betrug zum Nachteil der eigenen Mitspieler scheidet folglich aus.

e) Strafbarkeit des vereinsfremden Spielers wegen Betrugs durch Annahme einer Siegprämie, § 263 Abs. 1 StGB

Wie bereits an früherer Stelle ausgeführt[598], ruft der Spieler, der von einem vereinsfremden Funktionär eine Siegprämie erhält, trotz dieses Anreizes lediglich das ab, was er kraft seiner Fähigkeiten zu leisten im Stande ist. Der Charakter der sportlichen Begegnung bleibt dadurch unberührt, denn sie bleibt ein Leistungswettbewerb. Es fehlt bereits an einer Täuschungshandlung, weshalb ein Betrug zu verneinen ist.

f) Zwischenergebnis

Manipuliert ein Spieler infolge der Annahme einer Verlustprämie ein Spiel, indem er bewusst seine ihm unter normalen Umständen mögliche Leistung zurückhält und hat diese Manipulationshandlung unmittelbar zur Folge, dass hierdurch der Abstieg, das Nichterreichen eines internationalen Startplatzes oder das Ausscheiden aus einem ebensolchen Wettbewerb und infolgedessen ein Vermögensverlust eines mitkonkurrierenden Vereins resultieren, so ist er wegen Betrugs[599] gegenüber dem Ligaverband zum Nachteil des unmittelbar geschädigten Vereins schuldig.

IV. Ergebnis

Die Formen der direkten Sportkorruption werden strafrechtlich kaum erfasst. Allenfalls, nämlich nur in der Konstellation, dass der andere Verein infolge der Manipulation absteigt, einen internationalen Wettbewerb nicht erreicht oder aus einem im K. o.-System ausgetragenen Wettbewerb ausscheidet, machen sich der Vereinsfunktionär durch die Zahlung einer Verlustprämie sowie der vereinsfremde Spieler durch deren Annahme eines Betrugs schuldig. Das zentrale Geschehen der direkten Sportkorruption, nämlich der elementare Verstoß der Akteure gegen den sportlichen Wettbewerb, der aus natürlicher Leistungserbringung, Fairness und Chancengleichheit besteht, bleibt ohne strafrechtliche Konsequenz.

597 *Schattmann*, Betrug des Leistungssportlers im Wettkampf, S. 135; im Ergebnis ebenso *Paringer*, Korruption im Profifußball, S. 231, der dieses allerdings mit dem fehlenden Kausalitätsnachweis zwischen dem Verhalten des Spielers, dem die Verlustprämie gezahlt wird, und dem seiner Ansicht zufolge eingetretenen Schaden, dem Nichterhalt der Punkte- oder Siegprämie, begründet.

598 S. Drittes Kapitel C. III. 1. d).

599 Es sei denn, er erhält die Verlustprämie erfolgsunabhängig.

D. Fazit

Während bei den eingangs des Dritten Kapitels diskutierten Formen der indirekten Sportkorruption bereits heute der staatlich-strafrechtliche Schutz in vollem Umfang greift – die allgemeinen Tatbestände des Wirtschaftsstrafrechts, insbesondere die der §§ 263, 266, 298 und 299 StGB, aber auch die Amtsdelikte nach den §§ 331 – 334 StGB erfassen sämtliche indirekten sportkorrupten Handlungen, die darauf gerichtet sind, aus dem den Wirtschaftsbereich Sport umgebenden einträglichen und weiten Gebiet unlautere Vorteile zu ziehen –, erfasst er die Fälle des Wettbetrugs nur vor dem besonderen Hintergrund, dass eine platzierte Sportwette beeinflusst werden soll und greift bei den Formen der direkten Sportkorruption überhaupt nicht[600].

Seit dem Urteil des BGH gegen den ehemaligen Schiedsrichter *Robert Hoyzer* unterliegt die Öffentlichkeit dem Irrtum, die Sportkorruption sei strafbar. Das bei der Verfolgung des Wettbetrugs und des Betrugs zum Nachteil mitkonkurrierender Vereine durch die Zahlung und Annahme von Verlustprämien nach § 263 StGB geschützte Rechtsgut ist ausschließlich das Vermögen des Sportwettenanbieters bzw. des mitkonkurrierenden Vereins – Institutionen, denen es um den eigenen Gewinn, nicht aber um die Belange des Sports geht. Nicht geschützt, weil sie nicht zum Schutzbereich der hierbei verletzten Norm des strafbaren Betrugs gehören, bleiben die sinnstiftenden Werte des sportlichen Wettbewerbs wie Chancengleichheit, Zufall und natürliche Leistung.

Festgehalten werden kann, dass strafrechtlich als Betrug bislang lediglich die Hintergründe der Manipulationen erfasst werden können; nicht aber der hierbei gleichzeitig erfolgende direkte Angriff auf den Grundwert des Sports, den sportlichen Wettbewerb.

600 *Rössner*, S.Z. v. 30.11.2009, S. 2.

Viertes Kapitel Bestechlichkeit und Bestechung im sportlichen Wettbewerb als eigenständige Strafdelikte – de lege ferenda

Was die Gewährleistung betrifft, dass es im Sport „mit rechten Dingen zugeht“, hat sich im Vorhergehenden gezeigt, dass das geltende Strafrecht nur wenig dazu bietet: Hinsichtlich des Vermögensschutzes kommt zwar der Betrugstatbestand in den Blick; zum einen ist jedoch seine Anwendbarkeit auf nur wenige Fallkonstellationen beschränkt, zum anderen erfasst er gerade nicht den Unwertgehalt der Sportkorruption, den Angriff auf den sportlichen Wettbewerb und dessen sinnstiftende Werte. Daneben ist es bei der momentanen Konzeption des § 299 StGB ebenso wenig möglich, die unmittelbar den sportlichen Wettkampf betreffenden Absprachen unter diesen Tatbestand zu subsumieren. Kurzum: Die derzeitigen staatlichen Antworten auf Betrügereien im Kernbereich des Sports sind begrenzt und unbefriedigend.

Währenddessen ist der organisierte Sport im Begriff, sich selbst zu zerstören[601]. Er ist an den Grenzen seiner Möglichkeiten zur Eindämmung der Doping- und Manipulationsprobleme angelangt[602]. Am Beispiel der Dopingbekämpfung zeigt sich, dass eine weitere Verschärfung des auf den Möglichkeiten des Sports basierenden Kontrollsystems nicht nur an finanzielle, sondern auch – gerade im Hinblick auf die Persönlichkeitsrechte von Sportlern – an rechtliche Grenzen stößt[603]. Jenseits verbandsrechtlicher Konsequenzen wird deshalb für den unredlichen Sportler und den am Sportgeschehen Beteiligten aus rechtspolitischer Sicht[604] zunehmend erwogen, auch auf das Strafrecht zurückzugreifen.

---

601 *„Die Grundfesten des Sports wanken schon länger, auch wenn einige Funktionäre es nicht wahrhaben wollen. Für distanzierte Beobachter ist offensichtlich, dass Korruption, Betrug, Manipulation und Gewaltausschreitungen die positiven Werte des modernen Sports längst in Frage stellen.“*, so der Tübinger Sportsoziologe *Digel*, vgl. http://www.focus.de/sport/mehrsport/allgemein-allgemein-digel-sieht-die-grundfesten-des-sports-wanken_aid_467811.html (Stand: 10.02.2012). *Ders.*, Olympisches Feuer 2/2007, 12 (13).

602 So auch *Giebel*, CaS 2011, 254.

603 *Prokop*, SpuRt Heft 3/2010, Editorial. Vgl. ausführlich zum Konflikt der Dopingkontrollen mit dem allgemeinen Persönlichkeitsrecht der Sportler und mit dem Datenschutz *Niewalda*, Dopingkontrollen, S. 218 ff.

604 Dagegen stehen mit Ausnahme des *DLV* und der *Deutschen Triathlon Union e. V. (DTU)* die Sportverbände in Deutschland einem Einsatz des Strafrechts bei der Sportmanipulation in den Formen des Dopings und der Korruption traditionell immer noch ablehnend gegenüber,

Im Folgenden soll der Frage nachgegangen werden, ob die Zukunft des Sports nicht von einer stärkeren staatlichen Intervention abhängt (A.). Die Argumente für und wider die Schaffung eines spezifischen Straftatbestands im sportlichen Wettbewerb werden zunächst abgewogen, Alternativen hierzu aufgezeigt und Stellung genommen (B., C. und D.), bevor ein abschließendes Fazit gezogen wird (E.).

---

vgl. beispielhaft hierfür der *DOSB*-Generalsekretär *Michael Vesper*, vgl. http://www.welt.de/die-welt/sport/article5684879/Es-ist-doch-ein-Kinderglaube-dass-wir-ploetzlich-eine-heile-Welt-haetten.html (Stand: 10.02.2012).

A.
Zentrale Fragestellung

In Zeiten, in denen es dem Sport trotz verstärkter Anstrengungen scheinbar nicht mehr gelingt, die Manipulations- (und auch die Doping-)Problematik mit eigenen Mitteln zurückzudrängen, der Staat aber bei entsprechenden gesetzlichen Befugnissen über überlegene Ermittlungs- und Verfolgungsmöglichkeiten verfügen würde, wird zu Recht die Frage aufgeworfen, ob es noch ausreicht, die den Kernbereich des Sports betreffenden Manipulationen als reine Angelegenheit des Sports zu betrachten und die damit in Zusammenhang auftretenden Probleme der Ermittlung und Sanktion der internen Sportgerichtsbarkeit zu überlassen oder ob gegen die sozialschädlichen Auswirkungen eigennütziger Spielmanipulationen nicht konsequent durch den Einsatz eines spezifischen Straftatbestands zum Schutz des Wettbewerbs im professionellen Sport vorgegangen werden soll.

Die noch in ihren Anfängen steckende Diskussion über mögliche Auswege aus der inzwischen weite Teile des Sports überschwemmenden Korruptionswelle sollte sich demnach zunächst der zentralen Frage – verkürzt formuliert und auf den Punkt gebracht – stellen: Selbstregulierung des Sports oder staatlicher Sportbetrugstatbestand?

B. Argumente für und wider die Schaffung eines spezifischen Straftatbestands im sportlichen Wettbewerb

De lege ferenda werden die Möglichkeiten, insbesondere die Notwendigkeit und der Umfang eines neuen spezifischen Straftatbestands zum Schutz des Wettbewerbs im professionellen Sport kontrovers diskutiert.

I. Pro

Es liegt eine Reihe von Rechtstatsachen vor, die nach einer Pönalisierung der Korruption im kommerziellen Sport geradezu drängen.

1. Staatliche Schutzaufgabe für den Sport

Das Selbstbestimmungs- und Selbstverständnisrecht des organisierten Sports beinhaltet auch die sportethische Beurteilung von Bestechung und Bestechlichkeit im Sport. Es ist zunächst einmal der im gesellschaftlichen Bereich verankerte Sport, der bestimmt, nach welchen Regeln ein sportlicher Wettbewerb abläuft[605] und unter welchen Voraussetzungen er als „fair" anzusehen ist. Es treten im Sport aber immer wieder Konstellationen auf, in denen dem einzelnen Athleten, den Vereinen oder Verbänden, der Sportart oder dem Sport allgemein Gefahren drohen, denen er bzw. sie sich selbst nicht mehr erwehren können – wie die Gegenwart zeigt, hat sich die Autonomie des Sports allein für eine tatsächlich effektive Korruptionsbekämpfung in der Vergangenheit als unzureichend erwiesen[606].

Hier trete nun die staatliche Schutzpflicht in Erscheinung[607] wie sie inzwischen[608] auch auf europäischer Ebene in Art. 165 AEUV im primären Gemeinschaftsrecht verankert wurde. Zwar wird ausweislich des Wortlauts in Art. 165 AEUV nur die „europäische[n] Dimension des Sports" erfasst, so dass die Kompetenz des Bundes zwar unangetastet bleibt; eine Verpflich-

605 *Steiner*, NJW 1991, 2729 (2733).

606 Ziff. 2 der sog. „Heidelberger Erklärung", abrufbar unter http://www.uni-heidelberg.de/presse/news05/2501doping.html (Stand: 10.02.2012).

607 *Rössner*, in: FS Mehle, S. 567 (577); *Nolte*, in: *Nolte/Horst* (Hrsg.), Handbuch Sportrecht, S. 13 (25).

608 Am 08.10.2008 (BGBl. II 2008, S. 1039) trat der Vertrag von Lissabon zur Änderung des Vertrags über die Europäische Union und des Vertrags zur Gründung der Europäischen Gemeinschaft in Kraft.

tung des einzelnen Mitgliedsstaats, an den Zielen der EU mitzuwirken, dürfte aber aus dem Prinzip der Gemeinschaftstreue folgen[609].

Die den Vereinen und Verbänden gewährleistete „Sportgesetzgebung“ stelle keinen per se staatlich zugriffsfreien Bereich dar; vielmehr sei die Sportautonomie Teil der staatlichen Rechtsordnung[610]. Der Staat sei nämlich dann zum Handeln befugt, wenn der Sport entweder nicht tätig wird oder nicht tätig werden kann. Im weiten Feld der Sportkorruption hat der Sport bislang intensiv seine Möglichkeiten in der verbandseigenen Gerichtsbarkeit genutzt und ausgereizt und muss nun da, wo seine Grenzen sind, wie etwa beim Einsatz von Zwangsmitteln, auf staatliche Hilfe setzen.

Das in Art. 165 Abs. 1 und 2 AEUV niedergelegte Ziel der EU ist die Förderung und Entwicklung der europäischen Dimension des Sports durch die Förderung der Fairness in Sportwettkämpfen. Die Förderung könne sowohl die Unterstützung beim Erhalt des Status quo als auch für die zukünftige Weiterentwicklung des Sports bedeuten, wobei Ersteres mit dem Schutz des Sports gleichzusetzen sei. Dieser Schutz beziehe sich auf den Erhalt des Sports und seiner Organisationen sowie die Verteidigung sportspezifischer Werte[611] wie natürliche Leistung, Fairness und Chancengleichheit.

Aufgabe des Staates sei es deshalb, den Sport zu schützen. Die Autonomie des Sports bedeute weder unbegrenzte Freiheit noch, dass der Sport für die Manipulationsprobleme selbst einstehen muss. Das Erfolgsmodell sei vielmehr ein konstruktiver Dialog[612] in einem dialektischen Sport-Staat-Verhältnis[613]. Dies bedeute, dass der Staat zunächst – wie bisher geschehen – die Selbstbestimmtheit und Eigenverantwortung des Sports akzeptiert, sich dann aber – was zukünftig geschehen müsse – aufgrund des starken öffentlichen Interesses an staatlichem Handeln zur Erhaltung des öffentlichen Ansehens des Leistungssports, wegen der Wechselwirkungen zwischen Leistungs- und Breitensport unter dem Stichwort „Vorbildfunktion des Leistungssports“, mit Rücksicht auf den unbestreitbaren Selbstdarstellungsbedarf des Staates bei den internationalen Sportwettkämpfen und nicht zuletzt im Hinblick auf das Interesse des Bürgers am optischen und emotionellen Genuss „echten“ Sports[614] nicht seiner Verantwortung für die korruptionsbedingte Selbstzerstörung des Sports verschließen dürfe.

---

609 *Persch*, NJW 2010, 1917.

610 *Persch*, NJW 2010, 1917.

611 *Persch*, NJW 2010, 1917 (1918). Vgl. zur Vorgängernorm Art. III-282 EGV *Grodde*, SpuRt 2005, 222 ff.

612 *Steiner*, SpuRt 2008, 222 (223).

613 *Persch*, NJW 2010, 1917 (1920).

614 *Steiner*, NJW 1991, 2729 (2733 f.).

2. Aufklärungs- und Ermittlungsbedürfnisse

Die Befürworter einer Neukriminalisierung befürchten keine Erschwerung der Ermittlungen. Dass ein Sportler unter Berufung auf § 55 StPO wegen seiner engen Verbindung zu beschuldigten Trainern, Managern, Funktionären oder andern Sportlern generell nicht aussagebereit sein könnte, stelle eine bloße Vermutung dar[615]. Es sei wenig wahrscheinlich, dass sie der Lebenswirklichkeit standhalten würde. Gegen ihre Plausibilität sprechen die vor allem im Bereich der Dopingthematik häufig auftretenden „Beichten" von „Dopingsündern[616]".

Unbestritten hat die (nur) sportverbandsrechtliche Kontrolle zur wirksamen Bekämpfung von Manipulationen und Absprachen im kommerziellen Sport den Vorteil der einzelfallorientierten Vorgehensweise und Ermittlung. Unbestritten ist aber auch, dass im Bereich der Spielmanipulationen und vor allem der Sportwetten grenzüberschreitende mafiöse Strukturen erkennbar sind. Der Sport kämpft hier gegen hochentwickelte kriminelle Strukturen, die sich mit den Instrumentarien der Sportverbände alleine nicht effizient aufdecken lassen[617]. Welche Zwangsmittel kann schon ein Sportverband gegen ein mittlerweile weltumspannendes kriminelles Netz von Akteuren auf dem Spielfeld der Manipulationen einsetzen[618]?

---

615 *König*, SpuRt 2010, 106 (107).

616 Vgl. nur die Geständniswelle im Profiradsport, als in kurzer Zeit die ehemaligen Profiradsportler *Bert Dietz, Christian Henn, Udo Bölts, Erik Zabel, Rolf Aldag und Bjarne Riis* des Rennstalls *T-Mobile/*(vormals) *Deutsche Telekom* zugaben, mit verbotenen Substanzen ihre Leistung gesteigert zu haben, *Simeoni*, F.A.Z. v. 26.07.2007, S. 39; *König*, SpuRt 2010, 106 (107).

617 Als Zeichen der Unterstützung der Korruptionsbekämpfung im Fußballsport haben die *FIFA* und *UEFA* angekündigt, der internationalen Polizeiorganisation *Interpol* in den kommenden Jahren Spenden in Höhe von insgesamt 20 Mio. € zuzuwenden, vgl. Media Release der *FIFA* v. 09.05.2011, Wegweisende Unterstützung der *FIFA* für *INTERPOL* im langjährigen Kampf gegen Spielabsprachen, abrufbar unter http://de.fifa.com/aboutfifa/organisation/news/newsid=1431893/index.html (Stand: 10.02.2012).

618 Zu der parallelen Frage des staatlichen Engagements in der Dopingbekämpfung äußerte sich der ehemalige Vizepräsident des *IOC* und frühere Präsident der *World Anti-Doping Agency (WADA), Richard Pound*, folgendermaßen: *„Das Doping-System hat* ***mafiöse Strukturen****. Was wir deshalb brauchen, ist eine enge Zusammenarbeit mit Polizei und Staatsanwaltschaft. Der Sport hat zu wenig[e] Waffen, wir können nur Urin und Blut testen. Die staatlichen Behörden können E-Mails lesen, Telefonate abhören. Ihr Arsenal ist größer (…).“*, zitiert bei *Rössner*, Sportbetrug – Neuer Straftatbestand als Allheilmittel?, Frühjahrstagung am 07. Mai 2010 der AG Sportrecht im Deutschen Anwaltverein und Sportrecht in der Praxis/*Rössner*, 11. Kapitel Rn. 1734.

Die Erfahrungen der Dopingskandale in den USA[619], Spanien[620] und Italien[621] zeigen, dass überall dort, wo der Staat die Ermittlungen übernimmt, erfolgreich gegen die Machenschaften vorgegangen werden kann. Die Erkenntnis aus diesen Erfahrungen ist, dass der Erfolg in der Bekämpfung der Korruption im Sport entscheidend vom Engagement des Staates abhängt, da er über die weitaus effektiveren Aufklärungsinstrumentarien wie Durchsuchung, Beschlagnahme, Untersuchungshaft u. a. verfügt.

Für Deutschland bedeute diese Botschaft, dass eine gesetzliche Regelung erforderlich sei, die dem Staat ein Eingreifen tatsächlich auch ermöglicht[622]. Anders als bei der derzeitigen Gesetzeslage würden sodann Erkenntnisse über den an der Manipulation beteiligten Sportler, Trainer, Funktionär oder auch Dritten den Staat in die Lage versetzen, sein überlegenes Aufklärungsinstrumentarium einzusetzen[623].

Außerdem würde ein Sportler, der auch strafrechtliche Konsequenzen zu befürchten hat, wohl in ganz anderer Weise bei der Aufklärung des Sachverhaltes mitwirken, weshalb bei einer Neukriminalisierung auch an eine Kronzeugenregelung gedacht werden müsse, die dem Sportler bei Aussagen über in das kriminelle Netzwerk verstrickte Hintermänner zu einer erheblichen Strafmilderung oder gar Straffreiheit verhilft und einen zusätzlichen Anreiz schafft, „auszupacken[624]“. Die Aufklärung des Sachverhalts würde auf diese Weise eine völlig neue Dynamik erhalten.

3. Signalwirkung staatlicher Sanktionen

Die Notwendigkeit einer Neukriminalisierung ergebe sich vor allem auch aus der gegenüber Urteilen der Verbandsgerichtsbarkeit beachtlichen präventiven Signalwirkung staatlicher Sanktionen[625].

619 Das kalifornische Unternehmen *Bay Area Laboratory Co-Operative (BALCO)* versorgte US-amerikanische Sportler, vornehmlich Leichtathleten, mit Steroiden und Wachstumshormonen.

620 In der spanischen Blutdoping-Affäre *„Fuentes“* verkaufte der namensgebende Arzt leistungssteigernde Mittel und behandelte das Blut zahlreicher Spitzen-Radsportler. Auch Athleten anderer Sportarten, wie Fußball und Leichtathletik, wurden mit ihm in Verbindung gebracht.

621 Vgl. nur die Doping-Razzien der italienischen Polizei beim *Giro d'Italia* 1999 und 2002 sowie während der Olympischen Winterspiele in Turin 2006 in der Unterkunft der österreichischen Biathleten und Skilangläufer, bei denen sie erfolgreich Spritzen, leere Blutbeutel sowie Apparaturen und Materialien beschlagnahmten, die auf die verbotene Dopingmethode der Bluttransfusion schließen lassen, *o. V.*, F.A.Z. v. 25.02.2006, S. 31.

622 *Prokop*, SpuRt 2006, 192 (193).

623 Vgl. hierzu auch *Rechtskommission des Sports gegen Doping*, Abschlussbericht, S. 36; *Giebel*, CaS 2011, 254.

624 *Prokop*, SpuRt 2006, 192 (193).

625 *Rechtskommission des Sports gegen Doping*, Abschlussbericht, S. 36; *Prokop*, SpuRt 2006, 192 (193).

Wie zuvor bereits festgestellt[626], sind Geltungsgrund und Rechtfertigung verbandsrechtlicher Regelungen die spezifischen Ordnungs- und Wertvorstellungen im Sport sowie aus dessen Umfeld zu einem inhaltlich begrenzten sportspezifischen Regelungsgegenstand. Allerdings beschränken die Verbände ihre Regelungen nicht nur auf die Organisation der Sportausübung, sondern regeln auch die Folgen von Verstößen in Form verbandsrechtlicher Sanktionen. Voraussetzung für deren Anwendung ist neben ihrer rechtstechnischen Verankerung im Normengefüge des Verbands und ihrer Bestimmtheit[627], dass der jeweilige Verband sicherstellt, dass die Sportler, Trainer und Funktionäre der Sportart von seinen Regelungen erfasst werden. Diese Bindung kommt regelmäßig dadurch zustande, dass das Verbandsrecht die Mitglieder des Verbands entweder selbst bindet, denn durch den Beitritt zum Verband erkennt der Verein oder der jeweilige Sportler dessen Regelwerk als für sich verbindlich an, oder wenn der Sportler dem Verein beitritt, der seinerseits wiederum Mitglied des Verbandes ist[628] oder aber, wenn der Verband mit dem Sportler einen Regelanerkennungs- oder Lizenzvertrag schließt[629].

Die innersportliche, verbandsrechtliche Disziplinar- und Strafgewalt mit den ihr eigenen vielfältigen Sanktionsmöglichkeiten von der Suspendierung von Mitgliedschaftsrechten über Geldbußen, Punktabzüge, Rückstufungen, Platzsperren bis hin zu mehrjährigen Sperren stellt einen wichtigen Bestandteil im Kampf gegen Korruption im Sport dar. Und dennoch haben verbandsrechtliche Sanktionen, wie sie beispielsweise in § 6a Rechts- und Verfahrensordnung *DFB*, § 13a Rechts- und Verfahrensordnung *WFV e. V.* und § 14a Rechtsordnung *DHB*[630] betreffend die Bestechlichkeit und Bestechung im Hinblick auf das Ergebnis eines Spiels oder den gesamten Wettbewerb zwar bereits normiert sind, aber – wie die in jüngster Vergangenheit den Sport stets begleitenden Manipulationsverdachtsmomente (leider) zeigen – einige nicht behebbare Schwächen, die nur durch einen ergänzenden strafrechtlichen Schutz auszugleichen seien[631].

---

626 S. Viertes Kapitel B. I. 1.

627 *Wüterich/Breucker*, Das Arbeitsrecht im Sport, S. 79.

628 *Wüterich/Breucker*, Das Arbeitsrecht im Sport, S. 78.

629 *Heermann*, in: FS Spellenberg, S. 11 (13). Beispiele für solche Verträge sind der Regelanerkennungsvertrag des *IOC* mit den Teilnehmern der Olympischen Spiele, *Haas/Haug/Reschke* (Hrsg.), Handbuch der Sportrechts, Ord. 1, B, 2. Kapitel, S. 16 Rn. 18 ff., die Athletenvereinbarung des *DLV*, Musterathletenvereinbarung des *DLV*, abgedruckt in SpuRt 1996, 189 ff. und bei *Haas/Haug/Reschke* (Hrsg.), Handbuch der Sportrechts, Ord. 1, C, VII. 1. und 2. und der Lizenzvertrag des jeweiligen Verbands mit den einzelnen Sportlern des Ligabetriebs, etwa der *DFL* mit den Spielern der Bundesliga, vgl. Ligastatut, Anhang I zur LOS.

630 Rechtsordnung (RO) in der Fassung vom 07.01.2012, abrufbar unter http://www.dhb.de/fileadmin/redakteure/03_downloads/Rechtsordnung07012012.pdf (Stand: 10.02.2012).

631 *Rössner*, in: FS Mehle, S. 567 (575).

Hierzu zähle zunächst der eingeschränkte Anwendungsbereich der verbandsrechtlichen Regelungen. Diese finden nämlich nur dann Anwendung, wenn sich der Sportler, Schiedsrichter, Trainer und Funktionsträger der Geltung der Verbandsstatuten und der darin enthaltenen Sanktionskataloge – ungeachtet auf welche Art und Weise – unterworfen haben. Das Verbandsrecht erfasst jedoch nicht den von außen an die Akteure des zentralen sportlichen Geschehens herantretenden und Bestechungsgelder anbietenden Dritten.

Die Befürworter eines neuen Straftatbestands halten eine Neukriminalisierung vor allem deshalb für notwendig, weil sie die Spielmanipulation im Gegensatz zu den Verbandsstatuten effektiv umsetze[632]. So sei bei der Sportkorruption wie bei der Wirtschaftskriminalität allein durch die signalhafte Definition des kriminellen Unrechts eine Beeinflussung der Bewusstseinslage der potenziellen Täter zu erwarten, wie dies nach der Einführung des § 298 StGB im Jahr 1997 beim Rückgang der Submissionsabsprachen beobachtet worden ist[633].

Letztlich friste das Verbandsverfahren oftmals bloß ein Schattendasein, während dem Strafverfahren neben präventiver Wirkung auch eine stärkere öffentliche Wahrnehmung und Aufmerksamkeit zukomme[634].

4. Kriminologische Korruptionsforschung

Die Ausführungen eingangs der Untersuchung[635] haben ergeben, dass dem Sportsystem korruptionsbegünstigende Merkmale, wozu u. a. auch der fehlende Kontrollmechanismus zählt, bereits immanent sind; eine Eindämmung der Korruption im Sport sei – wie entsprechende kriminologische Vergleiche mit der allgemeinen Wirtschaftskorruption zeigen – nur durch die Erhöhung der Entdeckungs-, Verfolgungs- und Verurteilungswahrscheinlichkeit zu erreichen.

Die im Mittelpunkt der modernen Diskussion stehende Kriminalitätstheorie der rationalen Wahl („*rational choice approach*[636]“) geht davon aus, dass eine Person eine Straftat dann begeht, wenn der für sie erwartete Nutzen größer ist als die zu erwartenden Kosten der Tatfolgen. In Erweiterung dieser

632 *Rössner*, in: FS Mehle, S. 567 (575); *Rechtskommission des Sports gegen Doping*, Abschlussbericht, S. 36.

633 LK-*Tiedemann*, StGB, zu § 298 Rn. 8.

634 *Rössner*, in: FS Mehle, S. 567 (575); *Rechtskommission des Sports gegen Doping*, Abschlussbericht, S. 36.

635 S. Zweites Kapitel E. II.

636 *Meier*, Kriminologie, § 3 Rn. 15 ff.; die Theorie geht maßgeblich auf die Arbeiten des Amerikaners *Gary S. Becker* zurück, Journal of Political Economy, 76,1 (1968), S. 169 ff., der darin bereits formulierte: „*Some persons become 'criminals', therefore, not because their basic motivation differs from that of other persons, but because their (perceived) benefits and costs differ.*“

Theorie aus ökonomischer Sicht – insbesondere für solche Delikte, bei denen aus der Tat ein finanzieller oder sonstiger wirtschaftlicher Gewinn gezogen wird – entspricht der vom Täter kalkulierte Nettonutzen der Korruption der Differenz zwischen dem Nutzen einer „erfolgreichen" Korruption, für die er nicht bestraft wird, und dem (negativen) Nutzen bei Entdeckung, Verurteilung und Bestrafung[637]. Die „Kosten" bzw. der negative Nutzen sind hierbei die Folgen, die eintreten, wenn die Tat entdeckt wird, wie etwa die sozialen Einbußen, die mit dem Bekanntwerden der Tat einhergehen, und die Sanktionen eines sich möglicherweise anschließenden Strafverfahrens. Maßgeblich für die Bestimmung dieser Kosten ist die Entdeckungswahrscheinlichkeit – ist diese nämlich nur gering, kann die Bilanz der Kosten selbst bei harten zu erwartenden Sanktionen günstiger sein als in der umgekehrten Konstellation, bei der die Entdeckungswahrscheinlichkeit hoch, die drohenden Sanktionen aber eher leicht sind[638], wobei insbesondere bei Sportlern die Entdeckungswahrscheinlichkeit und der durch eine strafrechtliche Ahndung verbundene Reputationsverlust auf der Kostenseite eine größere Rolle spielen dürften.

Es ist offensichtlich, dass die Einordnung der strafrechtlichen Folgen in die Kostenseite der Kosten-Nutzen-Relation das Spiegelbild zur Abschreckungswirkung von Strafe und Strafverfahren ist. Andererseits liegt auch auf der Hand, dass ein steigender erwarteter Nutzen aus Korruption dazu führen kann, dass die moralischen Grenzen eines zuvor „redlichen" Athleten oder Sportfunktionärs überschritten werden und sie Bestechungsgelder zahlen oder annehmen, sofern sie – was bei einem steigenden Netto-Nutzen allerdings wahrscheinlich ist – einen geeigneten Korruptionspartner finden[639]. Diese für den Einzeltäter dargestellte Kalkulation lässt sich auch auf das gesamtgesellschaftliche, sportweite „Angebot" an Korruption übertragen, weil bei steigender „Rentabilität" der Korruption immer mehr Athleten und Sportfunktionäre ihre individuellen moralischen Grenzwerte überschreiten[640].

Von der Korruption betroffen sind fast ausschließlich Sportarten, in denen erhebliche Summen generiert werden können und die zu einer hohen Wertschöpfung in ihrem Umfeld aus Management, Medien und Sponsoren führen. Mit einer vermehrten Korruption gehen deshalb aber auch steigende Tatplanungs- und Durchführungskosten wie Bestechungsgelder einher. Die kriminologische Korruptionsforschung sieht – neben einer verbesserten

637 *Maennig*, Vierteljahreshefte zur Wirtschaftsforschung 73 (2004), 263 (274); *ders.*, in: *von Arnim* (Hrsg.), Korruption und Korruptionsbekämpfung, S. 81 (100).

638 *Meier*, Kriminologie, § 3 Rn. 18.

639 *Maennig*, Vierteljahreshefte zur Wirtschaftsforschung 73 (2004), 263 (276); *ders.*, in: *von Arnim* (Hrsg.), Korruption und Korruptionsbekämpfung, S. 81 (102).

640 *Maennig*, Vierteljahreshefte zur Wirtschaftsforschung 73 (2004), 263 (276); *ders.*, in: *von Arnim* (Hrsg.), Korruption und Korruptionsbekämpfung, S. 81 (102).

Transparenz und Sensibilisierung – Chancen der Eindämmung der Sportkorruption in deren Neukriminalisierung, da nur eine solche den erwarteten Nutzen aus dem korrupten Verhalten verringert[641]. Es werden insbesondere hohe Geldstrafen als Sanktionsmittel vorgeschlagen[642], zum einen, um die Kostenkalkulation zum Nachteil der korrupten Handlungsweisen zu verbessern, zum anderen auch, um soziale Ressourcen nicht zu belasten.

Durch den größeren Verfolgungsdruck strafrechtlicher Ermittlungen könne deshalb die Entscheidung der Athleten, der Sportfunktionäre oder der am Sportgeschehen nicht unmittelbar beteiligten Dritten gegen Bestechungen und Bestechlichkeit beeinflusst werden.

Dieser ökonomische Erklärungsansatz spielt nach bislang allen kriminalitätstheoretischen Erkenntnissen bei der an einer Kosten-Nutzen-Relation orientierten Entscheidung zur Gewinnmaximierung in der berufsbedingten Kriminalität wie der Bestechung und Bestechlichkeit eines Profisportlers oder des ihn umgebenden Umfelds eine bedeutende Rolle[643]. Demnach sei strafrechtlicher Ermittlungsdruck – flankiert von den „Selbstreinigungskräften[644]" des betroffenen Sportverbandes oder der betroffenen Institution – die letztlich einzig wirksame Möglichkeit zur Bekämpfung der Korruption im Sport.

5. „Echte" Strafbarkeitslücke

Die staatliche Bekämpfung der Korruption im kommerziellen Bereich des Sports wird schließlich auch deshalb gefordert, weil es sich hierbei um eine „echte" Strafbarkeitslücke handele[645].

Die bislang unterbreiteten Vorschläge und Entwürfe[646] zu einem „Sportschutzgesetz" weisen darauf hin, dass eine Strafbarkeit wegen Wettbetrugs einem gesetzgeberischen Tätigwerden im Hinblick auf bestechungsbedingte

641 *Meier*, Kriminologie, § 3 Rn. 18; *Maennig*, Vierteljahreshefte zur Wirtschaftsforschung 73 (2004), 263 (277); *ders.*, in: *von Arnim* (Hrsg.), Korruption und Korruptionsbekämpfung, S. 81 (103).

642 *Maennig*, in: *von Arnim* (Hrsg.), Korruption und Korruptionsbekämpfung, S. 81 (109).

643 *Rössner*, in: FS Mehle, S. 567 (576).

644 *Rössner*, in: FS Mehle, S. 567 (577).

645 *König*, SpuRt 2010, 106 (107).

646 Vgl. zum bereits in Gesetzesform gegossenen italienischen Gesetz über „Maßnahmen im Bereich illegalen Glücksspiels und Wetten zum Schutz des lauteren Ablaufs sportlicher Veranstaltungen" (Sportbetrugsgesetz – SpBG), Gesetz (legge) Nr. 401 v. 13.12.1989, Gazzetta Ufficiale Nr. 294 v. 18.12.1989, *Krause*, in: *Vieweg* (Hrsg.), Prisma des Sportrechts, S. 123 ff.; die Vorschläge der *Rechtskommission des Sports gegen Doping*, Abschlussbericht, S. 38; *Pragal*, ZIS 2006, 63 (79), den Referentenentwurf des Justizministeriums des Freistaats Bayern v. 30.11.2009 für ein Gesetz zur Bekämpfung des Dopings und der Korruption im Sport, S. 1 ff., abrufbar unter http://www.justiz.bayern.de/imperia/md/content/stmj_internet/ministerium/ministerium/gesetzgebung/entwurf_sportschutzgesetz_30112009.pdf (Stand: 10.02.2012), Art. 1–5 abgedruckt von *o. V.*, SpuRt 2010, 104 f. sowie die Einführung und Neu-

Wettkampfverfälschungen nicht entgegenstehe. Denn einerseits muss eine Bestechung nicht immer untrennbar mit einer im Hintergrund platzierten Wette in Zusammenhang stehen. Es könne auch „nur" darum gehen, dass ein Sportler oder Verein Meister wird, in einem bestimmten Spiel siegt oder verliert, eine bestimmte Platzierung erreicht oder eine Mannschaft nicht aus einer Liga absteigt[647]. Andererseits treffe der Betrugstatbestand nicht den Unrechtskern der korrupten Handlungsweisen. Dieser liege nämlich darin, dass sich der Vorteilsnehmer aus Eigennutz zu irregulärem Verhalten und einer dadurch bedingten Verfälschung des Wettkampfs bereit erklärt und auf diese Weise die Glaubwürdigkeit der Sportart und des Sports nachhaltig erschüttere[648].

Unrechtsgehalt und Strafwürdigkeit der Bestechung und Bestechlichkeit im kommerziellen sportlichen Wettbewerb stünden denen im geschäftlichen Verkehr nach § 299 StGB nicht zurück, übertreffen sie vielmehr sogar häufig, weshalb eine „echte" Strafbarkeitslücke vorliege[649]. Angesichts dessen, dass den an einem sportlichen Wettkampf Beteiligten das sportliche Schicksal anderer Sportler, Mannschaften und Vereine und damit gleichzeitig absurd hohe Vermögenswerte quasi in die Hand gelegt werden, erscheine eine Schließung dieser Lücke und die strafrechtliche Absicherung des sportlichen Wettbewerbs nur allzu schlüssig[650].

II. Contra

Einem neuen Straftatbestand wird bislang aber auch mit großen Bedenken und weitgehend denselben Argumenten wie in der parallel geführten Diskussion zum Bedarf eines staatlichen Anti-Doping-Gesetzes entgegengetreten.

1. Selbstregulierungsmechanismen des Sports

Einer kritischen Stimme zufolge sei der sportliche Wettkampf im Gegensatz zur Wirtschaft schon seiner Definition nach auf Wettbewerb angelegt und verfüge deshalb von vorneherein über Selbstregulierungsmechanismen[651]. Wer den Wettbewerb im Sport verfälsche, verhalte sich unsportlich und grenze sich damit selbst aus. Eine indirekte Verwicklung in kriminelle Machenschaften stelle immer ein Reputationsrisiko dar – gerade in einem Bereich, der in der Öffentlichkeit so unbeständig ist wie der professionelle

---

fassung eines Straftatbestands der Sportkorruption in Polen, *Szwarc*, in: FS Tiedemann, S. 939 ff.; *ders.*; in: FS Roxin, S. 1765 ff.

647 Vgl. hierzu Drittes Kapitel C. I. 1. und 2.

648 *König*, SpuRt 2010, 106 (107).

649 *König*, SpuRt 2010, 106 (107).

650 *König*, SpuRt 2010, 106 (107).

651 *Hirsch*, in: FS Szwarc, S. 559 (583).

Sport. Dies sei in jüngster Vergangenheit insbesondere am Beispiel des sich durch unzählige Doping-Skandale selbst diskreditierenden Radsports anschaulich geworden. Die ganze Disziplin sei in Misskredit geraten, habe sich selbst geschädigt und genieße nur noch wenig Sympathie. Es sei dann nicht Aufgabe des Staates, sich um die Rehabilitierung einer Sportart zu kümmern – „und das schon gar nicht mit den Mitteln des Strafrechts[652]".

Darüber hinaus liege es im eigenen Interesse der Sportverbände, die Fairness, natürliche Leistung, Chancengleichheit und hierdurch den sportlichen Wettbewerb der ihnen angehörigen Vereine und Sportler untereinander zu sichern, was an der Intensivierung der Kontrollen und den Entscheidungen der Verbandsgerichte sichtbar sei. Dies sei ausreichend, um den „Sozialbereich" Sport intakt zu halten. Es bedürfe nicht des Eingreifens des Staates, sondern man könne dies den Gesetzen des Sports, d. h. hier den Publikums- und Sponsoreninteressen, selbst überlassen[653].

2. Kein Einsatz des Strafrechts im Sport

Angesichts der zuletzt sehr häufig im Zusammenhang mit Sportereignissen auftretenden und in der Öffentlichkeit großes Aufsehen erregenden Bestechungsskandale erscheint Kritikern einer Neukriminalisierung nur das Umfeld für einen erneuten[654] Anlauf günstig zu sein, die Glaubwürdigkeit und Lauterkeit des sportlichen Wettbewerbs unter Strafe zu stellen[655]. Es wird gefragt, ob das Strafrecht für solch einen Zweck überhaupt dienstbar gemacht werden soll. Ein neuer Tatbestand wird allein durch das öffentliche Empörungspotenzial als nicht gerechtfertigt angesehen[656].

Manche befürchten eine Tendenz zur flächendeckenden Kriminalisierung[657], andere – darunter Teile des deutschen Sports – lehnen eine Strafbarkeit des Athleten selbst bzw. den Einsatz des Strafrechts im Sozialbereich Sport grundsätzlich ab[658].

Wieder andere greifen den Subsidiaritätsgedanken auf und vertreten die Ansicht, dass der Staat auch in dieser Frage auf Subsidiaritätskurs bleiben solle. Ihre Überlegungen gehen auf die rechtskulturelle deutsche Besonder-

---

652 *Hirsch*, in: FS Szwarc, S. 559 (583).

653 *Hirsch*, in: FS Szwarc, S. 559 (583).

654 Bereits im September 2006 hatte der Freistaat Bayern den Entwurf eines Gesetzes zur Bekämpfung des Dopings im Sport in den Bundesrat eingebracht, vgl. BR-Drs. 658/06. Der bayerische Vorstoß scheiterte insoweit, als im 2007 letztlich verabschiedeten Anti-Doping-Gesetz die Besitzstrafbarkeit nur für nicht geringe Mengen (als Vermutung des Handeltreibens) eingeführt und der Tatbestand des „Sportbetrugs" gar völlig verworfen wurde.

655 *Beukelmann*, NJW-Spezial 2010, 56.

656 *Beukelmann*, NJW-Spezial 2010, 56 f.

657 Abweichende Ansichten im Abschlussbericht der *Rechtskommission des Sports gegen Doping*, S. 39.

658 *Beukelmann*, NJW-Spezial 2010, 56 (57).

heit der ausgeprägten Trennung von Staat und Gesellschaft zurück. Der Staat solle nach wie vor die Bewältigung des Problems grundsätzlich den Sportverbänden und den Sportlern überlassen, sich auf den politischen Druck beschränken und sich in organisatorischen und inhaltlichen Fragen eher zurückhalten, zumal praktisch gesehen Strafverfolgungsbehörden personell nicht in der Lage wären, die Manipulationen zu verfolgen[659].

Eine Änderung des Strafgesetzbuchs wäre kein Allheilmittel, sondern „schnödes demonstratives Handeln" und „vordergründiger Aktionismus", da die Abschreckung durch eine Generalprävention bereits auch im Sportsystem verankert sei[660].

Darüber hinaus haben ein gegen einen Sportler geführtes Ermittlungsverfahren und ein anschließendes Strafverfahren Auswirkungen, welche die eigentlich besseren Erkenntnismöglichkeiten der Strafverfolgungsbehörden mindestens neutralisieren, wenn sie nicht sogar kontraproduktive Effekte auslösen würden[661]: Denn einem beschuldigten Sportler steht es im Rahmen eines gegen ihn geführten Strafverfahrens nicht nur frei, nichts zur Sache auszusagen, sondern er hat auch ein Recht zur Lüge[662], ohne dass er Gefahr läuft, wegen einer Falschaussage strafrechtlich zur Verantwortung gezogen zu werden. Zudem könne ein Sportler unter Berufung auf § 55 StPO bei Fragen zu einem zu ihm in engeren Kontakt stehenden beschuldigten Trainer, Funktionär oder anderen Sportler nicht aussagebereit sein und auch aus diesem Grund die Ermittlungsbehörden – zumindest in Deutschland – bei ihrer Ermittlungstätigkeit sogar behindern[663].

3. Verfassungsrechtliche Bedenken

Während es den einen „gegenwärtig nicht angezeigt" erscheint, Straftatbestände gegen korrupte Praktiken auch außerhalb des staatlichen und wirtschaftlichen Bereichs zu schaffen, da ein kriminalpolitisches Bedürfnis bisher nicht deutlich hervorgetreten und eine solche Neuschaffung unverhältnismäßig sei[664], tragen die anderen gegen eine Neukriminalisierung der Sportkorruption vor allem aufgrund des „Freiheitsgrundrechts des organisierten Sports[665]" Bedenken verfassungsrechtlicher Art.

Die Autonomie des Sports hat ihre normative Grundlage in Art. 9 Abs. 1 GG i. V. m. Art. 19 Abs. 3 GG und gewährleistet, dass der Sport selbst durch Satzungen und Ordnungen in eigener Regie regeln darf, was er für zweckmäßig und notwendig erachtet, um den Besonderheiten des Wettbewerbs im

659 *Giebel*, CaS 2011, 254 (256); *Vieweg*, SpuRt 2004, 194.
660 *Schück*, Olympisches Feuer 1/2005, 13 (14).
661 *Krähe*, SpuRt 2006, 194; *Kudlich*, JA 2007, 90 (95).
662 In den Grenzen der §§ 145d, 164 und 186 StGB.
663 *Krähe*, SpuRt 2006, 194; *Kudlich*, JA 2007, 90 (95).
664 *Dölling*, Gutachten C für den 61. Deutschen Juristentag, C 93.
665 *Steiner*, SpuRt 2008, 222 (223).

Sport zu entsprechen, seine Chancengleichheit, wirtschaftliche Stabilität und vor allem Integrität zu sichern sowie darin die sportspezifischen Werte wie die Fairness und Gesundheit der Athleten ausreichend zum Ausdruck zu bringen[666], weshalb die „Sportgesetzgebung[667]" allein bei den Sportvereinen und -verbänden liege.

Ein Beleg dafür, dass die Bundesrepublik Deutschland dem nationalen Sport diese Unabhängigkeit zugesteht, sei der Umstand, dass der Gesetzgeber kein allgemeines Sportgesetz erlassen hat[668]. Abgesehen von einzelnen bau-, steuer-, sozial- oder arzneimittelrechtlichen Vorschriften[669], mangelt es an speziellen Gesetzen, die den Sport und seine Ausübung zum Gegenstand haben.

Der vereins- und verbandsorientierte Sport allein kodifiziert das für ihn maßgebliche Recht in seinen Statuten, Vereins- und Verbandssatzungen, Wettkampfordnungen und anderen Regelwerken, auch weil Art. 9 Abs. 1 GG es dem Sport ermöglicht, einen sportbezogenen Wertmaßstab zu bilden. Da Art. 9 Abs. 1 GG nicht nur Sportvereine und -verbände vor staatlichen Eingriffen in ihre Rechtssetzungsautonomie schütze, sondern zugleich auch eine staatsfreie Entwicklung sportethischer Werte garantiere, seien die zentralen sportethischen/-moralischen Begriffe der Fairness, Chancengleichheit und Glaubwürdigkeit des Sports ausschließlich an dem vom Sport selbst festgelegten Wertmaßstab zu messen[670].

Wolle man an dieser Stelle einen Anknüpfungspunkt für staatliche Maßnahmen im Kampf gegen Spielmanipulationen suchen, stoße man sogleich an die verfassungsrechtlichen Grenzen des Art. 9 Abs. 1 GG. Dem organisierten Sport obliege die Konkretisierung und der Schutz sportspezifischer Werte. Derzeit existiere kein „verfassungsrechtliches Mandat[671]" zum Schutz dieser Werte, weshalb ein ausschließlich sportethisch begründetes Engagement des Staates „für eine Art sportliches Reinheitsgebot[672]" erst noch geschaffen werden müsse. Der Staat könne hier lediglich indirekt, etwa über die Sportförderung, eingreifen[673].

---

666 *Steiner*, SpuRt 2008, 222 (223).

667 *Mestwerdt*, SpuRt 1997, 119 (120).

668 *Pfister*, in: *Fritzweiler/Pfister/Summerer*, Praxishandbuch Sportrecht, Einführung, A. Rn. 9.

669 Z. B. § 1 Abs. 6 Nr. 3, § 5 Abs. 2 Nr. 2, § 136 Abs. 3 Nr. 2 lit. c) BauGB; § 2 Abs. 3 Nr. 2, § 3 Abs. 3 Nr. 2 BauNVO; §§ 52 Abs. 2 Nr. 21, 58 Nr. 9, 67a AO; § 29 Abs. 1 Nr. 4 lit. e) SGB I; §§ 6a, 95 Abs. 1 Nr. 2 lit. a) AMG.

670 *Mestwerdt*, SpuRt 1997, 119 (120); *Wüterich/Breucker*, Das Arbeitsrecht im Sport, S. 72. Zum Schutzbereich des Art. 9 Abs. 1 GG im Zusammenhang mit dem Sport ausführlich *Steiner*, NJW 1991, 2719 (2733).

671 *Steiner*, NJW 1991, 2729 (2733); *Mestwerdt*, SpuRt 1997, 119 (120).

672 *Steiner*, NJW 1991, 2729 (2734); *Mestwerdt*, SpuRt 1997, 119 (120).

673 *Steiner*, NJW 1991, 2729 (2733); *Mestwerdt*, SpuRt 1997, 119 (120).

4. Befürchtung einer Beeinträchtigung der Sportgerichtsbarkeit

Die Befürworter und Gegner der Kodifizierung eines neuen sportbetrügerischen Straftatbestands sind sich darüber einig, dass die Sportgerichtsbarkeit ungeachtet der Neukriminalisierung in ihrer bisherigen Funktion erhalten bleiben soll.

Kritische Stimmen befürchten jedoch, dass ein parallel geführtes strafprozessuales Ermittlungsverfahren das sportgerichtliche Verfahren nicht unberührt lasse, sondern dessen beschleunigte Abwicklung verzögere und die Glaubwürdigkeit eines Sportgerichtsurteils unter Umständen gar untergraben könne[674].

Während ein sportgerichtliches Verfahren bis zur letztinstanzlichen Entscheidung durch den CAS/TAS binnen eines Jahres nach Abschluss der Ermittlungen rechtskräftig abgeschlossen werden kann, wird ein rechtskräftiges Urteil der Strafjustiz realistischerweise nicht vor Ablauf von zwei bis drei Jahren, unter Umständen aber auch noch erheblich später, erwartet. Da ein solches nicht an die Feststellungen des zuvor ergangenen sportgerichtlichen Urteils gebunden ist, besteht die Gefahr sich widersprechender Entscheidungen[675].

Einem taktisch versierten Verteidiger könne es bei geschickter Prozessführung des sportgerichtlichen Verfahrens mit dem Hinweis auf die besseren Erkenntnismöglichkeiten des parallel geführten strafprozessualen Ermittlungsverfahrens durchaus gelingen, die Entscheidung des Sportgerichts zu verzögern[676]. Dabei sind die Vorteile der Verbandsgerichtsbarkeit wie die Vielfalt der Sanktionsmöglichkeiten oder die damit einhergehende, differenzierte und angemessene Reaktion auf Verstöße unbestritten. Mit einem solchen durchaus zu erwartenden taktischen Verhalten sei eine Beeinträchtigung der Sportgerichtsbarkeit zu befürchten und die Wirksamkeit ihrer Sanktionsmöglichkeiten in Frage gestellt[677].

Letztlich werden auch Konsequenzen aus einer möglichen strafprozessualen Beschuldigtenstellung des Sportlers im Hinblick auf dessen Stellung in einem die Manipulation betreffenden sportgerichtlichen Verfahren befürchtet, in dem den Sportler etwa Mitwirkungspflichten treffen können. Kritiker

---

674 *Krähe*, SpuRt 2006, 194; *Kudlich*, JA 2007, 90 (95).

675 Die Gefahr widersprüchlicher sport- und strafgerichtlicher Entscheidungen bestünde insbesondere bei Dopingvergehen, wenn im Laufe des Strafprozesses aufgrund des dort geltenden Grundsatzes „in dubio pro reo" der Nachweis des Dopingvergehens nicht erbracht werden kann, während das Sportgericht in Anwendung der Beweislastregel der *„strict liability"* (Art. 2.1.1 WADC, abrufbar unter http://www.wada-ama.org/Documents/World_Anti-Doping_Program/WADP-The-Code/WADA_Anti-Doping_CODE_2009_EN.pdf (Stand: 10.02.2012), wonach dem Sportler eine individuelle Schuld nicht nachgewiesen zu werden braucht, die Voraussetzungen eines Dopingfalls als erfüllt ansieht.

676 *Krähe*, SpuRt 2006, 194.

677 *Krähe*, SpuRt 2006, 194.

einer Neukodifizierung sehen als naheliegende Folge ein Beweisverwertungsverbot von im sportgerichtlichen Verfahren gewonnenen Erkenntnissen im Strafverfahren[678].

5. Rechtsgutdiskussionen

Die weitaus größte Diskussion unter den Kritikern entfacht jedoch das durch einen neuen Straftatbestand im sportlichen Wettbewerb zu schützende Rechtsgut.

Dem Versuch, einen neuen Sportkorruptionstatbestand zu schaffen, wird unterstellt, dass dieser derselben „Strategie[679]" folge, die bereits bei der Schaffung von Tatbeständen wie dem Submissionsbetrug oder den Vorschriften zur Bestechung im geschäftlichen Verkehr zur Anwendung gekommen ist: Um Nachweisproblemen im Hinblick auf die Schädigung individueller Rechtsgüter zu entgehen, werde schlicht das universale Rechtsgut der Lauterkeit des sportlichen Wettbewerbs postuliert, dessen Schutzbedürftigkeit unabhängig von der konkreten Verletzung individueller Rechtsgüter bestehe[680]. Zu legitimieren sei ein solches Vorgehen allenfalls dann, wenn die betreffenden kollektiven Rechtsgüter überhaupt zwingend eines strafrechtlichen Schutzes bedürften[681]. Nehme man die Voraussetzung einer Neukriminalisierung ernst, dass das Strafrecht nur das subsidiäre letzte Mittel für die hoheitliche Reglementierung eines Lebensbereichs sein darf, so könne es nur dann zum Einsatz kommen, wenn es um den Schutz besonders bedeutsamer Güter gehe, die für das geordnete Zusammenleben in der Gemeinschaft von entscheidender Bedeutung sind[682].

Die den sportlichen Wettbewerb ausmachenden Grundwerte des Sports wie Fairness, Chancengleichheit, natürliche Leistung und Zufall seien aber eben eigentlich „nur" moralische Werte, die durch das Strafrecht üblicherweise gerade nicht geschützt werden[683]. An dieser Einordnung als „nur" moralisches Gut könne auch die in der gegenwärtigen Diskussion von den Befürwortern beschworene kulturelle Bedeutung des Sports in der modernen Gesellschaft nichts ändern: Selbst wenn man der Auffassung zustimmt, dass dem Sport in der heutigen Gesellschaft eine „kulturelle Funktion" (was immer das sei) zukomme, so solle doch die in der Strafrechtsgeschichte

678 *Kudlich*, JA 2007, 90 (95), der diese These mit der „Gemeinschuldnerentscheidung" des BVerfG (BVerfGE 56, 37 ff.) begründet. Danach durfte eine Aussage des Gemeinschuldners über strafbare Handlungen nicht gegen seinen Willen in einem Strafverfahren gegen ihn verwertet werden.

679 *Beukelmann*, NJW-Spezial 2010, 56 (57).

680 *Beukelmann*, NJW-Spezial 2010, 56 (57).

681 *Beukelmann*, NJW-Spezial 2010, 56 (57).

682 *Beukelmann*, NJW-Spezial 2010, 56 (57).

683 *Kudlich*, SpuRt 2010, 108; *Heger*, SpuRt 2007, 153 (154); *Hirsch*, in: FS Szwarc, S. 559 (583); *Valerius*, in: FS Rissing-van Saan, S. 717 (729).

durch das Zurückführen von „Kultur“ auf „Rechtsgüter“ als Schutzobjekte gewonnene Erkenntnis nicht dadurch wieder in Frage gestellt werden, dass alles, was unter den weiten Mantel des „kulturellen Lebens“ passt, automatisch ein strafrechtliches Rechtsgut wird[684], denn bei aller – auch wirtschaftlichen – Bedeutung des Sportbetriebs handele es sich in erster Linie immer noch um Freizeitvergnügen und Massenentertainment[685], eine heutige Ausprägung „kulturellen Lebens“.

Bemerkenswert sei zudem, dass gerade das geschützte Rechtsgut der Bestechung im geschäftlichen Verkehr nach § 299 StGB, welcher der Tatbestand der neuen Sportkorruption offensichtlich nachgebildet werden soll, ebenfalls „heillos umstritten[686]“ sei.

Der „freie Wettbewerb“ werde teilweise nur deshalb als taugliches universales Strafrechtsgut des § 299 StGB anerkannt, weil er zumindest mittelbar auch vermögenswerte Auswirkungen auf eine Vielzahl von Individuen habe. Denn die durch Absprachen oder Korruption entstandene Wettbewerbsverzerrung führe zu einer Verteuerung der Konsumgüter. Diese „eingepreisten“ Gewinne der Wettbewerbsverzerrer habe der Endverbraucher letztlich mittelbar mitzutragen[687]. Von einer solchen Situation könne mit Blick auf die Spielmanipulationen aber ersichtlich keine Rede sein.

Darüber hinaus zielen die Versuche einer Neukriminalisierung einer Sportkorruption nicht auf die finanziellen Interessen als zentralen Aspekt, sondern auf die Lauterkeit des Wettkampfes, deren Eignung als Rechtsgut ohnehin in Zweifel gezogen werde[688].

Ein neuer Tatbestand der Sportkorruption appelliere zwar an die Ernsthaftigkeit der Sportler, Trainer und Betreuer sowie an die Unparteilichkeit der Schiedsrichter, mithin insgesamt an den „Sportsgeist“, und sei damit spontan „sympathisch“; ob darin ein strafrechtslegitimierendes Rechtsgut liege, sei stark zu bezweifeln, zumal die mitbetroffenen Vermögensinteressen auch ohne ein „Sonderstrafrecht für den Sport“ hinreichend geschützt seien[689].

---

684 *Kudlich*, SpuRt 2010, 108 (109).

685 *Beukelmann*, NJW-Spezial 2010, 56 (57).

686 *Kudlich*, SpuRt 2010, 108 (109); MünchKommStGB/*Hohmann*, § 298 Rn. 1 ff.; *Pragal*, Die Korruption innerhalb des privaten Sektors, S. 107 ff.

687 *Kudlich*, SpuRt 2010, 108 (109).

688 *Kudlich*, SpuRt 2010, 108 (109).

689 *Kudlich*, SpuRt 2010, 108 (109); *Valerius*, in: FS Rissing-van Saan, S. 717 (729).

C. Alternativen

Es kann nicht behauptet werden, dass sich eine Vielzahl von Alternativen zu einer Kodifizierung der Sportkorruption anbietet. Die wenigen Vorschläge reichen von einer Verständigung der Experten im Anti-Korruptions-Kampf – wie sie in der parallel geführten Debatte zur Bekämpfung des Dopings mit staatlicher Hilfe in der sog. „Heidelberger Erklärung[690]" getroffen wurde und auf die Korruptionsbekämpfung übertragen werden kann – über die Anwendung des gewerblichen Wettbewerbsrechts gegen Unlauterkeit im sportlichen Wettbewerb bis hin zu zivilrechtlichen Ansätzen.

Während den beiden letztgenannten Vorschlägen gesondert nachgegangen wird, fehlt es der erstgenannten Möglichkeit der Verständigung allein schon an der Verbindlichkeit – es würde sich hierbei um eine bloße Absichtserklärung handeln, die weder konkret umzusetzende Maßnahmen vorschlägt noch für deren Nichtbeachtung Sanktionen formuliert.

I. Anwendung des gewerblichen Wettbewerbsrechts auf Unlauterkeit im sportlichen Wettbewerb

Eine bislang nur wenig beachtete[691] Möglichkeit der Bekämpfung von Spielabsprachen und Manipulationen ist das allgemeine Recht des unlauteren Wettbewerbs, das im UWG seinen normativen Niederschlag gefunden hat.

690 Zum Abschluss eines dreitägigen internationalen Expertengesprächs zur Dopingprävention in Heidelberg verabschiedeten rund 80 Teilnehmer aus neun europäischen Ländern am 15.01.2005 die sog. „Heidelberger Erklärung", abrufbar unter http://www.uni-heidelberg.de/presse/news05/2501doping.html (Stand: 10.02.2012). Die Referenten aus den Bereichen des Sports, der Wirtschaft und Politik beschäftigten sich eingehend mit den Ursachen, Praktiken und der Wirkung des Dopings und suchten nach entsprechenden Lösungsstrategien. In der Erklärung machten sie deutlich, dass Doping nicht nur als Phänomen des Hochleistungssports, sondern vor allem als ein gesamtgesellschaftliches zu begreifen ist.

691 Soweit ersichtlich wurde bislang überwiegend nur der Regelverstoß des Dopings als unlauterer Wettbewerb im professionellen Sport untersucht, vgl. nur *Cherkeh/Momsen*, NJW 2001, 1745 (1750); *Fischer*, EuZW 2002, 297 ff.; *Frisinger/Summerer*, GRUR 2007, 554 ff. Einzig *Gerlinger*, Der Verstoß gegen sportliche Regelwerke und unlauterer Wettbewerb, S. 107 ff., prüft die Anwendbarkeit des UWG bei anderen Regelverstößen wie dem Foul- oder absichtlichen Handspiel zum Erzielen eines Tores im Fußball oder wie dem Verstoß gegen technische Bestimmungen des Reglements der *FIA* in der Formel 1.

1. Anwendung des UWG auf den professionellen Sport

Zunächst dürfte es nicht überraschen, den Sport dem Wettbewerbsrecht unterstellen zu wollen. Leitet sich doch der Begriff des Wettbewerbs vom Lateinischen *concurrere*, das u. a. mit „sich in einen (Wett-)Kampf einlassen[692]" übersetzt wird, ab. Auch dient gerade der sportliche Wettlauf oft sinnbildartig zur Beschreibung des Wettbewerbsphänomens. Darüber hinaus stimmen die charakteristischen Merkmale des Wettbewerbs mit denen des Sports[693] nicht nur im Hinblick auf den Leistungseinsatz und den Vergleich der eigenen Leistung mit der des Mitbewerbers überein; auch die Ausgestaltung durch Regeln kennzeichnet sowohl den wirtschaftlichen Wettbewerb als auch den Wettbewerb im Sport.

Die Beurteilung sportlicher Verhaltensweisen nach dem Maßstab des staatlichen Rechts greift allerdings in die durch die Sportautonomie geschützte sog. *lex sportiva* ein, ein Regelungsregime, das sich der Sport in Eigenregie unter Heranziehung seines eigenen sporttypischen Wertmaßstabs setzt. Zwar schließt die Existenz eines verbandsrechtlichen Regelwerks die Anwendung des UWG auf Regelverstöße im Sport nicht grundsätzlich aus[694], aber bei der Rechtsanwendung sind diese sporttypischen Besonderheiten zu berücksichtigen: Je mehr die verbandsrechtlichen Regeln die Sportausübung prägen, desto mehr Rücksicht ist auf die in den Verbandsregelwerken zum Ausdruck kommenden Besonderheiten zu nehmen[695].

Dagegen verneinen *Cherkeh/Momsen*[696] die Anwendbarkeit des UWG auf sportliche Regelverstöße und argumentieren dabei, dass der professionelle Sport kein geschäftlicher Verkehr i. S. d. § 1 UWG a. F. sei. Wettbewerb liegt aber nicht nur dann vor, wenn es um den Abschluss von Verträgen geht, sondern auch, wenn zum Zwecke des Erwerbs Handlungen begangen wer-

---

692 *Pertsch/Lange-Kowal*, Langenscheidts Schulwörterbuch Lateinisch, Stichwort *„concurrere"*, S. 89.

693 S. hierzu Zweites Kapitel A. III. 1., 2. und 3. Gleichzeitig ist aber auch unstreitig, dass den Sport einige Merkmale kennzeichnen, die ihn von anderen Bereichen des Wirtschaftslebens unterscheiden. Eine dieser Besonderheiten des Sports ist die gegenseitige Abhängigkeit der im Wettbewerb stehenden Gegner, die nur im Falle der Ergebnisoffenheit einen für die Zuschauer interessanten und damit auch wirtschaftlich erfolgreichen Wettkampf austragen können, während der Wettbewerb im sonstigen Wirtschaftsleben gerade die Funktion hat, ineffiziente Unternehmen vom Markt zu verdrängen. Zum anderen wird der Sport anders als die Wirtschaft vom Prinzip der Solidarität geprägt, d. h. die Erhaltung und Förderung der wichtigen gesellschaftlichen Funktionen, die der Sport wahrnimmt, werden durch die Umverteilung von Mitteln vom Amateur- bis zum Profisport unterstützt, *Stein*, SpuRt 2008, 46 (47).

694 *Gerlinger*, Der Verstoß gegen sportliche Regelwerke und unlauterer Wettbewerb, S. 24.

695 *Gerlinger*, Der Verstoß gegen sportliche Regelwerke und unlauterer Wettbewerb, S. 24.

696 NJW 2001, 1745 (1750) unter Berufung auf *Köhler/Bornkamm/Baumbach*, UWG, Allgemeine Einleitung, Rn. 1.

den[697], was exakt der Konstellation im professionellen Sport gleicht. Ebenso wenig vermag das zweite Argument *Cherkeh/Momsens*, anders als im Sport gebe es im Wirtschaftsleben keine festen Regeln, nicht überzeugen, denn im Wirtschaftsalltag sind eine Vielzahl von fixen Regelwerken, etwa der VOB oder technischen Normen, vorherrschend[698].

Die zur alten Fassung des UWG herrschende Literaturansicht wendete § 1 UWG a. F. deshalb auch auf den sportlichen Wettbewerb an[699]. Allerdings existiert das Tatbestandsmerkmal des „Handelns im geschäftlichen Verkehr zu Zwecken des Wettbewerbs" in dem auf den früheren § 1 UWG a. F. folgenden § 3 UWG n. F. nicht mehr; vielmehr wird der Anwendungsbereich durch den Begriff der Wettbewerbshandlung umrissen, wobei aber nur wenige Unterschiede zwischen den beiden Begrifflichkeiten gesehen werden und man von der Anwendbarkeit auch des § 3 UWG n. F. auf den sportlichen Wettbewerb ausgehen kann.

a) Profisportler als Unternehmer

Der professionelle Leistungssport ist ein auf Gewinnerzielung gerichteter „Beruf" geworden. Für Profisportler werden regelmäßig Antrittsgelder, Siegprämien und profitable Werbe- und Sponsoringverträge ausgehandelt – die Sportausübung ist deren materielle Lebensgrundlage und Erwerbsquelle[700]. Die Sportler, welche die Ausübung ihrer sportlichen Leistungen zum Beruf machen und entgeltlich vermarkten, handeln hierbei als Unternehmer; die Erbringung ihrer sportlichen Leistungen ist als ein Handeln im geschäftlichen Verkehr anzusehen. Der Sport – sofern er in professioneller Weise betrieben wird[701], wie dies insbesondere für die Mannschaftssportarten Fußball, Eishockey und Basketball, aber auch im Handball und Rugby gilt – muss sich deshalb an wirtschaftlichen Kategorien, wie dem Kartellrecht[702] oder, da es sich nicht mehr nur um ein sportliches Wettbewerbsverhältnis,

---

697 *Köhler/Bornkamm/Baumbach*, UWG, Allgemeine Einleitung, Rn. 214.

698 *Fischer*, EuZW 2002, 297 (298).

699 *Gerlinger*, Der Verstoß gegen sportliche Regelwerke und unlauterer Wettbewerb, S. 37 ff.; *Fischer*, EuZW 2002, 297 (298); *Faber*, Doping als unlauterer Wettbewerb und Spielbetrug, S. 104 f.

700 *Frisinger/Summerer*, GRUR 2007, 554 (555).

701 Im Gegensatz zum Amateursportler, der den Sport als „Liebhaber" betreibt. *Gerlinger*, Der Verstoß gegen sportliche Regelwerke und unlauterer Wettbewerb, S. 39 ff., hält dagegen die Abgrenzung und die damit verbundene (Un-)Anwendbarkeit des UWG allein mit Hilfe der Begriffe des „Amateurs" und des „Profis" aufgrund der Vielfältigkeit der Vertrags- und Rechtsbeziehungen im Bereich des Sports für unmöglich. Ihm zufolge ist vielmehr der Zweck der Vertragsbeziehungen, die der Erbringung der sportlichen Leistung zugrunde liegen, entscheidend.

702 Vgl. EuGH, Urt. v. 18.07.2006 – Rs. C-519/04 P *(Meca-Medina)*, EuZW 2006, 593 ff., in dem der EuGH erstmalig klargestellt hat, dass die Regelwerke der Sportverbände dem gemeinschaftlichen Wettbewerbsrecht unterliegen.

sondern auch um ein solches i. S. d. UGW handelt[703], eben dem Wettbewerbsrecht, messen lassen.

b) Wettbewerbsverhältnis

Die unternehmerisch handelnden Profisportler nehmen aufgrund der Vermarktung ihrer sportlichen Leistungen am Wirtschaftsleben teil. Da es nicht nur um den sportlichen Erfolg geht, sondern mit diesem stets die Aussicht auch auf finanziellen Erfolg zusammenhängt, müssen sich die Athleten im Verhältnis zu ihren Konkurrenten bzw. Mitbewerbern fair und lauter verhalten. Nach den §§ 1, 3 UWG dürfen sie keinen unlauteren Wettbewerb betreiben, durch den dieser zum Nachteil ihrer Mitbewerber spürbar beeinträchtigt bzw. verfälscht wird.

Da allein die Erbringung der sportlichen Leistung zu finanziellen Vorteilen führt, sind viele Profisportler versucht, durch Absprachen mit den Gegnern, Schieds- oder Preisrichtern die Chancengleichheit zu verschieben und den Zufall zu bestimmen, um auf diese Weise den sportlichen und den daraus resultierenden wirtschaftlichen Erfolg herbeizuzwingen, den sie ohne die Einflussnahme nicht gehabt hätten[704]. Der sportliche Wettkampf derselben Sportart und -disziplin einer ausgeschriebenen Veranstaltung verläuft immer im Verhältnis zu anderen Teilnehmern. Die Sportler erbringen daher ihre Wettbewerbshandlungen, d. h. ihre sportlichen Leistungen, in einem Wettbewerbsverhältnis i. S. d. UWG zu ihren direkten Mitbewerbern. Nicht in einem direkten Wettbewerbsverhältnis stehen und deshalb nicht vom Anwendungsbereich des UWG erfasst werden dagegen die hinter dem Sportler stehenden Trainer, Betreuer, Manager oder am Wettbewerbsgeschehen unbeteiligte Dritte.

2. Manipulationen als Wettbewerbshandlung

Profisportler dürfen bei der Erbringung ihrer sportlichen Leistung keine unlauteren Wettbewerbshandlungen vornehmen. Das Gesetz selbst liefert keine Definition oder Umschreibung einer unlauteren geschäftlichen Handlung; es zählt in § 4 UWG lediglich beispielhaft und nicht abschließend elf Fälle einer unlauteren geschäftlichen Handlung auf. Einschlägig könnte hier § 4 Nr. 11 UWG sein. Danach handelt der Profisportler unlauter i. S. v. § 3 UWG, der „einer gesetzlichen Vorschrift zuwiderhandelt, die auch dazu bestimmt ist, im Interesse der Marktteilnehmer das Marktverhalten zu

---

703 *Frisinger/Summerer*, GRUR 2007, 554 (555); *Fischer*, EuZW 2002, 297 (298). Es ist auch seit langem durch den EuGH geklärt, dass sportliche Betätigungen dem Gemeinschaftsrecht und damit auch dessen Wettbewerbsvorschriften insoweit unterliegen, als sie einen Teil des Wirtschaftslebens i. S. v. Art. 2 EGV a. F. darstellen, ständige Rechtsprechung seit EuGH, Urt. v. 12.12.1974 – Rs. C-36/74 *(Walrave)*, NJW 1975, 1093 ff.

704 Parallel zur Einnahme von Dopingmitteln *Frisinger/Summerer*, GRUR 2007, 554 (556).

regeln." Das erwähnte „Marktverhalten" bezieht sich im professionellen Sport auf die Art und Weise, wie die Sportler ihre Leistungen erbringen[705].

a) Bezug zur spezifischen Wettbewerbssituation

Maßgeblich ist, ob ein Handeln vorliegt, das sich unmittelbar oder mittelbar auf die Wettbewerbssituation bezieht[706]. Eine wettkampfbezogene Manipulation liegt dann vor, wenn der Sportler aufgrund einer vor dem Wettkampf/Spiel getroffenen Absprache in der konkreten Wettkampfsituation bewusst seine Leistung zurückhält und auf diese Weise die Grundlagen des sportlichen Wettbewerbs verfälscht werden.

b) Vorsprung durch Regelverstoß

Letztlich müsste der Verstoß gegen ein sportliches Regelwerk aufgrund des durch den Rechtsbruch erreichten Vorsprungs unlauter sein. Das sportliche Wettbewerbsverhalten wird durch eine Vielzahl von „Normen" reguliert. Normen der (inter-)nationalen Sportverbände haben zwar Regelungsgehalt und -charakter und enthalten ein an den Adressaten gerichtetes Gebot oder Verbot[707]; der Rang gesetzlicher Vorschriften i. S. d. § 4 Nr. 11 UWG kommt ihnen allerdings nicht zu[708]. Auch *Gerlinger*[709], der bislang der Einzige ist, der die Erfassung anderer Verstöße gegen sportliche Regelwerke als die gegen Anti-Doping-Bestimmungen untersucht hat, lehnt es ab, den Verstoß gegen (inter-)nationale Normen der Sportfachverbände als wettbewerbsrechtlich relevant einzuordnen. Er misst den sportlichen Regelungswerken lediglich eine ordnende Funktion bei[710] und gelangt zu dem Ergebnis, dass Sportregeln nicht als Erkenntnisquelle dafür herhalten können, ob und wann nach gefestigter Auffassung der am Sportleben Beteiligten allein schon der Verstoß gegen die sportliche Regel als unlauter im geschäftlichen Verkehr anzusehen ist.

Erforderlich für die Annahme der Sittenwidrigkeit i. S. d. damaligen § 1 UWG a. F. sei deshalb das Vorliegen besonderer wettbewerbsrelevanter Umstände, insbesondere das eines ungerechtfertigten Vorsprungs im Wettbewerb[711]. Entscheidender Umstand sei das Streben nach Verbesserung der Wettbewerbssituation mit Hilfe unzulässiger Mittel bzw. unzulässigen Verhaltens. Dass der sportliche Konkurrent sich einen Vorsprung im Wettbe-

---

705 *Frisinger/Summerer*, GRUR 2007, 554 (556).

706 *Fischer*, EuZW 2002, 297 (298).

707 S. hierzu etwa die Straftatbestände § 14a Rechtsordnung (RO) *DHB* in der Fassung vom 07.01.2012, abrufbar unter http://www.dhb.de/fileadmin/redakteure/03_downloads/Rechtsordnung07012012.pdf (Stand: 10.02.2012) und § 6a Rechts- und Verfahrensordnung *DFB*.

708 *Köhler/Bornkamm/Baumbach*, UWG, § 4 Rn. 11.29; *Gerlinger*, Der Verstoß gegen sportliche Regelwerke und unlauterer Wettbewerb, S. 103.

709 *Gerlinger*, Der Verstoß gegen sportliche Regelwerke und unlauterer Wettbewerb, S. 116 ff.

710 *Gerlinger*, Der Verstoß gegen sportliche Regelwerke und unlauterer Wettbewerb, S. 117.

711 *Gerlinger*, a. a. O., S. 123.

werb durch Regelverstöße verschafft, könne dem Mitbewerber nicht zugemutet werden[712]. Gerade die treuwidrige Verletzung der von redlichen Mitbewerbern eingehaltenen Regeln, d. h. die Ausnutzung deren Redlichkeit, mache den Vorsprung ungehörig und das Verhalten unlauter. Da sich sportlichen Regelwerken keine Auffassung über die Wertung von Regelverstößen im geschäftlichen Verkehr entnehmen lässt, sei im Einzelfall nach einem sachlich nicht gerechtfertigten Regelvorsprung zu fragen[713].

3. Fazit

Legt man die Ergebnisse *Gerlingers* der hier untersuchten Konstellation der Spielmanipulationen zugrunde, ergibt sich, dass zumindest die Fälle, in denen ein Sportler einer Mannschaft gegnerischen Spielern bzw. der einzelne Athlet seinem Gegner eine Verlustprämie gewährt, um auf diese Weise zum Sieg zu gelangen und sich gegenüber einer anderen (ggf. ebenfalls im Abstiegskampf befindlichen) Mannschaft oder einem im Kampf um eine bessere Platzierung befindlichen Einzelsportler einen Wettbewerbsvorteil zu verschaffen, von dem Gesetz gegen den unlauteren Wettbewerb erfasst werden könnten. Dass die verletzte Verbandsnorm, die verbindlich das „Marktverhalten" der Sportler regelt, keine Rechtsnormqualität i. S. d. § 4 Nr. 11 UWG hat, dürfte nicht weiter schädlich sein, da § 4 UWG seinem Wortlaut nach nicht abschließend formuliert ist und die Verletzung untergesetzlicher Regeln, insbesondere wenn die Regel für die Sportausübung geradezu prägend ist, eine gleichermaßen unlautere geschäftliche Handlung darstellt. Auch nach der Neufassung des § 3 UWG wäre das UWG bei entsprechenden Auswirkungen auf den konkreten sportlichen Wettkampf zumindest mit seinen zivilrechtlichen Abwehr- und Ersatzansprüchen (§§ 8, 9 UWG) zur Eindämmung einzelner Konstellationen der Wettbewerbsverzerrung durch Spielmanipulationen geeignet und als wirksames Mittel anzusehen.

II. Zivilrechtliche Ansätze zur Bekämpfung von Sportbetrügereien

Zivilrechtlich noch weitergehender wird vereinzelt eine Vertragsstrafenabrede vorgeschlagen, die zukünftig Veranstalter großer und lukrativer Sportveranstaltungen mit den teilnehmenden Geschäftspartnern und Sportlern treffen sollen. Die Abrede soll eine entsprechende Verwirkung bei der Feststellung unerlaubter Absprachen beinhalten[714].

---

712 *Gerlinger*, a. a. O., S. 123.

713 *Gerlinger*, a. a. O., S. 123.

714 *Fischer*, NJW 2005, 1028 (1029).

Selbst wenn eine solche Abrede im Wege eines Formularvertrages oder als Allgemeine Geschäftsbedingung i. S. d. §§ 305 ff. BGB vereinbart werden würde, könnten daran keine durchgreifenden Wirksamkeitszweifel, insbesondere im Hinblick auf § 309 Nr. 6 BGB geltend gemacht werden, denn die Vertragsstrafe benachteilige und übervorteile niemanden, sondern habe die von der Rechtsordnung und (Sport-)Öffentlich-keit gewünschte und angestrebte „echte" sportliche Leistung zum Ziel[715]. Wird die Vertragsstrafe verschuldensunabhängig ausgestaltet, habe sie den weiteren Vorteil, dass sie nicht den spezifischen Nachweisproblemen des schuldakzessorischen Strafrechts unterworfen ist[716].

Ein weiterer Ansatzpunkt ist – wie es zwar im Banken-, Börsen- und sonstigen Finanzbereich im Zusammenhang mit Insider-Geschäften mittlerweile üblich bzw. zwingend und was bis vor kurzem im Bereich der (Profi-)Sports kaum vorstellbar gewesen ist –, sog. „Complianceregeln", d. h. spezielle Verhaltensregeln und -kodizes zu implementieren, die einen Rahmen für ein rechtmäßig erwartetes Verhalten in und um das Arbeitsverhältnis abgeben[717]. Gleichwohl es schwierig ist, eine korrupte Sportart zu bessern, zeigen Beispiele aus dem Bereich der allgemeinen Korruptionsbekämpfung (beispielsweise die öffentlichen Verwaltungen von Hongkong und Singapur), dass eine relativ rasche und deutliche Veränderung der Korruptionsmentalität mit glaubwürdigen Maßnahmen möglich ist[718]. Die Institutionen dort haben derartige Complianceregeln erarbeitet, die Manipulation als Sportstraftatbestand definiert und Aufklärungsmaterial zusammengestellt, das aufzeigte, dass korruptes Verhalten eine schlechte Ausnahme darstellt[719].

Nachdem die *Europäische Kommission* in dem im Juli 2007 veröffentlichten „Weißbuch Sport[720]" feststellte, dass Korruption, Geldwäsche und andere Formen von Wirtschaftskriminalität den Sport sowohl auf lokaler als auch auf nationaler und internationaler Ebene bedrohen, kam die *FIFA* zu der Erkenntnis, dass ihr zumindest international die besondere Verantwortung zukomme, die Integrität und den Ruf des weltweiten Fußballs sicherzustellen, weshalb sie im Jahre 2004 den „Code of Ethics[721]" entwickelte und im Jahr 2006 nochmals überarbeitete.

---

715 *Fischer*, NJW 2005, 1028 (1029).

716 *Fischer*, NJW 2005, 1928 (1029).

717 *Fischer*, NJW 2005, 1028 (1029); *Maennig*, in: *von Arnim* (Hrsg.), Korruption und Korruptionsbekämpfung, S. 81 (110); *Becker*, F.A.Z. v. 14.04.2010, S. 28.

718 *Maennig*, in: *von Arnim* (Hrsg.), Korruption und Korruptionsbekämpfung, S. 81 (110).

719 *Maennig*, in: *von Arnim* (Hrsg.), Korruption und Korruptionsbekämpfung, S. 81 (110).

720 *Kommission der Europäischen Gemeinschaften*, Weißbuch Sport, abrufbar unter http://ec.europa.eu/sport/white-paper/the-2007-white-paper-on-sport_en.htm (Stand: 11.02.2012).

721 Vgl. II. Rules of conduct, No. 11 Bribery, abrufbar unter http://www.fifa.com/mm/document/affederation/administration/50/02/82/efsdcodeofethics_web.pdf (Stand: 11.02.2012).

Neben Vertragsstrafenregelungen in den Arbeitsverträgen werden auch Abführungspflichten auf individualrechtlicher Ebene zur Abschöpfung von unberechtigten Gewinnen oder heimlichen Prämien vorgeschlagen[722] – für den Fall, dass § 299 StGB wegen des Fehlens des Tatbestandsmerkmals „Bevorzugung" keine Anwendung finden kann.

722 *Fischer,* NJW 2005, 1028 (1029).

D.
Stellungnahme

Ausgangspunkt der Diskussion de lege ferenda war die These, das Strafrecht habe der direkten Sportkorruption nichts entgegenzusetzen. Keines der von den Befürwortern und Gegnern eines neuen Straftatbestands ins Feld geführten Argumente kann alleinige Richtigkeit für sich beanspruchen; vielmehr gilt es, die aufgestellten Thesen in strafrechtlicher und kriminalpolitischer, aber auch verfassungsrechtlicher Hinsicht kritisch zu hinterfragen und die aufgezeigten Argumente zu gewichten.

In der Gesamtbetrachtung vermögen die Argumente gegen einen spezifischen Straftatbestand nicht zu überzeugen: Es ist nicht einzusehen, warum sich ein bestechender oder bestochener Sportler nicht strafbar machen soll. Der Sportler ist Zentralfigur des Manipulationsgeschehens: Er entscheidet letztlich darüber, ob er bewusst seine Leistung zurückhält und den Wettbewerb verzerrt und er ist auch derjenige, der den Profit daraus zieht. Ohne das unlautere Handeln des Athleten im Wettkampf funktioniert auch das System einer Wettmafia nicht. Nochmals – Profisport ist heutzutage „Big Business[723]", in dem der Profisportler seinen Sport als Beruf ausübt. Es können hier keine anderen Gesetze gelten als auch im übrigen Wirtschaftsleben. Warum sollte der Geltungsanspruch des Rechts in der kommerzialisierten Sportwelt nicht greifen?

Der Hinweis auf das aus einer Beschuldigtenstellung der Sportlers folgende Schweigerecht (§§ 55, 136 StPO) und eine damit verbundene Erschwerung der Verfolgung der Hintermänner ist nicht zu befürchten[724]. Bei Inkrafttreten des in Rede stehenden Sportschutztatbestands kann der bestechende oder bestochene Sportler zwar nicht mehr als Zeuge vernommen werden. Da es aber bei der derzeitig bestehenden gesetzlichen (Nicht-) Regelung ebenso wenig zu einer Zeugenaussage des Sportler kommt, da eine solche die Einleitung eines Ermittlungsverfahrens voraussetzt, würde sich mit einem neuen Straftatbestand der Ist-Zustand nicht verschlechtern. Hinzu kommt, dass die Erfahrungen im Bereich des Betäubungsmittelgesetzes ebenso wie die Beichten reuiger Dopingsünder zeigen, dass die Kooperationsbereitschaft steigt, wenn der Täter selbst strafrechtlich belangt werden kann.

Eher weit hergeholt ist auch die Behauptung, der Zugriff des Strafrechts auf den Sportler selbst führe zu einem Beweisverwertungsverbot der im

723 *Fischer*, NJW 2005, 1028.

724 Vgl. hierzu bereits in der schon länger geführten Dopingdiskussion *König*, JA 2007, 573 (576).

sportgerichtlichen Verfahren erlangten Erkenntnisse. Nach der Rechtsprechung des BVerfG, insbesondere gerade die von den Kritikern angeführte „Gemeinschuldnerentscheidung[725]", kommt ein Beweisverwertungsverbot nur bei einer staatlich angeordneten Mitwirkungspflicht der beschuldigten Sportler in Betracht[726], nicht aber bei der hier in Rede stehenden freiwilligen Mitwirkung der Sportler vor und während des sportgerichtlichen Verfahrens.

Umgekehrt ist aber auch keine Einschränkung der Sportgerichtsbarkeit zu befürchten. Vielmehr laufen beide Verfahren parallel: Während die Sportgerichte nach Maßgabe der Sportregelwerke entscheiden, das sportgerichtliche Verfahren sich nach dem Zivilrecht richtet und die Sanktionsmöglichkeiten (vorteilhaft) vielfältig sind, erfordert das staatliche Verfahren den Nachweis eines vorsätzlichen Verhaltens des Sportlers nach strafrechtlichen Grundsätzen und stehen dem staatlichen Strafrecht Geld- oder Freiheitsstrafe als mögliche Sanktionen zur Verfügung. Sportgerichtsbarkeit und staatliche Strafgerichte unterscheiden sich daher in den Voraussetzungen des jeweiligen Tatbestands, dem Verfahren und den Sanktionen. Die Gerichtsbarkeiten beeinträchtigen sich weder gegenseitig noch stehen sie in einem inneren Bedingungszusammenhang[727].

Zuzugeben ist, dass der Sport als solcher keine normierbare Institution[728], der Schutz allgemeiner Sportausübung kein taugliches Rechtsgut ist. Sinnstiftende Elemente des Sports sind aber der Wettbewerb, die natürliche Leistung und die Regelwerke des sportlichen Mit- und Gegeneinander. Erst die Regelungen der Leistungserbringung im Wettkampf geben den Maßstab für den sportlichen Vergleich vor; sie machen den Kern aus. Wird der Wettbewerb im kommerzialisierten Profisport-Bereich, in dem Spitzensportler mittlerweile mehr verdienen als mittelständische Unternehmen[729], durch unlautere sportliche Handlungen verzerrt, gilt es diesen in gleicher Weise zu schützen wie den – wie im Folgenden noch zu zeigen sein wird – vergleichbaren marktwirtschaftlichen Wettbewerb. Eine Qualifizierung des sportlichen Wettbewerbs als institutionelles Rechtsgut ist deshalb nur naheliegend.

Keineswegs befindet man sich „im Bereich von Moral und Unmoral, sondern bei [einem] handfesten Rechtsgut[730]", dem sportlichen Wettbewerb. Allgemeine Aspekte des Sportethos werden hierdurch zwar indirekt mitgeschützt, sie allein machen als moralische Gebote jedoch noch kein Rechts-

725 BVerfGE 56, 37 ff.

726 *König*, JA 2007, 573 (576).

727 *Prokop*, SpuRt 2006, 192 (193).

728 *Heger*, SpuRt 2007, 153 (154).

729 S. hierzu bereits die Beispiele im Zweiten Kapitel A. II. 4.

730 *König*, SpuRt 2010, 106 (107).

gut aus; vielmehr sind sie (nur) Teil der Spiel- und Wettkampfordnungen und Regelwerke.

Was die Bedenken in verfassungsrechtlicher Hinsicht betrifft, erkennen die Kritiker eines neuen Straftatbestands zu Recht, dass die durch Art. 9 GG verfassungsrechtlich gewährleistete Autonomie des Sports in erster Linie die Freiheit vor dem Einfluss des Staates bedeutet. Erst wenn Rechte Dritter oder der Allgemeinheit beeinträchtigt werden, besteht Anlass für staatliche Regelungen[731].

Die Frage ist jedoch, ob diese Grenze zwischen Staat und Sport zum Nachteil des Sports verschoben werden würde, wenn Letzterer seine Rolle in der Sanktionierung von Spielmanipulationen abgeben müsste. Das wäre sicherlich nicht der Fall. Es ist zwar zuzugeben, dass eine einschlägige staatliche Intervention Autonomierechte des Sports beschränken würde[732]. Dies wäre allerdings gerechtfertigt. Die bisherige erfolglose Bekämpfung der Spielmanipulationen zeigt, dass der Profisport diese Geißel nicht mehr alleine bekämpfen kann. Der Preis, den er hierfür bezahlt, ist hoch und besteht im Verlust der Glaubwürdigkeit der im Sport erbrachten Leistungen, mithin **seiner** Glaubwürdigkeit[733]. Mit der bloßen Begründung des Autonomieverlustes darf ein Sportschutzgesetz jedenfalls nicht abgelehnt werden[734].

Vielmehr gilt es, ein angemessenes Verhältnis zwischen Sportautonomie und den Grundprinzipien der Rechtsordnung zu finden. Erst wenn von Staats wegen in den „Wesensgehalt der Selbstregulierungsbefugnisse[735]" des Sports eingegriffen wird, mithin die Funktionsfähigkeit des Sports nicht mehr gewährleistet ist, wäre die Sportautonomie verletzt. Ein staatliches Sportschutzgesetz würde zu einer solchen Verletzung des Wesensgehalts jedoch nicht führen. Da auch die aufgezeigten Alternativen zu einem neuen Straftatbestand – von den zivilrechtlichen Abwehr- und Ersatzansprüchen nach dem UWG, die aber eher als flankierende Maßnahmen zu betrachten sind, einmal abgesehen – keine geeigneten und wirksamen Mittel einer Korruptionsbekämpfung darstellen, ist es für den Sport deshalb ratsam, seine Grenze zu öffnen und bei der Eindämmung der Spiel- und Wettkampfabsprachen mit dem Staat zu kooperieren oder – um es in der Sprache des Sports auszudrücken – mit diesem „einen Doppelpass zu spielen", da letztlich die einzig wirksame Möglichkeit zur Kriminalitätsprävention im Zusammenwirken zwischen Sport und Strafverfolgung zu sehen ist.

---

731 *Wüterich/Breucker*, Das Arbeitsrecht im Sport, S. 71.

732 *Wax*, in: *Kämmerer* (Hrsg.), An den Grenzen des Staates, S. 41 (65).

733 *Prokop*, SpuRt 2006, 192; *Wax*, in: *Kämmerer* (Hrsg.), An den Grenzen des Staates, S. 41 (65).

734 So auch schon *Wax*, in: *Kämmerer* (Hrsg.), An den Grenzen des Staates, S. 41 (66), zur Einführung eines deutschen Anti-Doping-Gesetzes.

735 *Vieweg/Röthel*, ZHR 2002, 6 (15).

E.
Fazit

Das deutsche Strafrecht kennt keinen speziellen Straftatbestand zum Schutz vor Korruption im Sport. Neben den allgemeinen strafrechtlichen Regelungen, die für die direkte Sportkorruption nicht einschlägig sind[736], ist die Bekämpfung der direkten Sportkorruption bislang der Regelungsautonomie der Sportverbände überlassen.

Nur durch den „Glücksfall[737]" des Wetthintergrunds und der dadurch beeinträchtigten Vermögensinteressen des Wettveranstalters war es möglich, dass das Strafrecht im Fall *„Hoyzer"* zum Einsatz kam. Bei der direkten Sportkorruption wie im „Bundesligaskandal 1970/71" oder im Fall des *„THW Kiel"* bestand und besteht immer noch keine Möglichkeit für strafrechtliche Ermittlungen und Verurteilungen – das bisherige Strafrecht ist im Bereich der direkten Sportkorruption vielmehr ein „stumpfes Schwert[738]": Der Tatbestand der Bestechlichkeit und Bestechung im geschäftlichen Verkehr nach § 299 StGB wird die direkte Sportkorruption deshalb nie erfassen, weil seine Anwendbarkeit schon am fehlenden Merkmal des Bezugs von Waren oder gewerblichen Leistungen scheitert. Der Betrugstatbestand dagegen vermag nicht den Unwertgehalt der direkten Sportkorruption abzubilden. Deren strafwürdiges Unrecht ist der direkte Angriff auf den sportlichen Wettbewerb – dieser ist jedoch kein von § 263 StGB geschütztes Rechtsgut.

Vor diesem Hintergrund erscheint es notwendig, über die Schaffung eines neuen spezifischen Straftatbestands nachzudenken, der unlautere Handlungen im kommerziellen Bereich des professionellen Sports ebenso unter Strafe stellt wie dies bereits im wirtschaftlichen Wettbewerb der Fall ist.

---

736 S. dazu die Untersuchung im Dritten Kapitel C. III.

737 *Rössner*, in: FS Mehle, S. 567 (577).

738 *Fischer*, NJW 2005, 1028.

Fünftes Kapitel
Schaffung eines spezifischen Straftatbestands zum Schutz des Wettbewerbs im professionellen Sport

Im Folgenden soll untersucht werden, wie ein neu einzufügender Straftatbestand ausgestaltet werden könnte. Zunächst werden die Kriterien für die Neukriminalisierung von Handlungen dargestellt (A.), bevor diese Voraussetzungen staatlicher Pönalisierungsbefugnis auf den neuen Tatbestand übertragen, Anmerkungen und Überlegungen zu einigen bereits unterbreiteten Gesetzesvorschlägen und im europäischen Ausland schon existierenden Sportschutzgesetzen angestellt werden und abschließend ein eigener Gesetzesvorschlag vorgestellt wird (B.).

A. Schaffung eines neuen Tatbestands im Strafrecht

Mit der direkten Sportkorruption ist ein in derartiger Intensität und Häufigkeit bislang unbekanntes Phänomen aufgetaucht, das als gesellschaftlich unerwünscht angesehen wird und das in der Folge den Ruf nach dem Strafgesetzgeber laut werden ließ, was durchaus berechtigt ist, denn Aufgabe des Rechts im Allgemeinen ist es, das menschliche Zusammenleben zu regeln, und Aufgabe des Strafrechts im Besonderen ist es, elementare Rechtsgüter des Einzelnen und/oder der Allgemeinheit zu schützen[739].

I. Methode der Strafgesetzgebung

Der strafgesetzgeberische Entscheidungsprozess kann in zwei Phasen gegliedert werden. Zunächst fragt sich der Strafgesetzgeber, ob das Verhalten überhaupt „missbilligt" werden kann (was bei Verhaltensweisen, über deren strafrechtliches Verbot diskutiert wird, nur selten problematisch sein dürfte), ob und in welchem Umfang er ein bislang sanktionsloses Verhalten unter Strafe stellen soll und wenn ja, ob der Erlass des Strafgesetzes den strengen Anforderungen in einem Rechtsstaat genügt: Diese bestehen aus dem Erfordernis eines den Einsatz des Strafrechts rechtfertigenden Rechtsguts, der Sozialschädlichkeit des Verhaltens sowie strafrechtstheoretischen Erwägungen über das Strafbedürfnis[740].

Die nachfolgende zweite Phase beinhaltet die Technik der Strafgesetzgebung, d. h. die Beachtung semantischer, gesetzessystematischer und verfassungsrechtlicher Fragen. Das zuvor für richtig erachtete Ergebnis muss nun in Gesetzesform gegossen werden[741]. Der Gesetzeswortlaut soll nur, aber auch alle für strafwürdig und strafbedürftig erkannten Handlungsweisen erfassen und soll knapp, bestimmt und allgemeinverständlich formuliert sein[742]. Letztlich soll die Strafrechtsnorm sinnlogisch aufgebaut und systematisch richtig platziert werden.

---

739 *Jescheck/Weigend*, Strafrecht AT, § 1 III, S. 7; *Günther*, JuS 1978, 8 (9).

740 *Kudlich*, JA 2007, 90; *König*, JA 2007, 573; *Schattmann*, Betrug des Leistungssportlers im Wettkampf, S. 157.

741 *Günther*, JuS 1978, 8.

742 *Günther*, JuS 1978, 8; *Dury*, SpuRt 2005, 137 (138).

II. Rechtsgüterschutz

Strafrecht ist das „Schutzrecht" des Staates zum Zwecke der Aufrechterhaltung von Sicherheit und Ordnung und der Gewährleistung des friedlichen Zusammenlebens der Gesellschaft und zielt demnach auf den Rechtsgüterschutz[743]. Die Forderung nach einem fassbaren Rechtsgut ist in der deutschen Strafrechtsdogmatik weit verbreitet[744]. Der Strafgesetzgeber darf demnach ein Verhalten nur dann unter den besonderen Schutz des Strafrechts stellen, wenn es als sozial wertvoll anerkannte Rechtsgüter des Einzelnen wie etwa Leib, Leben, Eigentum und Freiheit oder der Allgemeinheit wie z. B. die Grundlagen staatlichen Zusammenlebens, öffentliche Ordnung, Währung, Rechtspflege, Religion, Wettbewerb oder Umwelt verletzt oder gefährdet. Strafrechtlichen Tatbeständen liegt deshalb immer ein Rechtsgut zugrunde, da materieller Kern und Bezugspunkt aller rechtlichen Verbote und Gebote stets zu schützende Güter oder Werte sind[745]. Bei der Frage der inhaltlichen Bestimmung des Rechtsgutsbegriffs ist das Rechtsgut nicht etwa als etwas Greifbares, sondern vielmehr als gedankliches Gebilde zu verstehen; dementsprechend wird es definiert als „vergeistigter ideeller Wert[746]" oder als „rechtlich geschützter abstrakter bzw. ideeller Wert[747]."

Ob der Rechtsgutsbegriff tatsächlich die ihm von einem Teil der Wissenschaft zugeschriebene Effektivität dieser sich aus dem Strafrechtszweck selbst ergebenden Begrenzung der Kriminalisierungsmöglichkeiten und damit Leistungsfähigkeit[748] hat, wird nicht einheitlich beurteilt. Dies liegt vor allem daran, dass kein allgemein anerkannter Rechtsgutsbegriff existiert und dass die Definition dessen, was als Rechtsgut gelten kann, von einem so hohen Abstraktionsgrad geprägt sein muss[749], dass man mit Phantasie und rhetorischem Geschick praktisch immer ein Rechtsgut formulieren kann,

743 *Günther*, JuS 1978, 8 (9).

744 Vgl. statt vieler aus der Rechtsprechung nur BVerfGE 45, 187 (253) sowie aus der Literatur *Roxin*, Strafrecht AT I, § 2 Rn. 2 ff.; *ders.*, in: *Hefendehl* (Hrsg.), Empirische und dogmatische Fundamente, S. 135; *Baumann/Weber/Mitsch*, Strafrecht AT, § 3 Rn. 10; *Jescheck/Weigend*, Strafrecht AT, § 1 III, S. 7; *Rönnau*, JuS 2009, 209.

745 Schönke/Schröder/*Lenckner/Eisele*, StGB, Vorbem. zu den §§ 13 ff. Rn. 9.

746 *Baumann/Weber/Mitsch*, Strafrecht AT, § 3 Rn. 18.

747 *Jescheck/Weigend*, Strafrecht AT, § 26 I, S. 257.

748 *Roxin*, in: FS Hassemer, S. 573 (579), zufolge leistet der Rechtsgutbegriff Erhebliches: *„Er schließt reinen Moralismus (…), weil niemandes Entfaltungsmöglichkeiten dadurch beeinträchtigt werden, ebenso aus wie einen harten Paternalismus. Der Rechtsgutsgedanke lässt auch keinen reinen Gefühlsschutz zu, bei dem schon die Hervorrufung unerwünschter Anblicke mit Strafe bedroht wird."*; *ders.*, Strafrecht AT I, § 2 Rn. 13–50.

749 S. *Roxin*, Strafrecht AT I, § 2 Rn. 7: *„Rechtsgüter sind Gegebenheiten oder Zwecksetzungen, (…), die für die freie Entfaltung des Einzelnen, die Verwirklichung seiner Grundrechte und das Funktionieren eines auf dieser Zielsetzung aufbauenden staatlichen Systems notwendig sind."*

über dessen Gewicht sich dann streiten lässt bzw. dessen Vorhandensein man abzulehnen in der Lage ist[750].

Die Gegner des Rechtsgutskonzepts halten die Aufgabe, eine akzeptable Rechtsgutsdefinition zu finden, für unlösbar[751] bzw. sehen die Aufgabe des Strafrechts nicht im Rechtsgüterschutz, sondern in der Verhinderung eines Normgeltungsschadens[752]. Die Kritiker des Rechtsgutskonzepts wollen das moderne Strafrecht auf ein streng an den Individualrechtsgütern orientiertes „Kernstrafrecht" reduzieren und stehen damit allen Kriminalisierungen bei neu auftretenden sozialen Missständen (Wirtschaft, Umwelt, Korruption, automatische Datenverarbeitung, Terrorismus) ablehnend gegenüber[753]. Dem ist zwar zuzugeben, dass das Strafrecht kein „Allheilmittel" für jede neue gesellschaftlich unerwünschte Entwicklung ist; andererseits darf eine bloße Begriffsreduzierung des Rechtsguts nicht dazu führen, dass zwar Delikte gegen das Leben, die körperliche Unversehrtheit oder Eigentums- und Vermögensdelikte unter Strafe gestellt sind, während die moderne, weiterentwickelte technische Kriminalität der Umwelt- und Wirtschaftsdelinquenten unbehelligt bleibt[754].

Grundforderung für die Legitimation eines Tatbestands muss sein, dass sich das Strafrecht auf besonders sozialschädliches Verhalten zu beschränken hat und deshalb nur die elementaren und eindeutig bestimmbaren Individual- und Universalgüter und -werte in den Rang strafrechtlich geschützter Rechtsgüter gehoben werden. Die Kunst besteht deshalb darin, den Kern des Rechtsgutsbegriffs zu erhalten und gleichzeitig illegitime Neukriminalisierungen, die nur ideologische oder symbolische Zielsetzungen haben wie etwa gesetzgeberische Wertbekenntnisse, Gesetze mit moralischem Appellcharakter, Ersatzreaktionen des Gesetzgebers, Kompromissgesetze[755] oder lediglich willkürliche Strafdrohungen, unmoralische Verhaltensweisen und solche beinhalten, die gesellschaftliche Tabus brechen und zu keiner Rechtsgutsverletzung führen, auszuklammern, ohne dabei den Blick auf die einem immer rascheren Wandel unterworfenen Wertvorstellungen der

---

750 *König*, JA 2007, 573; Schönke/Schröder/*Lenckner/Eisele*, StGB, Vorbem. zu §§ 13 ff. Rn. 10.

751 *Stratenwerth*, in: FS Lenckner, S. 377 ff.

752 So *Androulakis*, in: FS Hassemer, S. 271 (273). Eine stark vertretene Gruppe im Schrifttum (Nachweise bei *Roxin*, Strafrecht AT I, § 2 Rn. 103 ff., 120) zieht auch die Eignung des Rechtsguts als Gradmesser für Neukriminalisierungen in Zweifel. Auch im europäischen Ausland findet man keine vergleichbare Rechtsgutsdiskussion im Vorfeld einer Neukriminalisierung, was dazu führt, dass bei den Beratungen in den Gremien der Europäischen Union, die das deutsche Strafrecht immer mehr beeinflussen, das Rechtsgut immer seltener von Bedeutung ist, vgl. hierzu *Vogel*, GA 2002, 517 (530).

753 *Hassemer*, NStZ 1989, 553 (557).

754 *Rössner*, in: FS Mehle, S. 567 (572); *Bannenberg/Rössner*, in: *Weinreich* (Hrsg.), Korruption im Sport, S. 214 (219).

755 So genannt von *Hassemer*, NStZ 1989, 553 (554); *Diez Ripollés*, ZStW 113 (2001), 516 (532).

Gesellschaft und daraus resultierenden Gefahren für neue Rechtsgüter zu verlieren.

Für den Gesetzgeber ist die ständige Rechtsprechung des BVerfG zur Zulässigkeit des Rechtsgüterschutzes durch das Strafrecht entscheidend. Danach sind verfassungsrechtlich zulässige, gewichtige Zwecke es wert, strafrechtlich geschützt zu werden, weshalb zu fragen ist, ob von den Verhaltensweisen Gefahren für das öffentliche Interesse ausgehen[756]. Das BVerfG differenziert bei Neukriminalisierungen von Verhaltensweisen nicht graduell zwischen dem Schutz von Individual- und Universalrechtsgütern; es unterstreicht vielmehr die Notwendigkeit eines ausreichenden Gemeinschafts- und Sozialbezugs für die Zulässigkeit des Strafrechtsschutzes[757].

1. Finanzielle Förderung des Sports als Universalinteresse

Nach einer Auffassung[758] rücken die Interessen der Allgemeinheit in den Kreis der Schutzgüter eines künftigen Straftatbestands, wenn man den Blick auf die Vergabe öffentlicher Mittel zur Förderung eines manipulationsfreien Sports richtet[759]. Noch einen Schritt weiter gehend, könnte man sogar behaupten, das Engagement des Staates ziele auf die Einhaltung einer Art „sportlichen Reinheitsgebots[760]“, das die generelle Manipulationsfreiheit im Sport umfasst. Es scheint jedoch zweifelhaft, ob ein solches staatliches Vorhaben – sofern man das „sportliche Reinheitsgebot“ überhaupt einem schützenswerten Rechtsgut gleichstellen will – eine Strafbarkeit begründen kann; anderenfalls wäre in Zukunft jede Mittelvergabe im Rahmen der Sportförderung, die den Zielen und Zwecken des Gesetzgebers zuwiderläuft, bei dieser Betrachtung sozialschädlich.

2. Gesellschaftliche Vorbildfunktion des Sports

Den Rang eines strafrechtlich schützenswerten Rechtsguts könnte möglicherweise die gesellschaftliche Vorbildfunktion des Sports erreichen. Durch die weitere Duldung der Gefahr von Manipulationen sportlicher Wettkämpfe würde man in Kauf nehmen, dass bislang auf ehrliche Art und Weise Sport treibende Kinder und Jugendliche dem Druck des unlauteren Verhaltens nachgeben und sich ihren sportlichen Vorbildern entsprechend ebenfalls abweichend verhalten.

---

756 *Rössner*, in: FS Mehle, S. 567 (572).

757 BVerfGE 80, 244 (255 f.); 88, 203 (257); 90, 145 (184); 92, 277 (327).

758 *Cherkeh/Momsen*, NJW 2001, 1745 (1751).

759 Dem Sport fließen jährlich Millionenbeträge zu. Der Staat gewährt dem Sport Organisations- und Kommunikationshilfen, unterstützt die Sportverbände bei ihren Bewerbungen um die Ausrichtung internationaler Wettkämpfe und bei deren Durchführung, baut und unterhält Sportstätten und gewährleistet die Sicherheit bei Großveranstaltungen sowie Steuererleichterungen, vgl. *Steiner*, NJW 1991, 2729 (2731).

760 *Steiner*, NJW 1991, 2729 (2734).

Der Sport ist zwar als „Kulturgut und Sozialisationsinstanz für Jugend und Gesellschaft[761]" von hoher Bedeutung. Auch in Art. 165 Abs. 1 AEUV werden im Rahmen der Förderung des europäischen Sports dessen soziale und pädagogische Funktionen hervorgehoben. Allerdings wird die Eignung dieser gesellschaftlichen Vorbildfunktion als strafrechtliches Schutzgut zu Recht ebenso häufig in Frage gestellt wie eine integrative Funktion des Sports[762]. Das staatliche Strafrecht beschränkt sich nach dem rechtsstaatlichen Prinzip der Subsidiarität auf den Schutz elementarer Rechtsgüter, die für das gesamtgesellschaftliche Leben bedeutend sind. Diesen unterfallen aber nicht lediglich besondere soziale Funktionen eines Bereichs der Gesellschaft, die – wie der Sport – für Teile des Zusammenlebens wichtig sind.

3. Sportethische Aspekte

In der stark emotionalen Diskussion betreffend die Schaffung eines neuen Tatbestands und gleichzeitig eines zu schützenden Rechtsguts fällt auf, dass diese vor allem die zentralen sportethischen Begriffe der natürlichen Leistung, Fairness, Chancengleichheit, Glaubwürdigkeit und des Gesundheits- und Vermögensschutzes umfasst. Eine im Schrifttum vertretene Ansicht[763] will den strafrechtlichen Schutz sogar durch die Einführung des generellen Rechtsguts des „Sportethos" mit den zuvor genannten Grundpfeilern des Sports als einzelne Elemente erweitern.

Im Übrigen wird jedoch – soweit ersichtlich – ausnahmslos die Ansicht vertreten, vom Staat könne man nicht verlangen, dass dieser die sportethischen Vorstellungen und Zielsetzungen der Vereine und Verbände mit den ihm zur Verfügung stehenden Mitteln durchsetze[764]. Diese allgemeinen Aspekte des „Sportethos" verkörpern moralische Werte, die durch das Strafrecht gerade nicht geschützt werden. Beispielsweise ist der Aspekt der Fairness zwar Teil der Wettkampfordnungen, jedoch keine ethische Vorgabe, wonach ein Sportler ein fairer Verlierer sein soll. Die Eckpfeiler des Sports sind ein hohes sportliches Gut, aber kein staatliches Rechtsgut. Hinzu kommt, dass ein mit dem dehnbaren Begriff „Sportethos" überschriebenes

---

761 *Bannenberg*, SpuRt 2007, 155 (156). *Steiner*, NJW 1991, 2729 (2733), spricht bei der Vorbildfunktion des Leistungssports von „Transferwirkungen zwischen Leistungssport und Breitensport."

762 *Steiner*, NJW 1991, 2729 (2733); *Mestwerdt*, SpuRt 1997, 119 (120); *Schattmann*, Betrug des Leistungssportlers im Wettkampf, S. 158.

763 *Cherkeh/Momsen*, NJW 2001, 1745 (1747 f. und 1751), in der Diskussion zur Schaffung eines Straftatbestands im Rahmen der Doping-Bekämpfung.

764 *Rechtskommission des Sports gegen Doping*, Abschlussbericht, S. 35; *Steiner*, NJW 1991, 2729 (2733); *Mestwerdt*, SpuRt 1997, 119 (120); *Kudlich*, SpuRt 2010, 108; *Valerius*, in: FS Rissing-van Saan, S. 717 (729); *Schück*, Olympisches Feuer 1/2005, 13 (14); *Bannenberg/Rössner*, in: *Weinreich* (Hrsg.), Korruption im Sport, S. 214 (216).

Schutzgut zu unbestimmt und damit nicht geeignet ist, ein strafrechtliches Rechtsgut zu begründen.

4. Rechtsgut des sportlichen Wettbewerbs

Im Vorfeld der Schaffung eines letzten Endes doch nicht gefassten Anti-Doping-Tatbestands wurde bereits auf Parallelitäten und gemeinsame Schnittmengen des marktwirtschaftlichen und sportlichen Wettbewerbs aufmerksam gemacht[765]. Angesichts der momentan schon bestehenden Vermischung von sportlichem und wirtschaftlichem Wettbewerb wird vorgeschlagen, Letzteren als Vorbild bei der Schaffung eines Rechtsguts für den spezifischen Straftatbestand zum Schutz des Wettbewerbs im Sport heranzuziehen[766] und wettbewerbsverzerrende Manipulationen jedenfalls im marktwirtschaftlich orientierten Profi- und Leistungssport in gleichem Maße wie in der Wirtschaft als Angriff auf den freien Wettbewerb zu werten[767]. Dieser Ansatz bildet nach dem vorstehend Geprüften und Festgestellten die einzig verbleibende Möglichkeit, ein Rechtsgut zum Schutz des Wettbewerbs im Sport zu begründen.

Die bereits oben[768] konstatierte, vereinzelt mögliche Erfassung von Spielabsprachen durch das UWG lässt zumindest auf eine Parallelität zwischen marktwirtschaftlichen Wettbewerbsverstößen und leistungssportlichen Wettbewerbsverfälschungen[769] schließen. Fraglich ist nur, ob sich diese Parallelen tatsächlich an einigen Anhaltspunkten festmachen lassen.

Die Frage nach dem Schutzzweck des UWG, deren Beantwortung für das Verständnis und die Auslegung der lauterkeitsrechtlichen Vorschriften maßgebliche Bedeutung hat, richtet sich zum einen auf die Bestimmung des Personenkreises, dessen Schutz das Wettbewerbsrecht bezweckt; zum anderen zielt sie auf die Bestimmung der Interessen, die Gegenstand dieses Schutzes sind. Schutzsubjekte sind nach heutigem, durch § 1 UWG gesetzlich fixierten Verständnis nicht nur die Mitbewerber, sondern auch die Verbraucher, die sonstigen Marktteilnehmer und die Allgemeinheit[770]. Schutzgut des UWG ist demnach der Lauterkeitsschutz, d. h. die Sicherstellung „lauterer", nämlich wirtschaftlich-ethischer Verhaltensstandards im Wettbewerb.

Der bei einem spezifischen Straftatbestand zum Schutz des Wettbewerbs im professionellen Sport geschützte Personenkreis würde aus den mitkonkurrierenden Berufssportlern, Mannschaften und Vereinen bestehen und wäre deshalb mit dem durch das Wettbewerbsrecht geschützten Kreis vergleichbar. Schutzobjekt eines zukünftigen spezifischen Straftatbestands

765 *Cherkeh/Momsen*, NJW 2001, 1745 (1750 ff.).
766 *Digel*, in: *Digel* (Hrsg.), Doping im Sport, S. 1 (25).
767 *Bannenberg/Rössner*, in: *Weinreich* (Hrsg.), Korruption im Sport, S. 214 (220).
768 S. Viertes Kapitel C. I.
769 *Faber*, Doping als unlauterer Wettbewerb und Spielbetrug, S. 63.
770 *Ohly/Sosnitza*, UWG, § 1 Rn. 2.

wäre, wie auch im Wettbewerbsrecht, der lautere Wettbewerb – ein erster Anhaltspunkt für die Ähnlichkeit des lauteren wirtschaftlichen Wettbewerbs mit dem lauteren sportlichen Wettbewerb kann demnach festgehalten werden.

Ein weiterer Hinweis auf die Vergleichbarkeit beider Wettbewerbe ist, dass beide keinen umfassenden Schutz bieten. So zielen die §§ 298, 299 StGB jeweils nur auf bestimmte Vorgänge im Wettbewerb. Diese Delikte sollen die Funktionsfähigkeit des marktwirtschaftlichen Systems nur in bestimmten Ausprägungen des freien Wettbewerbs schützen[771], denn dahinter steht letztlich die marktwirtschaftliche Gesellschaftsordnung als Ganzes, für welche das Funktionieren des Wettbewerbs von grundlegender Bedeutung ist. Hält man solche „Teilkriminalisierungen[772]" für zulässig, zeigt sich eine weitere Gemeinsamkeit mit dem sportlichen Wettbewerb: Kodifiziert man einen spezifischen Tatbestand zum Schutz des sportlichen Wettbewerbs, ginge es ebenso nur um dessen partiellen Schutz, nämlich um die Gewährleistung von Bedingungen für das Funktionieren des Systems Sport, mithin um den Schutz der Funktionsfähigkeit des sportlichen Wettbewerbs an sich, nicht dagegen um den Schutz bestimmter oder gar aller Vorgänge im sportlichen Wettbewerb.

Im marktwirtschaftlichen Wettbewerb ist die unternehmerische Entscheidungsfreiheit nur so lange maßgebend, als ihr Gebrauch nicht zur Vermachtung der Märkte und damit zur Beseitigung oder Selbstzerstörung des Wettbewerbs und der Freiheit anderer Marktteilnehmer führt[773]. Wie bei der Beseitigung des Wettbewerbs durch Submissionsabsprachen, droht auch dem Sport die Selbstzerstörung durch Spiel- und Wettkampfabsprachen. Wenn die Fundamente des sportlichen Wettbewerbs, bestehend aus dem sinnstiftenden Leistungs- und Rekordprinzip, der Chancengleichheit, Fairness und natürlicher Leistung, wanken – vor allem ein durch wettbewerbsverzerrende Absprachen übersteigertes Leistungsprinzip und eine nicht mehr vorhandene Chancengleichheit stellen den sportlichen Wettbewerb in Frage – und wenn die Funktionsfähigkeit dieses Systems nicht mehr gewährleistet ist, kann dies als ein Prozess der Selbstzerstörung gedeutet werden. Bei den manipulativen Wettkampf- und Spielabsprachen handelt es sich auch nicht um bloße Regelverstöße, deren Ziel nicht die gänzliche Verdrängung der Mitkonkurrenten, sondern der Sieg im Leistungsvergleich[774], dem Wettkampf, ist. Durch einen Regelverstoß wird der Wettbewerb zwar beeinflusst[775], aber nicht bestandsgefährdend zum Erliegen

771 So schützt § 298 StGB beispielweise (nur) die Funktionsfähigkeit des Ausschreibungsverfahrens, Schönke/Schröder/*Heine*, StGB, Vorbem. zu den §§ 298 ff. Rn. 2.

772 So *Hefendehl*, Vermögensgefährdung und Expektanzen, S. 279.

773 *Köhler/Bornkamm/Baumbach*, UWG, Einleitung Rn. 1.14.

774 *Gerlinger*, Der Verstoß gegen sportliche Regelwerke und unlauterer Wettbewerb, S. 87.

775 *Gerlinger*, Der Verstoß gegen sportliche Regelwerke und unlauterer Wettbewerb, S. 87.

gebracht, denn mit solchen Erscheinungsformen kommt der Sport noch selbst zurecht. Wettkampf- oder Spielabsprachen begründen aber für sich allein betrachtet oder in Verbindung mit zu erwartendem gleichartigen Verhalten der mitkonkurrierenden Einzelsportler oder Mannschaften die ernstliche Gefahr, dass der Leistungswettbewerb in der einzelnen Sportart erheblich eingeschränkt wird, weil solche Absprachen als gesellschaftlich unerwünscht angesehen werden und sie auf diese Weise die Strukturen des Wettbewerbs und damit dessen Funktionsfähigkeit und Bestand an sich gefährden.

Es wäre allerdings verfehlt, die schleichende Selbstzerstörung des sportlichen Wettbewerbs allein an den manipulativen Spiel- und Wettkampfabsprachen festzumachen, denn hierzu tragen systematisches Doping, die Manipulation technischer Spielbehelfe, die Sportgerätemanipulation und Verstöße gegen technische Bestimmungen gleichermaßen bei. Darüber hinaus dürfte der bloße Hinweis auf die drohende Gefährdung der Strukturen des Sports die Schaffung eines neuen Tatbestands zum Schutz des sportlichen Wettbewerbs allein nicht rechtfertigen.

Letztlich werden bei der Einführung eines spezifischen Straftatbestands zum Schutz des sportlichen Wettbewerbs in gleicher Weise wie im Vorfeld der Einführung des § 298 StGB kritische Stimmen zu vernehmen sein. Diese werden argumentieren, dass aus der Tatsache, dass (nur) der sportliche Wettbewerb als solcher beeinträchtigt werde, sich nicht herleiten lasse, dass dieser auch strafrechtlich zu schützen sei[776]. Der Wettbewerb stelle zwar das leitende Grundprinzip der deutschen Wirtschaftsverfassung dar; bei dem Angriff auf ihn handele es sich aber nicht um einen Angriff gegen ein individuelles, gar grundrechtlich hervorgehobenes Rechtsgut wie Leib, Leben, Freiheit oder Eigentum, sondern um einen solchen gegen ein überindividuelles, „durch Normen konstituiertes geistiges Gebilde[777]". Wird in funktionierende Wettbewerbsbedingungen eingegriffen, so sei damit noch nicht gesagt, dass ein sozialschädliches Verhalten vorliege, das automatisch die Strafwürdigkeit des Verhaltens begründe[778]. Damit dieser Rechtsgutsbeeinträchtigung der Charakter einer Straftat zukomme, müsse ein weiteres Strafwürdigkeitselement hinzutreten[779].

Diese Argumentation lässt sich nur allzu leicht auf die Schaffung des Rechtsguts des sportlichen Wettbewerbs übertragen. Sieht man in den Beeinträchtigungen der Chancengleichheit und natürlichen Leistung und damit des sportlichen Wettbewerbs als originäre Merkmale des Sports Eingriffe in die Funktionsbedingungen und den ordnungsgemäßen Ablauf

776 *Oldigs*, wistra 1998, 291 (294).
777 *Otto*, wistra 1999, 41 (42).
778 *Otto*, wistra 1999, 41 (42).
779 *Otto*, wistra 1999, 41 (42).

sportlicher Wettbewerbe[780], bedürfte es zur Begründung einer Strafbarkeit noch anderer Anhaltspunkte, die das Verhalten als strafwürdig erscheinen lassen. Zum einen steht man insoweit bei der Schaffung eines kollektiven Rechtsguts denselben Schwierigkeiten wie damals bei der Aufstellung des Rechtsguts „freier Wettbewerb" gegenüber; zum anderen gilt es wiederum die Grundsatzfrage zu beantworten, ob es Aufgabe des Strafrechts ist, ein solches „Eigensystem[781]" wie den sportlichen Wettbewerb zu schützen[782].

Der Gesetzgeber hat die vergleichbare Frage im Zuge der Einführung des § 298 StGB schon einmal zugunsten des Schutzes des Systems „marktwirtschaftlicher Wettbewerb" entschieden und vornehmlich mit generalpräventiven Erwägungen begründet. Der freie wirtschaftliche Wettbewerb ist zwischenzeitlich als schützenswertes Rechtsgut anerkannt[783]. Der Rechtsgüterschutz durch das Strafrecht ist nicht zwingend auf den Schutz der Individualrechtsgüter beschränkt. Strafrechtlich schützenswert sind auch kollektive Rechtsgüter, soweit von dem betreffenden Verhalten Gefahren ausgehen, die ein besonderes öffentliches Interesse tangieren[784]. Die Kodifizierung der Bestechlichkeit und Bestechung im sportlichen Wettbewerb dient weder der Durchsetzung bloßer Moralvorstellungen noch ist deren Begehung angesichts der Verzerrung der auf natürlicher und nicht durch bewusste Zurückhaltung der Leistung basierender Wettbewerbschancen auf wirtschaftlichen Gewinn der Einzelsportler oder Mannschaften keine Bagatelle, sondern diese Verhaltensweisen beeinträchtigen den ordnungsgemäßen Ablauf des sportlichen Wettbewerbs und wirken sich verheerend auf die Sportkultur im Bewusstsein der Gesellschaft aus[785], so dass ein tangiertes öffentliches Interesse behauptet werden kann.

Insoweit ist festzustellen, dass beide „Systeme" – marktwirtschaftlicher und sportlicher Wettbewerb – was den geschützten Personenkreis, das Schutzgut und die drohende Selbstzerstörung anbelangt, aber auch im Hinblick darauf, dass das Wettbewerbsrecht allein beiden keinen umfassenden Schutz liefert, vergleichbar sind und – parallel zur damaligen Kodifizierung von bestimmten Handlungsweisen zum Schutz des wirtschaftlichen Wettbe-

780 *Schattmann*, Betrug des Leistungssportlers im Wettkampf, S. 171.

781 *Schattmann*, Betrug des Leistungssportlers im Wettkampf, S. 171.

782 *Goll*, in: *Justizministerium Baden-Württemberg* (Hrsg.), Sport und Recht, S. 7 (15) erachtet es sogar als eine „Pflicht des Staates, sich schützend vor den Wettbewerb zu stellen."; *Mailänder*, in: FS Geiß, S. 605 (606) bezeichnet den Sport in Bezug auf die Gewährleistung der wirtschaftlichen Verwertung der beruflich erbrachten Leistung des Sportlers als „wirtschaftliches Rechtsgut."

783 BT-Drs. 13/5584, S. 9; Schönke/Schröder/*Heine*, StGB, Vorbem. zu den §§ 298ff. Rn. 2; *Fischer*, StGB, § 298 Rn. 6; NK-StGB/*Dannecker*, § 298 Rn. 11ff.; *Lackner/Kühl*, StGB, § 299 Rn. 1; LK-*Tiedemann*, StGB, § 298 Rn. 1ff.

784 *Rechtskommission des Sports gegen Doping*, Abschlussbericht, S. 36; *Rössner*, in: FS Mehle, S. 567 (572).

785 *Bannenberg/Rössner*, in: *Weinreich* (Hrsg.), Korruption im Sport, S. 214 (221).

werbs bzw. daran orientiert – auch die Pönalisierung eines bestechlichen oder bestechenden Sportlers, Trainers, Funktionärs und eines bestechenden Dritten zum Schutz des sportlichen Wettbewerbs gerechtfertigt ist.

Die Schutzbedürftigkeit des sportlichen Wettbewerbs wird durch eine weitere Überlegung untermauert: Der Gesetzgeber verbietet es in dem seit 1998 geltenden und 2007 erweiterten § 6a AMG, Arzneimittel zu Dopingzwecken im Sport in den Verkehr zu bringen, zu verschreiben oder bei anderen anzuwenden und stellt Verstöße hiergegen in § 95 Abs. 1 Nr. 2 lit. a) AMG unter Strafe. Auf den ersten Blick scheint der Gesetzgeber allein den legitimen Zweck des Gesundheitsschutzes des (möglicherweise) dopenden Sportlers zu verfolgen, denn die Tathandlungen sind nur dann strafbewehrt, wenn sie zu Dopingzwecken gerade im Sport erfolgen. Dieselben leistungssteigernden Medikamente kann ein Arzt jedoch einem anderen Menschen, der keinen Profi- oder auch Freizeitsport betreibt, nach geltendem Recht straflos verschreiben. Diese Differenzierung wäre allerdings nicht nachvollziehbar, würde das Gesetz lediglich auf den Gesundheitsschutz zielen, denn die Gesundheit eines Normalbürgers ist nicht weniger schützenswert als die eines Sportlers[786]. Demnach zielt die Vorschrift im AMG nicht nur auf den Gesundheitsschutz; vielmehr steht der sportliche Wettbewerb auch bereits bei dieser Norm als weiteres Schutzgut daneben.

Zusammenfassend kann festgehalten werden, dass es sich bei dem sportlichen Wettbewerb um ein Rechtsgut handelt, das – wie aus § 95 Abs. 1 Nr. 2 lit. a) AMG zu schließen ist – bereits Schutzrichtung einer Norm geworden ist, dessen Schutz aufgrund der bestehenden Parallelen zum mittlerweile anerkannten Rechtsgut des wirtschaftlichen Wettbewerbs gerechtfertigt ist und das sich angesichts der in Frage stehenden Glaubwürdigkeit und zugleich Zukunftsfähigkeit des Sports auch zu schützen lohnt.

III. Sozialschädlichkeit

Aufgrund der festgestellten Vergleichbarkeit der Rechtsgüter des freien marktwirtschaftlichen und des sportlichen Wettbewerbs kann sich die Einführung des Letzteren zwar an dem bereits bestehenden Ersteren orientieren; mit der anerkannten Existenz des Rechtsguts des marktwirtschaftlichen Wettbewerbs allein kann jedoch die Einführung eines Rechtsguts, das spezifisch den leistungssportlichen Wettbewerb betrifft, nicht begründet werden. Nimmt man nach den vorstehenden Erkenntnissen die Existenz des Rechtsguts des sportlichen Wettbewerbs an, bedarf es zur Begründung eines spezifischen Straftatbestands allerdings auch der Feststellung, dass das diesen sportlichen Wettbewerb beeinträchtigende Verhalten, das mit Strafe bedroht werden soll, auch sozialschädlich ist. Denn hätte ein strafbewehrtes Verhal-

786 Vgl. *König*, JA 2007, 573 (574).

ten nicht sozialschädliche Folgen, würde die Kriminalisierung dieser Verhaltensweisen ihren Zweck verfehlen.

Im wirtschaftlich geprägten Profisport ist davon auszugehen, dass bei wettbewerbsverzerrenden Spiel- und Wettkampfabsprachen sowohl für den Einzelsportler als auch für die Mannschaften und Vereine sowie für die mit den Sportlerpersönlichkeiten verbundenen Wirtschaftssysteme wie Sponsoren, Veranstalter oder auch die Sportförderung die Schwelle von der bloßen Bagatellbeeinträchtigung zur Sozialschädlichkeit durch bewusstes Eingreifen in den ordnungsgemäßen Ablauf eines sportlichen Wettbewerbs bereits weit überschritten ist[787]. Gerade die gezielte Beeinflussung, Steuerung und Chancenverschiebung eines ansonsten auf natürlicher sportlicher Leistung, Zufall und Chancengleichheit beruhenden Sportwettkampfs führt zu enormen Schäden der Veranstalter, Sponsoren, aber auch der mitkonkurrierenden Sportler und Mannschaften, die, ohne im Vorfeld Absprachen getroffen zu haben, an den Start gegangen sind und aufgrund der wettbewerbsverfälschenden Spiel- oder Wettkampfergebnisse ihres „materiellen oder immateriellen Potentials[788]" beraubt sind. In einem wirtschaftsstarken Umfeld wie dem des professionellen Sports hat es sich – wie einige aufgedeckte Fälle belegen[789] – gezeigt, dass sich kriminelle Strukturen vom Sportler selbst über Trainer, Betreuer und Funktionäre bis hin zu Dritten herausbilden, welche den Wettbewerb nach außen hin abschotten und für ihre unlauteren Vorteile ausnutzen. Zugleich würde ein Nichteinschreiten gegen den Wettbewerb verzerrende Manipulationen im Profisport auch das Recht des lauteren Athleten auf Berufsausübung gemäß Art. 12 Abs. 1 GG beeinträchtigen[790].

Insgesamt gesehen schränken die Bestechlichkeit und Bestechung der am sportlichen Wettbewerb teilnehmenden Sportler, Funktionäre oder Dritten allein schon aufgrund der großen drohenden Schäden die Vermarktung der Sportart und die Berufsausübung der Sportler[791] ein und werden folglich als sozialschädlich betrachtet. Mit der Aufnahme eines neuen Straftatbestands zum Schutz des sportlichen Wettbewerbs in das Kernstrafrecht soll das Bewusstsein der Gesellschaft geschärft werden, dass es sich auch bei der Sportkorruption um eine Kriminalitätsform handelt, die nicht lediglich

787 *Schattmann*, Betrug des Leistungssportlers im Wettkampf, S. 172; *Rössner*, in: FS Mehle, S. 567 (574); *Bannenberg/Rössner*, in: *Weinreich* (Hrsg.), Korruption im Sport, S. 214 (222); *Rechtskommission des Sports gegen Doping*, Abschlussbericht, S. 36.

788 *Schattmann*, Betrug des Leistungssportlers im Wettkampf, S. 173.

789 S. Drittes Kapitel A. I. 1., 2., 3., 4., B. I. 1. und C. I. 1. und 2.

790 *Rössner*, in: FS Mehle, S. 567 (574); *Bannenberg/Rössner*, in: *Weinreich* (Hrsg.), Korruption im Sport, S. 214 (222), jeweils zur vergleichbaren Beeinträchtigung bei der Einnahme wettbewerbsverfälschender Dopingmittel.

791 *Rössner*, in: FS Mehle, S. 567 (574); *Bannenberg/Rössner*, in: *Weinreich* (Hrsg.), Korruption im Sport, S. 214 (222); *Rechtskommission des Sports gegen Doping*, Abschlussbericht, S. 36.

sportinterne Bereiche betrifft, sondern „Ausdruck eines allgemein sozialethisch missbilligten Verhaltens[792]“ ist.

IV. Strafbedürfnis

Die Kriminalisierung eines Verhaltens ist nur dann angezeigt, wenn dieses der Strafe bedarf[793]. Ein derartiges Strafbedürfnis setzt voraus, dass die Kriminalstrafe das einzige Mittel darstellt, um das als sozialschädlich erkannte Verhalten zu unterbinden und hierfür nicht andere, weniger einschneidende, aber gleich effektive oder sogar besser wirkende Maßnahmen zur Verfügung stehen[794]. Bei dem Einsatz des Strafrechts handelt es sich stets um die schärfste dem Gesetzgeber zur Verfügung stehende Waffe, weshalb die Kriminalisierung eines Verhaltens immer an der letzten Stelle in der Reihenfolge des gesetzgeberischen Maßnahmenkatalogs steht[795] und weshalb zunächst zu klären ist, ob nicht vorrangig mildere Möglichkeiten bestehen.

1. Verbandsrechtliche Sanktion als milderes Mittel

Bereits zuvor[796] wurde festgestellt, dass eine Sanktion nach § 263 StGB ausscheidet, weil es nur in der Konstellation eines Wetthintergrunds und der dadurch beeinträchtigten Vermögensinteressen des Wettveranstalters möglich ist, dass der Betrugstatbestand zum Einsatz kommt. Dieser vermag den Unwertgehalt der direkten Sportkorruption nicht abzubilden, denn deren Unrecht ist der direkte Angriff auf den sportlichen Wettbewerb – dieser ist jedoch kein von § 263 StGB geschütztes Rechtsgut.

Die unter *ultima ratio*-Gesichtspunkten einzig verbleibende Möglichkeit könnte deshalb die interne Sportgerichtsbarkeit sein. Trotz sich von der Kriminalstrafe unterscheidender Zielrichtung und Schutzzwecke könnte sie mit ihren eigenen vielfältigen Sanktionsmöglichkeiten ein geeignetes Mittel zur Bekämpfung der Spiel- und Wettkampfmanipulationen darstellen. Voraussetzung einer effektiven Korruptionsbekämpfung und Anwendung der Verbandsstrafen[797] ist aber, dass die zu sanktionierende Spiel- oder Wett-

792 BT-Drs. 13/5584, S. 15.

793 *Günther*, JuS 1978, 8 (11).

794 *Hamann*, Grundgesetz und Strafgesetzgebung, S. 27; *Günther*, JuS 1978, 8 (11).

795 *Günther*, JuS 1978, 8 (11).

796 S. Drittes Kapitel B. IV.

797 Macht sich ein Spieler der Spielmanipulation schuldig, können gemäß § 6a Nr. 2 Rechts- und Verfahrensordnung *DFB* i. V. m. § 44 Nr. 2 Satzung *DFB* als Strafen (auch nebeneinander) u. a. Verwarnungen, Geldstrafen bis zu 100.000,00 €, Sperren für Pflichtspieltage, Ausschluss auf Zeit oder auf Dauer, die Aberkennung von Punkten oder die Versetzung in eine tiefere Spielklasse verhängt werden. § 14a Rechtsordnung (RO) *DHB* in der Fassung vom 07.01.2012, abrufbar unter http://www.dhb.de/fileadmin/redakteure/03_downloads/Rechtsordnung07012012.pdf (Stand: 11.02.2012) sieht hierfür Sperren bis zu vier Jahren und/oder eine Geldstrafe bis zu 10.000,00 € vor.

kampfabsprache überhaupt festgestellt und die Täter überführt werden, wofür eine konsequente Ermittlung und Aufklärung erforderlich ist.

Ob die Anstrengungen der Verbände zur Korruptionsbekämpfung ausreichen, mag bezweifelt werden. Die vor einigen Jahren aufgeworfene Frage, ob die Selbstreinigungskräfte des Sports lückenhaft sind[798], ist mittlerweile eindeutig zu bejahen. Nunmehr zeigt sich nämlich, dass sich im Bereich der Spielmanipulationen und vor allem der Sportwetten grenzüberschreitende kriminelle Strukturen gebildet haben. Die Verbände kämpfen gegen hochentwickelte mafiöse Strukturen, die sich mit ihren Instrumentarien alleine nicht aufdecken lassen[799]. Insbesondere können Sportverbände keine Durchsuchungen anordnen oder Beweismittel beschlagnahmen. Mit welchen Mitteln soll dann ein Sportverband Ermittlungsdruck erzeugen können, der für die Erhöhung des Entdeckungs-, Verfolgungs- und Verurteilungsrisikos entscheidend ist? Der Sport stößt mit seinen Möglichkeiten in der verbandseigenen Sportgerichtsbarkeit an seine Grenzen, denn in der Praxis wird jedenfalls deutlich, dass von einer „Trockenlegung des Korruptionssumpfes“ nicht die Rede sein kann.

Letztlich kann auch der Einwand, ein neuer Sportschutztatbestand sei subsidiär und deshalb schon verfassungsrechtlich nicht durchsetzbar, weil die Autonomie des Sports gewährleiste, dass die „Sportgesetzgebung“ allein Sache der Sportvereine und -verbände sei[800], was gleichzeitig Rechtssetzungsakte des Staates ausschließe, zurückgewiesen werden. Es ist zwar zuzugeben, dass eine einschlägige staatliche Intervention Autonomierechte des Sports beschränken würde[801], was allerdings – angesichts der bislang erfolglosen Bekämpfung der Spiel- und Wettkampfabsprachen und des nicht vorhandenen Schutzes des speziellen Rechtsguts des sportlichen Wettbewerbs durch die verbandsrechtlichen Vorschriften – gerechtfertigt ist, denn die Sportautonomie gilt nicht schrankenlos[802]. Mit dem bloßen Einwand der Subsidiarität aufgrund der Sportautonomie darf ein neues Sportschutzgesetz jedenfalls nicht abgelehnt werden[803].

2. Geeignetheit des Einsatzes des Strafrechts

Grundsätzlich ist jede Strafvorschrift geeignet, ihre Adressaten von der Begehung des pönalisierten Verhaltens abzuhalten. Die Geeignetheit des strafrechtlichen Schutzes zur Durchsetzung des Manipulationsverbots

---

798 *Haas*, F.A.Z. v. 27.02.2004, S. 36.

799 *Rössner*, in: FS Mehle, S. 567 (575); *Rechtskommission des Sports gegen Doping*, Abschlussbericht, S. 36.

800 *Mestwerdt*, SpuRt 1997, 119 (120).

801 *Wax*, in: *Kämmerer* (Hrsg.), An den Grenzen des Staates, S. 41 (65).

802 *Schattmann*, Betrug des Leistungssportlers im Wettkampf, S. 185.

803 S. hierzu bereits Viertes Kapitel D.

ergibt sich sowohl aus individuellen als auch aus allgemeinen Gesichtspunkten:

Individuell betrachtet ist die Möglichkeit, durch Absprachen Einfluss auf den Spielverlauf oder -ausgang sowie auf Wettkampfergebnisse zu nehmen und auf diese Weise ohne ein Mehr an Trainingsaufwand (finanziell) gewinnbringende Erfolge zu erreichen, attraktiv[804]. Stellen sich im Anschluss an diese Handlungsweisen erst einmal Erfolge ein, wird das Verhalten zusätzlich verfestigt[805]. Zu einer effektiven Gegensteuerung bedarf es deshalb einer derartigen Erhöhung der Tatplanungs- und Durchführungskosten wie etwa der Bestechungsgelder durch vermehrte Kontrollen und staatliche Ermittlungen, damit sich der erwartete Nutzen aus dem korrupten Verhalten verringert[806] und der Erfolg sich nicht mehr lohnt.

Hinsichtlich der Wirkung auf die Allgemeinheit lässt die Qualifizierung des Manipulationsverbots als Straftat eine Änderung des Rechtsbewusstseins erwarten. Das in dem strafrechtlichen Verbot zum Ausdruck kommende Unwerturteil des Strafgesetzgebers stimmt mit der allgemeinen Wertüberzeugung der Bürger überein. Je mehr es dem Strafgesetzgeber gelingt, das Strafgesetz den gesellschaftlichen Wertvorstellungen anzugleichen, umso selbstverständlicher werden die Bürger die gesetzlichen Verhaltensnormen innerlich annehmen und sie als verbindliche Verhaltensregeln akzeptieren[807]. Insbesondere Verhaltensweisen, die wie das Verbot der Bestechlichkeit und Bestechung betreffend das Umfeld und den Kernbereich des Sports sozial nicht eingebettet sind, können durch ihre Verankerung im sichtbaren und wahrgenommenen Straftatenkatalog eine höhere Anerkennung und Akzeptanz erreichen[808]. Eben dieser generalpräventive Effekt, der für die faktische Wirksamkeit eines Strafgesetzes so wertvoll ist, wurde gerade beim strafrechtlichen Schutz des Wettbewerbs festgestellt[809], da es sich bei der Entscheidung der potenziellen Täter für und gegen die Bestechlichkeit und/oder die Begehung einer Bestechung stets um eine an einer Kosten-Nutzen-Relation orientierte und damit beeinflussbare Entscheidung handelt[810].

---

804 *Rössner*, in: FS Mehle, S. 567 (575).

805 *Rössner*, in: FS Mehle, S. 567 (575).

806 *Meier*, Kriminologie, § 3 Rn. 18; *Maennig*, Vierteljahreshefte zur Wirtschaftsforschung 73 (2004), 263 (277); *ders.*, in: *von Arnim* (Hrsg.), Korruption und Korruptionsbekämpfung, S. 81 (103).

807 *Günther*, JuS 1978, 8 (11).

808 Vgl. *Rössner*, in: FS Mehle, S. 567 (575) zur parallelen Qualifizierung des Doping-Verbots als Straftat.

809 LK-*Tiedemann*, StGB, § 298 Rn. 8.

810 LK-*Tiedemann*, StGB, § 298 Rn. 8.

V. Strafwürdigkeit

Letztlich stellt die Strafwürdigkeit der als sozialschädlich und strafbedürftig erachteten Verhaltensweise ein weiteres Erfordernis dar, das die Tätigkeit des Gesetzgebers begrenzt. Strafwürdig ist nämlich nicht schon jedes Verhalten, das ein Rechtsgut verletzt oder gefährdet und damit die soziale Ordnung stört; vielmehr müssen sein Unrechtsgehalt und sein Maß an Sozialschädlichkeit besonders massiv und gravierend sein[811]. Denn die für den Täter mit der Kriminalisierung entstehenden Nachteile sind nur dann gerechtfertigt, wenn die Sozialschädlichkeit seines Verhaltens von solchem Ausmaß ist, dass das ihm durch die Kriminalstrafe und die Stigmatisierung als Verbrecher zugefügte Übel aufgewogen wird[812].

Der Rechtsverstoß und die staatliche Reaktion darauf müssen angemessen und verhältnismäßig sein. Der Gesetzgeber kann für die Klärung des Grades der Sozialschädlichkeit und die Bestimmung der Strafwürdigkeit den ihm zustehenden Beurteilungsspielraum nutzen und sich hierbei an der verfassungsrechtlichen Wertordnung orientieren. Grundsätzlich ist es umso eher gerechtfertigt, zur Bejahung der Strafwürdigkeit eines Verhaltens zu gelangen, das ein Rechtsgut verletzt oder gefährdet, je höher der Wert des Rechtsguts von der Verfassung angesetzt wird[813]. Demnach sind die beiden Faktoren des Erfolgs- und Handlungsunrechts des zu beurteilenden Verhaltens für die Bestimmung der Strafwürdigkeit maßgebend: In gleichem Maße, wie geringere Anforderungen an den Handlungsunwert gestellt werden, wenn der Erfolgsunwert hoch angesiedelt ist, muss umgekehrt bei niedrigem Erfolgsunwert das Ausmaß des Handlungsunwerts entsprechend zunehmen[814].

Das Rechtsgut des neuen Straftatbestands wird den sportlichen Wettbewerb im Profisport, genauer das Allgemeininteresse an funktionierenden Bedingungen des professionellen sportlichen Wettbewerbs und damit nicht weniger als dessen leitendes Grundprinzip schützen. Dem Rechtsgut des freien Wettbewerbs, gerade auch in seiner Ausprägung betreffend den sportlichen Wettbewerb, wird zwar ein gewichtiger Verfassungsrang zukommen, aber in der Wertordnung wird es nicht auf gleicher Stufe wie die grundrechtlich hervorgehobenen Individualrechtsgüter Leben, Freiheit und Eigentum zu veranschlagen sein, weshalb seine Verletzungen nur bei einem gesteigerten Grad des Handlungsunwerts strafwürdig sein werden. Der Erfolgsunwert, der durch die Verletzung oder Gefährdung des Rechtsguts des sportlichen Wettbewerbs begründet wurde, vermag demnach zwar keine allzu große Höhe des dabei verwirklichten Unrechts zu bestimmen; der

811 *Günther*, JuS 1978, 8 (12).
812 *Günther*, JuS 1978, 8 (12).
813 Vgl. BVerfGE 39, 1 (42).
814 *Günther*, JuS 1978, 8 (13).

Gesetzgeber kann deshalb auch nicht jede Bestechlichkeit und Bestechung für strafwürdig befinden und kriminalisieren, wohl aber solche mit erhöhtem Handlungsunwert. So ist nicht etwa jedes der soeben genannten Korruptionsdelikte unter Strafe zu stellen, sondern nur dann, wenn der Täter Teilnehmer, Trainer oder Funktionär eines Teilnehmers oder Schiedsrichter eines Sportwettkampfes ist oder wenn ein Dritter jene in Wettbewerbsabsicht besticht[815].

VI. Normverdeutlichende Wirkung

Von einer eindeutigen strafrechtlichen Erfassung der Bestechlichkeit und Bestechung im sportlichen Wettbewerb würde auch eine normverdeutlichende Wirkung ausgehen. Die Gesetzesänderung hätte nicht nur symbolische Wirkung.

Das „symbolische Strafrecht“ bezeichnet Strafnormen, bei denen nicht der Rechtsgutsgedanke und die damit verbundenen Schutzwirkungen Priorität genießen, sondern vielmehr andere Absichten wie Wertesicherung und Pönalisierung bestimmter missbilligter Verhaltensweisen nach außen hin transportiert werden sollen[816]. Das „symbolische Strafrecht“ steht immer dann im Mittelpunkt des Interesses, wenn eine Norm den Eindruck vermittelt, ihre Schaffung ziele nicht darauf, strafwürdiges Verhalten zu erfassen und zu sanktionieren, sondern vielmehr dahingehend, soziale Missstände anzuprangern und vorwiegend appellierend an die Rechtsanwender zu wirken[817]. Die Gefahr des symbolischen Strafrechts besteht zum einen in einer Ablenkung vom eigentlichen Zweck einer Normschaffung, dem Rechtsgüterschutz, hin zu einer „politischen Selbstdarstellung“, so dass das Strafrecht zum „Allheilmittel[818]“ zur Lösung von gesellschaftlichen Problemen werden kann[819].

---

815 Hierauf wird später [s. Fünftes Kapitel B. VIII. 2. h)], wenn das gefundene Ergebnis in Gesetzesform gegossen wird, noch näher eingegangen werden.

816 *Amelung*, ZStW 92 (1980), 19 (55 f.), nennt Beispiele symbolischer Gesetzgebung im StGB: § 130 StGB, §§ 80, 80a StGB, § 203 Abs. 1 StGB und § 220a StGB; *Hassemer*, NStZ 1989, 553 (554 f.) mit einer Klassifizierung verschiedener Erscheinungsformen; *Roxin*, Strafrecht AT I, § 2 Rn. 37; *Diez Ripollés*, ZStW 113 (2001), 516 (518 f., 528 ff.); ausführlich und umfassend dazu *Voß*, Symbolische Gesetzgebung, S. 79 ff., 181 f., 206 ff.

817 *Hamm*, Sonderheft KritV 2000, 56. Hierbei nennt er als Beispiele für symbolisches Strafrecht die 1994 eingeführte Abgeordnetenbestechung in § 108e StGB und § 299 StGB in der Fassung von 1997.

818 Vgl. hierzu schon *Rössner*, Sportbetrug – Neuer Straftatbestand als Allheilmittel?, Frühjahrstagung am 07. Mai 2010 der AG Sportrecht im Deutschen Anwaltverein.

819 *Amelung*, ZStW 92 (1980), 19 (54); kritisch dazu: *Baumann/Weber/Mitsch*, Strafrecht AT, § 3 Rn. 14; *Roxin*, Strafrecht AT I, § 2 Rn. 17 ff.

Dagegen soll die normverdeutlichende Wirkung einer Vorschrift dem Adressaten den sanktionierbaren Unwert der Tat vor Augen führen und darauf hinweisen, was er zu tun oder zu unterlassen hat[820].

Im Rahmen der Einordnung der Pönalisierung der Sportkorruption ist vorweg festzuhalten, dass der Einsatz symbolischer Wirkungen seit jeher Bestandteil des Strafrechts zur Erreichung seiner Ziele ist[821]. Selbst wenn die Gefahr, dass der Leistungswettbewerb in einzelnen Sportarten verzerrt und eingeschränkt wird oder gar die Funktionsfähigkeit des sportlichen Wettbewerbs in Frage steht, zum Anlass einer Gesetzeserweiterung genommen wird, ist nicht von einer nur symbolischen Wirkung dieser Erweiterung auszugehen, solange diese Motive – wie geschehen[822] – nicht zum schützenswerten Rechtsgut des neuen Tatbestands gemacht werden.

Durch eine Gesetzeserweiterung wird eine Normverdeutlichung schon deshalb erreicht, weil nach bisheriger Rechtslage viele den Unwert von Bestechungshandlungen im sportlichen Wettbewerb nicht erkennen, weil ihnen bereits das Unrechtsbewusstsein hierfür fehlt. Indem das Strafrecht das kriminelle Unrecht dieser Verhaltensweisen signalhaft definiert, tritt es potentiellen Tätern normverdeutlichend gegenüber und schärft deren Unrechtsbewusstsein.

VII. Fazit

Nach dieser Analyse besteht für den Gesetzgeber die Möglichkeit und – im Hinblick auf die enorme wirtschaftliche Bedeutung des Leistungssports und die schädlichen Auswirkungen von Spiel- und Wettkampfabsprachen auf die „gesamte Sportkultur[823]“ sogar – die Notwendigkeit, die direkte Sportkorruption im Bereich des wirtschaftlich geprägten Profisports als neue Straftat gegen den Wettbewerb zu kriminalisieren.

Der sportliche Wettbewerb im professionellen Sport ist ein schützenswertes Rechtsgut und in den Fällen der als sozialschädlich erachteten Spiel- und Wettkampfabsprachen stets beeinträchtigt. Bei der Schaffung eines neuen Straftatbestands hat der Gesetzgeber gleichwohl zu berücksichtigen, dass er nicht jegliche Vorsatztat für strafwürdig befinden und unter Strafe stellen darf, sondern nur solche mit gesteigertem Handlungsunwert.

---

820 *Appel*, Verfassung und Strafe, S. 458 ff.

821 *Diez Ripollés*, ZStW 113 (2001), 516 (518).

822 S. Fünftes Kapitel A. II. 4.

823 *Rössner*, in: FS Mehle, S. 567 (577).

B.
Gesetzesvorschläge bzw. bereits existierende (ausländische) Gesetze zur Bestrafung der direkten Sportkorruption als Straftat gegen den Wettbewerb – de lege ferenda

Der unlautere Wettbewerb im kommerziellen Sport wurde in zahlreichen Mitgliedsstaaten bereits couragiert unter Strafe gestellt[824]. Die hiervon in Betracht kommenden Vorschriften anderer Mitgliedsstaaten und eine Reihe von Gesetzesvorschlägen für ein solches Vorhaben in Deutschland sollen zunächst näher betrachtet und analysiert werden, bevor die gefundenen Ergebnisse dem Vorschlag der Verfasserin zugrunde gelegt werden.

824 *Giebel*, CaS 2011, 254 (255). Das italienische Sportbetrugsgesetz (SpBG) kennt bereits seit 1989 das Delikt des Sportbetrugs, vgl. Gesetz (legge) Nr. 401 v. 13.12.1989 (Legge interventi nel settore del gioco e delle scommesse clandestini e tutola della correttezza nello svolgimento di manifestazioni sportive), bekannt gemacht in *Gazzetta Ufficiale della Repubblica Italiana* Nr. 294 v. 18.12.1989. In den Jahren 2009 und 2010 sind in Österreich, vgl. Art. 147 Abs. 1a des österreichischen Strafgesetzbuchs (öStGB), Spanien, vgl. Art. 286bis Abs. 4 des spanischen Strafgesetzbuchs (Código Penal), und Polen, vgl. Gesetz vom Sport v. 25.06.2010, GBl. Nr. 127, Pos. 857, ähnliche Vorschriften in Kraft getreten bzw. wurden die bereits erlassenen Regelungen verschärft. In Großbritannien wurde im Jahr 2005 im *Gambling Act* eine spezifisch auf Wettmanipulationen bezogene Strafvorschrift *(Cheating)* eingeführt, vgl. Art. 42 des *Gambling Act 2005*. Ende März 2011 hat auch die französische Sportministerin *Chantal Jouanno* angekündigt, die Schaffung des Straftatbestands der Sportkorruption *(Délit de corruption sportive)* im französischen Recht prüfen zu wollen, vgl. Pressekonferenz v. 23.03.2011, abrufbar unter http://www.gouvernement.fr/gouvernement/renforcer-la-lutte-contre-la-corruption-dans-le-sport-en-france-et-a-l-international (Stand: 11.02.2012). Schließlich lässt sogar die Antwort der *Europäischen Kommission* v. 29.03.2011 auf die parlamentarische Anfrage Nr. E-001290/2011 einiger Europaabgeordneter erkennen, dass auch die *EU* im Bereich der Manipulationen im Sport auf der Grundlage des Art. 83 AEUV strafrechtlich in Form von Richtlinien intervenieren könnte, vgl. http://www.europarl.europa.eu/sides/getAllAnswers.do?reference=E-2011-001290&language=DE (Stand: 11.02.2012).

I. Gesetz über Maßnahmen im Bereich illegalen Glücksspiels und Wetten zum Schutz des lauteren Ablaufs sportlicher Veranstaltungen (Sportbetrugsgesetz bzw. SpBG[825] – Italien)

Das italienische Sportbetrugsgesetz aus dem Jahr 1989 enthält in den hier allein relevanten Artikeln 1–3 die Kriminalisierung des direkten Sportbetrugs bzw. der direkten Sportkorruption (Art. 1 SpBG), Bestimmungen über das Verhältnis zwischen staatlichen und verbandsrechtlichen Disziplinarverfahren (Art. 2 SpBG) und in Art. 3 SpBG eine Pflicht für Verbandsfunktionäre, Verstöße gegen Art. 1 SpBG bei den Strafverfolgungsbehörden anzuzeigen[826].

1. Wortlaut

Nach Art. 1 Abs. 1 SpGB wird mit Freiheitsstrafe von einem Monat bis zu einem Jahr und mit Geldstrafe von 500.000,00 bis zu 2 Mio. ITL[827] bestraft,

„[1]wer Teilnehmern eines von einem Sportverband, der durch das C.O.N.I.[828], die U.N.I.R.E.[829] oder eine andere staatlich anerkannte sportliche Einrichtung anerkannt ist, ausgerichteten sportlichen Wettbewerbs Geld oder einen sonstigen Nutzen oder Vorteile zu dem Zweck anbietet oder verspricht, ein anderes Ergebnis herbeizuführen, als es bei korrektem und lauterem Verlauf des Wettbewerbs eintreten würde oder wer andere betrügerische Handlungen zu demselben Zweck vornimmt. [2]In minder schweren Fällen kommt nur die Geldstrafe zur Anwendung.“

Spiegelbildlich regelt Art. 1 Abs. 2 SpBG die Strafbarkeit des bestechlichen Wettbewerbsteilnehmers:

„In gleicher Weise wird der Teilnehmer eines Wettbewerbs bestraft, der Geld oder einen sonstigen Nutzen oder Vorteil annimmt oder sich dies versprechen lässt.“

---

825 Gesetz (legge) Nr. 401 v. 13.12.1989 (Legge interventi nel settore del gioco e delle scommesse clandestini e tutola della correttezza nello svolgimento di manifestazioni sportive), bekannt gemacht in *Gazzetta Ufficiale della Repubblica Italiana* Nr. 294 v. 18.12.1989.

826 *Krause*, in: *Vieweg* (Hrsg.), Prisma des Sportrechts, S. 123 (156).

827 Dies entspricht 258,23 € bis 1.032,91 €.

828 *Comitatio Olimpico Nazionale Italiano* (Dachorganisation des italienischen Sports, vergleichbar mit dem *Deutschen Sportbund*).

829 *Unione Nazionale Incremento Razze Equine* (italienischer Dachverband für Pferdezucht und Pferdesport).

2. Anmerkungen

Der sachliche Anwendungsbereich der Vorschrift umfasst nur Wettbewerbe im organisierten Sport. Damit hat der italienische Gesetzgeber sichergestellt, dass nur gelegentlich stattfindende oder örtlich begrenzte Wettbewerbe nicht erfasst werden[830]. Was den persönlichen Anwendungsbereich anbelangt, definieren die einen den Begriff des Teilnehmers enger und sehen davon lediglich die Sportler selbst sowie der oder die Schiedsrichter erfasst, während die anderen auch Trainer, Betreuer, Ärzte und Verbandsfunktionäre für geeignete Adressaten eines Angebots halten. Allerdings wird aufgrund der enormen Einflussmöglichkeiten gerade dieses Personenkreises die Norm teleologisch dahingehend auszulegen sein, dass auch dessen Angehörige als Teilnehmer in Betracht kommen[831].

Die Tathandlungen der Bestechung in Art. 1 Abs. 1 SpBG bestehen im Anbieten oder Versprechen einer Geldzahlung oder eines sonstigen Nutzen und der Vornahme sonstiger betrügerischer Handlungen; die der Bestechlichkeit in Art. 1 Abs. 2 SpBG im Annehmen und Versprechenlassen dieser Vorteile. Abgesehen von Geldzahlungen stellen z. B. Werbe- und Sponsoringverträge sonstige Vorteile dar. Dagegen sind kleinere Geschenke der Vereine an die zuständigen Schiedsrichter, wie es in Italien durchaus üblich ist – solange sie sich in angemessenem Rahmen halten –, nicht erfasst[832]. Unter die Vornahme sonstiger betrügerischer Handlungen nach Art. 1 Abs. 1, 3. Alt. SpBG werden sowohl die Einwirkung auf objektive Umstände wie die Manipulation von Sportgeräten oder Messinstrumenten subsumiert als auch Täuschungen wie etwa die des Schiedsrichters durch seinen Assistenten über eine Abseitsposition[833].

Letztlich erfordert die Verwirklichung der Tatbestände jeweils Vorsatz bezüglich aller objektiven Tatbestandsmerkmale sowie – da geschütztes Rechtsgut der Vorschrift die Lauterkeit des sportlichen Wettbewerbs ist[834] – ein Täterhandeln zu dem Zweck, ein anderes Ergebnis herbeizuführen als es nach dem ordnungsgemäßen Spiel- oder Wettbewerbsablauf eintreten würde, was gleichzeitig Ausdruck dafür ist, dass Art. 1 SpBG als abstraktes Gefährdungsdelikt ausgestaltet ist. Deshalb kann auch die Bestechung eines klar unterlegenen Gegners, um die vielfältigen Unwägbarkeiten, die den Verlauf und das Ergebnis eines sportlichen Wettbewerbs bestimmen, vollends zu beseitigen, tatbestandsmäßig sein. Nicht unter Strafe gestellt ist dagegen die Auslobung von Siegprämien für die eigene Mannschaft, da das Wettkampfverhalten der Spieler in ihrem Streben nach dem Sieg nicht manipu-

830 *Krause*, in: *Vieweg* (Hrsg.), Prisma des Sportrechts, S. 123 (157 f.).
831 *Krause*, in: *Vieweg* (Hrsg.), Prisma des Sportrechts, S. 123 (157).
832 *Krause*, in: *Vieweg* (Hrsg.), Prisma des Sportrechts, S. 123 (157).
833 *Krause*, in: *Vieweg* (Hrsg.), Prisma des Sportrechts, S. 123 (158).
834 *Krause*, in: *Vieweg* (Hrsg.), Prisma des Sportrechts, S. 123 (157).

liert, sondern lediglich angespornt wird. Ein minder schwerer Fall, der nur mit Geldstrafe bedroht ist, soll bei Wettbewerben „von geringerer Relevanz[835]" vorliegen, wobei diese Art der Abgrenzung von Wettbewerben – werden keine transparenten Kriterien zugrunde gelegt – in der Praxis nicht geeignet sein dürfte.

II. Vorschlag der Rechtskommission des Sports gegen Doping[836]

Die *Rechtskommission des Sports gegen Doping* schlug 2005 neben der Einfügung eines neuen § 298a StGB, der näher definierte Verstöße gegen Anti-Doping-Bestimmungen erfassen soll, soweit sie den unmittelbaren Einsatz verbotener Wirkstoffe und Methoden im Wettkampf betreffen, auch die Erweiterung des StGB betreffend die Bestechlichkeit und Bestechung im sportlichen Wettbewerb durch den neuen Spezialtatbestand § 299a StGB vor. *Bannenberg*[837], *Mikolajczyk*[838] und *Rössner*[839] haben mit Ausnahme unterschiedlich hoher Strafdrohungen gleichlautende Regelungen vorgestellt.

1. Wortlaut

„§ 298a Wettbewerbsverfälschungen im Sport

(1) Wer in der Absicht, sich oder einem Dritten einen Vermögensvorteil zu verschaffen, auf den Ablauf eines sportlichen Wettkampfs durch den Einsatz verbotener Mittel zur Leistungssteigerung, mit wissentlich falschen Entscheidungen oder ähnlich schwerwiegenden unbefugten Manipulationen einwirkt, wird mit Freiheitsstrafe bis zu drei Jahren bestraft.

(2) [1]In besonders schweren Fällen ist die Freiheitsstrafe von drei Monaten bis zu fünf Jahren. [2]Ein besonders schwerer Fall liegt in der Regel vor, wenn der Täter

1. gewerbsmäßig oder als Mitglied einer Bande handelt, die sich zur fortgesetzten Begehung von Wettbewerbsverfälschungen nach Abs. 1 verbunden hat,
2. einen Vermögensverlust großen Ausmaßes herbeiführt,
3. seine Vertrauensstellung als Arzt, Trainer, Schiedsrichter oder Funktionsträger missbraucht."

835 *Krause*, in: *Vieweg* (Hrsg.), Prisma des Sportrechts, S. 123 (160).
836 *Rechtskommission des Sports gegen Doping*, Abschlussbericht, S. 38.
837 *Bannenberg*, SpuRt 2007, 155 (157).
838 *Mikolajczyk*, in: *Nolte* (Hrsg.), Doping und Korruption im Sport, S. 25 (35).
839 *Rössner*, in: FS Mehle, S. 567 (577 f.).

„§ 299a Bestechlichkeit und Bestechung im sportlichen Wettkampf

(1) Wer als Teilnehmer oder als Verantwortlicher für die Veranstaltung von Sportwettkämpfen einen Vorteil für sich oder einen Dritten als Gegenleistung dafür fordert, sich versprechen lässt oder annimmt, dass er auf den Ablauf eines sportlichen Wettkampfs mit den Mitteln des § 298a Abs. 1 einwirkt, wird mit Freiheitsstrafe bis zu drei Jahren oder mit Geldstrafe bestraft.

(2) Ebenso wird bestraft, wer zu Zwecken der Beeinflussung eines sportlichen Wettkampfs einem Athleten oder Verantwortlichen für die Veranstaltung einen Vorteil für diesen oder einen Dritten als Gegenleistung dafür anbietet, dass er auf den Ablauf eines sportlichen Wettkampfs mit den Mitteln des § 298a Abs. 1 einwirkt."

2. Anmerkungen

Die vorgeschlagene Norm des § 299a StGB orientiert sich am Tatbestand des § 299 StGB, der Bestechlichkeit und Bestechung im geschäftlichen Verkehr, und wäre systematisch richtig im 26. Abschnitt der „Straftaten gegen den Wettbewerb" verortet.

Kritisch ist anzumerken, dass die Vorschrift keine hinreichende Differenzierung zwischen dem Breiten- oder Freizeitsport und dem Profisport erkennen lässt, so dass die Tendenz zu einer „flächendeckenden Kriminalisierung[840]" besteht. Der Wortlaut schränkt den sachlichen Anwendungsbereich der Norm nicht auf Wettkämpfe im professionellen Sport ein; ihm zufolge ist sogar die geringwertige Bestechung des Schiedsrichters durch den Vater eines jugendlichen Hobby-Fußballspielers, der dadurch der Mannschaft seines Sohnes zum Sieg beim Wochenendturnier verhelfen will, erfasst. Wenn geschütztes Rechtsgut einer zu schaffenden Norm aber nicht die Lauterkeit des sportlichen Wettbewerbs, das sog. „Sportethos", sein soll, sondern der „Sport-(Wirtschafts-)Wettbewerb[841]", kann nur der wirtschaftlich orientierte und geprägte Profisport in Bezug genommen werden.

Ferner dürfte auch im Hinblick auf den Bestimmtheitsgrundsatz der Verweis auf die Mittel des ebenfalls vorgeschlagenen § 298a Abs. 1 problematisch sein. Insbesondere die Formulierung der „ähnlich schwerwiegenden unbefugten Manipulationen", sofern hierdurch auf den ordnungsgemäßen Ablauf eines Sportwettkampfs eingewirkt wird, lässt zum einen im Unklaren, welche Manipulationen im Einzelnen gemeint sind, zum anderen aber auch, wann Verhaltensweisen „ähnlich schwerwiegend" sind wie der Einsatz verbotener Substanzen zur Leistungssteigerung oder wissentlich falsche Entscheidungen. Angesichts der Vielzahl der Handlungsweisen, die unter diese beiden Alternativen zu subsumieren sein werden, und des Erforder-

840 So die abweichenden Ansichten innerhalb der *Rechtskommission des Sports gegen Doping*, Abschlussbericht, S. 39.

841 So *Fritzweiler*, SpuRt 1998, 234 (235).

nisses, die Voraussetzungen der Strafbarkeit so konkret zu umschreiben, dass der Anwendungsbereich und die Tragweite des Tatbestands zu erkennen sind, ist eine Konkretisierung – gleichwohl sie schwer fallen wird – zwingend notwendig[842].

III. Vorschlag *Pragals*[843]

Da die Strafbarkeit wegen Bestechlichkeit und Bestechung derjenigen, die Spiel- und Wettkampfverläufe und -ergebnisse beeinflussen und absprechen, stets nur am Merkmal des „Bezuges" (von Waren oder Dienstleistungen) scheitert, schlug *Pragal* de lege ferenda vor, dass das Merkmal der Bevorzugung beim Bezug von Waren oder gewerblichen Leistungen zukünftig sämtliche rechtserheblichen Entscheidungen des Beauftragten erfassen solle[844].

1. Wortlaut

§ 299 StGB müsste demnach zukünftig folgendermaßen lauten:

„(1) [1]Wer als Angestellter oder Beauftragter eines Anderen einen Vorteil für sich oder einen Dritten als Gegenleistung dafür fordert, sich versprechen lässt oder annimmt, dass er sich zukünftig zugunsten eines Anderen in dieser Funktion bei einer rechtserheblichen Entscheidung beeinflussen lassen werde oder auf eine solche Entscheidung seines Geschäftsherrn Einfluss nehmen werde oder dies bereits getan hat, wird mit Freiheitsstrafe bis zu fünf Jahren oder mit Geldstrafe bestraft. [2]Ebenso wird derjenige bestraft, der kein Angestellter oder Beauftragter eines Anderen ist, wenn im Zeitpunkt der Tat konkrete Umstände dafür sprechen, dass er in absehbarer Zeit Angestellter oder Beauftragter eines Anderen sein wird.

(2) [1]Wer einem Angestellten oder Beauftragten eines Anderen einen Vorteil für diesen oder einen Dritten als Gegenleistung dafür anbietet, verspricht oder ihm oder dem Dritten gewährt, dass dieser sich zukünftig zu seinen Gunsten oder zu Gunsten eines Dritten in dieser Funktion bei einer rechtserheblichen Entscheidung beeinflussen lassen werde oder auf eine rechtserhebliche Entscheidung seines Geschäftsherrn Einfluss nehmen werde oder dies bereits getan hat, wird mit Freiheitsstrafe bis zu fünf Jahren oder mit Geldstrafe bestraft. [2]Ebenso wird derjenige bestraft, der gegenüber einer Person i. S. d. Abs. 1 S. 2 handelt."

842 *Schattmann*, Betrug des Leistungssportlers im Wettkampf, S. 190.

843 *Pragal*, Die Korruption innerhalb des privaten Sektors, S. 201 (203, 209); *ders.*, ZIS 2006, 63 (79).

844 *Pragal*, Die Korruption innerhalb des privaten Sektors, S. 209; *ders.*, ZIS 2006, 63 (79).

2. Anmerkungen

Das Tatbestandsmerkmal des derzeit geltenden § 299 Abs. 1 und 2 StGB der Bevorzugung beim Bezug von Waren oder gewerblichen Leistungen bewirkt in der Tat den völligen Ausschluss sonstiger Entscheidungen[845], was dazu führt, dass einerseits betriebsinterne Vorgänge in Unternehmen wie etwa die Einstellung von Personal oder der Abschluss und die Verlängerung von Lieferverträgen, andererseits – wie bereits festgestellt – die Bestechung eines Sportlers zur Beeinflussung eines Spiel- oder Wettkampfergebnisses oder dessen Verlaufs von der Vorschrift nicht erfasst werden und der Täter straflos bleibt.

Ob die infolgedessen von *Pragal* vorgeschlagene bloße Ersetzung des Merkmals der Bevorzugung beim Bezug von Waren oder gewerblichen Leistungen durch das Merkmal der Beeinflussung bei sämtlichen rechtserheblichen Entscheidungen die Strafbarkeitslücke vollständig schließt, bleibt weiter fraglich. Durch die Änderung des Wortlauts wären zwar nunmehr die soeben genannten Verhaltensweisen in Unternehmen erfasst, die Bestechung und Bestechlichkeit im sportlichen Wettbewerb aber wiederum nur betreffend solche Sportler, die Angestellte oder Beauftragte eines geschäftlichen Betriebes sind. Dies sind Schiedsrichter und professionelle Sportler einer Mannschaftssportart, die für eine komplette Saison verpflichtet sind[846]; nicht jedoch Einzelsportler wie z. B. Tennisspieler oder Leichtathleten, die ihre Trainings- und Wettkampfplanung selbst gestalten und – auch wenn sie mit einem Turnier- oder Wettkampfveranstalter einen Vertrag über Antritts- und Siegprämien schließen – nicht in dessen Betrieb eingegliedert sind und sich nicht in dessen Abhängigkeit begeben[847]. Auch nach der Änderung des Wortlauts wären diese Individualsportler weiterhin straflos, da sie keine tauglichen Täter des vorgeschlagenen § 299 Abs. 1 und keine tauglichen Adressaten des geänderten § 299 Abs. 2 wären.

Deshalb ist darüber nachzudenken, ob anstatt der bloßen Wortlautänderung nicht die ganzheitliche Schaffung eines neuen Spezialtatbestands angezeigt ist, der als Täter den Teilnehmer eines sportlichen Wettkampfes, Trainer, Arzt, Betreuer des Teilnehmers, Schiedsrichter und Funktionsträger konkret benennt.

---

845 *Pragal*, Die Korruption innerhalb des privaten Sektors, S. 203; *ders.*, ZIS 2006, 63 (79).

846 S. hierzu bereits Drittes Kapitel B. III. 1. a).

847 *Wüterich/Breucker*, Das Arbeitsrecht im Sport, S. 106.

IV. Referentenentwurf des Justizministeriums des Freistaats Bayern (Sportschutzgesetz – SportSG)[848]

Nach dem bereits im September 2006 vom Freistaat Bayern in den Bundesrat eingebrachten, aber gescheiterten Entwurf eines Gesetzes zur Bekämpfung des Dopings im Sport[849] unternahm abermals der Freistaat im November 2009 einen neuen Vorstoß zu einem noch umfassenderen Sportschutzgesetz[850].

1. Wortlaut

Unter den identisch aus dem früheren Gesetzesentwurf entnommenen Regelungen enthält – neben den nunmehr vor die Klammer gezogenen Legaldefinitionen (§ 1 SportSG-E) – § 6 SportSG-E die einzige Neuerung in Form eines Bestechungsdelikts im Sport, das der Bestechlichkeit und Bestechung im geschäftlichen Verkehr (§ 299 StGB) nachgebildet ist:

„§ 6 SportSG-E Bestechlichkeit und Bestechung im Sport

(1) Wer als Teilnehmer, Trainer eines Teilnehmers oder Schiedsrichter eines sportlichen Wettkampfes (§ 1 Abs. 5) einen Vorteil für sich oder einen Dritten als Gegenleistung dafür fordert, sich versprechen lässt oder annimmt, dass er das Ergebnis oder den Verlauf eines sportlichen Wettkampfes in unlauterer Weise beeinflusse, wird mit Freiheitsstrafe bis zu fünf Jahren oder mit Geldstrafe bestraft.

(2) Ebenso wird bestraft, wer einem Teilnehmer, Trainer eines Teilnehmers oder Schiedsrichter eines sportlichen Wettkampfes (§ 1 Abs. 5) einen Vorteil für diesen oder einen Dritten als Gegenleistung dafür anbietet, verspricht oder gewährt, dass er das Ergebnis oder den Verlauf eines sportlichen Wettkampfes in unlauterer Weise beeinflusse.

(3) Die Absätze 1 und 2 gelten auch für Handlungen in einem ausländischen Wettkampf.

(4) [1]In besonders schweren Fällen ist die Freiheitsstrafe von sechs Monaten bis zu zehn Jahren. [2]Ein besonders schwerer Fall liegt in der Regel vor, wenn
1. sich die Tat auf einen Vermögensvorteil großen Ausmaßes bezieht,
2. der Täter gewerbsmäßig oder als Mitglied einer Bande handelt, die sich zur fortgesetzten Begehung solcher Taten zusammengeschlossen hat."

---

848 Referentenentwurf des Justizministeriums des Freistaats Bayern v. 30.11.2009 für ein Gesetz zur Bekämpfung des Dopings und der Korruption im Sport, S. 1 ff., abrufbar unter http://www.justiz.bayern.de/imperia/md/content/stmj_internet/ministerium/ministerium/gesetzgebung/entwurf_sportschutzgesetz_30112009.pdf (Stand: 11.02.2012). Art. 1–5 abgedruckt von *o. V.*, SpuRt 2010, 104 f.

849 Vgl. BR-Drs. 658/06.

850 *Kudlich*, SpuRt 2010, 108; *Wegmann*, CaS 2010, 242.

2. Anmerkungen

§ 6 SportSG-E stellt in den Abs. 1 und 2 spiegelbildlich die Tatbestände der Bestechlichkeit im Sport und der aktiven Bestechung eines Teilnehmers, Trainers eines Teilnehmers oder Schiedsrichters unter Strafe.

Während Letztere von jedermann begangen werden kann (der Täterkreis ist nicht auf Wettkampfbeteiligte begrenzt), ist die Bestechlichkeit als Sonderdelikt ausgestaltet. Bestochen werden kann demnach nur der Teilnehmer, Trainer eines Teilnehmers oder Schiedsrichter, der in dieser Eigenschaft an einem sportlichen Wettkampf im Sinne des § 1 Abs. 5 SportSG-E beteiligt ist. Unter einem Teilnehmer ist eine Person zu verstehen, die unmittelbar am Wettkampfgeschehen mitwirkt, indem sie sich mit anderen im Wege eines Leistungsvergleichs misst[851]. Trainer ist nach dem Gesetzesentwurf, wer für den Trainingsablauf, die Aufstellung, die Anleitung oder die Strategie beim Wettkampf zuständig ist. Da unter den Begriff des Schiedsrichters alle Personen fallen, die den Regeln im Wettkampf Geltung verschaffen, sind hiervon auch Kampfrichter und Schiedsrichterassistenten erfasst[852].

Die Tathandlungen der Bestechlichkeit nach Abs. 1 (Fordern, Sich-Versprechen-Lassen oder Annehmen eines Vorteils) sowie die der Bestechung nach Abs. 2 (Anbieten, Versprechen oder Gewähren eines Vorteils) sind dem Tatbestand des § 299 StGB nachgebildet. Zu ihrer Auslegung können deshalb die bestehende Rechtsprechung und Literatur zu § 299 StGB herangezogen werden. Erfasst wird jeweils jeder materielle oder immaterielle Vorteil, der die Lage des Empfängers in irgendeiner Weise verbessert und auf den der Empfänger keinen Anspruch hat[853].

Alle weiteren Tatbestandsmerkmale haben die Abs. 1 und 2 gemeinsam: Sowohl die Bestechlichkeit als auch die Bestechung beziehen sich auf den sportlichen Wettkampf, der in § 1 Abs. 5 SportSG-E als Wettkampf legaldefiniert wird, „an dem Sportler ihres Vermögensvorteils wegen teilnehmen" und der hierdurch den sachlichen Anwendungsbereich der Vorschrift auf den Profisport begrenzt. Dem Referentenentwurf zufolge ist es mit dem Übermaßverbot staatlichen Strafens unvereinbar, wenn auch der gesamte

---

851 Referentenentwurf des Justizministeriums des Freistaats Bayern v. 30.11.2009 für ein Gesetz zur Bekämpfung des Dopings und der Korruption im Sport, S. 1 (25), abrufbar unter http://www.justiz.bayern.de/imperia/md/content/stmj_internet/ministerium/ministerium/gesetzgebung/entwurf_sportschutzgesetz_30112009.pdf (Stand: 11.02.2012).

852 Ebenda.

853 Referentenentwurf des Justizministeriums des Freistaats Bayern v. 30.11.2009 für ein Gesetz zur Bekämpfung des Dopings und der Korruption im Sport, S. 1 (25), abrufbar unter http://www.justiz.bayern.de/imperia/md/content/stmj_internet/ministerium/ministerium/gesetzgebung/entwurf_sportschutzgesetz_30112009.pdf (Stand: 11.02.2012); *Fischer*, StGB, § 299 Rn. 7; SK-StGB/*Stein/Rudolphi*, § 331 Rn. 19.

Breitensport erfasst würde[854]. Die Teilnahme eines Sportlers an einem Sportwettkampf „seines Vermögensvorteils wegen" ist vor allem dann gegeben, wenn der Sportler eine Antritts- und/oder Siegprämie erhält oder Preisgelder für Platzierungen oder das Erreichen bestimmter Runden bei einem Turnier ausgelobt werden. Der Anwendungsbereich soll aber auch dann eröffnet sein, wenn die Teilnahme am Wettkampf/Spiel Hauptleistungspflicht eines entlohnten Arbeitsverhältnisses ist, etwa wenn sich ein professioneller Sportler einer Mannschaftssportart für eine vollständige Spielrunde einem Verein oder ein (Rad-)Rennfahrer für eine Saison einem Rennstall verpflichtet. Auszeichnungen und Preise, die (nur) durch ihren ideellen Wert gekennzeichnet sind, wie z. B. Wimpel, Medaillen und Pokale, sollen keinen Vermögensvorteil darstellen[855].

Es wurde kritisiert, dass sich das Sportschutzgesetz lediglich auf den Profisport beschränke; angesichts weit verbreiteter Dopingpraktiken auch im Breitensport[856] wäre es vielmehr wünschenswert, wenn das Sportschutzgesetz den Bereich des Amateur- und Breitensports mit umfassen würde[857]. Die Begründung dieser kritischen Stimme lässt bereits erkennen, dass sie sich ausschließlich auf die Dopingdelikte im Sportschutzgesetz, insbesondere auf den Sportbetrugstatbestand des § 5 SportSG-E bezieht, der den Sportler mit Strafe bedroht, der bei einem sportlichen Wettkampf ein Dopingmittel im Körper hat. Die Kritik lässt sich jedoch nicht auf das Bestechungsdelikt des § 6 SportSG-E übertragen. Schutzgut einer neu zu schaffenden Norm kann nur das am Rechtsgut des freien wirtschaftlichen Wettbewerbs orientierte Rechtsgut des kommerziell geprägten sportlichen Wettbewerbs sein. Die Kommerzialisierung des Sports, beginnend beim Merchandising über Fernsehübertragungsrechte bis hin zu Ablösesummen, findet nur im professionellen Sport statt – (nur) Profisport ist „Big Business[858]". Will man tatsächlich in einem zukünftigen Tatbestand nicht nur den „Sportsgeist" schützen, darf der Amateur- und Breitensport auch nicht in den Schutzbereich der Vorschrift fallen.

Bei der Legaldefinition des sportlichen Wettbewerbs in § 1 Abs. 5 SportSG-E wurde des Weiteren der Begriff des Vermögensvorteils als prob-

854 Referentenentwurf des Justizministeriums des Freistaats Bayern v. 30.11.2009 für ein Gesetz zur Bekämpfung des Dopings und der Korruption im Sport, S. 1 (25), abrufbar unter http://www.justiz.bayern.de/imperia/md/content/stmj_internet/ministerium/ministerium/gesetzgebung/entwurf_sportschutzgesetz_30112009.pdf (Stand: 11.02.2012).

855 Referentenentwurf des Justizministeriums des Freistaats Bayern v. 30.11.2009 für ein Gesetz zur Bekämpfung des Dopings und der Korruption im Sport, S. 1 (25), abrufbar unter http://www.justiz.bayern.de/imperia/md/content/stmj_internet/ministerium/ministerium/gesetzgebung/entwurf_sportschutzgesetz_30112009.pdf (Stand: 11.02.2012).

856 Vgl. hierzu *Striegel*, Doping im Fitness-Sport, S. 1 ff.

857 *Wegmann*, CaS 2010, 242 (245).

858 *Fischer*, NJW 2005, 1028.

lematisch angesehen, weil er keine trennscharfe Abgrenzung zwischen dem Profi- und Amateursport ermögliche; im Gegenteil, diese sogar erschwere. Zum einen verlaufe die Grenze zwischen den beiden Bereichen oftmals fließend, zum anderen werfe der Begriff des Vermögensvorteils die Frage auf, wie die im Amateursport durchaus üblichen Aufwandsentschädigungen zu bewerten sind[859]. Dieser Kritikpunkt wurde zu Recht vorgebracht: Werden derartige Aufwandsentschädigungen nämlich strikt dem Vermögen des Amateursportlers zugeordnet, wären sie als Vermögensvorteile anzusehen[860]. Dies würde letztlich dazu führen, dass innerhalb des Amateursports nochmals zwischen finanziell unterstützten und nicht unterstützten Sportlern unterschieden werden müsste, was in der Praxis jedoch kaum handhabbar sein dürfte. Ein trennscharfes Kriterium in der Definition des sportlichen Wettbewerbs wäre im Hinblick auf dessen Begrenzung auf den professionellen Sport zwingend notwendig, dürfte aber gleichwohl schwerfallen.

Wie allen Bestechungsdelikten liegt auch der Strafbarkeit nach § 6 SportSG-E der Aspekt einer „regelwidrigen Verknüpfung[861]" von Leistung und Gegenleistung zugrunde. Erforderlich ist eine Unrechtsvereinbarung, die sich auf eine bestimmte, zukünftige Einflussnahme auf den Verlauf oder das Ergebnis des Wettkampfs bezieht oder – bei der Tathandlung des Forderns nach § 299 Abs. 1, 1. Alt. SportSG-E – die auf ihren Abschluss zielende Erklärung[862]. Die Art und Weise der Einflussnahme auf den Wettkampf muss zwar nicht in sämtlichen Einzelheiten festgelegt sein; nicht ausreichend sollen jedoch unspezifische Zuwendungen ohne direkten Bezug zu einer Einflussnahme sowie Zuwendungen sein, die nur vergangene Einflussnahmen belohnen sollen, sofern diese nicht selbst Inhalt einer Unrechtsvereinbarung waren[863]. Schließlich verhindert das Erfordernis der Unrechtsvereinbarung eine zu weit gehende Kriminalisierung[864].

---

859 *Wegmann*, CaS 2010, 242 (245).

860 *Wegmann*, CaS 2010, 242 (245).

861 So *Kudlich*, SpuRt 2010, 108 (109).

862 Referentenentwurf des Justizministeriums des Freistaats Bayern v. 30.11.2009 für ein Gesetz zur Bekämpfung des Dopings und der Korruption im Sport, S. 1 (25), abrufbar unter http://www.justiz.bayern.de/imperia/md/content/stmj_internet/ministerium/ministerium/gesetzgebung/entwurf_sportschutzgesetz_30112009.pdf (Stand: 11.02.2012).

863 Referentenentwurf des Justizministeriums des Freistaats Bayern v. 30.11.2009 für ein Gesetz zur Bekämpfung des Dopings und der Korruption im Sport, S. 1 (25 f.), abrufbar unter http://www.justiz.bayern.de/imperia/md/content/stmj_internet/ministerium/ministerium/gesetzgebung/entwurf_sportschutzgesetz_30112009.pdf (Stand: 11.02.2012).

864 Der Referentenentwurf veranschaulicht dies mit zwei Beispielen aus dem Fußballsport: Strafbar nach § 6 Abs. 1 SportSG-E aufgrund einer getroffenen Unrechtsvereinbarung sind die Spieler einer Mannschaft, die im Hinblick auf laufende Wetten ernsthafte Versuche unterlassen, nach dem Führungstreffer ein weiteres Tor zu erzielen, während Spieler, die nach dem Erzielen des Führungstores gegen einen deutlich unterlegenen Gegner – ohne mit jemandem

Die Unrechtsvereinbarung muss ferner zum Ziel haben, den Verlauf oder das Ergebnis eines sportlichen Wettkampfes unlauter zu beeinflussen. Der Referentenentwurf versteht darunter Einwirkungen, die geeignet sind, sich auf den Verlauf oder das Ergebnis auszuwirken[865]. § 6 SportSG-E ist als Gefährdungsdelikt formuliert, so dass es nicht erforderlich ist, dass die vereinbarte Einflussnahme tatsächlich erfolgreich ist. Die Einflussnahme muss aber in unlauterer Weise erfolgen. Dies ist dann der Fall, wenn sie sich nicht an sachlichen Erwägungen hinsichtlich der Erfordernisse des Wettkampfgeschehens orientiert[866]. Das Tatbestandsmerkmal der unlauteren Beeinflussung schränkt den Anwendungsbereich der Vorschrift dahingehend ein, dass nur die sachwidrige Einflussnahme auf den Spiel- oder Wettkampfverlauf und das Spiel- oder Wettkampfergebnis erfasst wird. So stellt z. B. die Auslobung von Siegprämien durch Sponsoren oder die Vereinsführung kein sachwidriges Motiv dar[867] und bleibt weiterhin straflos.

§ 6 Abs. 1 und 2 SportSG-E verlangen jeweils vorsätzliches Handeln (wobei bedingter Vorsatz genügt) und sehen als Strafdrohung eine Freiheitsstrafe bis zu fünf Jahren oder Geldstrafe vor. Begründet wird die im Verhältnis zu § 299 StGB höhere Strafdrohung mit dem öffentlichen Interesse an der Lauterkeit des Sports[868]. Die Strafzumessungsregel in § 6 Abs. 4 SportSG-E entspricht – mit Ausnahme der erhöhten Strafdrohung – dem derzeitigen § 300 Satz 2 Nr. 1 und 2 StGB.

Letztlich macht die Regelung in § 6 Abs. 3 SportSG-E deutlich, dass auch Handlungsweisen mit Bezug auf ausländische sportliche Wettkämpfe erfasst werden, da nur durch eine ganzheitliche Erfassung des sportlichen Wettbewerbs eine effektive Bekämpfung des mittlerweile weltumspannenden Netzes der Sportkorruption gewährleistet ist. Ob deutsches Strafrecht überhaupt anwendbar ist, bestimmt sich nach den §§ 3 ff. StGB. Dem Referentenentwurf zufolge soll Tatort nach § 9 Abs. 1 StGB sowohl der Ort sein, an dem eine auf den Abschluss einer Unrechtsvereinbarung gerichtete

---

eine Unrechtsvereinbarung geschlossen zu haben – es lediglich deshalb dabei bewenden lassen, weil sie sich für ein schweres Spiel in naher Zukunft schonen wollen, straflos bleiben, Referentenentwurf des Justizministeriums des Freistaats Bayern v. 30.11.2009 für ein Gesetz zur Bekämpfung des Dopings und der Korruption im Sport, S. 1 (26), abrufbar unter http://www.justiz.bayern.de/imperia/md/content/stmj_internet/ministerium/ministerium/gesetzgebung/entwurf_sportschutzgesetz_30112009.pdf (Stand: 11.02.2012).

865 Referentenentwurf des Justizministeriums des Freistaats Bayern v. 30.11.2009 für ein Gesetz zur Bekämpfung des Dopings und der Korruption im Sport, S. 1 (26), abrufbar unter http://www.justiz.bayern.de/imperia/md/content/stmj_internet/ministerium/ministerium/gesetzgebung/entwurf_sportschutzgesetz_30112009.pdf (Stand: 11.02.2012).

866 Ebenda.

867 Ebenda.

868 Ebenda.

Erklärung abgegeben wird oder zugeht, als auch der Ort, an dem der Vorteil geleistet oder empfangen wird[869].

V. Sportgesetz[870] (Polen)

Bis vor kurzem griff man in Polen in Fällen der Korruption im Sport kaum auf das bestehende strafrechtliche Instrumentarium zurück, vor allem deshalb, weil die Möglichkeiten der Qualifizierung korrupter Verhaltensweisen im Sport als eine der traditionellen Straftaten der Bestechung oder des Betrugs sehr eingeschränkt waren und es noch sind[871]. Vor diesem Hintergrund und aufgrund der in beunruhigend großem Ausmaß registrierten Korruption im Sport wurde im polnischen Strafgesetzbuch (im Folgenden: plStGB) ein spezifischer Straftatbestand, die sog. Sportkorruption, geschaffen, der als Art. 296b plStGB[872] in den Abschnitt der „Straftaten gegen den Wirtschaftsverkehr" eingefügt wurde und seit dem 01.07.2003 in Kraft war. Die neue Regelung schränkte die geschaffene Sanktionsmöglichkeit jedoch zugleich wieder ein, indem sie nur die Teilnehmer und Organisatoren einer professionellen Sportveranstaltung mit Strafe bedrohte. Zudem waren

869 Referentenentwurf des Justizministeriums des Freistaats Bayern v. 30.11.2009 für ein Gesetz zur Bekämpfung des Dopings und der Korruption im Sport, S. 1 (27), abrufbar unter http://www.justiz.bayern.de/imperia/md/content/stmj_internet/ministerium/ministerium/gesetzgebung/entwurf_sportschutzgesetz_30112009.pdf (Stand: 11.02.2012).

870 Gesetz vom Sport v. 25.06.2010, GBl. Nr. 127, Pos. 857.

871 Die in Korruptionspraktiken im Sport verwickelten Personen sind in der Regel keine „Personen, die eine öffentliche Funktion ausüben", was aber ein Tatbestandsmerkmal für die in Art. 228 plStGB (Bestechlichkeit) und in Art. 229 plStGB (Bestechung) vorgesehene Strafbarkeit ist. Die Korruptionshandlungen im Sport erfüllen auch nur selten alle Tatbestandsmerkmale der Betrugs, wie sie in Art. 286 plStGB vorgesehen sind, vgl. *Szwarc*, in: FS Tiedemann, S. 939 (942, 944); *ders.*, in: FS Roxin, S. 1765 (1766).

872 Art. 296b plStGB lautete:

„§ 1

Wer als Organisator oder Teilnehmer einer professionellen Sportveranstaltung durch unlauteres Verhalten, welches das Ergebnis dieser Veranstaltung beeinflussen kann, einen Vermögensvorteil oder persönlichen Vorteil oder das Versprechen eines solchen annimmt, wird mit Freiheitsstrafe von drei Monaten bis zu fünf Jahren bestraft.

§ 2

Ebenso wird bestraft, wer in den in § 1 bestimmten Fällen einen Vermögensvorteil oder persönlichen Vorteil gewährt oder verspricht.

§ 3

In einem minder schweren Fall wird der Täter der in § 1 und § 2 bestimmten Tat mit Geldstrafe, Freiheitsbeschränkung oder mit Freiheitsstrafe bis zu zwei Jahren bestraft.

§ 4

Der Täter der in § 2 oder in § 3 i. V. m. § 2 bestimmten Tat wird nicht bestraft, wenn ein Vermögensvorteil oder persönlicher Vorteil angenommen wurde und der Täter ein Strafverfolgungsorgan benachrichtigt hat und alle wesentlichen Umstände der Straftat offenlegt, bevor dieses Organ davon Kenntnis erlangt."

einige der Tatbestandsmerkmale unscharf formuliert, weshalb die Bestimmung wieder geändert wurde. Art. 296b plStGB wurde deshalb aufgehoben und die betreffende Regelung in ein neu geschaffenes Sportgesetz (im Folgenden: SportG) aufgenommen, das am 16.10.2010 in Kraft trat und neben einer umfangreichen Regelung der Organisation von Sportvereinen und -verbänden die Verschärfung der strafrechtlichen Regelungen zur Sanktionierung der Korruption im Sport umfasst.

1. Wortlaut

Die einschlägigen Vorschriften kriminalisieren im 10. Kapitel unter der Überschrift „Strafvorschriften" das Korruptionsverhalten im Sport und lauten wie folgt:

„Art. 46

(1) Wer im Zusammenhang mit einem Sportwettkampf, den ein polnischer Sportverband oder ein Rechtssubjekt, das auf Grundlage eines mit diesem Sportverband geschlossenen Vertrags tätig wird, oder ein Rechtssubjekt, das von ihm zur Tätigkeit berechtigt wurde, veranstaltet, einen Vermögensvorteil oder persönlichen Vorteil oder ein Versprechen eines solchen Vorteils annimmt oder einen solchen Vorteil oder ein solches Versprechen für ein unlauteres Verhalten, das Einfluss auf das Ergebnis des Sportwettkampfs haben kann, verlangt, wird mit einer Freiheitsstrafe von sechs Monaten bis zu acht Jahren bestraft.

(2) Ebenso wird bestraft, wer in den in Abs. 1 genannten Fällen einen Vermögensvorteil oder persönlichen Vorteil gewährt oder einen solchen verspricht.

(3) In einem minder schweren Fall wird der Täter einer Tat nach Abs. 1 oder Abs. 2 mit Geldstrafe, Freiheitsbeschränkung oder einer Freiheitsstrafe bis zu zwei Jahren bestraft.

(4) Wer als Täter einer Tat nach Abs. 1 oder Abs. 2 einen Vermögensvorteil von erheblichem Wert annimmt, einen solchen Vorteil gewährt, verspricht oder wer einen solchen oder das Versprechen eines solchen fordert, wird mit einer Freiheitsstrafe von einem Jahr bis zu zehn Jahren bestraft."

„Art. 47

Wer in Kenntnis einer in Art. 46 genannten Straftat an Sportwetten teilnimmt, auf die sich diese Kenntnis bezieht oder wer diese Kenntnis offenlegt, damit eine andere Person an solchen Sportwetten teilnimmt, wird mit einer Freiheitsstrafe von drei Monaten bis zu fünf Jahren bestraft."

„Art. 48

(1) Wer unter Berufung auf seinen Einfluss im polnischen Sportverband oder bei einem Rechtssubjekt, das auf Grundlage eines mit dem Sportverband geschlossenen Vertrags tätig ist, oder bei einem Rechtssubjekt, das von ihm zur Tätigkeit berechtigt wurde, bei einer Person den Eindruck hervorruft oder

bestärkt, über solchen Einfluss zu verfügen und sich gegen die Gewährung eines Vermögensvorteil oder persönlichen Vorteils oder das Versprechen eines solchen dazu verpflichtet, ein bestimmtes Ergebnis eines Sportwettkampfs herbeizuführen, wird mit Freiheitsstrafe von sechs Monaten bis zu acht Jahren bestraft.

(2) Ebenso wird bestraft, wer einen Vermögensvorteil oder persönlichen Vorteil gewährt oder einen solchen verspricht für die Herbeiführung eines bestimmten Ergebnisses eines Sportwettkampfs, wenn dies durch die rechtswidrige Einflussnahme auf das Verhalten einer eine Funktion im polnischen Sportverband ausübenden Person oder eines Rechtssubjekts, das auf Grundlage eines mit dem Sportverband geschlossenen Vertrags tätig ist, oder eines Rechtssubjekts, das von ihm zur Tätigkeit berechtigt wurde im Zusammenhang mit dieser Funktion, geschehen soll.

(3) In einem minder schweren Fall wird der Täter einer Tat nach Abs. 1 oder Abs. 2 mit Geldstrafe, Freiheitsbeschränkung oder mit Freiheitsstrafe bis zu zwei Jahren bestraft."

„Art. 49

Wer eine Tat nach Art. 46 Abs. 2, Art. 46 Abs. 3 oder Abs. 4 i. V. m. Abs. 2 oder nach Art. 48 Abs. 2 oder Abs. 3 i. V. m. Abs. 2 begeht, wird nicht bestraft, wenn der betreffende Vermögensvorteil oder persönliche Vorteil oder das Versprechen eines Vorteils angenommen wurde und der Täter eine zur Strafverfolgung berufene Behörde in Kenntnis setzt und sämtliche wesentlichen Umstände der Straftat offenlegt, bevor die Behörde selbst auf anderem Weg Kenntnis von der Tat erlangt."

2. Anmerkungen

Während in Art. 296b plStGB der Täterkreis auf Organisatoren und Teilnehmer einer professionellen Sportveranstaltung beschränkt war, gehören nach Art. 46 SportG diesem nunmehr alle Personen an, die einen Vermögensvorteil, persönlichen Vorteil oder das Versprechen eines solchen Vorteils annehmen, einen Vermögensvorteil oder persönlichen Vorteil gewähren oder – was Art. 296b plStGB ebenso wenig vorsah – einen Vorteil oder das Versprechen eines solchen Vorteils verlangen. Nach der neuen Vorschrift ist jeder strafbar, der Tathandlungen „im Zusammenhang mit einem Sportwettkampf" vornimmt.

Der sachliche Anwendungsbereich der neu geschaffenen Strafvorschriften ist auch nicht mehr auf „professionelle Sportveranstaltungen" begrenzt. Bisher galten als professionelle Sportveranstaltungen solche Wettbewerbe, die als Sportwettkampf in einer bestimmten Sportart oder -disziplin durch einen polnischen Sportverband oder durch die in seinem Auftrag handeln-

den Rechtssubjekte organisiert und durchgeführt wurden[873]. Vormals war für die „Professionalität" einer Sportveranstaltung maßgeblich, ob die Organisation und die Beteiligung an ihr einen professionellen Charakter hatten[874]. Nunmehr sind die Art. 46 ff. SportG auch auf den Amateur- und Breitensport anwendbar. Wie bereits zuvor erwähnt[875], wäre eine deutsche Norm, die parallel zu den neuen polnischen Strafvorschriften ebenso den Bereich des Amateur- und Breitensports erfassen würde, mit der Verhältnismäßigkeit staatlichen Strafens unvereinbar. Zudem würde eine solche Vorschrift auch nicht mehr nur den sportlichen Wettbewerb, sondern vielmehr dessen Lauterkeit schützen.

Zu bemängeln an Art. 46 SportG ist die explizite Beschränkung auf Sportwettkämpfe, die ein **polnischer** Sportverband oder eine durch ihn ermächtigte Vereinigung organisiert. Die ausdrückliche Begrenzung lässt die Frage offen, warum die strafrechtliche Verantwortung für korrupte Verhaltensweisen im Sport nicht auch auf Sportwettbewerbe ausgeweitet wird, die von einer internationalen Sportorganisation veranstaltet werden[876].

Tathandlungen der wiederum spiegelbildlich gefassten Bestechlichkeit (Art. 46 Abs. 1 SportG) und Bestechung (Art. 46 Abs. 2 SportG) sind das Annehmen, Verlangen, Gewähren oder Versprechen eines Vermögensvorteils oder persönlichen Vorteils im Gegenzug für ein unlauteres sportliches Verhalten, welches das Ergebnis eines Sportwettkampfs beeinflussen kann. Dessen Kriterien sind die in der betreffenden Sportart geltenden rechtlichen, statuts- und satzungsmäßigen sowie ethischen Grundsätze im Allgemeinen, die der bestimmten Sportdisziplin, des Sportwettkampfs und dessen Fachverbands sowie die Regeln, die man als Fair Play-Regeln bezeichnet[877]. Die Formulierung der Tathandlungen in Art. 46 Abs. 1 und 2 SportG lässt darauf schließen, dass die Tat bereits im Moment der Annahme, des Verlangens, Gewährens bzw. Versprechens des Vermögensvorteils oder persönlichen Vorteils in der Absicht, sich unlauter zu verhalten, vollendet ist, gleichwohl tatsächlich weder ein „unlauteres Verhalten, das Einfluss auf das Ergebnis des Sportwettkampfs haben kann" noch die Verzerrung des Ergebnisses des Sportwettkampfs stattgefunden hat. Hierzu ist anzumerken, dass auf diese Weise der Vollendungszeitpunkt der Tat zeitlich zu weit nach vorne verlagert wird und kein Raum für eine Versuchstrafbarkeit verbleibt.

Art. 46 Abs. 3 und 4 SportG sehen eine mildere (Geldstrafe, Freiheitsbeschränkung oder Freiheitsstrafe bis zu zwei Jahren) bzw. schärfere Sanktion (Freiheitsstrafe von einem Jahr bis zu zehn Jahren) für die minder schweren

---

873 *Szwarc*, in: FS Tiedemann, S. 939 (946).

874 *Szwarc*, in: FS Tiedemann, S. 939 (946).

875 S. Fünftes Kapitel B. II. 2. und IV. 2.

876 Vgl. z. B. die von der *UEFA* im Jahr 2012 ausgerichtete Fußballeuropameisterschaft in Polen und der Ukraine.

877 *Szwarc*, in: FS Tiedemann, S. 939 (947).

Fälle vor bzw. für die, in denen der Vermögensvorteil einen erheblichen Wert hat. Ein der tätigen Reue vergleichbares Rechtsinstitut regelt in Art. 49 SportG – außer bei dem Bestechlichkeitsdelikt – den Ausschluss der Strafe, wenn der Täter vor der Kenntniserlangung der Tatumstände durch die Strafverfolgungsbehörde dieser jene offenlegt.

Art. 47 SportG stellt die Teilnahme an Sportwetten in Kenntnis eines nach Art. 46 SportG begangenen Korruptionsdelikts unter Strafe, soweit die Kenntnis im Zusammenhang mit einer Sportwette steht. Zugleich wird auch die Enthüllung eines solchen Wissens zum Zwecke der Teilnahme einer anderen Person an einer Sportwette pönalisiert. Kritisch dürfte hier jedoch die Weite der strafrechtlichen Verantwortlichkeit sein – diese erfasst nämlich sämtliche Teilnahmen an Sportwetten ungeachtet des Inhalts oder der Glaubwürdigkeit der Informationen über den Sportwettkampf und erstreckt sich damit auch auf die Fälle der Sportwettenteilnahme, in denen die vermeintlich den Wettgewinn bringenden Informationen tatsächlich keinen Einfluss auf die Wette haben[878].

Art. 48 SportG bestraft zwei protektionistische Verhaltensweisen: Kriminalisiert wird zum einen die Verpflichtung zur Herbeiführung eines bestimmten Ergebnisses eines Sportwettkampfs gegen einen Vermögensvorteil oder persönlichen Vorteil oder das Versprechen eines solchen unter Berufung auf den Einfluss auf den polnischen Sportverband, wobei es sogar ausreicht, wenn der Täter bei einem Dritten nur den Eindruck erweckt oder verstärkt, über einen solchen Einfluss zu verfügen[879]. Kriminalisiert wird zum anderen die Gewährung eines Vermögensvorteils oder persönlichen Vorteils oder das Versprechen eines solchen für die Herbeiführung eines bestimmten Ergebnisses eines Sportwettkampfs mittels rechtswidriger Einflussnahme auf das Verhalten einer eine Funktion im polnischen Sportverband ausübenden Person oder ein Rechtssubjekt. Voraussetzung hierfür ist, dass das beeinflusste Verhalten mit der bekleideten Funktion zusammenhängt[880]. Es ist jedoch zweifelhaft, ob die Erstreckung der strafrechtlichen Verantwortlichkeit auch auf andere mit der Korruption im Sport zusammenhängende Verhaltensweisen, wie sie hier in Art. 48 SportG geregelt wurden, zweckmäßig ist.

VI. Stellungnahme

Die Reihe der bereits in Kraft getretenen und zwischenzeitlich sogar verschärften Gesetze Italiens und Polens lassen erkennen, dass andere Länder

878 *Szwarc*, in: FS Roxin, S. 1765 (1772).
879 *Szwarc*, in: FS Roxin, S. 1765 (1770).
880 *Szwarc*, in: FS Roxin, S. 1765 (1770).

die Problematik der Sportkorruption schon frühzeitig erkannt haben und gesetzgeberisch aktiv wurden. Aber auch in Deutschland hat sich die Diskussion über mögliche Auswege aus den das Rechtsgut des sportlichen Wettbewerbs verletzenden Korruptionspraktiken rege entwickelt – aus ihr resultieren die drei vorgestellten Entwürfe für die Änderung des derzeitigen § 299 StGB bzw. für die Neuschaffung eines eigenständigen Strafdelikts zum Schutz des sportlichen Wettbewerbs.

Ungeachtet dessen, dass Art. 1 des bereits 1989 in Kraft getretenen italienischen SpBG die Lauterkeit des sportlichen Wettbewerbs schützt, die durch das deutsche Strafrecht bekanntlich – die allgemeinen sportethischen und moralischen Werte machen zwar ein hohes sportliches Gut, aber kein Rechtsgut aus – nicht geschützt werden kann, erweisen sich bei diesem vor allem diejenigen Fälle als problematisch, in denen ein Einzeltäter „im Alleingang“ in unlauterer Weise auf den Verlauf oder das Ergebnis eines Sportwettkampfs einwirkt. Ein solches Verhalten wäre vom Wortlaut des Art. 1 Abs. 1, 1. Alt. SpBG nicht gedeckt.

Ebenso dürfte die Regelung des minder schweren Falles in Art. 1 Abs. 1 Satz 2 SpBG, der immer dann vorliegen soll, wenn mit korrupten Verhaltensweisen unlautere Verläufe und/oder Ergebnisse sportlicher Wettbewerbe „von geringerer Relevanz“ herbeigeführt werden, praktisch nur schwer handhabbar sein.

Art. 1 des italienischen SpBG überzeugt jedoch durch seine Ausgestaltung als abstraktes Gefährdungsdelikt, weil nur dadurch gewährleistet ist, dass auch die Bestechung eines klar unterlegenen Gegners, um den Zufall, der den Verlauf und das Ergebnis eines sportlichen Wettbewerbs auch bestimmt, vollends auszuschalten, strafbar ist.

Der von der *Rechtskommission des Sports gegen Doping* und anderen (lediglich mit unterschiedlich hoher Strafdrohung) unterbreitete Vorschlag regelt zwar parallel neben einem neu einzufügenden § 299a StGB im Gesamtkontext von Straftaten gegen den Wettbewerb die Strafbarkeit von Wettbewerbsverfälschungen im Sport, insbesondere durch den Einsatz verbotener Mittel zur Leistungssteigerung, konsequent in einem neuen § 298a StGB mit. Zu sehen ist aber auch, dass die vorgesehene Neuregelung nicht zwischen dem Breiten- und Profisport differenziert und deshalb die strafrechtliche Verantwortung aus § 299a StGB zu weit geht. Der sachliche Anwendungsbereich einer neuen Vorschrift sollte deshalb auf den professionellen Sport beschränkt sein.

Des Weiteren sollte der neue Gesetzeswortlaut nach Möglichkeit nur, aber auch alle für strafbedürftig und strafwürdig erachteten Verhaltensweisen erfassen und knapp und bestimmt, aber auch allgemeinverständlich formuliert sein. Dem Bestimmtheitsgrundsatz, welcher dem Gesetzgeber aufgibt, die Voraussetzungen der Strafbarkeit so konkret zu umschreiben, dass der Anwendungsbereich und die Tragweite des Straftatbestands erkennbar

sind[881], ist mit der Formulierung der „ähnlich schwerwiegenden unbefugten Manipulationen" des vorgeschlagenen § 298a StGB, auf den der entworfene § 299a StGB verweist, nicht Genüge getan. Es bleibt im Unklaren, welche Manipulationen im Einzelnen gemeint sind, vor allem aber, wann Verhaltensweisen „ähnlich schwerwiegend" sind wie der im vorgeschlagenen § 298a StGB in Bezug genommene Einsatz verbotener Substanzen zur Leistungssteigerung oder die wissentlich falschen Entscheidungen.

Pragal schlug eine Änderung des Wortlauts des § 299 Abs. 1 und 2 StGB dergestalt vor, dass das Tatbestandsmerkmal des Bezugs von Waren oder gewerblichen Leistungen lediglich durch das Merkmal der Bevorzugung bei sämtlichen Handlungen oder Unterlassungen ersetzt wird und auf diese Weise die Strafbarkeitslücke, die sich bei aktuellem Wortlaut bei der Bestechung eines Sportlers zur Beeinflussung des Spiel-/Wettkampfverlaufs oder des Spiel-/Wettkampfergebnisses auftut, geschlossen wird.

Bei einer bloßen Wortlautänderung bleibt jedoch weiterhin eine Strafbarkeitslücke betreffend Individualsportler wie etwa Leichtathleten, Tennisspieler oder Triathleten bestehen, die, – selbst wenn sie mit einem Turnier- oder Wettkampfveranstalter einen Vertrag über Antritts- und Siegprämien schließen – weder in dessen Betrieb eingegliedert sind noch sich in dessen Abhängigkeit begeben[882]. Um diese Lücke nicht nur teilweise, sondern vollständig zu schließen, ist deshalb nicht nur eine Wortlautänderung, sondern die Schaffung eines neuen Tatbestands angezeigt, der die dem Täterkreis angehörigen Personen konkret benennt.

Positiv hervorzuheben sind bei dem bayerischen Entwurf des SportSG die Erfordernisse der Unrechtsvereinbarung und der Unlauterkeit der Beeinflussung, denn beide Tatbestandsmerkmale schränken den Anwendungsbereich des Tatbestands einerseits dahingehend ein, dass ein auf die Unrechtsvereinbarung gerichteter Wille des Täters vorliegen muss. Die Schonung der deutlich in Führung liegenden Mannschaft im Hinblick auf ein zeitnah anstehendes Spiel oder das kampflose „Verschenken" eines Spieles/Satzes bei aussichtslosem Zurückliegen in diesem Spiel/Satz trotz eines späteren Weiterkommens oder Gesamt-/Turniersieges des Sportlers ist deshalb nicht tatbestandsmäßig.

Andererseits bewirkt das Merkmal der Unlauterkeit, dass nur eine sachwidrige Beeinflussung des Spiel-/Wettkampfverlaufs oder des Spiel-/Wettkampfergebnisses, d. h. ein Verhalten, das den Zufall und die Chancengleichheit ausschaltet und die Prinzipien und die geregelten Erfordernisse des Sportgeschehens missachtet, erfasst wird.

§ 6 Abs. 3 SportSG-E regelt, dass auch Handlungsweisen, die einen im Ausland stattfindenden Wettkampf betreffen, tatbestandsmäßig sind, was

881 *Kudlich*, JA 2007, 90 (91).

882 *Wüterich/Breucker*, Das Arbeitsrecht im Sport, S. 106.

für eine effektive Korruptionsbekämpfung im globalisierten Sport unerlässlich ist. Allerdings sollte zum Zwecke einer konsequent einheitlichen Begrifflichkeit innerhalb eines Tatbestands auch in Abs. 3 von einem ausländischen **sportlichen** Wettbewerb gesprochen werden, zumal § 1 Abs. 5 SportSG-E gerade diesen ausdrücklich legaldefiniert.

Schließlich gilt es, bei der Definition des sportlichen Wettbewerbs eine trennscharfe Abgrenzung zwischen dem Profi- und Amateursport zu finden. Der in § 1 Abs. 5 SportSG-E hierfür verwendete Begriff des Vermögensvorteils droht nämlich dann ins Leere zu laufen, wenn die im Amateursport üblichen Aufwandsentschädigungen auch als Vermögensvorteil gewertet werden.

Kritisch zu sehen beim polnischen SportG – im Gegensatz zu seiner Vorgängernorm des Art. 296b plStBG – ist die Weite des sachlichen Anwendungsbereichs der Art. 46 ff. SportG. Diese sind nunmehr auch auf den Breiten- und Freizeitsport anwendbar. Eine deutsche Norm mit derselben Reichweite wäre schon aufgrund des Übermaßverbotes staatlichen Strafens undenkbar. Während sich nun der Anwendungsbereich des Art. 46 SportG sogar auf den Freizeitsport erstreckt, schränkt ihn der polnische Strafgesetzgeber andererseits zugleich wieder ein, indem er ihn explizit auf Sportwettkämpfe beschränkt, die ein **polnischer** Sportverband oder eine durch ihn ermächtigte Vereinigung organisiert. Bei einem zukünftigen deutschen Tatbestand sollte die strafrechtliche Verantwortung für korrupte Verhaltensweisen im Sport auch auf solche Sportwettbewerbe ausgeweitet werden, die von einer internationalen Sportorganisation veranstaltet werden.

Ungeachtet der bei der Normgestaltung auftretenden Schwierigkeiten und aller unterschiedlichen bereits existierenden Regelungen oder Vorschläge besteht in einem Punkt jedoch Einigkeit: „Der Sport verdient es, dass seine Werte bestmöglich geschützt und verteidigt werden[883]."

VII. Eigener Gesetzesvorschlag

Für den eigenen Gesetzesvorschlag der Verfasserin gilt es deshalb, die analysierten Schwachstellen der existierenden Regelungen und Entwürfe zu vermeiden, stattdessen andere Lösungen aufzuzeigen und die festgestellten positiven Punkte unter Weiterentwicklung der ihnen zugrunde liegenden Überlegungen überzeugend in ein neues Strafdelikt zu passen.

Da die „Sportkorruption" kriminologisch als unlautere Beeinflussung von sportlichen Wettbewerben durch Bestechlichkeit und Bestechung verstanden wird[884], sollte sie im Gesamtkontext der anderen wettbewerbsverzerrenden Delikte und damit systematisch im 26. Abschnitt der „Straftaten gegen

883 *Prokop*, SpuRt Heft 3/2010, Editorial.

884 *Rössner*, in: FS Mehle, S. 567 (577).

den Wettbewerb" des StGB platziert werden. Die Vorschrift wäre demnach als § 299a StGB einzufügen.

1. Wortlaut

„§ 299a StGB Bestechlichkeit und Bestechung im sportlichen Wettbewerb

(1) Wer als Teilnehmer, Trainer oder Funktionsträger eines Teilnehmers oder Schiedsrichter eines professionellen Sportwettkampfs einen Vorteil für sich oder einen Dritten als Gegenleistung dafür fordert, sich versprechen lässt oder annimmt, dass er auf den Verlauf oder das Ergebnis des professionellen Sportwettkampfs in unlauterer Weise einwirkt, wird mit Freiheitsstrafe bis zu drei Jahren oder mit Geldstrafe bestraft.

(2) Ebenso wird bestraft, wer zu Zwecken des professionellen sportlichen Wettbewerbs einem Teilnehmer, Trainer oder Funktionsträger eines Teilnehmers oder Schiedsrichter eines professionellen Sportwettkampfs einen Vorteil für diesen oder einen Dritten als Gegenleistung dafür anbietet, verspricht oder gewährt, dass er auf den Verlauf oder das Ergebnis des professionellen Sportwettkampfs in unlauterer Weise einwirke.

(3) Die Absätze 1 und 2 gelten auch für Handlungen in einem ausländischen professionellen Sportwettkampf."

Mit der Einfügung des § 299a StGB sind zugleich die §§ 300 und 301 StGB sowie § 374 StPO zu ändern.

Bei § 300 StGB in der Fassung der Bekanntmachung vom 13.11.1998 (BGBl. I S. 3322), zuletzt geändert durch Art. 1 45. StrafrechtsÄndG zur Umsetzung der RL des Europäischen Parlaments und des Rates über den strafrechtlichen Schutz der Umwelt vom 06.12.2011 (BGBl. I S. 2557), müssen die amtliche Überschrift und dessen Satz 1 folgendermaßen geändert werden:

„§ 300 Besonders schwere Fälle der Bestechlichkeit und Bestechung im geschäftlichen Verkehr und im sportlichen Wettbewerb

[1]In besonders schweren Fällen wird eine Tat nach den §§ 299, 299a mit Freiheitsstrafe von drei Monaten bis zu fünf Jahren bestraft."

Um den vorgeschlagenen § 299a StGB parallel zu § 299 StGB als relatives Antragsdelikt auszugestalten, muss ferner der Wortlaut des § 301 StGB in der Fassung der Bekanntmachung vom 13.11.1998 (BGBl. I S. 3322), zuletzt geändert durch Art. 1 45. StrafrechtsÄndG zur Umsetzung der RL des Europäischen Parlaments und des Rates über den strafrechtlichen Schutz der Umwelt vom 06.12.2011 (BGBl. I S. 2557), folgendermaßen gefasst werden:

„§ 301 Strafantrag

(1) Die Bestechlichkeit und Bestechung im geschäftlichen Verkehr nach § 299 und die Bestechlichkeit und Bestechung im sportlichen Wettbewerb nach

§ 299a werden nur auf Antrag verfolgt, es sei denn, daß (sic!) die Strafverfolgungsbehörde wegen des besonderen öffentlichen Interesses an der Strafverfolgung ein Einschreiten von Amts wegen für geboten hält.

(2) Das Recht, den Strafantrag nach Absatz 1 Alt. 1 zu stellen, hat neben dem Verletzten jeder der in § 8 Abs. 3 Nr. 1, 2 und 4 des Gesetzes gegen den unlauteren Wettbewerb bezeichneten Gewerbetreibenden, Verbände und Kammern."

Um auch die Verfolgung der Bestechlichkeit und Bestechung im sportlichen Wettbewerb im Wege der Privatklage zu ermöglichen, muss § 374 Abs. 1 StPO in der Fassung der Bekanntmachung vom 07.04.1987 (BGBl. I S. 1074), zuletzt geändert durch Art. 2 Abs. 30 G zur Änd. von Vorschriften über Verkündung und Bekanntmachungen sowie der ZPO, des EGZPO und der AO vom 22.12.2011 (BGBl. I S. 3044), konsequenterweise wie folgt geändert werden:

Nr. 5a wird erweitert:

„eine Bestechlichkeit oder Bestechung im geschäftlichen Verkehr (§ 299 des Strafgesetzbuches) oder eine Bestechlichkeit oder Bestechung im sportlichen Wettbewerb (§ 299a des Strafgesetzbuches),

..."

Die Gesetzgebungskompetenz des Bundes ergibt sich aus Art. 74 Abs. 1 Nr. 1 GG (Strafrecht). Der Vorschlag wäre auch mit dem Recht der Europäischen Union vereinbar. Während durch diesen Gesetzesvorschlag keine Auswirkungen auf den Bundeshaushalt zu erwarten sind, würde den Ländern durch die Einfügung des neuen Straftatbestands zum einen Mehraufwand bei den Strafverfolgungsbehörden, zum anderen bei den Strafgerichten entstehen. Die die Länderhaushalte zu erwartenden belastenden Mehrausgaben sind nicht konkret bezifferbar.

2. Grundkonzeption des zukünftigen Tatbestands

Die Ausgestaltung des vorgeschlagenen Straftatbestands wird anhand seiner Tatbestandsmerkmale und Eckpfeiler, die für ihn charakteristisch sein sollen, aufgezeigt.

a) Rechtsgut

Rechtsgut des neuen Straftatbestands soll allein der kommerziell geprägte, professionelle sportliche Wettbewerb sein. Dieser ist – wie aus § 95 Abs. 1 Nr. 2a AMG zu schließen ist[885] – bereits schon einmal Schutzrichtung einer Norm geworden. Sein Schutz ist auch aufgrund der bestehenden Parallelen zum mittlerweile anerkannten Rechtsgut des wirtschaftlichen Wettbewerbs

885 S. bereits Fünftes Kapitel A. II. 4.

gerechtfertigt. Die Lauterkeit des sportlichen Wettbewerbs dagegen soll durch den neuen § 299a StGB nicht geschützt werden; sie ist vielmehr ein Ideal[886], das sich zum Rechtsgut jedoch nicht eignet, denn die die Lauterkeit ausmachenden Grundwerte des Sports sind zwar ein hohes sportliches Gut, vermögen aber kein staatliches Rechtsgut zu begründen. Vom Staat kann nicht verlangt werden, dass er die sportethischen Vorstellungen und Zielsetzungen der Vereine und Verbände mit den ihm zur Verfügung stehenden Mitteln durchsetzt[887].

Der Schutzbereich ist nicht beschränkt auf die Interessen deutscher Mitbewerber oder auf den inländischen, professionellen sportlichen Wettbewerb; § 299a Abs. 3 StGB der neuen Vorschrift stellt klar, dass der professionelle sportliche Wettbewerb weltweit geschützt ist, sofern die Voraussetzungen der §§ 3 ff. StGB erfüllt sind. Tatort im Sinne des § 9 Abs. 1 StGB ist hierbei sowohl der Ort, an dem eine auf den Abschluss einer Unrechtsvereinbarung gerichtete Erklärung abgegeben wird oder zugeht, als auch der Ort, an dem der Vorteil geleistet oder empfangen wird[888].

b) Anwendungsbereich

Der Vorschlag orientiert sich an den Bestechungstatbeständen (zum einen an den §§ 331 f. StGB, zum anderen an den §§ 333 f. StGB) und stellt demnach spiegelbildlich die Bestechlichkeit in Abs. 1 und die Bestechung in Abs. 2 unter Strafe. Letztere kann von jedermann begangen werden, während die Bestechlichkeit ein Sonderdelikt ist, das nur von dem explizit benannten Täterkreis verübt werden kann. Der Wortlaut beider Taten schränkt den sachlichen Anwendungsbereich der Norm auf Wettkämpfe im professionellen Sport ein.

aa) Persönlich

Zu dem Kreis derer, die bestochen werden können, zählen Teilnehmer, Trainer und Funktionsträger eines Teilnehmers und Schiedsrichter eines professionellen Sportwettkampfs, die in dieser Eigenschaft an dem professionellen Sportwettbewerb beteiligt sind.

Teilnehmer ist, wer als Sportler oder Sportmannschaft eines Sportvereins an diesen Wettkämpfen teilnimmt und im Rahmen eines Leistungsvergleichs seine bzw. ihre bestmögliche individuelle bzw. mannschaftliche Leistung zu erbringen versucht, unabhängig davon, ob seine bzw. ihre Teilnahme aktiv ist, weshalb unter einem Teilnehmer auch ein Ersatzspieler, -läufer oder -mann zu verstehen ist. Trainer eines Teilnehmers ist, wer für

---

886 *Hirsch*, in: FS Szwarc, S. 559 (583).

887 *Rechtskommission des Sports gegen Doping*, Abschlussbericht, S. 35; *Steiner*, NJW 1991, 2729 (2733); *Mestwerdt*, SpuRt 1997, 119 (120); *Kudlich*, SpuRt 2010, 108; *Valerius*, in: FS Rissing-van Saan, S. 717 (729); *Schück*, Olympisches Feuer 1/2005, 13 (14); *Bannenberg/Rössner*, in: *Weinreich* (Hrsg.), Korruption im Sport, S. 214 (216).

888 So auch bei § 299 StGB, s. *Fischer*, StGB, § 299 Rn. 2b.

die Trainingsgestaltung, die Wettkampfplanung, die Aufstellung, die Anleitung oder die Taktik im Wettkampf verantwortlich ist und offiziell zum Trainerstab des Teilnehmers gehört. Unter einem Funktionsträger soll eine Person zu verstehen sein, die innerhalb des Vereins an der Spitze oder in einer organisatorischen Einheit an der Erfüllung des Vereinszwecks beteiligt ist, weshalb Funktionäre vom Abteilungsleiter über den Manager bis hin zum Vorstandsmitglied zum Täterkreis zählen sollen. Als Täter kommt auch ein Schiedsrichter in Betracht, wobei der Begriff des Schiedsrichters im weiten Sinne zu verstehen ist. Erfasst werden alle Personen, die dafür zuständig sind, den Regeln im Sportwettkampf Geltung zu verschaffen[889]. Hierzu zählen auch Schiedsrichterassistenten und Kampfrichter.

Der Täterkreis der Bestechung in § 299a Abs. 2 StGB ist nicht beschränkt. Die Bestechung ist als Allgemeindelikt ausgestaltet. Täter kann daher jedermann, insbesondere aber auch ein Athlet, Spieler, Trainer und Funktionsträger einer anderen Mannschaft oder eines anderen Vereins sein.

bb) Sachlich

Die vorgeschlagene Regelung erfasst ausdrücklich nur den Profisport. Als professioneller Sportwettkampf im Sinne des Gesetzesvorschlags soll nur ein Sportwettkampf gelten, an dem ein Sportler berufsmäßig und seiner Einkünfte wegen teilnimmt, von denen er seinen Lebensunterhalt bestreiten kann.

Die beiden Definitionsbestandteile der berufsmäßigen und der den Lebensunterhalt sichernden Ausübung des Sports sollen hierbei eine klare Abgrenzung zum Amateursport sicherstellen. Wenn die Ausübung der Sportart den Beruf der Sportler ausmacht, nehmen sie berufsmäßig an einem Sportwettkampf teil. Eine Teilnahme der Sportler an einem Wettkampf „ihrer Einkünfte wegen" soll dann vorliegen, wenn diese Ausfluss eines entlohnten Arbeitsverhältnisses mit dem Verein oder – bei einer ausgegliederten Abteilung – der Kapitalgesellschaft, dem Verband[890], dem Ver-

---

889 Referentenentwurf des Justizministeriums des Freistaats Bayern v. 30.11.2009 für ein Gesetz zur Bekämpfung des Dopings und der Korruption im Sport, S. 1 (25), abrufbar unter http://www.justiz.bayern.de/imperia/md/content/stmj_internet/ministerium/ministerium/gesetzgebung/entwurf_sportschutzgesetz_30112009.pdf (Stand: 11.02.2012).

890 In der Regel verpflichten sich Sportler und Verband nicht zu synallagmatischen Leistungen: Der Sportler schuldet dem Verband ebenso wenig seine Teilnahme an einem vom Verband organisierten Wettkampf oder Ligabetrieb wie der Verband dem Sportler eine Vergütung schuldet, weshalb es bereits an den Grundvoraussetzungen eines Arbeitsverhältnisses fehlt. Allerdings bejahte das österreichische LG Ried im Innkreis ein Arbeitsverhältnis zwischen dem Skispringer *Andreas Goldberger* und der Skiläuferin *Elfriede Eder* mit dem Österreichischen Skiverband mit der Begründung, *Goldberger* und *Eder* unterstünden „nahezu ausschließlich der funktionellen Autorität" des Skiverbandes, hätten sich den Trainings- und Wettkampfvorgaben unterworfen und seien auch bei ihren Werbeauftritten den Interessen des Skiverbands verpflichtet, vgl. LG Ried im Innkreis, SpuRt 1998, 69 (70).

anstalter oder mit den Sponsoren ist und hierbei Einkünfte in Form von festen Gehältern, Prämien, Start- und Preisgeldern, Auslagenerstattung, aus Werbe- und Sponsoringverträgen, aus Mäzenatentum oder aus anderen Zuwendungen wie etwa der *Deutschen Sporthilfe* erzielt werden. Anders als ein Profisportler erzielt nämlich ein Amateur aus seiner sportlichen Tätigkeit keine Einkünfte bzw. – sollte er eine im Amateursport übliche Aufwandsentschädigung erhalten – kann er von ihnen seinen Lebensunterhalt nicht bestreiten. Auszeichnungen und symbolische Preise wie Pokale, Medaillen aus Gold, Silber, Keramik, Glas oder dergleichen mit dauerhafter Gravur oder Wimpel, welche die Sportler erhalten und ideell zwar wertvoll, materiell aber nahezu geringwertig sind, sollen keine Einkünfte darstellen[891].

Straffrei bleibt nach dem hier propagierten Vorschlag die Bestechlichkeit und Bestechung in erster Linie bei sportlichen Betätigungen außerhalb von sportlichen Wettkämpfen und bei sportlichen Betätigungen und Wettkämpfen, die ohne Vermögensinteressen allein der privaten Freizeitgestaltung dienen. Wer also den privaten Ehrgeiz hat, dass seine Tochter die Bezirksmeisterschaft im 800 m-Lauf erringt oder sein Sohn das Junioren-Tennis-Turnier gewinnt und deshalb ihren Gegnerinnen bzw. seinen Gegnern in den jeweiligen Runden eine Summe zahlt, damit diese ihr mit Abstand ins Ziel folgen bzw. ihm stets unterliegen, bleibt straflos. Die Straflosigkeit in solchen Fällen ist unbestreitbar richtig, denn es ist nicht einzusehen, warum sportlicher Ehrgeiz strafbar sein sollte, wenn er nicht mit vermögensschädigenden wirtschaftlichen Interessen verbunden ist[892]. Ein zukünftiger § 299a StGB, der lediglich von einem sportlichen Wettkampf spricht, würde damit auch den Bereich des Breiten- und Freizeitsports erfassen, was unter dem Gesichtspunkt der zentralen sportethischen Aspekte wie der natürlichen Leistung, der Fairness und der Chancengleichheit nur konsequent wäre. Es wird hierbei aber verkannt, dass diese moralischen Werte kein geeigneter Gegenstand für eine Strafdrohung sind. Dies ist vielmehr nur der wirtschaftlich orientierte und geprägte sportliche Wettbewerb des Profi- und Leistungssports, weshalb auch nur dieser – wie es bereits durch den Schutzbereich vorgegeben ist – durch § 299a StGB geschützt werden kann.

Die klare Begrenzung des sachlichen Anwendungsbereichs des Gesetzesvorschlags auf den professionellen Sport hat nicht zur Folge, dass der Amateur- oder Breitensportbereich völlig schutzlos gestellt ist. Hinsichtlich aller

891 So auch in Ziff. 3–2. lit. a) Amateurstatut *Deutscher Golf Verband (DGV)*, wobei dieser im Rahmen der im Golfsport strikten Abgrenzung zwischen Amateur- und Berufsgolf beim Spiel um Preisgeld die Wertgrenze von 750,00 € setzt, bei deren Überschreitung der Spieler seinen Amateurstatus und das Recht zur Teilnahme an Amateurspielen verliert, vgl. Ziff. 1–2. Amateurstatut *DGV*, abrufbar unter http://www.golf.de/dgv/rules4you/binarydata/Amateursta tut_2012.pdf (Stand: 12.02.2012).

892 *Roxin*, in: FS Samson, S. 445 (454).

Manipulationen im Amateursportbereich ohne finanziellen Hintergrund und ohne Steuerung „von außen“ bleibt es vielmehr bei der „innersportlichen Kontrolle[893]“. Die Selbstregulierung des Sports durch die sog. *lex sportiva*, das zur Gewährleistung des Spiel- und Wettkampfbetriebs nach einheitlichen Regeln und zur Unterstellung der Athleten unter die verbandseigene Sanktionsgewalt[894] selbst gesetzte Regelwerk der Sportverbände, dem sich die Sportler entweder durch ihre Mitgliedschaft im Sportverein[895], durch Erwerb einer für die Wettkampfteilnahme erforderlichen generellen Sport- oder Spielerlaubnis (in Form eines Sportler- oder Spielerpasses bzw. eines Spielerausweises oder einer -lizenz[896]) oder durch die Teilnahme am Wettkampfgeschehen[897] unterwerfen, bleibt bestehen. Ein im Amateurbereich sportschädliches Verhalten erreicht nicht den Grad der für eine Kriminalisierung notwendigen Sozialschädlichkeit[898]. Darüber hinaus wäre es mit dem Übermaßverbot staatlichen Strafens unvereinbar, im Amateursportbereich, bei dem es unbestritten um die sportethischen Aspekte, nicht aber um die nur im Profisport existierenden wirtschaftlichen Interessen geht, strafrechtliche Sanktionen anzudrohen – hier gelten die durch die interne Sportgerichtsbarkeit verhängten Verbandsstrafen als ausreichend.

c) Tathandlungen des Abs. 1

Vorweg ist festzuhalten, dass die Tathandlungen der vorgeschlagenen Abs. 1 und 2 sich parallel zum Amtsträgerstrafrecht der §§ 331 ff. StGB nach der

893 Sportrecht in der Praxis/*Rössner*, 11. Kapitel Rn. 1727.

894 Sportrecht in der Praxis/*Kreißig*, 4. Kapitel Rn. 216.

895 Soweit die Anerkennung der Regelwerke des Spitzenverbands durch eine lückenlose Kette entsprechender Satzungsverankerungen über die Regional- und Landesverbände bis hin zum Sportverein erfolgt. Der Sportler unterwirft sich dem Regelwerk des Verbands durch seinen Beitritt zum Sportverein, durch den er die Satzung des Vereins sowie die in der Satzung des Vereins in Bezug genommenen Regelwerke der übergeordneten Sportverbände als für sich bindend anerkennt. Vgl. z. B. § 14 Satzung *DFB* i. V. m. § 38 Satzung *Süddeutscher Fußball-Verband* in der Fassung vom 22.10.2011, abrufbar unter http://www.sfvmuenchen.de/pdf/satzung.pdf (Stand: 12.02.2012), und § 12 Satzung *Württembergischer Fußball-Verband e. V.*, vgl. Sportrecht in der Praxis/*Kreißig*, 4. Kapitel Rn. 218; *Summerer*, in: *Fritzweiler/Pfister/Summerer*, Praxishandbuch Sportrecht, 2. Teil, 2. Kapitel Rn. 105.

896 Die Sport- oder Spielerlaubnis sieht regelmäßig eine Erklärung des Sportlers vor, dass er sich bei seiner sportlichen Betätigung den vom Verband für die Ausübung dieser Sportart aufgestellten Regeln unterwirft, Sportrecht in der Praxis/*Kreißig*, 4. Kapitel Rn. 219. Vgl. z. B. den Lizenzvertrag der Fußballbundesliga oder den Startpass des *DLV*.

897 In der Meldung des Sportlers zu einem konkreten Wettbewerb, der ausdrücklich nach der Wettkampf- und Disziplinarordnung des für die betreffende Sportart verantwortlichen Verbands ausgeschrieben ist, wird in der Regel eine ausdrückliche oder jedenfalls konkludente Erklärung dahingehend gesehen, dass der Athlet die zum Zeitpunkt der Durchführung des Wettbewerbs geltenden Regeln und für den Fall ihrer Verletzung angedrohten Sanktionen des zuständigen Verbands als verbindlich anerkennt, BGH NJW 1995, 583 (586); Sportrecht in der Praxis/*Kreißig*, 4. Kapitel Rn. 219; *Haas/Adolphsen*, NJW 1996, 2351.

898 Sportrecht in der Praxis/*Rössner*, 11. Kapitel Rn. 1727.

Rolle der Beteiligten unterscheiden: Ein Teilnehmer, Trainer oder Funktionsträger eines Teilnehmers oder Schiedsrichter eines professionellen Sportwettkampfes kann sich nur nach Abs. 1, jeder andere – auch ein Täter des Abs. 1 –, der den in Abs. 1 Genannten einen Vorteil anbietet, verspricht oder gewährt, sich nur nach Abs. 2 strafbar machen. Eine strafbare Teilnahme des einen an der Straftat des anderen ist – auch wenn der jeweils andere in Bezug auf die Unrechtsvereinbarung als notwendiger Teilnehmer angesehen wird und seine Beihilfe zur Haupttat des Abs. 1 oder 2 hinter die spiegelbildliche eigene Täterschaft zurücktritt[899] – nicht möglich.

Die einzelnen Handlungsmodalitäten des Abs. 1 bestehen – wie bei § 299 StGB – stufenweise darin, dass der Täter für sich oder einen Dritten einen Vorteil fordert, sich versprechen lässt oder annimmt.

Fordern ist das einseitige Verlangen eines Vorteils für die Einflussnahme auf den Verlauf oder das Ergebnis des Sportwettkampfs, das auch in konkludenter (versteckter oder verschleierter) Form geäußert werden kann[900]. Hierbei handelt es sich um eine auf den Abschluss einer Unrechtsvereinbarung gerichtete Willenserklärung, ohne dass es – im Gegensatz zu den beiden anderen Alternativen – zu einer Übereinkunft von Vorteilsnehmer und -geber kommen muss[901]. Ausreichend für die Tatvollendung ist, dass die Forderung zur Kenntnis des Adressaten gelangt[902] und der Fordernde zumindest den bedingten Willen hat, dass der andere den Zusammenhang zwischen Vorteil und Einflussnahme erkennt. Ob der andere diesen tatsächlich als solchen versteht, ist nicht entscheidend.

Nimmt eine zum Täterkreis des vorgeschlagenen § 299 Abs. 1 gehörige Person ein entsprechendes Angebot einer künftigen Leistung ausdrücklich oder schlüssig an, so lässt sie sich einen Vorteil versprechen. Bloßes Schweigen auf ein solches Angebot soll auch hier nur dann den Tatbestand erfüllen, wenn es nach den zwischen den Beteiligten bekannten Umständen des jeweiligen Falles als schlüssig erklärte Zustimmung zu werten ist[903].

Letztlich ist von einer Annahme eines Vorteils im Sinne der dritten Alternative auszugehen, wenn der geforderte oder angebotene Vorteil tatsächlich selbst entgegengenommen oder dieser an einen Dritten weitergegeben

899 *Fischer*, StGB, § 299 Rn. 25; LK-*Tiedemann*, StGB, § 299 Rn. 47; *Otto*, Grundkurs Strafrecht, § 61 Rn. 164; NK-StGB/*Dannecker*, § 299 Rn. 92.

900 BGH NStZ 2006, 628 (629); *Fischer*, StGB, § 331 Rn. 18; *Lackner/Kühl*, StGB, § 331 Rn. 7; LK-*Sowada*, StGB, § 331 Rn. 22; Schönke/Schröder/*Heine*, StGB, § 331 Rn. 22; *Wessels/Hettinger*, Strafrecht BT 1, Rn. 1108.

901 *Fischer*, StGB, § 299 Rn. 17; LK-*Tiedemann*, StGB, § 299 Rn. 48.

902 LK-*Sowada*, StGB, § 331 Rn. 23; Schönke/Schröder/*Heine*, StGB, § 299 Rn. 14. Darunter fallen auch bereits Anbahnungsbemühungen. Nach Ansicht *Fischers*, StGB, § 299 Rn. 17, in Bezug auf dieselbe Alternative in § 299 StGB werde dadurch die Strafbarkeit zu weit in das Vorfeld der Rechtsgutsverletzung ausgedehnt.

903 *Fischer*, StGB, § 331 Rn. 19; LK-*Sowada*, StGB, § 331 Rn. 26.

wird[904]. Die tatbestandsmäßige Handlung erfordert, dass die Entgegennahme in einer äußerlich erkennbaren Handlung den Erklärungswert beinhaltet, der Empfänger wolle den Vorteil als Erfüllung der getroffenen Vereinbarung annehmen[905], weil der Empfang schließlich „für“ die Einflussnahme auf den Wettkampfverlauf oder das -ergebnis erfolgt; im Zugang allein kann noch nicht die Annahme des Vorteils gesehen werden.

d) Tathandlungen des Abs. 2

Abs. 2 des Gesetzesvorschlags stellt das Anbieten, Versprechen und Gewähren eines Vorteils unter Strafe. Der Kreis der möglichen Begünstigten korrespondiert mit dem Kreis der möglichen Täter in Abs. 1. Die einzelnen Tathandlungen des Abs. 2 stimmen spiegelbildlich mit denen des Abs. 1 überein und lassen sich in verschiedenen Stufen beschreiben, bei dem auf der „Verhandlungsstufe[906]“ das Anbieten dem Fordern entspricht, auf der „Vereinbarungsstufe[907]“ das Versprechen dem Versprechen-Lassen und auf der „Leistungsstufe[908]“ das Gewähren dem Annehmen des Abs. 1.

Unterbreitet der Täter – auch konkludent – einer dem Begünstigtenkreis angehörigen Person ein auf den Abschluss einer Unrechtsvereinbarung gerichtetes Angebot, bietet er dieser einen Vorteil im Sinne der ersten Handlungsalternative an. Unerheblich ist, ob der Begünstigte die Erklärung als ein auf eine Unrechtsvereinbarung abzielendes Angebot verstanden hat, er die entsprechende Annahme erklärt und ob der Vorteil wirklich eintritt. Für die Vollendung des Anbietens genügt bereits die Kenntnisnahme des Angebots durch den Begünstigten oder durch einen Mittelsmann[909]. Nicht ausreichen soll jedoch ein nicht ernstlich gemeintes Angebot, bei dem der Vorteil nach der Vorstellung und dem Willen des Täters bereits von vorneherein nicht eintreten soll, da sein Vorsatz auf den Abschluss einer zumindest faktisch bindenden Unrechtsvereinbarung zielen muss[910].

Das spiegelbildliche Gegenstück zum Sich-Versprechen-Lassen des vorgeschlagenen § 299 Abs. 1, 2. Alt. stellt die Handlungsmodalität des Versprechens, die Zusage des Vorteils, dar. Diese setzt gleichermaßen den

904 *Fischer*, StGB, § 299 Rn. 20; LK-*Sowada*, StGB, § 331 Rn. 28; Schönke/Schröder/*Heine*, StGB, § 331 Rn. 24.
905 Schönke/Schröder/*Heine*, StGB, § 331 Rn. 24.
906 So *Fischer*, StGB, § 333 Rn. 4; LK-*Sowada*, StGB, § 333 Rn. 3.
907 *Fischer*, StGB, § 333 Rn. 4; LK-*Sowada*, StGB, § 333 Rn. 3.
908 *Fischer*, StGB, § 333 Rn. 4; LK-*Sowada*, StGB, § 333 Rn. 3.
909 LK-*Sowada*, StGB, § 333 Rn. 4.
910 *Fischer*, StGB, § 299 Rn. 20; LK-*Tiedemann*, StGB, § 299 Rn. 49; NK-StGB/*Dannecker*, § 299 Rn. 57.

Abschluss einer Unrechtsvereinbarung voraus[911]. Zugesagt werden können schließlich wiederum nur ernstlich gemeinte Vorteile[912].

Der Bestechende gewährt einen Vorteil im Sinne der dritten Tatmodalität, wenn er dem Begünstigten den Vorteil tatsächlich verschafft[913] und die Zuwendung der Erfüllung einer zuvor oder zeitgleich getroffenen Unrechtsvereinbarung dient[914]. Ist der tatsächlichen Verschaffung des Vorteils keine Unrechtsvereinbarung vorausgegangen und erkennt der Begünstigte zunächst nicht die Absicht des Bestechenden, soll zumindest ein Anbieten im Sinne der ersten Alternative vorliegen[915].

e) Gemeinsame Tatbestandsmerkmale

Die Abs. 1 und 2 des Gesetzesvorschlags haben mehrere objektive Tatbestandsmerkmale gemeinsam. Hierzu zählen der Vorteil, die Unrechtsvereinbarung, die Einwirkung auf den professionellen Sportwettkampf sowie die unlautere Art und Weise, in welcher die Einwirkung erfolgen muss. Die Merkmale entsprechen – mit Ausnahme der Einwirkung auf den professionellen Sportwettkampf – zwar inhaltlich dem Amtsträgerstrafrecht; jedoch wurde das Modell der §§ 331, 333 StGB nicht übernommen; vielmehr muss der Vorteil in dem hier propagierten Vorschlag des § 299a StGB parallel zu § 299 StGB für die unlautere Einwirkung der Teilnehmer, Trainer oder Funktionsträger eines Teilnehmers oder Schiedsrichter gefordert (usw., Abs. 1) oder angeboten (usw., Abs. 2) werden.

Ein Vorteil soll – wie bei § 299 StGB – in jeder Besserstellung der wirtschaftlichen, rechtlichen oder persönlichen Lage des Begünstigten bestehen, auf die derselbe keinen rechtlich begründeten Anspruch hat[916]. Erfasst sein sollen vor allem materielle Vorteile jeder Art wie etwa Geldzuwendungen, Sachwerte oder Einladungen zu Veranstaltungen oder Reisen[917], aber auch immaterielle Vorteile wie z. B. die Verschaffung einer Auszeichnung, die Förderung des sportlichen oder beruflichen Fortkommens oder die Unterstützung in privaten Angelegenheiten[918]. Ausgenommen sein sollen dagegen sozialadäquate Zuwendungen und jedenfalls kleinere Aufmerksamkeiten wie etwa Werbegeschenke, das Gewähren von „Trinkgeldern" oder Essenseinladungen[919]. Entscheidend für die Strafbarkeit soll nicht eine bestimmte

---

911 *Fischer*, StGB, § 333 Rn. 4; LK-*Sowada*, StGB, § 333 Rn. 8; Schönke/Schröder/*Heine*, StGB, § 333 Rn. 3.

912 *Fischer*, StGB, § 299 Rn. 20.

913 *Fischer*, StGB, § 299 Rn. 20; LK-*Sowada*, StGB, § 333 Rn. 9.

914 LK- *Sowada*, § 333 Rn. 9.

915 BGHSt 15, 184 (185); BGH NStZ 2000, 439 f.; *Fischer*, StGB, § 333 Rn. 4.

916 BGH wistra 2005, 226; *Fischer*, StGB, § 331 Rn. 11; LK-*Tiedemann*, StGB, § 299 Rn. 25.

917 *Fischer*, StGB, § 299 Rn. 7; LK-*Tiedemann*, StGB, § 299 Rn. 25.

918 *Fischer*, StGB, § 299 Rn. 7; LK-*Tiedemann*, StGB, § 299 Rn. 25; SK-StGB/*Stein/Rudolphi*, § 331 Rn. 20.

919 LK-*Tiedemann*, StGB, § 299 Rn. 28; Schönke/Schröder/*Heine*, StGB, § 299 Rn. 20.

Wertgrenze der Zuwendung sein; entscheidend für die Abgrenzung zur „straflosen Klimapflege[920]“ soll vielmehr sein, ob die Zuwendung in der Regel ohne Rücksicht auf eine besondere Gegenleistung gegeben wird und ob sie aufgrund ihrer Geringfügigkeit objektiv zur Einflussnahme ungeeignet ist[921]. Dem Wortlaut der Abs. 1 und 2 nach ausdrücklich mit einbezogen sein sollen auch Drittvorteile, wobei als Dritter auch der Verein oder die Kapitalgesellschaft selbst in Frage kommt, für den bzw. die der Teilnehmer, Trainer oder Funktionsträger tätig ist.

Dass sowohl die Bestechlichkeit (Abs. 1) als auch die Bestechung (Abs. 2) eine Unrechtsvereinbarung bzw. bei der Tathandlung des Forderns in Abs. 1 eine auf ihren Abschluss gerichtete Erklärung erfordert, kommt in dem vorgeschlagenen Wortlaut des Gesetzestexts jeweils dadurch zum Ausdruck, dass der Vorteil „als Gegenleistung“ für eine künftige, unlautere Einwirkung auf den Verlauf oder das Ergebnis des professionellen Sportwettkampfs gefordert, sich versprochen lassen oder angenommen wird (Abs. 1) bzw. angeboten, versprochen oder gewährt wird (Abs. 2). Das Erfordernis einer Unrechtsvereinbarung ist deshalb von Bedeutung, weil es eine zu weitreichende Kriminalisierung verhindert[922]. In Situationen, in denen sich Spieler oder Athleten, nachdem sie einen Führungstreffer erzielt oder uneinholbar in Führung liegen, im Hinblick auf in naher Zukunft anstehende Spiele oder weitere Wettkämpfe schonen und den Spielstand oder die Führungsposition nur noch „verwalten“ anstatt mit ihrer bestmöglichen Leistung und vollem Einsatz mit mehr Treffern oder mit einem größeren Abstand zu ihren Verfolgern zu siegen, verhindert die unterlassene Unrechtsvereinbarung die Strafbarkeit der Athleten. Ist dagegen nicht die Schonung hinsichtlich weiterer Spiele oder Wettkämpfe der Grund für die bewusste Leistungszurückhaltung, sondern ein von Dritten angebotener, versprochener oder gewährter Vorteil, sind die Athleten – vorausgesetzt, die übrigen Tatbestandsmerkmale liegen vor – der Bestechlichkeit schuldig.

Inhalt und Ziel dieser Verknüpfung von Vorteil und unlauterer Einwirkung soll nur eine in der Zukunft erfolgende unlautere Einflussnahme sein; nicht von den Tatbeständen erfasst sein sollen Zuwendungen für in der Vergangenheit stattgefundene Einflussnahmen[923]. Als zukünftiges Ereignis sollen die unlautere Einwirkung sodann kein tatbestandsmäßiger Erfolg[924] und

---

920 LK-*Tiedemann*, StGB, § 299 Rn. 28.

921 LK-*Tiedemann*, StGB, § 299 Rn. 28; *Lackner/Kühl*, StGB, § 299 Rn. 5.

922 So auch der Referentenentwurf des Justizministeriums des Freistaats Bayern v. 30.11.2009 für ein Gesetz zur Bekämpfung des Dopings und der Korruption im Sport, S. 1 (26), abrufbar unter http://www.justiz.bayern.de/imperia/md/content/stmj_internet/ministerium/ministerium/gesetzgebung/entwurf_sportschutzgesetz_30112009.pdf (Stand: 12.02.2012).

923 So auch für § 299 StGB *Fischer*, StGB, § 299 Rn. 13; LK-*Tiedemann*, StGB, § 299 Rn. 29; Schönke/Schröder/*Heine*, § 299 Rn. 16.

924 LK-*Tiedemann*, StGB, § 299 Rn. 29.

die Bestechlichkeit und Bestechung im sportlichen Wettbewerb keine Erfolgsdelikte sein. Im Gegenteil, bei den Abs. 1 und 2 des vorgeschlagenen Tatbestands soll es sich – soweit es um die Vermögensinteressen der sportlichen Mitkonkurrenten geht – jeweils um ein abstraktes Gefährdungsdelikt handeln, denn die Tathandlung des Forderns, Sich-Versprechen-Lassens, Anbietens oder Versprechens führt noch zu keinem materiellen Schaden und auch das Annehmen oder Gewähren eines Vorteils bewirkt einen Schaden – wenn überhaupt – nur beim Bestechenden[925].

Die Gegenleistung für den Vorteil muss in einer zuvor grob umrissenen und festgelegten[926] Einwirkung auf den Verlauf oder das Ergebnis eines bestimmten professionellen Sportwettkampfs bestehen. Nicht erforderlich ist dagegen, dass die künftige Einflussnahme bis in alle Einzelheiten festgelegt ist. Allerdings soll eine unspezifische Zuwendung ohne Bezug auf eine bestimmte Einwirkung ebenso wenig tatbestandsmäßig sein wie die kommentarlose Zuwendung im Rahmen einer dauerhaften „Bestechungsbeziehung", wenn nicht die künftige Einwirkung für beide Seiten hinreichend konkretisiert ist[927].

Die Unrechtsvereinbarung muss darauf gerichtet sein, auf den Verlauf oder das Ergebnis eines professionellen Sportwettkampfs in unlauterer Art und Weise einzuwirken. Unter einer Einwirkung soll eine Einflussnahme auf den Verlauf oder das Ergebnis eines professionellen Sportspiels oder Sportwettkampfs zu verstehen sein, die dazu geeignet ist, sich auf die spezifischen Vorkommnisse des natürlichen Spielflusses oder des natürlichen Wettkampfgeschehens, die der jeweiligen Sportart und -disziplin immanent sind, oder auf das daraus resultierende Spiel- oder Wettkampfergebnis auszuwirken. Die Einwirkungen können beispielsweise von der bloßen, aber bewussten Zurückhaltung der eigenen Leistung bei einem bestimmten Vorsprung (Tordifferenz, Zeitvorsprung) über das Provozieren bestimmter Spiel- oder Wettkampfsituationen (Handspiel, Strafstoß, unsportliches Verhalten) bis hin zu vorsätzlich falschen Kampfrichter- oder Schiedsrichterentscheidungen (unrichtige Wertungsnoten, übersehene Abseitspositionen, unberechtigte Strafstöße, Freiwürfe und -stöße, Penaltys) reichen.

Da die beiden vorgeschlagenen Tatbestände jeweils als Gefährdungsdelikt formuliert sind, ist es nicht erforderlich, dass die abgesprochene Einwirkung auf den professionellen Sportwettkampf tatsächlich erfolgreich ist oder eine wirtschaftliche Schädigung der Mitkonkurrenten (oder jedenfalls eines Mitkonkurrenten) infolgedessen eintritt[928].

---

925 LK-*Tiedemann*, StGB, § 299 Rn. 6.

926 BGHSt 32, 290 (291).

927 LK-*Tiedemann*, StGB, § 299 Rn. 29.

928 So auch der Referentenentwurf des Justizministeriums des Freistaats Bayern v. 30.11.2009 für ein Gesetz zur Bekämpfung des Dopings und der Korruption im Sport, S. 1 (26), abrufbar

Die im Zuge der Unrechtsvereinbarung geplante Einwirkung auf den Verlauf oder das Ergebnis des professionellen Sportwettkampfs muss in unlauterer Weise erfolgen. Mit Blick auf das geschützte Rechtsgut des kommerziell geprägten sportlichen Wettbewerbs kann es nur um die „Erhaltung der Sachgerechtigkeit[929]" gehen. Sachfremde Einwirkungen sind nämlich geeignet, den ordnungsgemäßen Ablauf des sportlichen Wettbewerbs zu beeinträchtigen und zu gefährden. Unlauter ist daher eine Einwirkung, die sich nicht an den sachlichen Kriterien der in einer Sportart und -disziplin geltenden rechtlichen, statuten- und satzungsgemäßen Grundsätze[930] und der Erfordernisse des Spiel- oder Wettkampfgeschehens orientiert[931], sondern aus sachfremden, insbesondere eigennützigen Motiven getroffen wird.

Im Gegensatz zu dem abstrakten Gefährdungsdelikt des § 299 StGB, bei dem bei sachlicher Richtigkeit der Entscheidung oder Empfehlung des Angestellten oder Beauftragten aufgrund des Verhältnismäßigkeitsgrundsatzes eine Strafbarkeit wegen Fehlens der Unlauterkeit verneint wird, weil den geschützten Rechtsgütern von vorneherein keine Gefahr drohte[932], soll die Anwendung des Tatbestands des vorgeschlagenen § 299a StGB nicht in gleicher Weise eingeschränkt werden. Eine solche Einschränkung im Wege der teleologischen Reduktion ist weder bei Einwirkungen in Form von letztentscheidenden Schiedsrichterhandlungen noch bei allen anderen Arten von Einwirkungen denkbar. Ungeachtet einer sachlich korrekten letztentscheidenden Schiedsrichterhandlung im Verlauf des Spiels, Wettkampfs oder Turniers, für welche der Schiedsrichter für sich oder für einen Dritten zuvor einen Vorteil gefordert, sich versprechen lassen oder bereits angenommen hat, war ab diesem Zeitpunkt der sportliche Wettbewerb gefährdet. Andere Arten von Einwirkungen mögen bei sachlicher Richtigkeit zum einen zwar Spiel oder Wettkampf bestimmend, aber nicht Spiel oder Wettkampf entscheidend sein, da im Verlauf des Spiels oder Wettkampfs sportart- und disziplinspezifische Vorkommnisse und spiel- und wettkampfim-

---

unter http://www.justiz.bayern.de/imperia/md/content/stmj_internet/ministerium/ministerium/gesetzgebung/entwurf_sportschutzgesetz_30112009.pdf (Stand: 12.02.2012).

929 Schönke/Schröder/*Heine*, StGB, § 299 Rn. 19.

930 Vgl. hierzu *Szwarc*, in: FS Tiedemann, S. 939 (947), der die Unlauterkeit als „Unehrlichkeit des Verhaltens" bezeichnet und zu ihren Kriterien auch die Verletzung von Fair Play-Regeln zählt. Ordnet man auch den bewussten Verstoß gegen Fair Play-Regeln als sachwidrige Einwirkung ein, würden jedoch wiederum nur ethische Werte des Sports unter Schutz gestellt werden, die durch das Strafrecht üblicherweise gerade nicht geschützt werden sollen.

931 Referentenentwurf des Justizministeriums des Freistaats Bayern v. 30.11.2009 für ein Gesetz zur Bekämpfung des Dopings und der Korruption im Sport, S. 1 (26), abrufbar unter http://www.justiz.bayern.de/imperia/md/content/stmj_internet/ministerium/ministerium/gesetzgebung/entwurf_sportschutzgesetz_30112009.pdf (Stand: 12.02.2012).

932 Zu § 299 StGB RG GRUR 1915, 103; *Lackner/Kühl*, StGB, § 299 Rn. 5; Schönke/Schröder/*Heine*, StGB, § 299 Rn. 19; a. A. BGH NJW 2006, 3290 (3298) – *Allianz* Arena mit abl. Bespr. *Gercke/Wollschläger*, wistra 2008, 5 (8 ff.).

manente Unwägbarkeiten hinzutreten, die den Verlauf oder das Ergebnis des Spiels oder Wettkampfs in gleicher Weise beeinflussen können, zum anderen aber gilt auch bei ihnen der sportliche Wettbewerb ab dem Zeitpunkt der Vornahme einer der Tathandlungen als gefährdet. Dagegen ist die Unlauterkeit einer Einwirkung stets nur dann zu verneinen, wenn dessen Gefährdung von vorneherein ausgeschlossen ist.

Es wird kritisiert werden, dass bei einem als abstraktes Gefährdungsdelikt ausgestalteten Tatbestand die Tathandlung bereits im Moment der Annahme bzw. der Gewährung des persönlichen Vorteils oder des Vermögensvorteils mit der Absicht, auf den Spiel- oder Wettkampfverlauf und/oder das Spiel- oder Wettkampfergebnis unlauter einzuwirken, vollendet ist, auch wenn tatsächlich keine unlautere Handlung vorgenommen wird[933]. Dem ist entgegenzusetzen, dass nur die Ausgestaltung als abstraktes Gefährdungsdelikt es ermöglicht, dass auch die Bestechung eines von vorneherein klar unterlegenen Gegners – um die vielfältigen Unwägbarkeiten, die den Verlauf und das Ergebnis eines sportlichen Wettbewerbs bestimmen, vollends zu beseitigen – erfasst wird.

Zuletzt wird durch das Erfordernis der Unlauterkeit auch der Anwendungsbereich beider Tatbestände dergestalt begrenzt, dass lediglich sachwidrige Einwirkungen auf den Wettkampfverlauf oder das -ergebnis erfasst werden. Die Auslobung von Punkte- oder Siegprämien durch den Arbeitgeber der Athleten oder durch Sponsoren stellt kein sachfremdes Motiv dar[934], weil hierdurch die Leistungsbereitschaft und das Wettkampfverhalten der Sportler angespornt, sie aber nicht in ihrem (natürlichen) Streben nach dem Sieg manipuliert werden.

f) Subjektive Tatseite

Die Strafbarkeit sowohl nach Abs. 1 als auch nach Abs. 2 erfordert (zumindest bedingt) vorsätzliches Handeln hinsichtlich aller Merkmale des jeweiligen objektiven Tatbestands. Der Vorsatz muss insbesondere die Eigenschaft als Teilnehmer, Trainer oder Funktionsträger eines Teilnehmers oder Schiedsrichters eines professionellen Sportwettkampfs, das Gegenseitigkeitsverhältnis, die Geeignetheit des Vorteils als Gegenleistung für die Einflussnahme sowie die unlautere Einwirkung selbst umfassen. Während der Täter bei den Handlungsmodalitäten des Forderns (Abs. 1) und des Anbietens (Abs. 2) den Abschluss einer Unrechtsvereinbarung beabsichtigen, d. h. es ihm darauf ankommen muss, dass die Gegenseite den Vorteil als Gegenleistung für die Einwirkung versteht, reicht es bei den Tathandlungen

---

933 *Szwarc*, in: FS Tiedemann, S. 939 (947).

934 So auch der Referentenentwurf des Justizministeriums des Freistaats Bayern v. 30.11.2009 für ein Gesetz zur Bekämpfung des Dopings und der Korruption im Sport, S. 1 (26), abrufbar unter http://www.justiz.bayern.de/imperia/md/content/stmj_internet/ministerium/ministerium/gesetzgebung/entwurf_sportschutzgesetz_30112009.pdf (Stand: 12.02.2012).

des Sich-Versprechen-Lassens und der Annahme (beide Abs. 1) aus, dass er sich der Unrechtsvereinbarung lediglich bewusst ist[935]. In Bezug auf die Unlauterkeit der Einwirkung ist – neben dem Bewusstsein der das Werturteil tragenden tatsächlichen Umstände – eine laienhafte Kenntnis[936] der gesellschaftlichen und finanziellen Bedeutung der Einwirkung durch die Vorteilszuwendung erforderlich. Der Bestechende (Abs. 2) muss zudem mit Wettbewerbsabsicht handeln, was bedeutet, dass er Absicht im Hinblick auf die Besserstellung oder den Sieg des von ihm erwählten Sportlers oder der von ihm erwählten Mannschaft und sicheres Wissen hinsichtlich der sportlichen und damit auch finanziellen Schädigung der anderen Mitkonkurrenten hat.

g) Auslandssachverhalte

§ 299a Abs. 3 StGB des Gesetzesvorschlags erweitert den sachlichen Schutzbereich der Abs. 1 und 2 auf Handlungen im ausländischen, professionellen sportlichen Wettbewerb. Die h. M. zu § 299 StGB sieht neben dem Individualschutz der Mitbewerber vor Vermögensbeschädigung gleichrangig den lauteren fairen Wettbewerb als überindividuelles soziales Schutzgut an und folgert aus der gebotenen gemeinschaftsfreundlichen Auslegung des Wettbewerbsbegriffs die Einbeziehung aller EU-Mitgliedstaaten in den Schutzbereich des § 299 StGB[937], weshalb für den professionellen sportlichen Wettbewerb nichts anderes gelten soll. Mit der Erweiterung des Schutzbereichs auch auf den ausländischen Profisport werden die §§ 3 ff. StGB anwendbar. Eine Inlandstat liegt bereits dann vor, wenn eine der Tathandlungen zum Teil auf deutschem Territorium begangen wurde, z. B. durch das Fordern eines Vorteils, die Abgabe eines Angebots, das Tätigen einer Banküberweisung oder die Übergabe von Bargeld – ungeachtet dessen, ob die Tat auch im Ausland mit Strafe bedroht ist[938]. Dasselbe gilt nach § 9 Abs. 2 Satz 2 StGB auch für eine Teilnahmehandlung im Inland, etwa wenn ein Mitarbeiter der sportlichen Geschäftsführung auf Anweisung des Sportdirektors von deutschem Boden aus einem ausländischen Schiedsrichter Gelder überweist. Soweit es sich um von Deutschen im Ausland begangene Taten handelt, können die Abs. 1 und 2 des vorgeschlagenen § 299a StGB nur nach Maßgabe des § 7 Abs. 1 oder Abs. 2 Nr. 1 StGB Anwendung finden, wenn nämlich die ausländische Rechtsordnung die Bestechlichkeit und Bestechung im sportlichen Wettbewerb ebenfalls kriminalisiert[939],

935 LK-*Tiedemann*, StGB, § 299 Rn. 54; *Otto*, Grundkurs Strafrecht, § 61 Rn. 161; Schönke/Schröder/*Heine*, StGB, § 299 Rn. 29.

936 LK-*Tiedemann*, StGB, § 299 Rn. 54; Schönke/Schröder/*Heine*, StGB, § 299 Rn. 29.

937 *Androulakis*, Die Globalisierung der Korruptionsbekämpfung, S. 429; LK-*Tiedemann*, StGB, § 299 Rn. 64.

938 Schönke/Schröder/*Heine*, StGB, § 299 Rn. 29.

939 LK-*Tiedemann*, StGB, § 299 Rn. 65; Schönke/Schröder/*Heine*, StGB, § 299 Rn. 29.

wobei es schon genügt, wenn der ausländische Straftatbestand eine „untreueähnliche Schutzrichtung" aufweist[940].

h) Versuch und Vollendung

Dem Rechtsgut des sportlichen Wettbewerbs kommt – wie bereits zuvor festgestellt[941] – ein weniger gewichtiger Verfassungsrang zu, weshalb Verletzungen des Rechtsguts des sportlichen Wettbewerbs nur bei einem gesteigerten Grad des Handlungsunwerts strafwürdig sein können. Folgerichtig sind bei dem hier propagierten Gesetzesvorschlag nicht jede, sondern nur die vorsätzliche Bestechlichkeit und die vorsätzliche Bestechung unter Strafe gestellt und wurde nicht jede Vorsatztat kriminalisiert, die den sportlichen Wettbewerb verletzt, sondern nur solche mit erhöhtem Handlungsunwert. So ist die vorsätzliche Bestechung nur strafbar, wenn der Täter mit Wettbewerbsabsicht handelt.

Aus demselben Grund ist auch eine Versuchsstrafbarkeit nicht vorgesehen (§ 23 Abs. 1 StGB), sondern nur die Vollendung kriminalisiert. Diese tritt mit Vornahme der jeweiligen Tathandlung in dem erläuterten Sinn ein. Eines weitergehenden Erfolgs bedarf es nicht, insbesondere soll es nicht darauf ankommen, ob die unlautere Einwirkung tatsächlich vorgenommen wird oder nicht. Bei den Handlungsmodalitäten des Forderns (Abs. 1) und des Anbietens (Abs. 2) ist der Abschluss einer Unrechtsvereinbarung nicht erforderlich; es soll der Zugang bzw. die Kenntnisnahme hiervon genügen[942].

i) Strafmaß

Die Abs. 1 und 2 sehen als Strafdrohung gleichlaufend mit den in § 299 StGB angedrohten Strafen jeweils eine Freiheitsstrafe bis zu drei Jahren oder eine Geldstrafe vor[943]. Die erhöhte kriminalpolitische Bedeutung der Korruptionsbekämpfung auch im professionellen Sportsektor rechtfertigt

940 LK-*Werle/Jeßberger*, StGB, § 7 Rn. 30; Schönke/Schröder/*Heine*, StGB, § 299 Rn. 29.

941 S. Fünftes Kapitel A. V.

942 Vgl. parallel zu § 299 StGB, LK-*Tiedemann*, StGB, § 299 Rn. 50.

943 Der Referentenentwurf des Justizministeriums des Freistaats Bayern v. 30.11.2009 für ein Gesetz zur Bekämpfung des Dopings und der Korruption im Sport, S. 1 (26), abrufbar unter http://www.justiz.bayern.de/imperia/md/content/stmj_internet/ministerium/ministerium/gesetzgebung/entwurf_sportschutzgesetz_30112009.pdf (Stand: 12.02.2012), rechtfertigt seine vorgeschlagene und gegenüber § 299 StGB höhere Strafdrohung (Freiheitsstrafe von fünf Jahren oder Geldstrafe) mit dem öffentlichen Interesse an der Lauterkeit des Sports. *Pragal*, Die Korruption innerhalb des privaten Sektors, S. 208, hingegen begründet die Angleichung der Strafdrohung in seinem Vorschlag einer Tatbestandsfassung des § 299 StGB an die §§ 332, 334, 335 StGB mit dem Entgegenwirken des Eindrucks, die Korruption sei im privaten Sektor „weniger schlimm." Der Gesetzgeber ist bereits bei § 299 StGB dem Vorschlag des 61. Deutschen Juristentags gefolgt, vgl. *Dölling*, Gutachten C für den 61. Deutschen Juristentag, C 89, und hat von einer Angleichung der Strafdrohung an die Straftaten im Amt abgesehen, vgl. BT-Drs. 13/5584, S. 15.

allein keine höhere Strafdrohung als in § 299 StGB, dem der vorgeschlagene neue Straftatbestand nachgebildet ist. Eine Erhöhung des Regelstrafrahmens gegenüber § 299 StGB erscheint angesichts der Weite des Tatbestands und auch im Hinblick auf den erhöhten Strafrahmen der Strafzumessungsvorschrift des § 300 StGB für besonders schwere Fälle nicht gerechtfertigt, die für derartige Fälle das Mindest- und Höchstmaß der Strafe auf drei Monate bzw. fünf Jahre heraufsetzt. Kommt eine Freiheitsstrafe von sechs Monaten oder darüber nicht in Frage, ist unter den Voraussetzungen des § 47 Abs. 2 StGB auch die Verhängung einer Geldstrafe möglich, obwohl sie in § 300 Satz 1 StGB nicht explizit angedroht ist.

Die Strafschärfung nach § 300 StGB soll zunächst voraussetzen, dass der gesamte Tatbestand des § 299a StGB verwirklicht wurde und sodann die in § 300 Satz 2 StGB genannten besonderen Umstände vorliegen, die „in der Regel" einen besonders schweren Fall begründen, wobei im Einzelfall diese Indizwirkung aufgrund einer Würdigung der Gesamtumstände genauso widerlegt werden kann wie umgekehrt eine Strafschärfung in Frage kommen kann, wenn kein Regelbeispiel vorliegt, aber die Gesamtwürdigung der Tat nach ihrem Gewicht von Unrecht und Schuld vom Normalfall des § 300 StGB abweicht[944].

Bezieht sich die Tat nach § 299a Abs. 1 oder Abs. 2 StGB auf einen Vorteil großen Ausmaßes, ist das Regelbeispiel nach § 300 Satz 2 Nr. 1 StGB verwirklicht. Im Schrifttum wurde vereinzelt kritisiert, dass der Gesetzgeber des § 299 StGB (und durch die vorgeschlagene Bezugnahme in § 300 Satz 1 StGB auf § 299a StGB zukünftig auch dieser) mit der Höhe des Vorteils auf das Mittel der Tatbegehung und nicht auf den Umfang der Bevorzugung bzw. zukünftig der Einwirkung abstellt und deshalb vorgeschlagen, dass bei der Feststellung des Ausmaßes des Vorteils das „Ausmaß" der Beeinträchtigung des Wettbewerbs mitberücksichtigt werden soll[945]. Abgesehen davon, dass dieses in der Praxis nur schwer ermittelt werden kann, darf die allgemeine Bedeutung des sportlichen Wettbewerbs und der Freiheit des sportlichen Mitkonkurrenten entsprechend § 46 Abs. 3 StGB nicht nochmals berücksichtigt werden. Die mehrfach[946] verwendete Bezeichnung als „Vorteil großen Ausmaßes" ist zwar unbestimmt[947], soll aber jeweils tatbestandsspezifisch ausgelegt werden[948], weshalb bei § 300 StGB eine deutlich niedrigere Wertgrenze anzusetzen ist als z. B. bei § 264 StGB. Bei immateriellen Vorteilen soll auch die subjektive Einschätzung des Bestochenen in die Bewertung mit einfließen, aber nicht derart entscheidend sein, dass ein objektiv geringfügiger Vorteil aufgrund der Einschätzung des Vor-

944 Schönke/Schröder/*Heine*, StGB, § 300 Rn. 2.
945 *Fischer*, StGB, § 300 Rn. 3; Schönke/Schröder/*Heine*, § 300 Rn. 3.
946 Vgl. §§ 264 Abs. 2 Satz 2 Nr. 1, 335 Abs. 2 Nr. 1 StGB.
947 LK-*Tiedemann*, StGB, § 300 Rn. 4; Schönke/Schröder/*Heine*, StGB, § 300 Rn. 4.
948 LK-*Tiedemann*, StGB, § 300 Rn. 4; Schönke/Schröder/*Heine*, StGB, § 300 Rn. 4.

teilsnehmers zu einem solchen „großen Ausmaßes“ wird[949]. § 300 StGB sollte auch weiterhin auf die schwerwiegenden Fälle beschränkt bleiben; ohne das Vorliegen besonderer Umstände ist es unvorstellbar, dass eine Tat, die sich auf einen Vorteil unter 20.000,00 € bezieht, einen besonders schweren Fall ausmacht[950], weshalb diese Grenze auch für die Bestechlichkeit und Bestechung im sportlichen Wettbewerb gelten soll.

§ 300 Satz 2 Nr. 2 StGB bedroht die gewerbs- und bandenmäßige Begehung mit dem erhöhten Strafrahmen. Das mehrfach verwendete Merkmal der Gewerbsmäßigkeit liegt nach gesicherter Definition dann vor, wenn der Täter in der Absicht handelt, sich durch wiederholte Tatbegehung eine nicht nur vorübergehende Einnahmequelle von einigem Umfang zu sichern[951], was insbesondere dann vorliegen soll, wenn der Täter über den einzelnen Fall hinaus ein Bestechungssystem im professionellen Sportsektor aufbauen und hieraus dauerhaft materielle Vorteile ziehen will[952]. Für das bandenmäßige Handeln ist das Zusammenwirken dreier Personen[953] notwendig, wobei die Bande sowohl aus bestechenden als auch aus bestochenen Beteiligten bestehen kann[954].

j) Strafverfolgung

Die vorgeschlagene Änderung des § 301 Abs. 1 StGB[955] gestaltet den neuen Straftatbestand des § 299a StGB als relatives Antragsdelikt aus. Infolgedessen ist nur dann, wenn die Strafverfolgungsbehörde ein besonderes öffentliches Interesse an der Strafverfolgung verneint, ein Strafantrag des Verletzten erforderlich. Nr. 242a Abs. 1 RiStBV spricht bei der Bestechlichkeit und Bestechung im geschäftlichen Verkehr nach § 299 StGB, woran sich die Verfolgung derselben im sportlichen Wettbewerb nach § 299a StGB orientieren soll, u. a. dann von einer Bejahung des besonderen öffentlichen Verfolgungsinteresses, wenn der Täter einschlägig vermögens-, insbesondere wirtschaftsstrafrechtlich vorbestraft ist. Nach Nr. 242a Abs. 2 RiStBV wird in besonders schweren Fällen der Bestechlichkeit und Bestechung im geschäftlichen Verkehr nach § 300 StGB das besondere öffentliche Verfolgungsinteresse bejaht, da sowohl die besondere Höhe des Vorteils (Nr. 1) als auch die Gewerbs- und Bandenmäßigkeit der Begehung (Nr. 2) das Unrecht und die Schuld des Täters über das durchschnittliche Maß hinaus heben[956].

---

949 LK-*Tiedemann*, StGB, § 300 Rn. 4.
950 LK-*Tiedemann*, StGB, § 300 Rn. 4; MünchKommStGB/*Diemer/Krick*, § 300 Rn. 2.
951 *Fischer*, StGB, § 300 Rn. 5; MünchKommStGB/*Diemer/Krick*, § 300 Rn. 3.
952 *Fischer*, StGB, § 300 Rn. 5.
953 Seit BGHSt 46, 321 (325).
954 *Fischer*, StGB, § 300 Rn. 6; MünchKommStGB/*Diemer/Krick*, § 300 Rn. 4.
955 S. Fünftes Kapitel B. VII. 1.
956 LK-*Tiedemann*, StGB, § 301 Rn. 8.

Aufgrund der ebenfalls vorgeschlagenen Erweiterung des § 374 Abs. 1 Nr. 5a StPO ist auch eine Verfolgung der Bestechlichkeit und Bestechung im sportlichen Wettbewerb im Wege der Privatklage möglich. Verneint die Staatsanwaltschaft das besondere öffentliche Interesse an der Strafverfolgung, können die Verletzten, indem sie Strafantrag stellen, das Verfolgungshindernis des § 301 Abs. 1 StGB überwinden; allerdings wird der öffentlichen Klage § 374 Abs. 1 Nr. 5a StPO entgegenstehen, weil nach § 376 StPO die öffentliche Klage wiederum nur bei öffentlichem Interesse erhoben wird[957]. Der Begriff des besonderen öffentlichen Interesses in § 301 Abs. 1 StGB entspricht nicht dem des § 376 StPO; Letzterer ist weiter zu verstehen[958], weshalb (theoretisch) Fälle denkbar sind, in denen die Staatsanwaltschaft einen fehlenden Strafantrag nicht ersetzen dürfte (was sie auch nicht muss, da Strafantrag gestellt ist), gleichwohl aber die öffentliche Klage erhebt[959].

Die Frist für die Verfolgungsverjährung beträgt nach § 78 Abs. 3 Nr. 4 StGB fünf Jahre und beginnt nach § 78a Satz 1 StGB zu laufen, sobald die Tat beendet ist. Bei einem Tätigkeits- und abstrakten Gefährdungsdelikt wie dem vorgeschlagenen § 299a StGB wird es wiederum streitig sein, ob mit der Beendigung der Tat der Abschluss der tatbestandsmäßigen Handlung oder – wie bei den anderen Deliktsarten – der Eintritt der Rechtsgutsverletzung gemeint ist[960]. Sofern es aber bei der Bestechlichkeit zu einer Annahme eines Vorteils oder im Rahmen der Bestechung zu einer Gewährung desselben kommt, soll aufgrund der dann anzunehmenden tatbestandlichen Handlungseinheit jedenfalls in diesem Zeitpunkt die Verjährungsfrist zu laufen beginnen[961]. Kommt es nicht zu einer Gewährung eines Vorteils, obwohl ein solcher gefordert oder versprochen wurde, soll die Tat beendet sein, sobald sich das Fordern oder Versprechen als fehlgeschlagen erweist und der Täter keine Erfüllung mehr erwartet[962].

Im Gleichlauf mit § 299 StGB soll für die Aburteilung der Taten nach § 299a StGB bei einer Anklage wegen der besonderen Bedeutung des Falles nach § 24 Abs. 1 Nr. 3 GVG, anderenfalls bei Berufungen gegen Urteile des Schöffengerichts die Wirtschaftsstrafkammer des Landgerichts zuständig sein, weshalb § 74c Satz 1 Nr. 5a GVG um den neuen Straftatbestand noch zu erweitern ist.

---

957 Es sei denn, dieselbe Tat im prozessualen Sinn (§ 264 StPO) verwirklicht zugleich ein Offizialdelikt, vgl. nur *Hilger*, in: Löwe-Rosenberg, StPO, § 376 Rn. 26.

958 *Meyer-Goßner*, StPO, § 376 Rn. 3.

959 LK-*Tiedemann*, StGB, § 301 Rn. 11.

960 LK-*Tiedemann*, StGB, § 299 Rn. 70.

961 LK-*Tiedemann*, StGB, § 299 Rn. 70.

962 BGH NJW 2003, 2996 (2997); LK-*Tiedemann*, StGB, § 299 Rn. 70.

3. Flankierende Maßnahmen

Über die Neuschaffung des § 299a StGB hinaus werden weitere Gesetzesänderungen zur Ermöglichung notwendiger Ermittlungsmaßnahmen und zur Erfolg versprechenden Organisation der erforderlichen Spezialisierung der Strafverfolgung sowie zusätzliche begleitende Maßnahmen angeregt, um den Strafverfolgungsbehörden eine durchsetzungsfähige Rechtsnorm zur Verfügung stellen zu können und auf diese Weise dem neuen Tatbestand zu umfassender Wirkung zu verhelfen.

a) Erweiterter Verfall nach § 302 StGB

Die Ergänzung des § 302 StGB um § 299a StGB ermöglicht die Anwendung des Erweiterten Verfalls auch auf die organisierte Bestechlichkeit und Bestechung im sportlichen Wettbewerb. Dies trägt dem Umstand Rechnung, dass im Profisport hohe Geldbeträge fließen und eine verbesserte Gewinnabschöpfung bei der Triebfeder der kriminellen Handlungen ansetzt[963].

§ 302 StGB, in der Fassung der Bekanntmachung vom 13.11.1998 (BGBl. I S. 3322), zuletzt geändert durch Art. 1 45. StrafrechtsÄndG zur Umsetzung der RL des Europäischen Parlaments und des Rates über den strafrechtlichen Schutz der Umwelt vom 06.12.2011 (BGBl. I S. 2557), soll zukünftig deshalb wie folgt lauten:

„§ 302 Erweiterter Verfall

In den Fällen der §§ 299, 299a ist § 73d anzuwenden, wenn der Täter gewerbsmäßig oder als Mitglied einer Bande handelt, die sich zur fortgesetzten Begehung solcher Taten verbunden hat.“

Im Zuge der Änderung der Vorschrift wird nach der Nichtigerklärung des § 43a StGB durch das BVerfG[964] sogleich der Verweis auf diesen ebenso gestrichen wie § 302 Abs. 2 StGB, da die Täter der Abs. 1 und 2 der §§ 299, 299a StGB, jeweils gleichbehandelt werden. Bei der Verurteilung von Tätern gewerbs- und bandenmäßig begangener Taten, nämlich besonders schwerer Fälle nach dem neu vorgeschlagenen § 300 Satz 2 Nr. 2 StGB, ist der Verfall des Vorteils, den ein Täter oder Teilnehmer erlangt hat, auch dann anzuordnen, wenn dieser aus anderen rechtswidrigen Straftaten stammt. In verfassungskonformer restriktiver Auslegung ist der Erweiterte Verfall nur dann anzuordnen, wenn der Tatrichter nach erschöpfender Beweiserhebung und -würdigung die „uneingeschränkte Überzeugung von

---

963 Referentenentwurf des Justizministeriums des Freistaats Bayern v. 30.11.2009 für ein Gesetz zur Bekämpfung des Dopings und der Korruption im Sport, S. 1 (28), abrufbar unter http://www.justiz.bayern.de/imperia/md/content/stmj_internet/ministerium/ministerium/gesetzgebung/entwurf_sportschutzgesetz_30112009.pdf (Stand: 12.02.2012).

964 BVerfGE 105, 135 ff.

der deliktischen Herkunft[965]" des Vorteils gewonnen hat. Vom Verfall grundsätzlich nicht erfasst werden solche Vorteile, die lediglich gefordert oder versprochen, jedoch nie geleistet wurden; es muss also zum Vollzug der Unrechtsvereinbarung gekommen sein[966]. Schließlich können nur Sachen oder Rechte Verfallsgegenstand sein, wozu aber z. B. auch Bankguthaben zählen[967].

b) Aufnahme des § 299a StGB in den Katalog der schweren Straftaten für die Überwachung der Telekommunikation nach § 100a Abs. 2 StPO

Ein gewichtiges Argument für die Kodifizierung der Bestechlichkeit und Bestechung im sportlichen Wettbewerb war die mit ihr verbundene Möglichkeit der staatlichen Strafverfolgungsbehörden, ihre im Vergleich zu den Sportverbänden überlegenen Aufklärungsinstrumentarien wie etwa die Durchsuchung, Beschlagnahme oder Untersuchungshaft einsetzen zu können. Neben diesen strafprozessualen Zwangsmitteln erscheint angesichts der mittlerweile weltweit organisierten kriminellen Bestechungsstruktur im Sportsektor auch die Überwachung der Telekommunikation der Beteiligten als Ermittlungsmaßnahme notwendig, weshalb die Bestechungsdelikte in den Katalog der schweren Straftaten des § 100a Abs. 2 StPO mit aufzunehmen sind. Mit der Auswahl der bisherigen Katalogstraftaten durch den Gesetzgeber gibt dieser zu erkennen, in welchen Fällen ihm die Anordnung der Überwachung der Telekommunikation mit dem Verhältnismäßigkeitsgrundsatz vereinbar erscheint[968]. Diese Fälle stellen Straftaten dar, die zwischen besonders schweren und solchen von erheblicher Bedeutung angesiedelt sind, worunter der Gesetzgeber grundsätzlich (§ 86 StGB ausgenommen) Straftaten mit einer Mindesthöchststrafe des Normalstrafrahmens von fünf Jahren versteht[969]. Berücksichtigt man diese Vorgabe des Gesetzgebers, können die Straftaten gegen den sportlichen Wettbewerb unter den in § 300 Satz 2 StGB genannten Voraussetzungen – nur dann beträgt die angedrohte Höchstfreiheitsstrafe mindestens fünf Jahre – in § 100a Abs. 2 StPO als weitere Katalogtat eingefügt werden.

§ 100a Abs. 2 StPO in der Fassung der Bekanntmachung vom 07.04.1987 (BGBl. I S. 1074), zuletzt geändert durch Art. 2 Abs. 30 G zur Änd. von Vorschriften über Verkündung und Bekanntmachungen sowie der ZPO, des EGZPO und der AO vom 22.12.2011 (BGBl. I S. 3044), sollte deshalb wie folgt geändert werden:

---

965 BGHSt 40, 371 (372 f.); BGH NStZ 2000, 137; BGH NStZ 2001, 531.

966 LK-*Tiedemann*, StGB, § 302 Rn. 1, 3.

967 *Fischer*, StGB, § 73d Rn. 11; LK-*Schmidt*, StGB, § 73d Rn. 29; LK-*Tiedemann*, StGB, § 302 Rn. 2.

968 *Meyer-Goßner*, StPO, § 100a Rn. 15; KK/*Nack*, § 100a StPO Rn. 32.

969 BT-Drs. 16/5846, S. 40; KK/*Nack*, § 100a StPO Rn. 32.

Nr. 1 lit. r) wird um den vorgeschlagenen § 299a StGB erweitert:

„Straftaten gegen den Wettbewerb nach § 298 und, unter den in § 300 Satz 2 genannten Voraussetzungen, nach den §§ 299, 299a"

c) Aufnahme des § 299a StGB in den Katalog der Vortaten der Geldwäsche nach § 261 Abs. 1 Satz 2 StGB

Nachdem die *Europäische Kommission* bereits im Jahre 2007 darauf aufmerksam gemacht hatte, dass der Sport wegen seiner positiven gesellschaftlichen Rolle sich negativen Herausforderungen wie der Korruption und Geldwäsche stellen muss[970], wurde in einem im Jahr 2009 veröffentlichten Bericht der *FATF*[971] bestätigt, dass der kommerzialisierte Sport insgesamt, der Fußballsport aber in besonders exponierter Weise, Ziel von Geldwäscheaktivitäten geworden ist[972]. Die in und um den Sport investierten Gelder stiegen in den vergangenen Jahren enorm an; Ablösesummen, Hand-, Antritts-, Preis- und Bestechungsgelder schraubten sich in die Höhe. Bei solchen erheblichen und grenzüberschreitenden Geldflüssen ergeben sich vielfältige Möglichkeiten, schmutzige Gelder zu waschen[973]. Um die im Rahmen organisierter Kriminalität gewonnenen schmutzigen Bestechungsgelder zurückzudrängen, sollten bei der Gelegenheit der Neukriminalisierung des § 299a StGB und der Änderung verschiedener bestehender Gesetze deshalb die Bestechungsdelikte des § 299a StGB in den Katalog der Vortaten für die Geldwäsche aufgenommen[974] und § 261 Abs. 1 Satz 2 Nr. 4 lit. a) StGB in der Fassung der Bekanntmachung vom 13.11.1998 (BGBl. I S. 3322), zuletzt geändert durch Art. 1 45. StrafrechtsÄndG zur Umsetzung der RL des Europäischen Parlaments und des Rates über den strafrechtlichen Schutz der Umwelt vom 06.12.2011 (BGBl. I S. 2557), um § 299a StGB erweitert werden.

d) Einrichtung von Schwerpunktstaatsanwaltschaften

Je professioneller und strukturierter die weitgehend abgeschotteten Korruptionsnetzwerke arbeiten, desto größer erweisen sich die organisatorischen Defizite bei der Ermittlung der Straftaten. Die Strafverfolgung hinkt der organisierten Kriminalität hinterher. Zur Steigerung der Ermittlungseffizienz bei Korruptionsdelikten im sportlichen Wettbewerb kommt deshalb die Einrichtung von Zentralstellen bei den Staatsanwaltschaften auf Länder-

970 *Kommission der Europäischen Gemeinschaften*, Weißbuch Sport, abrufbar unter http://ec.europa.eu/sport/white-paper/the-2007-white-paper-on-sport_en.htm (Stand: 14.01.2012).

971 *FATF*, Money Laundering through the Football Sector, S. 25, abrufbar unter http://www.fatf-gafi.org/dataoecd/7/41/43216572.pdf (Stand: 14.01.2012).

972 *Herzog/Hoch/Laustetter*, SpuRt 2010, 90 (91).

973 *Herzog/Hoch/Laustetter*, SpuRt 2010, 90 (91).

974 Betreffend die Aufnahme des § 299 StGB als Vortat der Geldwäsche vgl. bereits *Pragal*, in: *Weinreich* (Hrsg.), Korruption im Sport, S. 206 (212).

ebene in Betracht[975]. In Schwerpunktstaatsanwaltschaften[976] bildet sich schnell einschlägiger kriminalistischer und rechtlicher Sachverstand; sie erleichtern sowohl den Informationsfluss zwischen den Behörden als auch eine länderübergreifende Zusammenarbeit[977]. Auf Grundlage des geltenden GVG ist es den Justizministerien der Länder möglich, durch einen Organisationsakt (§ 143 Abs. 4 GVG i. V. m. § 147 GVG) innerhalb des jeweiligen Landes die örtliche Zuständigkeit der Staatsanwaltschaften derart zu verändern, dass eine Staatsanwaltschaft für die Bezirke mehrerer oder aller Land- und Oberlandesgerichte eines Landes berufen ist[978], die Korruptionsdelikte im Sport zu bearbeiten.

e) Anwendung der Kronzeugenregelung des § 46b StGB in den Fällen der besonders schweren Bestechlichkeit und Bestechung im sportlichen Wettbewerb

Während bislang die Preisgabe von Wissen über schwere Straftaten vorwiegend als positives Nachtatverhalten gem. § 46 Abs. 2 StGB strafmildernd berücksichtigt wurde, haben Täter seit der mit Wirkung vom 01.09.2009 eingeführten „deliktsübergreifenden großen Kronzeugenregelung[979]" des § 46b StGB[980] Aussicht auf eine strafrahmenverschiebende Milderung oder in bestimmten Fällen gar auf ein Absehen von Strafe.

Die Vorschrift zielt darauf, potentiell aussagebereiten Tätern einen Anreiz zur Kooperation zu bieten und hierdurch den Strafverfolgungsbehörden die Möglichkeit zu verschaffen, kriminelle Verflechtungen, insbesondere in den Fällen der organisierten Kriminalität und der Wirtschaftskriminalität, aufzubrechen und ansonsten praktisch nicht erreichbare Ermittlungserfolge zu erzielen[981]. Gerade im Bereich bandenmäßig verflochtener Täterkreise im und um den Sportsektor, in dem Ermittlungsdefizite des Staates bestehen,

975 *Giebel*, CaS 2011, 254 (256); *Bannenberg*, SpuRt 2007, 155 (156); *Jahn*, SpuRt 2005, 141 (145); *Rechtskommission des Sports gegen Doping*, Abschlussbericht, S. 38, auch bei der Ermittlung von Straftaten im Zusammenhang mit Doping.

976 In Bayern existiert bereits seit 01.03.2009 die Schwerpunktstaatsanwaltschaft für Dopingdelikte München I.

977 *Schaupensteiner*, NStZ 1996, 409 (413).

978 KK/*Schmid/Schoreit*, StPO, § 143 GVG Rn. 6; *Meyer-Goßner*, StPO, § 143 GVG Rn. 4.

979 *Frank/Titz*, ZRP 2009, 137 (138); *König*, NJW 2009, 2481.

980 BGBl. I 2009, S. 2288 f. Die neue Regelung in § 46b StGB ist erheblicher Kritik ausgesetzt: Kritisiert wird vor allem die massive Verlängerung der Verfahrensdauer aufgrund der erforderlichen Überprüfung der Glaubwürdigkeit der gemachten Angaben, *Frank/Titz*, ZRP 2009, 137 (138); *Mushoff*, KritV 2007, 366 (377), die Verletzung des Schuld- und Legalitätsprinzips sowie des Öffentlichkeitsgrundsatzes, Stellungnahme des Bundesrats in BT-Drs. 16/6268, S. 18; *Frank/Titz*, ZRP 2009, 137 (139); *Mushoff*, KritV 2007, 366 (374). Befürchtet wird auch eine hohe Missbrauchsgefahr durch Falschbezichtigungen der Kronzeugen, *König*, NJW 2009, 2481 (2484). Ausführlich hierzu *Kneba*, Die Kronzeugenregelung des § 46b StGB, S. 33 ff.

981 BT-Drs. 16/6268, S. 1 f.

können zur Aufklärung begangener als auch geplanter, aus dem Katalog des § 100a Abs. 2 StPO stammender Straftaten vom Kronzeugen erforderliche Erkenntnisse gewonnen werden, welche die „Mauer des Schweigens[982]" durchbrechen können. Gemeinsame Voraussetzung der sog. „Aufklärungs- und Präventionshilfe" ist nach § 46b Abs. 1 Satz 1 StGB, dass dem Täter eine Straftat vorgeworfen wird, die mit einer im Mindestmaß erhöhten Freiheitsstrafe oder mit lebenslanger Freiheitsstrafe bedroht ist.

Entgegen der §§ 12 Abs. 3 und 78 Abs. 4 StGB, die eine generelle Unbeachtlichkeit aller Schärfungen und Milderungen anordnen, regelt § 46b Abs. 1 Satz 2 StGB, dass für die Einordnung einer von § 46b StGB vorausgesetzten Straftat nur Schärfungen, die für besonders schwere Fälle vorgesehen sind, zu berücksichtigen sind. Konkret erfasst sind solche Schärfungen, die zum einen durch benannte oder unbenannte besonders schwere Fälle, zum anderen durch solche in Form von Regelbeispielen herbeigeführt werden[983]. Der Tatverdächtige einer besonders schweren Bestechlichkeit oder Bestechung nach §§ 299a Abs. 1 oder Abs. 2, 300 Satz 2 Nr. 1 und/oder 2 StGB könnte deshalb als Aufklärungs- oder Präventionshilfe erforderliche Informationen zu Strukturen und Hintermännern eines Korruptionsnetzwerks oder einer solchen Tat, an der er nicht beteiligt war („deliktsübergreifende" Anwendung[984]), liefern.

Hierzu müsste ferner die begangene oder geplante „kronzeugenfähige[985]" Tat aus dem Katalog des § 100a Abs. 2 StPO stammen. Durch die Beschränkung der Aufklärungs- oder Präventionshilfe auf die Taten des § 100a Abs. 2 StPO macht der Gesetzgeber deutlich, dass die darin enthaltenen Delikte – wenn sie nicht ohnehin schwerste Taten sind – solche sind, bei denen aufgrund der oftmals in abgeschotteten Strukturen erfolgenden Begehungsweisen ein besonderes Ermittlungsdefizit besteht[986]. Die Angaben des Aufklärungs- oder Präventionsgehilfen können sich – nach der zuvor vorgeschlagenen Aufnahme der Bestechungsdelikte im sportlichen Wettbewerb in den Katalog der schweren Straftaten nach § 100a Abs. 2 StPO – sowohl auf weitere Bestechungsdelikte im Sportsektor als auch auf Taten anderer Deliktsgruppen beziehen; es ist kein Zusammenhang zwischen der

---

982 *Kaspar*, ZRP 2011, 159. Vor Einführung des § 46b StGB hat dies bereits *Vieweg*, SpuRt 2004, 194 (195), in Bezug auf ein staatliches Anti-Doping-Gesetz angeregt.

983 BT-Drs. 16/6268, S. 10; Schönke/Schröder/*Kinzig*, StGB, § 46b Rn. 5.

984 *Frank/Titz*, ZRP 2009, 137 (138); *König*, NJW 2009, 2481.

985 *König*, NJW 2009, 2481 (2482).

986 BT-Drs. 16/6268, S. 11. Nach a. A. überzeugt der Rückgriff auf den Katalog des § 100a Abs. 2 StPO zur Eingrenzung der „kronzeugenfähigen" Delikte nicht, da dieser unter anderen Gesichtspunkten zusammengestellt sei, vgl. *König*, NJW 2009, 2481 (2482).

dem Kronzeugen zur Last gelegten Tat und der Tat(en), auf welche sich seine Informationen beziehen, erforderlich[987].

Letztlich erfordern die Aufklärungshilfe nach § 46b Abs. 1 Satz 1 Nr. 1 StGB und Präventionshilfe nach § 46b Abs. 1 Satz 1 Nr. 2 StGB über die bereits genannten gemeinsamen Voraussetzungen hinaus, dass der Täter durch freiwilliges Offenbaren seines Wissens wesentlich dazu beigetragen hat, dass eine Tat nach § 100a Abs. 2 StPO aufgedeckt werden konnte bzw. sein Wissen so rechtzeitig einer Dienststelle offenbart, dass eine noch im straflosen Vorbereitungsstadium befindliche Tat nach § 100a Abs. 2 StPO verhindert werden kann.

Durch die hier propagierten Erweiterungen der §§ 300 Satz 1 StGB und 100a Abs. 2 Nr. 1 lit. r) StPO wird jedenfalls die Möglichkeit geschaffen, die Kronzeugenregelung des § 46b StGB auf Täter einer besonders schweren Bestechlichkeit oder Bestechung im sportlichen Wettbewerb anzuwenden. Ob hierdurch die „Mauer des Schweigens[988]" durchbrochen und das anvisierte Eindringen in kriminelle Strukturen im und um den Sport gelingen wird, bleibt abzuwarten.

f) Nebeneinander von Kriminal- und Verbandsstrafe

Sofern nunmehr die Bestechlichkeit und Bestechung im sportlichen Wettbewerb neu kriminalisiert werden sollen, gilt es letztlich auch einen Blick auf das Verhältnis der Strafen durch die Sportverbandsgerichtsbarkeit und die allgemeine Strafgerichtsbarkeit zu werfen. Schließlich haben die Sportverbände eigene Regelwerke[989] erlassen und eigene Gerichtsbarkeiten etabliert, die diese Vorschriften effizient und rechtsstaatlich korrekt umsetzen[990]. Hinzu kommt, dass sich Staatsanwaltschaften und Strafgerichte in der Vergangenheit nur selten mit der Verfolgung von Delikten, die im Sport begangen wurden, beschäftigten[991]. Hat eine regelmäßig schneller als eine Kriminalstrafe ausgesprochene Verbandsstrafe den Strafzweck nämlich bereits vollständig erfüllt, wird zumeist entweder das besondere öffentliche

---

987 Schönke/Schröder/*Kinzig*, StGB, § 46b Rn. 4. Kritisch zu dem fehlenden Konnexitätserfordernis vgl. *Frank/Titz*, ZRP 2009, 137 (139); *König*, NJW 2009, 2481 (2483).

988 *Kaspar*, ZRP 2011, 159.

989 Vgl. nur die vom *DFB*, *WFV e. V.* und *DHB* erlassenen Regelungen zur Spielmanipulation in § 6a Rechts- und Verfahrensordnung *DFB*, § 13a Rechts- und Verfahrensordnung *WFV e. V.* und § 14a Rechtsordnung (RO) *DHB* in der Fassung vom 07.01.2012, abrufbar unter http://www.dhb.de/fileadmin/redakteure/03_downloads/Rechtsordnung07012012.pdf (Stand: 09.02.2012).

990 *Reinhart*, SpuRt 2001, 45.

991 *Reinhart*, SpuRt 2001, 45. Auffällig ist, dass vor allem die hohe Anzahl an den in einer Sportart begangenen Körperverletzungsdelikten und die signifikant geringe Anzahl diesbezüglich eingeleiteter Strafverfahren auseinanderfallen, vgl. hierzu *Kauffmann*, in: FS Kleinknecht, S. 203 (205).

Interesse an der Strafverfolgung zu verneinen oder[992] das (danach noch verbleibende) Maß an auszugleichender Schuld als „gering" i. S. d. § 153 StPO anzusehen sein. Zwischenzeitlich ist aber zu beobachten, dass diese Praxis staatsanwaltlicher und strafgerichtlicher Zurückhaltung – vor allem im Bereich der im Zusammenhang mit Doping begangenen Taten[993] – mehr und mehr aufgegeben wird.

In all den Fällen, in denen Bestechlichkeits- und Bestechungshandlungen zu einer Verletzung des sportlichen Wettbewerbs führen, können die Staatsanwaltschaften zukünftig das besondere öffentliche Interesse an der Strafverfolgung i. S. d. vorgeschlagenen § 301 Abs. 1 StGB bejahen und die Sache an sich ziehen und die staatlichen Gerichte die jeweilige Tat durch Strafbefehl oder -urteil sanktionieren; nach nahezu einstimmiger Auffassung[994] auch dann, wenn gegen den Täter zuvor bereits eine Verbandsstrafe verhängt wurde. Denn die Anwendung des in Art. 103 Abs. 3 GG verankerten Doppelbestrafungsverbots „ne bis in idem" ist auf das Zusammentreffen zweier echter Kriminalstrafen beschränkt; das Nebeneinander von Kriminal- und Verbandsstrafe bleibt dagegen unberührt. Dies folgt aus dem Wortlaut des Art. 103 Abs. 3 GG, der in Bezug auf den verfassungsrechtlichen Grundsatz der Einmaligkeit der Strafverfolgung von „allgemeinen Strafgesetzen" spricht und damit nur das Kern- und Nebenstrafrecht[995], nicht aber die Ahndung von Straftaten durch „private" Vereine oder Verbände meint, die ausschließlich Sportler betrifft. Denn diese haben sich neben den Bezie-

---

992 Bejaht die Staatsanwaltschaft das besondere Verfolgungsinteresse bei einem Antragsdelikt, steht ihr die Möglichkeit der Einstellung nach § 153 StPO nicht mehr zur Verfügung, da diese gerade das Fehlen desselben voraussetzt. Erfüllt der Täter aber geeignete Auflagen, kann sie das Verfahren nach § 153a StPO wiederum einstellen.

993 Dem Radprofi *Stefan Schumacher* konnte im Juli 2008 bei der *Tour de France* und bei den Olympischen Spielen in Peking die Einnahme des Blutdopingmittels *Cera* nachgewiesen werden. Während die fünfte Kammer des LG Stuttgart die Eröffnung des Hauptverfahrens wegen Betrugs abgelehnt hatte, entschied das OLG Stuttgart auf Beschwerde der Staatsanwaltschaft im Sinne derselben. *Schumacher* steht deshalb als erster überführter Dopingsünder wegen Betrugs vor Gericht, *o. V.*, F.A.Z. v. 19.10.2011, S. 25; *Jahn*, JuS 2012, 181 ff.

994 BVerfGE 21, 378 ff. betreffend das Verhältnis von Kriminalstrafen und der Wehrdisziplinarordnung; *Scherrer*, in: *Fritzweiler* (Hrsg.), Doping – Sanktionen, Beweise, Ansprüche, S. 119 (124); Sportrecht in der Praxis/*Rössner*, 11. Kapitel Rn. 1728; *Reschke*, SpuRt 2001, 183 f.; *Fahl*, SpuRt 2001, 181 ff.; *Lüer*, Dopingstrafen im Sport und der Grundsatz „Ne bis in idem", S. 148, 151. A. A. sind für das Verhältnis von Strafen der Sportgerichtsbarkeit und der allgemeinen Strafgerichtsbarkeit – soweit ersichtlich – lediglich *Summerer*, in: *Fritzweiler/Pfister/Summerer*, Praxishandbuch Sportrecht, 2. Teil, 3. Kapitel Rn. 258 und *Reinhart*, SpuRt 2001, 45 ff.

995 *Jarass/Pieroth*, GG, Art. 103 Rn. 74; *Schultze-Fielitz*, in: *Dreier* (Hrsg.), GG, Bd. III, Art. 103 Rn. 22.

hungen zu ihrem Verein gegenüber dem Verband freiwillig[996] in Lizenz- und Athletenverträgen dessen Disziplinargewalt unterworfen, die sich von der staatlichen wesentlich unterscheidet.

Das Doppelbestrafungsverbot stellt ein in jeder Lage des Verfahren zu beachtendes Verfahrenshindernis dar[997]. Wollte man dessen Geltung tatsächlich auch im Verhältnis zwischen Sportgerichtsbarkeit und allgemeiner Strafgerichtsbarkeit zueinander annehmen, würde die Verhängung einer sportgerichtlichen Sanktion die Strafklage „verbrauchen“ und ein eventuell in Unkenntnis der Verbandsstrafe ergangenes, staatliches Strafurteil aufgrund des „ne bis in idem“-Grundsatzes nichtig sein[998]. In gleicher Weise wie es für die staatlichen Organe nicht hinnehmbar ist, privaten Vereinen oder Verbänden bei der Ahndung von Straftaten den Vortritt zu lassen, ist es umgekehrt für die Verbände inakzeptabel, z. B. im Falle eines groben Foulspiels einer bei einer zeitlich früheren staatlichen Sanktion, die möglicherweise (nur) in einer geringen Geldstrafe oder gar (nur) in der Auflage besteht, sich beim generischen Spieler binnen einer Frist von sechs Monaten zu entschuldigen[999], auf Wettkampf- oder Spielsperren, Punktabzüge und dergleichen verzichten zu müssen[1000]. Der staatliche Strafanspruch existiert vielmehr neben und unabhängig von der Verbandsgerichtsbarkeit[1001]. Während er nämlich der Rechtsgemeinschaft im Ganzen zusteht, die ein Interesse an der Verfolgung und Ahndung von Straftaten hat, erfolgt die Verbandsstrafe im Einzelinteresse des Sports zum Selbstzweck.

4. Ergebnis

Der Gesetzesvorschlag der Verfasserin merzt sowohl die festgestellten Schwachpunkte der erlassenen ausländischen Regelungen und der hierzulande bereits existierenden Entwürfe aus als auch entwickelt er deren positive Punkte weiter, indem der professionelle sportliche Wettbewerb ausdrücklich als Schutzgut des neuen Straftatbestands benannt, zugleich dessen Anwendungsbereich auf den Profisport beschränkt wird und er nur,

996 Zu Unrecht vergleicht deshalb *Reinhart*, SpuRt 2001, 45 (48), die Verbandszugehörigkeit mit der öffentlich-rechtlichen Zwangsmitgliedschaft freier Berufe, z. B. in Rechtsanwaltskammern.

997 Statt aller *Beulke*, Strafprozessrecht, Rn. 280, 503.

998 *Fahl*, SpuRt 2001, 181.

999 Vgl. § 153a Abs. 1 Satz 2 Nr. 5 StPO. Nach § 153a Abs. 1 Satz 5 StPO ruft die Erfüllung von Auflagen und Weisungen einen Strafklageverbrauch betreffend die Verfolgung der Tat als Vergehen hervor, *Fahl*, SpuRt 2001, 181 Fn. 8.

1000 *Fahl*, SpuRt 2001, 181.

1001 Ein solches Nebeneinander verschiedener Sanktionsmechanismen besteht bereits in anderen Bereichen: Genannt seien die Disziplinar- und Standesgerichtsbarkeit, jeweils neben der allgemeinen Strafgerichtsbarkeit, vgl. *König*, SpuRt 2010, 106 (107); *Reinhart*, SpuRt 2001, 45 (47).

aber auch alle für strafbedürftig und strafwürdig erachteten denkbaren Handlungsmodalitäten erfasst.

Der Vorschlag orientiert sich dabei an dem Tatbestand der Bestechlichkeit und Bestechung im geschäftlichen Verkehr nach § 299 StGB und ist als Straftat gegen den Wettbewerb systematisch korrekt nach diesem platziert. Hierdurch konnten zum einen die Vorschriften, die auf die Bestechlichkeit und Bestechung im sportlichen Wettbewerb in gleicher Weise wie auf § 299 StGB Anwendung finden sollen, zum anderen jene, die § 299a StGB zu einer durchsetzungsfähigen Rechtsnorm mit umfassender Wirkung machen und deshalb flankierend zu dessen Neuschaffung geändert werden sollen, eleganterweise lediglich um § 299a StGB ergänzt werden. Auf diese Weise konnte die Schaffung von zu differenzierten, unübersichtlichen Regelungen vermieden werden.

Sechstes Kapitel
Ergebnisse und Schlussbetrachtung

A. Ergebnisse

Für das Phänomen der Korruption im Allgemeinen lässt sich ebenso wenig eine klare und allgemeingültige Definition aufstellen wie ihre Erscheinungsformen sich in ein Schema pressen lassen – zu facettenreich sind die korrupten Verhaltensweisen, zu verschiedenartig ihr Vorkommen. Festgehalten werden kann lediglich, dass die Ausnutzung einer im privaten oder öffentlichen Bereich bestehenden Machtposition unter gleichzeitigem Verstoß gegen moralische Standards zur Erlangung eines persönlichen Vorteils allen Korruptionssachverhalten gemein und deshalb für sie charakteristisch ist[1002].

Lange Zeit suchte man auch eine allgemein anerkannte und empirisch fundierte Theorie zur Erklärung korrupten Verhaltens. Heutzutage ist bekannt, dass es eine solche nicht gibt. Vielmehr wird eine Reihe von Faktoren verantwortlich gemacht, von denen angenommen wird, dass sie die Entstehung von Korruption begünstigen. So wird auf gesamtgesellschaftlicher Ebene die Kombination aus enger Verflechtung von Staat, Wirtschaft und Gesellschaft, dem Anwachsen der rechtlichen Regelungen zwischen den genannten Bereichen zu einer „Normenflut" sowie der zunehmenden Fragmentierung der Werte in der Gesellschaft als eine Ursache angesehen, die zu einem vermehrten Auftreten der Korruption führt. Auf institutioneller Ebene tragen fehlende Transparenz und Kontrollstrukturen in Privatwirtschaft und Verwaltung dazu bei, zumal es sich bei der Korruption um ein „Kontrolldelikt[1003]" handelt, dessen Entdeckung entscheidend von der Kontrollintensität abhängt. Schließlich fördert auch der beim Einzelnen festzustellende Wertewandel vom traditionellen Pflichtbewusstsein, von Moral und Loyalität zu egoistischer Selbstbereicherung auf Kosten anderer[1004], der sich in der Gesamtgesellschaft vervielfacht, die steigende Bereitschaft, korrupte Handlungen vorzunehmen[1005].

Die Anfänge der Korruption im Sport reichen zurück bis in die Antike: Bei den 98. Olympischen Spielen 388 v. Chr. bestach der Athlet *Eupolos* drei seiner Gegner mit hohen Geldsummen und ging als erster Korruptionsfall in die Sportgeschichte ein. Inzwischen hat das Ausmaß der Korruption im Sport eine andere Dimension erreicht. Insbesondere in jüngster Zeit ist ein besorgniserregender Anstieg nationaler und internationaler Korrup-

1002 *Bannenberg*, Korruption in Deutschland, S. 14; *Kerner/Rixen*, GA 1996, 355 (360).

1003 *Bannenberg/Schaupensteiner*, Korruption in Deutschland, S. 224.

1004 *Schaupensteiner*, in: *Friedrich-Ebert-Stiftung* (Hrsg.), Korruption in Deutschland, S. 95 (97).

1005 S. Erstes Kapitel B. II.

tionsskandale und -verdachtsmomente zu verzeichnen, die neben dem Fußball als dem beliebtesten, aber zugleich weltweit am stärksten von den Spielmanipulationen betroffenen Sport die verschiedensten Sportarten erfassen[1006].

Dies wird vor allem auf die bislang erfolgte und zukünftig auch weiter voranschreitende Kommerzialisierung des Sports, eines der fünf, den modernen Sport prägenden Merkmale, zurückgeführt. Der Sport hat sich zu einem großen Wirtschaftszweig entwickelt, auf den in Deutschland zwischen 1,5 und 2 % des Bruttosozialprodukts entfallen[1007]. Von den Gehältern und Ablösesummen der professionellen Sportler über den Marktwert der Fernsehübertragungsrechte bis hin zu den Werbeeinnahmen – der Profisport ist zu einem „Big Business[1008]"geworden, in dem viel Geld im Spiel zu verdienen ist. Diese kommerzielle Entwicklung, gepaart mit dem steten Streben nach Bestleistungen und Rekorden, der Rivalität zum Gegner und der ständigen Mess- und Vergleichbarkeit der erzielten Leistungen – den ursprünglichen Prinzipien des Sports, die ihm seine besondere Faszination verleihen – lassen ihn besonders manipulationsanfällig werden. Für die verschiedensten Akteure mit unterschiedlichen finanziellen Interessen bietet der Profisport einen enormen finanziellen Anreiz zur gewinnbringenden Verfälschung sportlicher Ergebnisse[1009].

Hinzu kommt, dass zum einen sich das Handeln der großen Verbände und Institutionen wie der *FIFA* oder dem *IOC* teilweise in einem rechtsfreien Raum vollzieht. Obwohl sie – gemessen an ihren Umsätzen im Geschäftsjahr – mit global operierenden Wirtschaftsunternehmen vergleichbar sind, wird das wirtschaftliche oder politische Handeln dieser „Sportkonzerne" weder vollumfänglich von Strafgesetzen noch von den verabschiedeten internationalen Konventionen erfasst. Zum anderen wohnen dem Sportsystem selbst zahlreiche, charakteristische Merkmale inne, welche die Manipulationen und Absprachen begünstigen[1010].

In ihrer Kombination bieten die Eigenheiten des Sportsystems beste Bedingungen für die Korruption im Sport in all ihren Größenordnungen. Im Laufe der Zeit haben sich sogar drei sportspezifische Korruptionsformen herausgebildet[1011], wobei deren Grenzen weiterhin fließend sind:

1006 S. Zweites Kapitel D. I.

1007 Zusammenfassung einer Studie von *McKinsey & Company, Inc.*, WIRTSCHAFTSFAKTOR BUNDESLIGA – Die volkswirtschaftliche Bedeutung des professionellen Fußballs in Deutschland, S. 3, abrufbar unter http://static.bundesliga.de/media/native/dfl/dfl_bl_studie_mckinsey_gesamt_final.pdf (Stand: 14.01.2012).

1008 *Fischer*, NJW 2005, 1028.

1009 S. Zweites Kapitel D. II.

1010 S. Zweites Kapitel E. II. 1. – 4.

1011 S. Zweites Kapitel E. III.

Bei der **Korruption außerhalb des sportlichen Wettbewerbs** dient das globale Sportsystem mit seinen spezifischen Eigenschaften wie der Aufhebung von Zollschranken, der diplomatischen Immunität für Funktionsträger oder Sondergesetzen lediglich als Rahmen für die Geldwäscheaktivitäten der Organisierten Kriminalität.

Dagegen nutzen die näher untersuchten Handlungsweisen der **indirekten Sportkorruption** bereits das wirtschaftliche Umfeld des Sports für unlautere Vorteile im Geschäftsleben aus. Die Möglichkeiten, korrupte Handlungen vorzunehmen, reichen hierbei von der Vergabe von sportlichen Großereignissen wie den Olympischen Spielen, Welt- oder Europameisterschaften über die von Marketingrechten bis hin zu der von Bauaufträgen für Sportstätten. Zu dieser sportspezifischen Form der Korruption zählen auch bislang noch nicht bekannt gewordene Absprachen von Sportartikelherstellern mit nationalen oder internationalen Sportorganisationen zu Regeländerungen oder zur Aufwertung einzelner Disziplinen oder Sportarten wie z. B. der Aufnahme ins Olympische Programm.

Die ebenfalls eingehend untersuchten Handlungsmodalitäten der **direkten Sportkorruption** setzen sogar am Kernbereich des Wettkampfs an und beeinflussen unmittelbar die Ausübung oder Durchführung des reinen sportlichen Wettbewerbs. Hierbei zahlen die Athleten selbst oder aus ihrem Umfeld Trainer, Manager, Vereins- oder Verbandsfunktionäre Geld oder andere Leistungen an ihre Gegner, Schiedsrichter, Juroren oder andere, um den Verlauf und/oder das Ergebnis des Wettkampfs zu manipulieren. Einen Unterfall der direkten Sportkorruption bildet der sog. **Wettbetrug**, bei dem eine dritte Person außerhalb des sportlichen Umfelds eine Manipulationshandlung vornimmt, um dadurch eine von ihr im Hintergrund platzierte Wette zu ihren Gunsten oder zu Gunsten Dritter zu beeinflussen.

Anhand von Fallbeispielen (Fall *„Wildmoser jr.“* – Bau der Münchener *Allianz* Arena, Fall *„Infineon“* – Motorsportsponsoring, Fälle *„Emig“* und *„Mohren“* – Übertragung von Randsportarten gegen Geld und der Fall *„Claassen“* – Freikarten für die Fußballweltmeisterschaft 2006) konnte festgehalten werden, dass bei den Formen der indirekten Sportkorruption bereits heute der staatlich-strafrechtliche Schutz vollumfänglich eingreift[1012]: Die allgemeinen Tatbestände des Wirtschaftsstrafrechts, insbesondere die der §§ 263, 266, 298 und 299 StGB, aber auch die Amtsdelikte nach den §§ 331 – 334 StGB erfassen sämtliche korrupten Handlungsweisen, die darauf zielen, aus dem den Wirtschaftsfaktor Sport umgebenden lukrativen Umfeld unlautere Vorteile zu ziehen[1013].

Dagegen hat die Prüfung zahlreicher Konstellationen im Rahmen des sog. Wettbetrugs ergeben, dass diese strafrechtlich nicht zu fassen sind, es sei

1012 *Rössner*, in: FS Mehle, S. 567.
1013 S. Drittes Kapitel A. IV.

denn, durch die manipulativen Handlungen soll zugleich eine im Hintergrund platzierte Sportwette beeinflusst werden. Das hierfür bereitliegende Muster-Fallbeispiel *„Hoyzer“* und das dazu ergangene, rechtlich angreifbare, sportpolitisch jedoch begrüßenswerte Urteil des BGH haben dazu geführt, dass der „Sportbetrug“ in der öffentlichen Wahrnehmung als zweifelsfrei strafbar gilt. Tatsächlich strafbar ist allerdings lediglich der Wettbetrug, denn in dieser besonderen Konstellation gelangt der Betrugstatbestand nur deshalb zur Anwendung, weil das Vermögen des Wettveranstalters zu den von ihm geschützten Rechtsgütern zählt[1014].

Die Untersuchung der Handlungsweisen der direkten Sportkorruption, für welche der „Bundesligaskandal 1970/71“ und der Fall *„THW Kiel“* beispielgebend waren, ergab, dass diese – abgesehen von einer Strafbarkeit wegen Betrugs dessen, der eine Verlustprämie zahlt und dessen, der eine solche annimmt – bislang strafrechtlich nicht erfasst werden können. Eine Strafbarkeit der handelnden Akteure wegen Bestechlichkeit oder Bestechung im geschäftlichen Verkehr nach § 299 Abs. 1 oder 2 StGB scheitert stets am Tatbestandsmerkmal des „Bezuges“ (von Waren oder Dienstleistungen), denn das Ergebnis eines sportlichen Wettkampfs stellt weder eine „Ware“ noch eine „gewerbliche Leistung“ dar noch kann dessen Ausgang „bezogen“ werden. Der elementare Verstoß gegen den ordnungsgemäßen, regelgerechten Verlauf und das natürliche, unverzerrte Zustandekommen des Ergebnisses des sportlichen Wettkampfs bleibt bislang ohne strafrechtliche Konsequenzen und ist allein der Regelungsautonomie der Sportverbände überlassen[1015].

Vor diesem Hintergrund drängte sich die Frage auf, ob es in Zeiten, in denen es dem Sport trotz verstärkter Anstrengungen scheinbar nicht mehr gelingt, die Manipulationsproblematik mit eigenen Mitteln einzudämmen, noch ausreicht, die den Kernbereich des sportlichen Wettbewerbs betreffenden Manipulationen weiterhin als reine Angelegenheit des Sports zu betrachten und deren Ermittlung und Sanktionierung seiner internen Sportgerichtsbarkeit zu überlassen, oder ob gegen die Wettkampfmanipulationen nicht gezielt durch den Einsatz eines spezifischen Straftatbestands zum Schutz des sportlichen Wettbewerbs im professionellen Sport vorgegangen werden soll. Keines der von den Befürwortern und Gegnern ins Feld geführten Argumente im Rahmen der Diskussion de lege ferenda konnte alleinige Richtigkeit für sich beanspruchen; vielmehr vermochten in einer Gesamtbetrachtung der aufgestellten Thesen die Argumente gegen einen spezifischen Straftatbestand letztlich nicht zu überzeugen[1016]. Die bestehende staatliche Schutzaufgabe für den Sport, die im Vergleich zu den Mitteln der Sportver-

1014 S. Drittes Kapitel B. IV.
1015 S. Drittes Kapitel C. IV.
1016 S. Viertes Kapitel D.

bände effektiveren staatlichen Aufklärungsinstrumente, die im Gegensatz zu den innersportlichen, verbandsrechtlichen Sanktionsmöglichkeiten erheblichere Signalwirkung staatlicher Sanktionen sowie die Ergebnisse der modernen kriminologischen Korruptionsforschung machten es notwendig, über die Schließung dieser „echten“ Strafbarkeitslücke durch die Kodifizierung eines neuen Straftatbestands nachzudenken, der unlautere Handlungen im kommerziellen Bereich des Profisports unter Strafe stellt.

Bei der Untersuchung betreffend die Ausgestaltung eines spezifischen Straftatbestands zum Schutz des Wettbewerbs im professionellen Sport war festzustellen, dass der sportliche Wettbewerb im Profisport ein schützenswertes Rechtsgut und in den Fällen der als massiv sozialschädlich erachteten Wettkampfabsprachen stets beeinträchtigt ist[1017].

Mit Hilfe der Strafrechtsdogmatik und allgemeiner Rechtsprinzipien wurde gezeigt, dass die Ergänzung des StGB um § 299a zum Schutz des sportlichen Wettbewerbs mit keinem der bei einer Normschaffung zu beachtenden Prinzipien kollidiert: Das unlautere Verhalten im Kernbereich des Sports bedarf der Kriminalisierung, weil zum einen festgestellt wurde, dass sich der Einsatz des Strafrechts hierbei als geeignet und als das einzige Mittel erweist, um dieses Verhalten zu unterbinden. Zum anderen stehen nicht andere, weniger einschneidende, aber gleich effektive oder sogar besser wirkende Maßnahmen wie etwa die der internen Sportgerichtsbarkeit zur Verfügung. Zwar ist die „Sportgesetzgebung“ allein Sache der Sportverbände und würde ein staatlicher Eingriff die Autonomierechte des Sports beschränken; aufgrund der bislang erfolglosen Bekämpfung von Wettkampfmanipulationen gelten diese jedoch nicht schrankenlos. Für den Gesetzgeber besteht deshalb die Möglichkeit bzw. – angesichts der immensen wirtschaftlichen Bedeutung des Profisports und der schädlichen Auswirkungen von Wettkampfabsprachen auf die „gesamte Sportkultur[1018]“ – sogar die Notwendigkeit, die direkte Sportkorruption im Bereich des wirtschaftlich orientierten Profisports als neue Straftat gegen den Wettbewerb zu kriminalisieren[1019].

Im Rahmen einer rechtsvergleichenden Betrachtung der in einigen EU-Mitgliedsstaaten bereits erfolgten Kriminalisierungen des unlauteren Wettbewerbs im kommerziellen Sport sowie einer Untersuchung der dafür hierzulande unterbreiteten Gesetzesvorschläge wurden jeweils deren vorteilhafte und nachteilige Aspekte herausgearbeitet und für den Gesetzesvorschlag der Verfasserin weiterentwickelt bzw. andere Lösungswege aufgezeigt[1020]. Letzterer ist dem Tatbestand der Bestechlichkeit und Bestechung im geschäftlichen Verkehr nach § 299 StGB nachgebildet und schützt den professionellen sportlichen Wettbewerb. Die vorgeschlagene Regelung

1017 S. Fünftes Kapitel A. II. 4.

1018 *Rössner*, in: FS Mehle, S. 567 (577).

1019 S. Fünftes Kapitel A. VII.

1020 S. Fünftes Kapitel B. I.-VI.

erfasst ausdrücklich nur professionelle Sportwettkämpfe, denn ein zukünftiger § 299a StGB, der lediglich von einem sportlichen Wettkampf spricht, würde damit nicht zwischen dem Bereich des Breiten- und Freizeitsports differenzieren, was unter dem Gesichtspunkt der zentralen sportethischen Aspekte wie der natürlichen Leistung, der Fairness und der Chancengleichheit zwar nur konsequent wäre; verkannt wird hierbei aber, dass diese moralischen Werte kein geeigneter Gegenstand für eine Strafdrohung sind. Dies ist vielmehr nur der wirtschaftlich orientierte und geprägte sportliche Wettbewerb des Profi- und Leistungssports, weshalb auch nur dieser – wie es bereits durch den Schutzbereich vorgegeben ist – durch § 299a StGB geschützt werden kann. Dem Rechtsgut des sportlichen Wettbewerbs kommt im Vergleich zu anderen Rechtsgütern ein weniger gewichtiger Verfassungsrang zu, weshalb nicht jede Vorsatztat kriminalisiert wird, die den sportlichen Wettbewerb verletzt, sondern nur solche mit einem gesteigerten Grad des Handlungsunwerts.

Schließlich sind begleitend zur Neuschaffung des § 299a StGB weitere Gesetzesänderungen notwendig, um den Strafverfolgungsbehörden eine durchsetzungsfähige Strafvorschrift zur Verfügung zu stellen[1021]. Zur Ermöglichung von notwendigen Ermittlungsmaßnahmen und einer effektiveren Bekämpfung der Organisierten Kriminalität in der Sportwelt wird angeregt, die Vorschrift des Erweiterten Verfalls nach § 302 StGB um § 299a StGB zu ergänzen und denselben in den Katalog der schweren Straftaten für die Überwachung der Telekommunikation nach § 100a Abs. 2 StPO sowie in den der Vortaten der Geldwäsche nach § 261 Abs. 1 Satz 2 StGB mit aufzunehmen. Zudem sollten zur Steigerung der Ermittlungseffizienz bei Korruptionsdelikten im sportlichen Wettbewerb auf Länderebene Zentralstellen bei den Staatsanwaltschaften eingerichtet werden. Letztlich wird durch die ebenfalls propagierte Erweiterung des Regelbeispiels des § 300 Satz 1 StGB um den neuen § 299a StGB und den geänderten § 100a Abs. 2 StPO die Möglichkeit geschaffen, die Kronzeugenregelung des § 46b StGB auf Täter einer besonders schweren Bestechlichkeit und Bestechung im sportlichen Wettbewerb anzuwenden, um in verflochtene Täterkreise im Bereich der organisierten Bestechungsdelikte im und um den Sportsektor einzudringen und ansonsten praktisch nicht erreichbare Ermittlungserfolge zu erzielen.

Der Erkenntnisfortschritt der vorliegenden Arbeit soll nicht zuletzt darin zu sehen sein, dass der bislang unbefriedigend beantworteten Frage nach der praktischen Umsetzung des Strafrechtsschutzes des sportlichen Wettbewerbs eine Antwort gegeben wird, indem über den Vorschlag zur Neukodifizierung des § 299a StGB hinaus weitere Gesetzesänderungen zur Ermöglichung notwendiger Ermittlungsmaßnahmen sowie zusätzliche begleitende Maßnahmen untersucht und berücksichtigt wurden.

1021 S. Fünftes Kapitel B. VII. 3.

B.
Schlussbetrachtung

Am Ende wird der Ruf nach einer klaren Strafnorm laut[1022]. Denn um großangelegte und mit den finanziellen Möglichkeiten weltweiter krimineller Netzwerke durchgeführte Manipulationen im sportlichen Wettbewerb (ohne dass im Hintergrund Wetten abgeschlossen sind) zu bekämpfen, müssen Staat und Sport „einen Doppelpass spielen[1023]", um den professionellen sportlichen Wettbewerb zu schützen.

Im Interesse einer bestmöglichen und effektiven Kontrolle strafbaren Verhaltens im Sport können Strafjustiz und Sportgerichtsbarkeit Synergieeffekte nutzen, indem sie bei der Verhaltenskontrolle im Sport zusammenwirken[1024]. In der Kooperation beider liegt die Stärke, denn aufgrund ihrer unterschiedlichen Verfahrensprinzipien[1025] ergänzen sich verbands- und strafrechtliches Verfahren ideal[1026].

Im Fußballsektor existieren bereits hervorragende Kooperationsmodelle: Als Anregung für die Gestaltung in Deutschland könnten entsprechende Modelle aus dem europäischen Ausland herangezogen werden. So hat bei-

---

1022 Dieser Ruf nach einer Reform wird ungeachtet dessen, dass die Bundesregierung derzeit keine Veranlassung sieht, die Frage der Einführung eines Straftatbestands „Sportbetrug" erneut zu prüfen, aufrechterhalten. Aus ihrer Antwort (BT-Drs. 17/6672) auf die Kleine Anfrage der SPD-Fraktion vom 07.07.2011 (BT-Drs. 17/6530) geht hervor, dass die Frage der Einführung eines solchen Straftatbestands bereits 2007 eingehend im Gesetzgebungsverfahren des Gesetzes zur Verbesserung der Bekämpfung des Dopings im Sport diskutiert worden sei. Die Mehrheit der Experten habe damals „insbesondere bei der Definition des Schutzguts" juristische Probleme gesehen und deshalb von einer Einführung abgeraten. Auch ein entsprechender Gesetzesvorschlag des Freistaats Bayern vom September 2006 (BR-Drs. 658/06) sei aus denselben Gründen erfolglos geblieben. Die Bundesregierung erläutert in ihrer Antwort ferner, dass die Konstellationen des sog. Sportbetrugs weitgehend vom Tatbestand des Betrugs nach § 263 StGB erfasst werden. Betreffend die Bekämpfung der Manipulationen im Sport hätten die „strafgerichtlichen Verurteilungen im aktuellen Wettskandal [um den Schiedsrichter *Robert Hoyzer*] gezeigt, dass die geltenden strafrechtlichen Vorschriften ausreichen und geeignet sind, die Taten zu ahnden."

1023 So *Wax*, in: *Kämmerer* (Hrsg.), An den Grenzen des Staates, S. 41 (66) für das arbeitsteilige Zusammenwirken zwischen Staat und Sport bei der Dopingbekämpfung.

1024 So auch *Prokop*, SpuRt 2006, 192 (193); *Rechtskommission des Sports gegen Doping*, Abschlussbericht, S. 42; *Rössner*, in: FS Mehle, S. 567 (578); Sportrecht in der Praxis/*Rössner*, 11. Kapitel Rn. 1734.

1025 Fehlende Zwangsmittel, Beweiserleichterungen wie das „strict liability"-Prinzip, schnelle Schiedsgerichtsverfahren und Orientierung am Einzelfall im Verbandsverfahren einerseits sowie der Einsatz strafprozessualer Zwangsmittel und die Aufdeckung krimineller Verflechtungen andererseits im staatlichen Verfahren.

1026 Sportrecht in der Praxis/*Rössner*, 11. Kapitel Rn. 1730.

spielsweise Frankreich die Organisation *DNCG (Direction Nationale du Contrôle de Gestion)* innerhalb des französischen Fußballverbands geschaffen, die hauptsächlich aus Wirtschaftsprüfern und Rechtsanwälten besteht, welche die „Fairness des Sports“ überwachen[1027]. Aufgabe der *DNCG* ist es, verdächtige Transaktionen den französischen Ermittlungsbehörden zu melden. Ein anderes Beispiel für eine staatlich angestoßene Initiative bildet die in Italien gegründete Aufsichtskommission *COVISOC (Commissione di Vigilanza sulle Società di Calcio Professionistiche)*, eine Art „Bilanzpolizei“, welche für die finanzielle Kontrolle der Proficlubs verantwortlich zeichnet, finanziellen Unregelmäßigkeiten nachgeht und als Disziplinarkommission des italienischen Fußballverbandes *FICG* organisiert ist[1028].

Daneben tragen zum Teil bereits angewandte, zukünftig wohl unverzichtbare Anti-Korruptionsmaßnahmen im modernen Sport wie etwa ein Torlinientechnologiesystem[1029], die elektronische Anzeige eines ins „Aus“ geschossenen Balles, 3-D-Ortungssysteme sowie die sofortige Korrekturmöglichkeit von Schiedsrichterentscheidungen nach einer Videoanalyse im Fußball[1030] oder die Ausweitung des Einsatzes des Hawk Eye im Tennissport durch die technische Überwachung der Schiedsrichterleistungen dazu bei, deren Ermessensspielräume zu verringern, denn nichts wirkt Manipulationen besser entgegen als einfache, transparente und schnell nachvollziehbare Entscheidungen. Im Bereich der Sportwetten setzt der *DFB* bereits heute ein Frühwarnsystem[1031] ein, auf dessen Warnmeldungen hin er bei einem Manipulationsverdacht eine intensivere Beobachtung der Schiedsrichterleistung oder sogar einen Schiedsrichteraustausch vornehmen kann. Soll dieser Weg der Korruptionsvorbeugung und -bekämpfung in der Zukunft konsequent weitergegangen werden, dürfen die Errichtung einer Meldestelle für vertrauliche Aussagen von sog. „whistleblowern“, die Schaffung einer unabhängigen World Anti-Corruption Agency sowie eines World Anti-Corruption

1027 *Herzog/Hoch/Laustetter*, SpuRt 2010, 90 (93).

1028 *Herzog/Hoch/Laustetter*, SpuRt 2010, 90 (93).

1029 Das *International Football Association Board (IFAB)* hat vier Grundanforderungen festgelegt, die ein Torlinientechnologiesystem erfüllen muss: Die Anwendung des Systems beschränkt sich auf den Bereich der Torlinie und auf die Ermittlung, ob ein Tor erzielt wurde oder nicht. Das System muss genau sein. Ob ein Tor erzielt wurde, muss innerhalb einer Sekunde automatisch bestätigt werden. Dies muss allein den Spieloffiziellen (über die Uhr des Schiedsrichters, durch Vibration oder ein optisches Signal) angezeigt werden. Neun europäische Anbieter haben sich für die Tests angemeldet. Im März 2011 entschied das *IFAB*, den Testzeitraum für Torlinientechnologie um ein Jahr zu verlängern, *o. V.*, FIFA WORLD Oktober 2011, S. 24.

1030 *Maennig*, Vierteljahreshefte zur Wirtschaftsforschung 73 (2004), 263 (280 f.); *ders.*, in: *von Arnim* (Hrsg.), Korruption und Korruptionsbekämpfung, S. 81 (107).

1031 Der *DFB* und die *DFL* arbeiten bereits mit der *Sportradar AG* aus der Schweiz zusammen, die den Sportwettenmarkt im Hinblick auf mögliche Manipulationen überwacht, vgl. zu den Frühwarnsystemen unter datenschutzrechtlicher Perspektive *Giebel*, SpuRt 2006, 7 ff.

Codes[1032] nach dem Vorbild der World Anti-Doping Agency bzw. des World Anti-Doping Codes nicht fehlen.

Die Wirkung der beschriebenen und vorgeschlagenen Maßnahmen wird vor allem im präventiven Bereich liegen, insbesondere wird der Blick der Athleten, aller im und um den Sportsektor Tätigen und der Gesellschaft auf das Problem der Sportkorruption geschärft. Dennoch muss man sich letztlich darüber bewusst sein, dass – wie das Strafrecht im Allgemeinen – das Thema der rechtlichen Kontrolle der Sportkorruption im Besonderen nur einen begrenzten Effekt hat. Maßgeblich für die Einhaltung einer Norm ist zunächst der „Prozess des Normlernens und insbesondere der Norminternalisierung[1033]" im Sportsektor und in der Gesellschaft.

Zur Ingangsetzung dieses Prozesses und damit zur effektiven Bekämpfung der Sportkorruption in Zusammenarbeit mit der Sportgerichtsbarkeit in der Zukunft ist eine strafrechtliche Antwort des Gesetzgebers auf Manipulationshandlungen im professionellen sportlichen Wettbewerb trotz der hierbei aufgezeigten Schwierigkeiten unerlässlich.

1032 Vgl. zu diesem Vorschlag bereits *Weinreich*, in: *Weinreich* (Hrsg.), Korruption im Sport, S. 22 (59f.).

1033 *Rössner*, in: FS Schwind, S. 1129ff.

Literaturverzeichnis

Acham, Karl, Formen und Folgen der Korruption, in: *Brünner, Christian* (Hrsg.), Korruption und Kontrolle, Wien u. a. 1981, S. 27–74 [zitiert: *Acham*, in: *Brünner* (Hrsg.), Korruption und Kontrolle]

Achenbach, Matthias, Strafrechtlicher Schutz des Wettbewerbs?, Frankfurt a. M. 2009

Adolphsen, Jens, Internationale Dopingstrafen, Tübingen 2003

Adolphsen, Jens/Nolte, Martin/Lehner, Michael u. a. (Hrsg.), Sportrecht in der Praxis, Stuttgart 2012 (zitiert: Sportrecht in der Praxis/*Bearbeiter*)

Ahlf, Ernst-Heinrich, Zum Korruptionsbegriff. Versuch einer Annäherung, in: Kriminalistik 1996, S. 154–157 [zitiert: *Ahlf*, Kriminalistik (1996)]

Amelung, Knut, Strafrechtswissenschaft und Strafgesetzgebung, Zeitschrift für die gesamte Strafrechtswissenschaft (ZStW) 92 (1980), S. 19–72

Androulakis, Ioannis N., Die Globalisierung der Korruptionsbekämpfung. Eine Untersuchung zur Entstehung, zum Inhalt und zu den Auswirkungen des internationalen Korruptionsstrafrechts unter Berücksichtigung der sozialökonomischen Hintergründe, 1. Auflage, Baden-Baden 2007 (zitiert: *Androulakis*, Die Globalisierung der Korruptionsbekämpfung)

Androulakis, Nikolaos K., Abschied vom Rechtsgut – Einzug der Moralität? Das „Entrüstungsprinzip" (zu der Entscheidung BVerfGE 120, 224), in: *Herzog, Felix/Neumann, Ulfried* (Hrsg.), Festschrift für Winfried Hassemer, Heidelberg u. a. 2010, S. 271–286 (zitiert: *Androulakis*, in: FS Hassemer)

Appel, Ivo, Verfassung und Strafe. Zu den verfassungsrechtlichen Grenzen staatlichen Strafens, Berlin 1998 (zitiert: *Appel*, Verfassung und Strafe)

Arzt, Gunter/Weber, Ulrich/Heinrich, Bernd/Hilgendorf, Eric, Strafrecht Besonderer Teil, Bielefeld 2009 (zitiert: *Arzt/Weber*, Strafrecht BT)

Ashelm, Michael, Alte Seilschaften mit peinlicher Vergangenheit. Will Fifa-Präsident Blatter wirklich Schmiergeld-Empfänger in den eigenen Reihen auffliegen lassen?, Frankfurter Allgemeine Zeitung (F.A.Z.), Nr. 245 v. 21.10.2011, S. 32

Ders., Aktionismus gegen Korruption, Frankfurter Allgemeine Zeitung (F.A.Z.), Nr. 247 v. 24.10.2011, S. 24

Bannenberg, Britta, Korruption in Deutschland und ihre strafrechtliche Kontrolle. Eine kriminologisch-strafrechtliche Analyse, Neuwied u. a. 2002 (zitiert: *Bannenberg*, Korruption in Deutschland)

Dies., Korruption in Deutschland – Ergebnisse einer kriminologisch-strafrechtlichen Untersuchung, in: *von Arnim, Hans Herbert* (Hrsg.), Korruption. Netzwerke in Politik, Ämtern und Wirtschaft, München 2003, S. 204–234 [zitiert: *Bannenberg*, in: *von Arnim* (Hrsg.), Korruption]

Dies., Korruptionsprävention, in: *Schöch, Heinz/Jehle, Jörg-Martin* (Hrsg.), Angewandte Kriminologie zwischen Freiheit und Sicherheit. Haftvermeidung –

Kriminalprävention – Persönlichkeitsstörungen – Restorative Justice, Neue Kriminologische Schriftenreihe, Band 109, Mönchengladbach 2004, S. 283–297 [zitiert: *Bannenberg*, in: *Schöch/Jehle* (Hrsg.), Angewandte Kriminologie]

Dies., Das neue „Anti-Doping-Gesetz" hilft dem Sport nicht, Zeitschrift für Sport und Recht (SpuRt) 2007, S. 155–156

Bannenberg, Britta/Rössner, Dieter, Straftat gegen den Wettbewerb. Plädoyer für den Einsatz des Strafrechts bei Dopingverstößen, in: *Weinreich, Jens* (Hrsg.), Korruption im Sport. Mafiose Dribblings. Organisiertes Schweigen, Leipzig 2006, S. 214–227 [zitiert: *Bannenberg/Rössner*, in: *Weinreich* (Hrsg.), Korruption im Sport]

Bannenberg, Britta/Schaupensteiner, Wolfgang, Korruption in Deutschland. Portrait einer Wachstumsbranche, 3. Auflage, Nördlingen 2007 (zitiert: *Bannenberg/Schaupensteiner*, Korruption in Deutschland)

Baumann, Jürgen/Weber, Ulrich/Mitsch, Wolfgang, Strafrecht Allgemeiner Teil, 11. Auflage, Bielefeld 2003 (zitiert: *Baumann/Weber/Mitsch*, Strafrecht AT)

Baumbach, Adolf/Hueck, Alfred/Fastrich, Lorenz, Gesetz betreffend die Gesellschaften mit beschränkter Haftung, 19. Auflage, München 2010 (zitiert: *Baumbach/Hueck/Fastrich*, GmbHG)

Becker, Christoph, Geht nicht gibt's nicht. Martin Nolte ist ein politischer Kopf – und der erste Rechtswissenschaftler mit einer eigenen Professur für Sportrecht in Deutschland, Frankfurter Allgemeine Zeitung (F.A.Z.), Nr. 86 v. 14.04.2010, S. 28

Becker, Gary S., Crime and Punishment: An Economic Approach, Journal of Political Economy, Bd. 76,1 (1968), S. 169–217

Bengtson, Hermann, Die Olympischen Spiele in der Antike, 2. Auflage, Zürich u. a. 1972

Bepler, Klaus, Lizenzfußballer: Arbeitnehmer mit Beschäftigungsanspruch?, in: *Bepler, Klaus* (Hrsg.), Sportler, Arbeit und Statuten – Herbert Fenn zum 65. Geburtstag, Berlin 2000, S. 43–84 [zitiert: *Bepler*, in: *Bepler* (Hrsg.), Sportler, Arbeit und Statuten]

Berthold, Norbert, Warum verdienen Fußballspieler so viel Geld?, Frankfurter Allgemeine Sonntagszeitung (F.A.S.), Nr. 27 v. 09.07.2006, S. 54

Beukelmann, Stephan, Das Strafrecht und die Lauterkeit des sportlichen Wettbewerbs, Neue Juristische Wochenschrift Spezial (NJW-Spezial) 2010, S. 56–57

Beulke, Werner, Strafprozessrecht, 11. Auflage, Heidelberg u. a. 2010

Blackshaw, Ian S., Mediating Sports Disputes: National and International Perspectives, The Hague 2002 (zitiert: *Blackshaw*, Mediating Sports Disputes)

Brauneder, Wilhelm, Die Korruption als historisches Phänomen, in: *Brünner, Christian* (Hrsg.), Korruption und Kontrolle, Wien u. a. 1981, S. 75–104 [zitiert: *Brauneder*, in: *Brünner* (Hrsg.), Korruption und Kontrolle]

Breucker, Marius, Transnationale polizeiliche Gewaltprävention. Maßnahmen gegen reisende Hooligans, Würzburg 2003 (zitiert: *Breucker*, Transnationale polizeiliche Gewaltprävention)

Ders., Sicherheit bei der Fußballweltmeisterschaft 2006 – Präventive Maßnahmen der Polizei und des Veranstalters –, Zeitschrift für Sport und Recht (SpuRt) 2005, S. 133–137

Ders., Sicherheitsmaßnahmen für die Fußballweltmeisterschaft 2006 – Prävention durch Polizei und Deutschen Fußball Bund, Neue Juristische Wochenschrift (NJW) 2006, S. 1233–1237

Bringewat, Peter, Finanzmanipulation im Ligafußball – ein Risikogeschäft?, Juristenzeitung (JZ) 1977, S. 667–672

Brünner, Christian, Zur Analyse individueller und sozialer Bedingungen von Korruption, in: *Brünner, Christian* (Hrsg.), Korruption und Kontrolle, Wien u. a. 1981, S. 677–705 [zitiert: *Brünner*, in: *Brünner* (Hrsg.), Korruption und Kontrolle]

Bussmann, Kai-D./Salvenmoser, Steffen, Internationale Studie zur Wirtschaftskriminalität, Neue Zeitschrift für Strafrecht (NStZ) 2006, S. 203–209

Cartier-Bresson, Jean, The Causes and Consequences of Corruption: Economic Analyses and Lessons Learnt, in: *OECD Organisation for Economic Cooperation and Development* (Hrsg.), No longer business as usual: fighting bribery and corruption, Paris 2000, S. 11–28 (zitiert: *Cartier-Bresson*, in: *OECD* (Hrsg.), No longer business as usual)

Cherkeh, Rainer T., Betrug (§ 263 StGB), verübt durch Doping im Sport, Frankfurt a. M. u. a. 2000

Cherkeh, Rainer T./Momsen, Carsten, Doping als Wettbewerbsverzerrung? – Möglichkeiten der strafrechtlichen Erfassung des Dopings unter besonderer Berücksichtigung der Schädigung von Mitbewerbern, Neue Juristische Wochenschrift (NJW) 2001, S. 1745–1752

Claussen, Hans Rudolf/Ostendorf, Heribert, Korruption im öffentlichen Dienst, 2. Auflage, Köln u. a. 2002

Decker, Wolfgang, Sport in der griechischen Antike. Vom minoischen Wettkampf bis zu den Olympischen Spielen, München 1995 (zitiert: *Decker*, Sport in der griechischen Antike)

Diem, Carl, Weltgeschichte des Sports, Band II – Der moderne Sport, 3. Auflage, Stuttgart 1971 (zitiert: *Diem*, Weltgeschichte des Sports, Bd. II)

Dieterle, Claus, Selbstbewusst und authentisch. Magdalena Neuner – das Wunderkind im deutschen Biathlon, Frankfurter Allgemeine Sonntagszeitung (F.A.S.), Nr. 5 v. 03.02.2008, S. 8

Diez Ripollés, José Luis, Symbolisches Strafrecht und die Wirkungen der Strafe, Zeitschrift für die gesamte Strafrechtswissenschaft (ZStW) 113 (2001), S. 516–538

Digel, Helmut, Verrechtlichung des Sports am Beispiel des Dopings, in: *Justizministerium Baden-Württemberg* (Hrsg.), Sport und Recht. Bericht über das Triberger Symposium des Justizministeriums Baden-Württemberg am 09. und 10. November 2000, Stuttgart 2001, S. 18–41 [zitiert: *Digel*, in: *Justizministerium Baden-Württemberg* (Hrsg.), Sport und Recht]

Ders., Ist das Dopingproblem lösbar?, in: *Digel, Helmut* (Hrsg.), Doping im Sport, Tübingen 2002, S. 1–38 [zitiert: *Digel*, in: *Digel* (Hrsg.), Doping im Sport]

Ders., Show, Event, Orgie um jeden Preis: Der Sport auf dem Weg zur Selbstzerstörung, Olympisches Feuer – Zeitschrift des Deutschen Olympischen Sportbundes und der Deutschen Olympischen Gesellschaft 2007, Ausgabe 2, S. 12–13

Digel, Helmut/Burk, Verena, Hochleistungssport im internationalen Vergleich, Aus Politik und Zeitgeschichte (APuZ), 21.06.2004, S. 23–30

Dittschar, Frank, Vertretbare Sanktion nach Sportwetten-Teilnahme. Anmerkungen zur Entscheidung des CAS vom 13. Mai 2009 im Fall „Mathieu Montcourt v/ ATP“, Causa Sport (CaS) 2009, S. 204–208

Dölling, Dieter, Empfehlen sich Änderungen des Straf- und Strafprozeßrechts [sic!], um der Gefahr der Korruption in Staat, Wirtschaft und Gesellschaft wirksam zu begegnen? Gutachten C für den 61. Deutschen Juristentag in Karlsruhe 1996, München 1996, C 1–115 (zitiert: *Dölling*, Gutachten C für den 61. Deutschen Juristentag)

Ders., Handbuch der Korruptionsprävention. Für Wirtschaftsunternehmen und öffentliche Verwaltung, München 2007 (zitiert: *Dölling*, Handbuch der Korruptionsprävention)

Drees, Ludwig, OLYMPIA. Götter, Künstler und Athleten, Stuttgart 1967 (zitiert: *Drees*, OLYMPIA)

Dreier, Horst (Hrsg.), Grundgesetz Kommentar, Band III (Artikel 83–146), 2. Auflage, Tübingen 2008 [zitiert: *Bearbeiter*, in: *Dreier* (Hrsg.), GG, Bd. III]

Dunsch, Jürgen, Dubiose Beziehungspflege in der Welt der Sportverbände, Frankfurter Allgemeine Zeitung (F.A.Z.), Nr. 71 v. 26.03.2008, S. 31

Ders., Tiefes Loch in der Korruptionsbekämpfung. Sportverbände wie die Fifa haben leichtes Spiel in der Schweiz: Sie unterliegen nicht der Gerichtsbarkeit, Frankfurter Allgemeine Zeitung (F.A.Z.), Nr. 250 v. 27.10.2010, S. 27

Dury, Walter, Kann das Strafrecht die Doping-Seuche ausrotten?, Zeitschrift für Sport und Recht (SpuRt) 2005, S. 137–140

Ebert, Joachim (Hrsg.), OLYMPIA. Mythos und Geschichte moderner Wettkämpfe, Wien 1980 [zitiert: *Ebert* (Hrsg.), OLYMPIA]

Eisele, Jörg, Strafrecht – Besonderer Teil II. Eigentumsdelikte, Vermögensdelikte und Urkundendelikte, Stuttgart 2009 (zitiert: *Eisele*, Strafrecht BT 2)

Erb, Volker/Esser, Robert/Franke, Ulrich (Hrsg.), Löwe-Rosenberg. Die Strafprozessordnung und das Gerichtsverfassungsgesetz, Großkommentar, Achter Band (§§ 374–448), 26. Auflage, Stand der Bearbeitung: März 2009 (zitiert: *Bearbeiter*, in: Löwe-Rosenberg, StPO)

F. A. Brockhaus (Hrsg.), Der Brockhaus Sport. Sportarten und Regeln, Wettkämpfe und Athleten, Training und Fitness, 6. Auflage, Mannheim u. a. 2007 [zitiert: *F. A. Brockhaus* (Hrsg.), Brockhaus Sport]

Faber, Alexander, Doping als unlauterer Wettbewerb und Spielbetrug, Zürich 1972

Fahl, Christian, Sportverbandsgerichtsbarkeit und Doppelbestrafungsverbot – Erwiderung auf Reinhart, SpuRt 2001, 45 –, Zeitschrift für Sport und Recht (SpuRt) 2001, S. 181–183

Fasten, Ines/Oppermann, Gregor, Betrug im Rahmen manipulierter Fußballwetten, Juristische Arbeitsblätter (JA) 2006, S. 69–74

Feinendegen, Markus, Sportwettenbetrug durch Spielmanipulation – Fußballwettskandal, Neue Juristische Wochenschrift (NJW) 2007, S. 782–788

Fischer, Thomas, Strafgesetzbuch und Nebengesetze, 59. Auflage, München 2012 (zitiert: *Fischer*, StGB)

Fischer, Ulrich, Unlauterer Wettbewerb durch Doping im europäischen Profisport?, Europäische Zeitschrift für Wirtschaftsrecht (EuZW) 2002, S. 297–300

Ders., Über den galoppierenden Unschuldsverlust des Sports oder: Die Welt will betrogen sein, Neue Juristische Wochenschrift (NJW) 2005, S. 1028–1029

Fleck, Christian/Kuzmics,Helmut, Korruption, Königstein 1985

Frank, Christoph/Titz, Andrea, Die Kronzeugenregelung zwischen Legalitätsprinzip und Rechtsstaatlichkeit, Zeitschrift für Rechtspolitik (ZRP) 2009, S. 137–140

Frisinger, Jürgen/Summerer, Thomas, Doping als unlauterer Wettbewerb im Profibereich – Eigene Ansprüche der Mitbewerber gegen den Dopingsünder aus UWG, Gewerblicher Rechtsschutz und Urheberrecht (GRUR) 2007, S. 554–558

Fritzweiler, Jochen, Ein § 299a StGB als neuer Straftatbestand für den sich dopenden Sportler?, Zeitschrift für Sport und Recht (SpuRt) 1998, S. 234–235

Fritzweiler, Jochen/Pfister, Bernhard/Summerer, Thomas, Praxishandbuch Sportrecht, 2. Auflage, München 2007 (zitiert: *Bearbeiter*, in: *Fritzweiler/Pfister/Summerer*, Praxishandbuch Sportrecht)

Fuhrmann, Claas, Idealverein oder Kapitalgesellschaft im bezahlten Fußball?, Zeitschrift für Sport und Recht (SpuRt) 1995, S. 12–17

Gaede, Karsten, Betrug durch den Abschluss manipulierter Fußballwetten: Das Hoyzer-Urteil als Sündenfall der Ausdehnung des Betrugstatbestandes? Anmerkung zu BGH 5 StR 181/06, Urteil vom 15. Dezember 2006 = HRRS 2007 Nr. 1, Online-Zeitschrift für Höchstrichterliche Rechtsprechung im Strafrecht (HRRS) 2007, S. 16–20

Gatsi, Jean, Le droit du sport, 2. Auflage, Paris 2007

Gercke, Björn//Wollschläger, Sebastian, Das Wettbewerbserfordernis i. S. d. § 299 StGB – zugleich Besprechung der „Allianz-Arena-Entscheidung" des BGH vom 9.8.2006 (1 StR 50/06), Zeitschrift für Wirtschafts- und Steuerstrafrecht (wistra) 2008, S. 5–10

Gerhardt, Volker, Fairness – die Tugend des Sports, in: *Gerhardt, Volker/Lämmer, Manfred* (Hrsg.), Fairness – und Fair play. Eine Ringvorlesung an der Deutschen Sporthochschule Köln, 2. Auflage, Sankt Augustin 1995, S. 5–24 (zitiert: *Gerhardt/Lämmer*, Fairness und Fair play)

Gerlinger, Michael, Der Verstoß gegen sportliche Regelwerke und unlauterer Wettbewerb, Regensburg 2002

Gewaltig, Gerhard, Spielmanipulationen im deutschen Profifussball [sic!], Causa Sport (CaS) 2005, S. 396–401

Giebel, Christoph M., Frühwarnsysteme im Sportwettenbereich unter datenschutzrechtlicher Perspektive, Zeitschrift für Sport und Recht (SpuRt) 2006, S. 7–11

Ders., Strafrechtlicher Schutz für die Lauterkeit des Sports in Deutschland, Causa Sport (CaS) 2011, S. 254–257

Gieseler, Karlheinz, Der Beitrag des Sports zur internationalen Staatengemeinschaft ist beachtlich, Olympisches Feuer – Zeitschrift des Deutschen Olympischen Sportbundes und der Deutschen Olympischen Gesellschaft 2004, Ausgabe 1, S. 14–15

Goette, Wulf/Habersack, Mathias (Hrsg.), Münchener Kommentar zum Aktiengesetz, Band 2, §§ 76–117, MitbestG, DrittelbG, 3. Auflage, München 2008 (zitiert: *Bearbeiter*, in: MünchKommAktG)

Goll, Ulrich, Vorwort, in: *Justizministerium Baden-Württemberg* (Hrsg.), Sport und Recht, Bericht über das Triberger Symposium des Justizministeriums Baden-Württemberg am 09. und 10. November 2000, S. I-II [zitiert: *Goll*, in: *Justizministerium Baden-Württemberg* (Hrsg.), Sport und Recht]

Ders., Sport und Recht, Einführung in das Tagungsthema, in: *Justizministerium Baden-Württemberg* (Hrsg.), Sport und Recht, Bericht über das Triberger Symposium des Justizministeriums Baden-Württemberg am 09. und 10. November 2000, S. 7–17 [zitiert: *Goll*, in: *Justizministerium Baden-Württemberg* (Hrsg.), Sport und Recht]

Gottwald, Bernd, Handlexikon Sportwissenschaft, Hamburg 1992

Grodde, Meinhard, Die Aufnahme des Sports in die Europäische Verfassung, Zeitschrift für Sport und Recht (SpuRt) 2005, S. 222–227

Grotz, Stefan, Zur Betrugsstrafbarkeit des gesponsorten [sic!] und gedopten Sportlers, Zeitschrift für Sport und Recht (SpuRt) 2005, S. 93–97

Grupe, Ommo/Mieth, Dietmar (Hrsg.), Lexikon der Ethik im Sport, 1. Auflage, Schorndorf 1998

Günther, Hans-Ludwig, Die Genese eines Straftatbestandes. Eine Einführung in Fragen der Strafgesetzgebungslehre, Juristische Schulung (JuS) 1978, S. 8–14

Gürke, Britta, Chinesen wollen FC Liverpool kaufen. Immer mehr ausländische Investoren drängen auf die Insel – Britische Fußballfans sind skeptisch, Stuttgarter Nachrichten (StN), Nr. 179 v. 06.08.2010, S. 24

Gutiérrez, Iris, Einmal schwimmen wie Michael Phelps, Frankfurter Allgemeine Sonntagszeitung (F.A.S.), Nr. 30 v. 26.07.2009, S. 16

Haas, Ulrich, Effektive Dopingbekämpfung ist ohne Staat nicht möglich. Warum Deutschland ein „Gesetz zum Schutze des Sports" braucht, Frankfurter Allgemeine Zeitung (F.A.Z.), Nr. 49 v. 27.02.2004, S. 36

Haas, Ulrich/Adolphsen, Jens, Sanktionen der Sportverbände vor ordentlichen Gerichten, Neue Juristische Wochenschrift (NJW) 1996, S. 2351–2353

Haas, Ulrich/Haug, Tanja/Reschke, Eike (Hrsg.), Handbuch des Sportrechts (SportR), Dokumentation mit Erläuterungen, Ordner 1 (Stand: Juni 2011) [zitiert: *Haas/Haug/Reschke* (Hrsg.), Handbuch der Sportrechts, Ord. 1]

Hafner, Steffen, Juan Antonio Samaranch wird 80: Der widersprüchliche IOC-Präsident – ein Napoleon des Sports, Frankfurter Allgemeine Zeitung (F.A. Z.), Nr. 163 v. 17.07.2000, S. 42

Hahn, Jörg, Die Leichtathletik stellt sich der professionellen Wirklichkeit, Frankfurter Allgemeine Zeitung (F.A.Z.), Nr. 178 v. 03.08.2001, S. 36

Ders., Eingeschränkt unglaubwürdig, Frankfurter Allgemeine Zeitung (F.A.Z.), Nr. 246 v. 22.10.2010, S. 24

Hamacher, Karl/Robak, Markus, Strafbarkeit von „Hospitality"-Einladungen zu großen Sportevents gem. §§ 331, 333 und § 299 StGB? – Zugleich Besprechung des BGH-Urteils vom 14.10.2008 – 1 StR 260/08, DB 2008 S. 2532 –, Der Betrieb (DB) 2008, S. 2747–2754

Hamann, Andreas, Grundgesetz und Strafgesetzgebung, Neuwied 1963

Hamm, Rainer, Ein neuer Fall von symbolischem Strafrecht: „Graffitigesetz", Sonderheft Kritische Vierteljahresschrift für Gesetzgebung und Rechtswissenschaft (KritV) – Winfried Hassemer zum sechzigsten Geburtstag, 1. Auflage, Berlin 2000, S. 56–64 (zitiert: *Hamm*, Sonderheft KritV)

Hannich, Rolf (Hrsg.), Karlsruher Kommentar zur Strafprozessordnung mit GVG, EGGVG und EMRK, 6. Auflage, München 2008 (zitiert: KK/*Bearbeiter*, StPO)

Hartmann, Bernd J./Niehaus, Holger, Zur strafrechtlichen Einordnung von Wettmanipulationen im Fußball, Juristische Arbeitsblätter (JA) 2006, S. 432–435

Hassemer, Winfried, Symbolisches Strafrecht und Rechtsgüterschutz, Neue Zeitschrift für Strafrecht (NStZ) 1989, S. 553–559

Hausmanninger, Herbert, Das Schadensersatzrecht der lex Aquilia, 5. Auflage, Wien 1996

Heermann, Peter W., Typische Fallstricke bei Verhängung von Sanktionen durch Sportverbände, in: *Bernreuther, Jörn/Freitag, Robert/Leible, Stefan u. a.* (Hrsg.), Festschrift für Ulrich Spellenberg, München 2010, S. 11–26 [zitiert: *Heermann*, in: FS Spellenberg]

Hefendehl, Roland, Vermögensgefährdung und Expektanzen. Das vom Zivilrecht konstituierte und vom Bilanzrecht konkretisierte Herrschaftsprinzip als Grundlage des strafrechtlichen Vermögensbegriffs, Berlin 1994 (zitiert: *Hefendehl*, Vermögensgefährdung und Expektanzen)

Heger, Martin, Zum Rechtsgut einer Strafnorm gegen Selbst-Doping, Zeitschrift für Sport und Recht (SpuRt) 2007, S. 153–155

Heike, Frank, Zwei Freisprüche und viele offene Fragen. Mangels Beweisen: Im Kieler Manipulationsprozess gehen Schwenker und Serdarusic straffrei aus, Frankfurter Allgemeine Zeitung (F.A.Z.), Nr. 23 v. 27.01.2012, S. 32

Heimann, Fritz F./Mohn, Carel, Die Rolle der Privatwirtschaft bei der Bekämpfung der internationalen Korruption, in: *Pieth, Mark/Eigen, Peter* (Hrsg.), Korruption im internationalen Geschäftsverkehr. Bestandsaufnahme, Bekämpfung, Prävention, Frankfurt a. M. u. a. 1999, S. 531–542 [zitiert: *Heimann/Mohn*, in: *Pieth/Eigen* (Hrsg.), Korruption im internationalen Geschäftsverkehr]

Heinemann, Klaus, Einführung in die Soziologie des Sports, 5. Auflage, Schorndorf 2007 (zitiert: *Heinemann*, Soziologie des Sports)

Hellmann, Uwe/Beckemper, Katharina, Wirtschaftsstrafrecht, 3. Auflage, Stuttgart 2010

Herzog, Felix/Hoch, Temba/Laustetter, Christian, „Schmutziges Geld“ und Geldwäsche im Fußballsport – Problemfelder und Prävention, Zeitschrift für Sport und Recht (SpuRt) 2010, S. 90–94

Hettinger, Michael, Das Strafrecht als Büttel? Fragmentarische Bemerkungen zum Entwurf eines Korruptionsbekämpfungsgesetzes des Bundesrats vom 3.11.1995, Neue Juristische Wochenschrift (NJW) 1996, S. 2263–2273

Hetzer, Wolfgang, Kapitulation vor der Korruption?, Aus Politik und Zeitgeschichte (APuZ), 12.01.2009, S. 6–13

Hill, Declan, Sichere Siege. Fußball und organisiertes Verbrechen oder wie Spiele manipuliert werden, 1. Auflage, Köln 2008 (zitiert: *Hill*, Sichere Siege)

Hilpert, Horst, Sportrecht und Sportrechtsprechung im In- und Ausland, Berlin 2007

Hirsch, Hans Joachim, Zu strafrechtlichen Fragen des Sportrechts, in: *Joerden, Jan C./Scheffler, Uwe/Sinn, Arndt u. a.* (Hrsg.), Frankfurter Festschrift für Andrzej J. Szwarc, Berlin 2009, S. 559–583 (zitiert: *Hirsch*, in: FS Szwarc)

Höfer, Andreas, Der Olympische Friede. Anspruch und Wirklichkeit einer Idee, 1. Auflage, Sankt Augustin 1994 (zitiert: *Höfer*, Der Olympische Friede)

Ders., Ein falsches Ideal: Die antiken Friedensspiele sind nicht mehr als ein Trugbild. Die Waffenruhe der Griechen galt nur im engen Umkreis olympischer und anderer Wettkämpfe, Frankfurter Allgemeine Zeitung (F.A.Z.), Nr. 19 v. 24.01.1994, S. 21

Holla, Matthias, Der Einsatz von Schiedsgerichten im organisierten Sport, Frankfurt a. M. 2006

Holzke, Frank, Der Begriff Sport im deutschen und im europäischen Recht, Köln 2001

Imhof, Annemarie, Korruption, Zürich 1999

Jähnke, Burkhard/Laufhütte Heinrich Wilhelm/Odersky, Walter (Hrsg.), Strafgesetzbuch. Leipziger Kommentar. Großkommentar, Sechster Band (§§ 223 bis 263a), Stand der Bearbeitung: März 2002), 11. Auflage, Berlin (zitiert: LK-*Bearbeiter*, StGB)

Jahn, Matthias, Ein neuer Straftatbestand gegen eigenverantwortliches Doping?, Anmerkungen aus strafprozessualer Sicht, Zeitschrift für Sport und Recht (SpuRt) 2005, S. 141–146

Ders., Strafrecht BT: Doping als Sportbetrug [sic!]. Erste obergerichtliche Entscheidung zum Betrug durch einen dopenden Berufssportler, Juristische Schulung (JuS) 2012, S. 181–184

Jahn, Matthias/Maier, Stefan, Der Fall Hoyzer – Grenzen der Normativierung des Betrugstatbestandes, Juristische Schulung (JuS) 2007, S. 215–219

Jarass, Hans D./Pieroth, Bodo, Grundgesetz für die Bundesrepublik Deutschland, Kommentar, 11. Auflage, München 2011 (zitiert: *Jarass/Pieroth*, GG)

Jescheck, Hans-Heinrich/Weigend, Thomas, Lehrbuch des Strafrechts Allgemeiner Teil, 5. Auflage, Berlin 1996 (zitiert: *Jescheck/Weigend*, Strafrecht AT)

Joecks, Wolfgang/Miebach, Klaus (Hrsg.), Münchener Kommentar zum Strafgesetzbuch, Band 4, §§ 263–358 StGB, §§ 1–8, 105, 106 JGG, München 2006 (zitiert: MünchKommStGB/*Bearbeiter*)

Kaiser, Rolf, Die Bestechung von Beamten unter Berücksichtigung des Vorentwurfs zur Revision des schweizerischen Korruptionsstrafrechts, Zürich 1999 (zitiert: *Kaiser*, Die Bestechung von Beamten)

Kaspar, Johannes, Kronzeugenregelung?, Zeitschrift für Rechtspolitik (ZRP) 2011, S. 159

Kauffmann, Hans, Einige Gedanken zum öffentlichen Interesse an der Verfolgung von Körperverletzungen im Sport, in: *Gössel, Karl Heinz/Kauffmann, Hans* (Hrsg.), Strafverfahren im Rechtsstaat, Festschrift für Theodor Kleinknecht, München 1985, S. 203–214 (zitiert: *Kauffmann*, in: FS Kleinknecht)

Kerner, Hans-Jürgen/Rixen, Stephan, Ist Korruption ein Strafrechtsproblem? – Zur Tauglichkeit strafgesetzlicher Vorschriften gegen die Korruption –, Goltdammer's Archiv für Strafrecht (GA) 1996, S. 355–396

Kerner, Hans-Jürgen/Trüg, Gerson, Referendarexamensklausur – Strafrecht: Betrugsstrafrechtliche Relevanz des Dopings, Juristische Schulung (JuS) 2004, S. 140–145

Ketteler, Gerd, Sport als Rechtsbegriff, Zeitschrift für Sport und Recht (SpuRt) 1997, S. 73–77

Kindhäuser, Urs/Neumann, Ulfried/Paeffgen, Hans-Ulrich (Hrsg.), Strafgesetzbuch, Band 2 (§§ 146–358), 3. Auflage, Baden-Baden 2010 (zitiert: NK-StGB/*Bearbeiter*)

Kirschenhofer, Matthias, Sport als Beruf, Frankfurt a. M. 2002

Kistner, Thomas, Amigo-Kultur in Reinformat. Wie eine ominöse Deutschland AG die Fußball-WM akquirierte, in: *Weinreich, Jens* (Hrsg.), Korruption im Sport. Mafiose Dribblings. Organisiertes Schweigen, Leipzig 2006, S. 169–183 [zitiert: *Kistner*, in: *Weinreich* (Hrsg.), Korruption im Sport]

Klengel, Jürgen Detlef W./Rübenstahl, Markus, Zum „strafrechtlichen" Wettbewerbsbegriff des § 299 StGB und zum Vermögensnachteil des Geschäftsherren bei der Vereinbarung von Provisionen bzw. „Kick-backs". Zugleich Besprechung materiellrechtlicher Fragen des Urteils des BGH vom 9.8.2006 (1 StR 50/06, BGH NJW 2006, 3290 = HRRS 2006 Nr. 767) und des zugrunde liegenden Urteils des Landgerichts München I vom 13[sic!].5.2005 (4 KLs 571 Js 50602/03) – „Allianz Arena München", Online-Zeitschrift für Höchstrichterliche Rechtsprechung im Strafrecht (HRRS) 2007, S. 52–68

Kloepfer, Inge, Lügen und betrügen, Frankfurter Allgemeine Sonntagszeitung (F.A.S.), Nr. 29 v. 24.07.2005, S. 32

Kneba, Nicolas, Die Kronzeugenregelung des § 46b StGB, Berlin 2011

Koch, Rainer, Täuschung und Betrug im Fußball, in: *Büch, Martin-Peter/Maennig, Wolfgang/Schulke, Hans-Jürgen* (Hrsg.), Der Sportzuschauer als Konsument: Gast, Mitspieler, Manipulierter?, 1. Auflage, Köln 2006, S. 143–152 [zitiert: *Koch*, in: *Büch/Maennig/Schulke* (Hrsg.), Der Sportzuschauer als Konsument: Gast, Mitspieler, Manipulierter?]

Koch, Rainer/Krämer, Dirk, Sportspezifische Anwendung des Strafrechts im Fussball [sic!], Causa Sport (CaS) 2010, S. 302–308

Koch, Rainer/Maennig, Wolfgang, Macht und Versuchung auf dem grünen Rasen. Spiel- und Wettmanipulationen – und der Anti-Korruptionskampf im Fußball, Fußball und Politik 2006, S. 50–58

Kock, Jesper, Match fixers play on a loser. Match-fixing is emerging everywhere football is played, playthegame magazine 2006, S. 5

Köhler, Helmut/Bornkamm, Joachim/Baumbach, Adolf u. a. (Hrsg.), Gesetz gegen den unlauteren Wettbewerb, Preisangabenverordnung, Unterlassungsklagengesetz, Dienstleistungs-Informationspflichten-Verordnung, Kommentar, 30. Auflage, München 2012 (zitiert: *Köhler/Bornkamm/Baumbach*, UWG)

König, Peter, Dopingbekämpfung mit strafrechtlichen Mitteln (Erwiderung auf *Kudlich* JA 2007, 90), Juristische Arbeitsblätter (JA) 2007, S. 573–576

Ders., Sportschutzgesetz – Pro und Contra. Pro: Argumente für ein Sportschutzgesetz, Zeitschrift für Sport und Recht (SpuRt) 2010, S. 106–107

König, Stefan, Wieder da: Die „große" Kronzeugenregelung, Neue Juristische Wochenschrift (NJW) 2009, S. 2481–2484

Kohlhaas, Wilhelm, Rechtsfragen aus Sportwetten, Juristenzeitung (JZ) 1951, S. 135–139

Komorowski, Alexis von/Bredemeier, Barbara, Fußball, Vermögensstrafrecht und Schiedsrichterverhalten – Teil 1: Der Schiedsrichter als Beteiligter, Zeitschrift für Sport und Recht (SpuRt) 2005, S. 181–184

Dies., Fußballsport, Vermögensstrafrecht und Schiedsrichterverhalten – Teil 2: Der Schiedsrichter als getäuscht Verfügender, Zeitschrift für Sport und Recht (SpuRt) 2005, S. 227–230

Krack, Ralf, Betrug durch Wettmanipulation. Das Urteil des BGH zum Schiedsrichterskandal, Zeitschrift für Internationale Strafrechtsdogmatik (ZIS) 2007, S. 103–112

Krähe, Christian, Contra: Argumente gegen ein Anti-Doping-Gesetz, Zeitschrift für Sport und Recht (SpuRt) 2006, S. 194

Krause, Andreas, Die rechtliche Bewältigung von Sportmanipulationen in Italien, in: *Vieweg, Klaus* (Hrsg.), Prisma des Sportrechts. Referate der sechsten und siebten interuniversitären Tagung Sportrecht, Berlin 2006, S. 123–164 [zitiert: *Krause*, in: *Vieweg* (Hrsg.), Prisma des Sportrechts]

Krockow, Christian Graf von, Sport und Industriegesellschaft, München 1972

Kubiciel, Michael, Wetten und Betrug – Zur konkludenten Täuschung. Anmerkungen zur Entscheidung BGH 5 StR 181/06 v. 15. Dezember 2006, HRRS Nr. 2007 Nr. 1 – „Hoyzer"-Fall, Online-Zeitschrift für Höchstrichterliche Rechtsprechung im Strafrecht (HRRS) 2007, S. 68–71

Kudlac, Christopher S., Fair or foul: sports and criminal behaviour in the United States, Santa Barbara 2010 (zitiert: *Kudlac*, Fair or foul)

Kudlich, Hans, An den Grenzen des Strafrechts. Rationale und verfassungsorientierte Strafgesetzgebung, dargestellt am Beispiel des strafrechtlichen Schutzes gegen Doping, Juristische Arbeitsblätter (JA) 2007, S. 90–95

Ders., Sportschutzgesetz – Pro und Contra. Contra: Argumente gegen ein Sportschutzgesetz, Zeitschrift für Sport und Recht (SpuRt) 2010, S. 108–109

Kuhli, Annett, Grenzüberschreitende Korruption: Strafrechtliche und steuerrechtliche Implikationen. – Zugleich ein Beitrag zu § 4 Abs. 5 S. 1 Nr. 10 EStG, Osnabrück 2001 (zitiert: *Kuhli*, Grenzüberschreitende Korruption)

Kuhn, Bernd, Der Sportschiedsrichter zwischen bürgerlichem Recht und Verbandsrecht. Eine Darstellung schiedsrichterlicher Rechtsprobleme nach deutschem und US-amerikanischem Recht, Frankfurt a. M. 2001 (zitiert: *Kuhn*, Der Sportschiedsrichter zwischen bürgerlichem Recht und Verbandsrecht)

Kutzner, Lars, Zweifelsfragen des Betrugstatbestands am Beispiel des Wettbetrugs, Juristenzeitung (JZ) 2006, S. 712–718

Lackner, Karl/Kühl, Kristian, Strafgesetzbuch, Kommentar, 27. Auflage, München 2011 (zitiert: *Lackner/Kühl*, StGB)

Lambsdorff, Johann Graf, Korruption als mühseliges Geschäft – eine Transaktionskostenanalyse, in: *Pieth, Mark/Eigen, Peter* (Hrsg.), Korruption im internationalen Geschäftsverkehr. Bestandsaufnahme, Bekämpfung, Prävention, Frankfurt a. M. u. a. 1999, S. 56–88 [zitiert: *Lambsdorff*, in: *Pieth/Eigen* (Hrsg.), Korruption im internationalen Geschäftsverkehr]

Lauerbach, Erwin, Sport und Gesellschaft, in: *Schroeder, Friedrich-Christian/ Kauffmann, Hans* (Hrsg.), Sport und Recht, Berlin u. a. 1972, S. 6–20 [zitiert: *Lauerbach*, in: *Schroeder/Kauffmann* (Hrsg.), Sport und Recht]

Laufhütte, Heinrich Wilhelm/Rissing-van Saan, Ruth/Tiedemann, Klaus (Hrsg.), Strafgesetzbuch. Leipziger Kommentar. Großkommentar, Erster Band (Einleitung; §§ 1 bis 31, Stand der Bearbeitung: Dezember 2006), Dritter Band (§§ 56 bis 79b, Stand der Bearbeitung: März 2008), Zehnter Band (§§ 284 bis 305a, Stand der Bearbeitung: Juni 2008), Dreizehnter Band (§§ 331 bis 358, Stand der Bearbeitung: August 2009), 12. Auflage, Berlin (zitiert: LK-*Bearbeiter*, StGB)

Leipold, Klaus, Die Sportwette – ein strafrechtliches Problem, Neue Juristische Wochenschrift Spezial (NJW-Spezial) 2005, S. 183–184

Ders., Korruptionsdelikte – Eine Bestandsaufnahme, Neue Juristische Wochenschrift Spezial (NJW-Spezial) 2007, S. 423

Löffler, Stefan, Mehr Zündstoff in der Betrugsdebatte. Verkaufte Spiele, fröhliche Verlierer?, Frankfurter Allgemeine Zeitung (F.A.Z.), Nr. 172 v. 27.07.2004, S. 30

Ludwig, Stefan/Jacobi, Nadine, Hospitality im Compliance-Umfeld. Zur Notwendigkeit transparenter Handhabung von Hospitality-Aktivitäten im deutschen Profisport, Jahrbuch Sponsoring 2009, S. 40–44 (zitiert: *Ludwig/Jacobi*, Jahrbuch Sponsoring 2009)

Lüer, Christoph, Dopingstrafen im Sport und der Grundsatz „Ne bis in idem". Unter besonderer Berücksichtigung des WADA-Code und des NADA-Code, 1. Auflage, Baden-Baden 2006 (zitiert: *Lüer*, Dopingstrafen im Sport und der Grundsatz „Ne bis in idem")

Maennig, Wolfgang, Korruption im internationalen Sport: Ökonomische Analyse und Lösungsansätze, Vierteljahreshefte zur Wirtschaftsforschung 73 (2004), S. 263–291

Ders., Korruption und Korruptionsbekämpfung im Sport, in: *von Arnim, Hans Herbert* (Hrsg.), Korruption und Korruptionsbekämpfung, Berlin 2005, S. 81–125 [zitiert: *Maennig*, in: *von Arnim* (Hrsg.), Korruption und Korruptionsbekämpfung]

Ders., Korruption im internationalen Sport – vielfältig, aber nicht wachstumsstark, Olympisches Feuer – Zeitschrift des Deutschen Olympischen Sportbundes und der Deutschen Olympischen Gesellschaft 2005, Ausgabe 1, S. 20–23

Mailänder, K. Peter, Sport als Wirtschaftsgut – Grenzen seiner Vermarktung im Fernsehen –, in: *Brandner, Hans Erich/Hagen, Horst/Stürner, Rolf* (Hrsg.), Festschrift für Karlmann Geiß, Köln u. a. 2000, S. 605–624 (zitiert: *Mailänder*, in: FS Geiß)

Mallory, Stephen L., Gambling and Organized Crime, in: *Lee, Jason W./Lee, Jeffrey C.* (Hrsg.), Sport and Criminal Behavior, Durham 2009, S. 107–132 [zitiert: *Mallory*, in: *Lee/Lee* (Hrsg.), Sport and Criminal Behavior]

Martens, Dirk-Reiner, Gedanken zur Geschichte des Sportrechts, in: Festschrift für Hans Wolfsteiner, München 2008, S. 137–151 (zitiert: *Martens*, in: FS Wolfsteiner)

Maunz, Theodor/Dürig, Günter (Begr.), Grundgesetz, Kommentar, Band II, Art. 6–15, München, Stand: Mai 2011 [zitiert: *Bearbeiter*, in: *Maunz/Dürig* (Begr.), GG, Bd. II]

Meier, Bernd-Dieter, Kriminologie, 4. Auflage, München 2010

Menge, Hermann, Enzyklopädisches Wörterbuch der lateinischen und deutschen Sprache, Teil I: Lateinisch – deutsch, 7. Auflage, Berlin-Schöneberg 1950 (zitiert: *Menge*, Enzyklopädisches Wörterbuch der lateinischen und deutschen Sprache)

Mestwerdt, Thomas, Notwendigkeit und verfassungsrechtliche Grundlagen eines staatlichen Dopingverbots, Zeitschrift für Sport und Recht (SpuRt) 1997, S. 119–124

Meyer-Goßner, Lutz, Strafprozessordnung. Gerichtsverfassungsgesetz, Nebengesetze und ergänzende Bestimmungen, 54. Auflage, München 2011 (zitiert: *Meyer-Goßner*, StPO)

Meyer-Lohkamp, Jes, Prominenz vor Gericht, Neue Juristische Wochenschrift (NJW) Heft 52/2006, Editorial

Mezö, Franz, Geschichte der Olympischen Spiele, München 1930

Mikolajczyk, Sascha, Korruption im Sport, in: *Nolte, Martin* (Hrsg.), Doping und Korruption im Sport, Kiel 2008, S. 25–36 [zitiert: *Mikolajczyk*, in: *Nolte* (Hrsg.), Doping und Korruption im Sport]

Mischkowitz, Robert/Bruhn, Heike/Desch, Roland u. a., Einschätzungen zur Korruption in Polizei, Justiz und Zoll, BKA-Forschungsreihe, Band 46, Wiesbaden 2000 (zitiert: *Mischkowitz u. a.*, Einschätzungen zur Korruption in Polizei, Justiz und Zoll)

Mitsch, Wolfgang, Strafrecht. Besonderer Teil 2, Vermögensdelikte (Kernbereich), Teilband 1, 2. Auflage, Berlin u. a. 2003 (zitiert: *Mitsch*, BT 2/1)

Morris, Desmond, Das Spiel. Faszination und Ritual des Fußballs, Stuttgart u. a. 1981 (zitiert: *Morris*, Das Spiel)

Müller, Michael, Der deutsche Berufsfußball – vom Idealverein zur Kapitalgesellschaft, Baden-Baden 2000

Müller, Stefan, Ursachen und Konsequenzen von Korruption, Wirtschaftswissenschaftliches Studium (WiSt) 2002, S. 492–496

Müller-Metge, Florian, Die Problematik des Sportwettenbetrugs im Zuge des jüngsten Skandals, Causa Sport (CaS) 2010, S. 118–126

Muresan, Remus, Das „Weissbuch [sic!] Sport" der Kommission der Europäischen Gemeinschaften, Causa Sport (CaS) 2007, S. 281–289

Mushoff, Tobias, Die Renaissance der Kronzeugenregelung, Kritische Vierteljahresschrift für Gesetzgebung und Rechtswissenschaft (KritV) 2007, S. 366–383

Nagel, Simone, Entwicklung und Effektivität internationaler Maßnahmen zur Korruptionsbekämpfung, 1. Auflage, Baden-Baden 2007 (zitiert: *Nagel*, Maßnahmen zur Korruptionsbekämpfung)

Nationales Olympisches Komitee für Deutschland (Hrsg.), Olympische Charta, Satzung NOK für Deutschland, Regelwerk für die Schiedsgerichtsbarkeit in Sportsachen, übersetzt und eingeleitet von *Christoph Vedder, Manfred Lämmer*, Stand: 01.08.1996, 1. Auflage, Melsungen 1996 [zitiert: *NOK* (Hrsg.), Olympische Charta]

Niewalda, Johannes, Dopingkontrollen im Konflikt mit allgemeinem Persönlichkeitsrecht und Datenschutz, Berlin 2011 (zitiert: *Niewalda*, Dopingkontrollen)

Nolte, Martin, Staats- und Europarecht, in: *Nolte, Martin/Horst, Johannes* (Hrsg.), Handbuch Sportrecht, Schorndorf 2009, S. 13–47 [zitiert: *Nolte*, in: *Nolte/Horst* (Hrsg.), Handbuch Sportrecht]

Nolte, Martin/Horst, Johannes, Einführung, in: *Nolte, Martin/Horst, Johannes* (Hrsg.), Handbuch Sportrecht, Schorndorf 2009, S. 9–12 (zitiert: *Nolte/Horst* (Hrsg.), Handbuch Sportrecht)

Nye, J. S., Corruption and Political Development: A Cost-Benefit Analysis, American Political Science Review, 61 (1967), S. 417- 427

Ohly, Ansgar/Sosnitza, Olaf, Gesetz gegen den unlauteren Wettbewerb mit Preisangabenverordnung Kommentar, 5. Auflage, München 2010 (zitiert: *Ohly/Sosnitza*, UWG)

O. V., Concluding Words in Salt Lake City. Transcript of Judge Sam's December 5th dismissal of the Olympic case, Sport intern, Vol. 35 iss. 25, S. 4

O. V., It looks as though referees were bribed, Sport intern, Vol. 36, iss. 20/21, S. 1

O. V., Cover *TIME Magazine* v. 22.06.1998

O. V., Schumacher widerwillig freigesprochen, Frankfurter Allgemeine Zeitung (F.A.Z.), Nr. 146 v. 27.06.2002, S. 45

O. V., Bayern und Kirch: „International üblich", Frankfurter Allgemeine Zeitung (F.A.Z.), Nr. 16 v. 20.04.2003, S. 13

O. V., Milliardenschäden durch Wirtschaftskriminalität, Frankfurter Allgemeine Zeitung (F.A.Z.), Nr. 173 v. 29.07.2003, S. 15

O. V., Salt Lake City: Anklagen fallengelassen, Frankfurter Allgemeine Sonntagszeitung (F.A.S.), Nr. 49 v. 07.12.2003, S. 22

O. V., Der Straftatbestand der Vorteilsannahme reicht weit. Auch Bundesbankpräsidenten und Wirtschaftsminister müssen sich an strenge Regeln halten, Frankfurter Allgemeine Zeitung (F.A.Z.), Nr. 93 v. 21.04.2004, S. 14

O. V., Erste Anklage im Bestechungsskandal, Frankfurter Allgemeine Zeitung (F.A.Z.), Nr. 96 v. 24.04.2004, S. 31

O. V., Rogge kondoliert den Briten. Terror erschüttert die Olympier. IOC schließt den korrupten Bulgaren Slawkow aus, Frankfurter Allgemeine Zeitung (F.A.Z.), Nr. 156 v. 08.07.2005, S. 32

O. V., Fernsehbeichte heizt Schiedsrichterskandal an, Frankfurter Allgemeine Zeitung (F.A.Z.), Nr. 230 v. 04.10.2005, S. 38

O. V., Keine Entwarnung für Österreich. Dopingproben negativ – aber Sanktionen drohen, Frankfurter Allgemeine Zeitung (F.A.Z.), Nr. 48 v. 25.02.2006, S. 31

O. V., Korruption ist bei Siemens nichts Neues, Handelsblatt, Nr. 243 v. 15.12. 2006, S. 15

O. V., No obligation of football clubs to release their players for the Olympic Games (CAS 2008/A/1622 FC Schalke 04 v./FIFA; CAS 2008/A/1623 SV Werder Bremen v./FIFA; CAS 2008/A/1624 v./FIFA; Decision reached 6 August 2008, Causa Sport (CaS) 2008, S. 380–388

O. V., Kein Anspruch auf Nominierung zu den Olympischen Spielen (Urteil des Oberlandesgerichts Frankfurt a. M. vom 30. Juli 2008; 4 W 58/08), Causa Sport (CaS) 2008, S. 430–434

O. V., „Es wird beschämend werden", Leichtathletik-Trainer Graham unter Anklage, Frankfurter Allgemeine Zeitung (F.A.Z.), Nr. 116 v. 20.05.2008, S. 34

O. V., Serious consequences resulting from sports betting (CAS 2008/A/1630 Mathieu Montcourt v/ATP; Decision reached 13 May 2009, slightly shortened version), Causa Sport (CaS) 2009, S. 200–204

O. V., Kein Schwimm-Weltrekord, Frankfurter Allgemeine Zeitung (F.A.Z.), Nr. 65 v. 18.03.2009, S. 29

O. V., Transferbann für Chelsea bis Januar 2011, Frankfurter Allgemeine Zeitung (F.A.Z.), Nr. 205 v. 04.09.2009, S. 31

O. V., Woods erster Sport-Milliardär, Frankfurter Allgemeine Zeitung (F.A.Z.), Nr. 230 v. 05.10.2009, S. 32

O. V., Gesetz zur Bekämpfung des Dopings und der Korruption im Sport, Zeitschrift für Sport und Recht (SpuRt) 2010, S. 104–105

O. V., Bestechungsaffäre in der Fifa? Funktionäre sollen Geld für ihre Stimmen gefordert haben, Frankfurter Allgemeine Zeitung (F.A.Z.), Nr. 242 v. 18.10.2010, S. 25

O. V., Hohe Rente für den früheren Infineon-Chef Schumacher, Frankfurter Allgemeine Zeitung (F.A.Z.), Nr. 4 v. 06.01.2011, S. 14

O. V., Tennis-Botschafter, Frankfurter Allgemeine Zeitung (F.A.Z.), Nr. 96 v. 26.04.2011, S. 25

O. V., Doch Prozess gegen Radprofi Schumacher, Frankfurter Allgemeine Zeitung (F.A.Z.), Nr. 243 v. 19.10.2011, S. 25

O. V., Globale Reichweite, FIFA WORLD August/September 2011, S. 86–89

O. V., Auf dem Prüfstand, FIFA WORLD Oktober 2011, S. 24–27

O. V., Die Fifa auf Kurs bringen. Antikorruptionsexperte Pieth formuliert Ziele, Frankfurter Allgemeine Zeitung (F.A.Z.), Nr. 280 v. 01.12.2011, S. 31

Oldigs, Dirk, Die Strafbarkeit von Submissionsabsprachen nach dem neuen § 298 StGB, Notwendige Reform oder purer Aktionismus?, Zeitschrift für Wirtschafts- und Steuerstrafrecht (wistra) 1998, S. 291–296

Ostendorf, Heribert, Bekämpfung der Korruption als rechtliches Problem oder zunächst moralisches Problem?, Neue Juristische Wochenschrift (NJW) 1999, S. 615–618

Otto, Harro, Wettbewerbsbeschränkende Absprachen bei Ausschreibungen, § 298 StGB, Zeitschrift für Wirtschafts- und Steuerstrafrecht (wistra) 1999, S. 41–46

Ders., Grundkurs Strafrecht. Die einzelnen Delikte, 7. Auflage, Berlin 2005 (zitiert: *Otto*, Grundkurs Strafrecht)

Paringer, Martin, Korruption im Profifußball. Eine Überprüfung unlauteren Verhaltens von Vereinsfunktionär und Spieler unter dem Aspekt der §§ 263 ff. und 298 ff. StGB am Beispiel des sog. Bundesligaskandals, Frankfurt a. M. 2001 (zitiert: *Paringer*, Korruption im Profifußball)

Paster, Inga/Sättele, Alexander, Alles, was das Leben verschönern kann – Eine Anmerkung zum Sponsoring-Urteil des LG Karlsruhe vom 28.11.2007 – NStZ 2008, 407, Neue Zeitschrift für Strafrecht (NStZ) 2008, S. 366–374

Pauli, Rudolf, Ausgliederung des Lizenzspielbetriebs von Fußballvereinen in Kapitalgesellschaften – Gründe, Risiken und haftungsrechtliche Auswirkungen, Causa Sport (CaS) 2007, S. 298–316

Pauly, Christoph, Brüder im Geiste. Ein interner Sonderprüfbericht zeigt detailliert, wie bei Deutschlands größter Immobilienfonds-Gesellschaft Schmiergelder hin- und hergeschoben werden, DER SPIEGEL 11/2005, S. 92

Persch, Sven, Sportförderung in Europa: Der neue Art. 165 AEUV, Neue Juristische Wochenschrift (NJW) 2010, S. 1917–1920

Pertsch, Erich/Lange-Kowal, Ernst Erwin, Langenscheidts Schulwörterbuch Lateinisch, 22. Auflage, Berlin u. a. 1991

Petropoulos, Vasileios/Morozinis, Patras und Ioannis, Der Sportwettenbetrug durch Manipulation zu Lasten des Wettveranstalters oder des Wettenden, Zeitschrift für Wirtschafts- und Steuerstrafrecht (wistra) 2009, S. 254–261

Pfister, Bernhard, Die persönliche Verantwortlichkeit des Schiedsrichters in zivil- und strafrechtlicher Hinsicht, *WFV* Heft Nr. 25 1988, S. 61–82

Ders., Der rechtsfreie Raum des Sports, in: *Hadding, Walther* (Hrsg.), Festgabe Zivilrechtslehrer 1934/1935, Berlin u. a. 1999, S. 457–473 [zitiert: *Pfister*, in: *Hadding* (Hrsg.), Festgabe Zivilrechtslehrer 1934/1935]

Pfister, Bernhard/Steiner, Udo, Sportrecht von A-Z. Vereine und Verbände, Sportanlagen, Arbeitsrecht und Besteuerung, Unfallhaftung, Sponsoring, Gerichtsbarkeit, München 1995 (zitiert: *Pfister/Steiner*, Sportrecht von A-Z)

Pöhner, Ralph, Günstiger gehts [sic!] nicht. Warum die Sportverbände in die Schweiz kamen, DIE ZEIT, 27.05.2010, Ausgabe 22

Poli, Gustavo, The dribbling routine. Football and corruption have always been close words in Brazil, in: *Weinreich, Jens* (Hrsg.), Korruption im Sport. Mafiose Dribblings. Organisiertes Schweigen, Leipzig 2006, S. 126–134 [zitiert: *Poli*, in: *Weinreich* (Hrsg.), Korruption im Sport]

Pragal, Oliver, Die Korruption innerhalb des privaten Sektors und ihre strafrechtliche Kontrolle durch § 299 StGB. Erscheinungsformen, Rechtsgut, Tatbestandsauslegung und ein Reformvorschlag, Köln u. a. 2006 (zitiert: *Pragal*, Die Korruption innerhalb des privaten Sektors)

Ders., Das Betrugsdreieck. Zur Bekämpfung der Strukturen von Wettmanipulationen im Fußball, in: *Weinreich, Jens* (Hrsg.), Korruption im Sport. Mafiose Dribblings. Organisiertes Schweigen, Leipzig 2006, S. 206–213 [zitiert: *Pragal*, in: *Weinreich* (Hrsg.), Korruption im Sport]

Ders., § 299 StGB – keine Straftat gegen den Wettbewerb!, Zeitschrift für Internationale Strafrechtsdogmatik (ZIS) 2006, S. 63–81

Preis, Bernd, Die Sportgerichtsbarkeit des Deutschen Fußballbundes (DFB) und die „Bestechungsfälle" in der Bundesliga – Zugleich ein Beitrag zur Problematik der privaten „Gerichtsbarkeit", Der Betrieb (DB) 1971, S. 1570–1576

Prokop, Clemens, Anti-Doping-Gesetz – Pro und Contra, Zeitschrift für Sport und Recht (SpuRt) 2006, S. 192–193

Ders., Das Schutzbedürfnis des Sports, Zeitschrift für Sport und Recht (SpuRt) Heft 3/2010, Editorial

Punch, Maurice (Ed.), Coping with corruption in a borderless world: proceedings of the Fifth International Anti-Corruption Conference, Deventer 1993 [zitiert: *Bearbeiter*, in: *Punch* (Ed.), Coping with corruption]

Radtke, Henning, Sportwettenbetrug und Quotenschaden, JURA 2007, S. 445–451

Rauball, Reinhard, Bundesliga-Skandal, Berlin 1972

Reif, Marcel, Der „Wett"-Spieler – ein neuer Global Player im Fußball, Causa Sport (CaS) 2008, S. 480–481

Reinhart, Michael, Sportverbandsgerichtsbarkeit und Doppelbestrafungsverbot, Zeitschrift für Sport und Recht (SpuRt) 2001, S. 45–48

Ders., Das „Hoyzer-Urteil" des BGH: Genugtuung für den Sport oder Gefahr für die Betrugsdogmatik? Zeitschrift für Sport und Recht (SpuRt) 2007, S. 52–56

Ders., Ist Korruption in Sportverbänden strafbar? (Teil 1), Zeitschrift für Sport und Recht (SpuRt) 2011, S. 241–243

Rengier, Rudolf, Kündigungs-Betrug des Vermieters durch Tun und Unterlassen bei vorgetäuschtem Eigenbedarf – BayObLG, NJW 1987, 1654, Juristische Schulung (JuS) 1989, S. 802–808

Ders., Strafrecht Besonderer Teil I, Vermögensdelikte, 13. Auflage, München 2011, (zitiert: *Rengier*, Strafrecht BT 1)

Reschke, Eike, Zur Entwicklung des Amateurstatus – Amateursportler als Vertragssportler?, in: *Reschke, Eike* (Hrsg.), Sport als Arbeit. Zur rechtlichen Stellung von Amateuren und Profis, Heidelberg 1985, S. 1–16 [zitiert: *Reschke*, in: *Reschke* (Hrsg.), Sport als Arbeit]

Ders., – Erwiderung auf Reinhart, SpuRt 2001, 45 –, Zeitschrift für Sport und Recht (SpuRt) 2001, S. 183–184

Richter, Frank, Leitfaden „Hospitality und Strafrecht" vorgelegt, Neue Juristische Wochenschrift Spezial (NJW-Spezial) 2011, S. 568–569

Rönnau, Thomas, Grundwissen – Strafrecht: Der strafrechtliche Rechtsgutsbegriff, Juristische Schulung (JuS) 2009, S. 209–211

Rönnau, Thomas/Soyka, Till, Der „Quotenschaden" im Fall „Hoyzer" – ein Verstoß gegen das Bestimmtheitsgebot?, Neue Zeitschrift für Strafrecht (NStZ) 2009, S. 12–14

Rössner, Dieter, Doping: Selbstkontrolle im Sport oder staatliche Strafverfolgung?, in: *Grupe, Ommo* (Hrsg.), EINBLICKE. Aspekte olympischer Sportentwicklung, Schorndorf 1999, S. 134–138 [zitiert: *Rössner*, in: *Grupe* (Hrsg.), EINBLICKE]

Ders., Schneller, höher, fairer? Das Recht im olympischen Sport, in: *Digel, Helmut* (Hrsg.), Nachdenken über Olympia. Über Sinn und Zukunft der Olympischen Spiele, Tübingen 2004, S. 139–157 (zitiert: *Rössner*, in: *Digel* (Hrsg.), Nachdenken über Olympia)

Ders., Strafrechtlicher Schutz gegen Spielmanipulationen im Fussball [sic!]? Überlegungen zum Urteil des Landgerichts Berlin im Fall Hoyzer, Causa Sport (CaS) 2005, S. 391–395

Ders., Normlernen und Kriminalität, in: *Feltes, Thomas/Pfeiffer, Christian/Steinhilper, Gernot* (Hrsg.), Kriminalpolitik und ihre wissenschaftlichen Grundlagen, Festschrift für Hans-Dieter Schwind, Heidelberg 2006, S. 1129–1140 (zitiert: *Rössner*, in: FS Schwind)

Ders., „Sportbetrug" und Strafrecht. Notwendige Differenzierungen und kriminalpolitische Überlegungen, in: *Hiebl, Stefan/Kassebohm, Nils/Lilie, Hans* (Hrsg.), Festschrift für Volkmar Mehle, 1. Auflage, Baden-Baden 2009, S. 567–579 (zitiert: *Rössner*, in: FS Mehle)

Ders., Ab unter die Dusche, ab ins Gefängnis. Den Kampf gegen korrupte Sportler und Wettmafia gewinnen die Sportverbände alleine nicht – sie brauchen den Staatsanwalt, Süddeutsche Zeitung (S.Z.), 30.11.2009, S. 2

Röthig, Peter/Prohl, Robert/Carl, Klaus u. a. (Hrsg.), Sportwissenschaftliches Lexikon, 7. Auflage, Schorndorf 2003 (zitiert: *Röthig/Prohl u. a.* (Hrsg.), Sportwissenschaftliches Lexikon)

Rogge, Jacques, Wenn der Sport an seinen Preis denkt, verliert er die Werte. Die Herausforderungen für die olympische Idee im 21. Jahrhundert, Frankfurter Allgemeine Zeitung (F.A.Z.), Nr. 226 v. 28.09.2005, S. 35

Roxin, Claus, Rechtsgüterschutz als Aufgabe des Strafrechts?, in: *Hefendehl, Roland* (Hrsg.), Empirische und dogmatische Fundamente, kriminalpolitischer Impetus. Symposium für Bernd Schünemann zum 60. Geburtstag, München 2005, S. 135–150 [zitiert: *Roxin*, in *Hefendehl* (Hrsg.), Empirische und dogmatische Fundamente]

Ders., Strafrecht, Allgemeiner Teil, Band I, Grundlagen, Der Aufbau der Verbrechenslehre, 4. Auflage, München 2006 (zitiert: *Roxin*, Strafrecht AT I)

Ders., Zur neueren Entwicklung der Rechtsgutsdebatte, in: *Herzog, Felix/Neumann, Ulfried* (Hrsg.), Festschrift für Winfried Hassemer, Heidelberg u. a. 2010, S. 573–597 (zitiert: *Roxin*, in: FS Hassemer)

Ders., Strafrecht und Doping, in: *Joecks, Wolfgang/Ostendorf, Heribert/Thomas Rönnau u. a.* (Hrsg.), Recht – Wirtschaft – Strafe, Festschrift für Erich Samson, Heidelberg 2010, S. 445–454 (zitiert: *Roxin*, in: FS Samson)

Roxin, Claus/Schünemann, Bernd, Der praktische Fall. Strafrecht: Der falsche Kommilitone, Juristische Schulung (JuS) 1969, S. 372–378

Rudolphi, Hans-Joachim/Horn, Eckhard/Günther, Hans-Ludwig u. a. (Hrsg.), Systematischer Kommentar zum Strafgesetzbuch, Loseblattsammlung, Band 4 Besonderer Teil, §§ 201–266b (Stand: Juli 2010), Band 5 Besonderer Teil, §§ 267–358 (Stand: September 2011), (zitiert: SK-StGB/*Bearbeiter*)

Säcker, Franz Jürgen/Rixecker, Roland (Hrsg.), Münchener Kommentar zum Bürgerlichen Gesetzbuch, Band 5, Schuldrecht Besonderer Teil III, §§ 705–853, Partnerschaftsgesellschaftsgesetz, Produkthaftungsgesetz, 5. Auflage, München 2009 (zitiert: MünchKommBGB/*Bearbeiter*)

Saliger, Frank/Rönnau, Thomas/Kirch-Heim, Claudio, Täuschung und Vermögensschaden beim Sportwettenbetrug durch Spielteilnehmer – Fall „Hoyzer", Neue Zeitschrift für Strafrecht (NStZ) 2007, S. 361–368

Schattmann, Matthias, Betrug des Leistungssportlers im Wettkampf. Zur Einführung eines Straftatbestandes im sportlichen Wettbewerb, Frankfurt a. M. u. a. 2008 (zitiert: *Schattmann*, Betrug des Leistungssportlers im Wettkampf)

Schaupensteiner, Wolfgang J., Korruption in Deutschland, in: *Friedrich-Ebert-Stiftung* (Hrsg.), Korruption in Deutschland. Ursachen, Erscheinungsformen, Bekämpfungsstrategien, Berlin 1995, S. 95–104 [zitiert: *Schaupensteiner*, in: *Friedrich-Ebert-Stiftung* (Hrsg.), Korruption in Deutschland]

Ders., Gesamtkonzept zur Eindämmung der Korruption, Neue Zeitschrift für Strafrecht (NStZ) 1996, S. 409–416

Schelsky, Helmut, Friede auf Zeit. Die Zukunft der Olympischen Spiele, Osnabrück 1973 (zitiert: *Schelsky*, Friede auf Zeit)

Scherrer, Urs, Strafrechtliche und strafprozessuale Grundsätze bei Verbandssanktionen, in: *Fritzweiler, Jochen*, Doping – Sanktionen, Beweise, Ansprüche, Bern 2000, S. 119–131 [zitiert: *Scherrer*, in: *Fritzweiler* (Hrsg.), Doping – Sanktionen, Beweise, Ansprüche]

Schild, Wolfgang, Strafbarer Wettbetrug?, Zeitschrift für Wett- und Glücksspielrecht (ZfWG) 2006, S. 213–220

Schlammerl, Elisabeth, Die nächste große Einkaufstour, Frankfurter Allgemeine Zeitung (F.A.Z.), Nr. 121 v. 27.05.2009, S. 28

Schlösser, Jan, Der „Bundesliga-Wettskandal" – Aspekte einer strafrechtlichen Bewertung, Neue Zeitschrift für Strafecht (NStZ) 2005, S. 423–429

Schmechel, Olaf/Eschenfelder, Eike Dirk, Qualitätssicherung am Bau. Kölner Pfusch zeigt die Notwendigkeit neuer Maßnahmen, Frankfurter Allgemeine Zeitung (F.A.Z.), Nr. 80 v. 07.04.2010, S. 19

Schneider, Markus H., Sport und Recht, Sponsoring von Hochleistungssportlern unter rechtshistorischen und verfassungsrechtlichen Gesichtspunkten, Frankfurt a. M. u. a. 1998 (zitiert: *Schneider*, Sport und Recht)

Schönke, Adolf/Schröder, Horst, Strafgesetzbuch Kommentar, 28. Auflage, München 2010 (zitiert: Schönke/Schröder/*Bearbeiter*, StGB)

Schreiber, Hans-Ludwig/Beulke, Werner, Untreue durch Verwendung von Vereinsgeldern zu Bestechungszwecken – BGH NJW 1975, 1234, Juristische Schulung (JuS) 1977, S. 656–661

Schück, Holger, Sport-Ethos braucht keinen staatlichen Schutz. Zur Dauer-Diskussion über ein Anti-Doping-Gesetz, Olympisches Feuer – Zeitschrift des Deutschen Olympischen Sportbundes und der Deutschen Olympischen Gesellschaft, Ausgabe 1, S. 13–15

Schulze-Marmeling, Dietrich, Die Geschichte der FIFA-Fußballweltmeisterschaft, Aus Politik und Zeitgeschichte (APuZ), 08.05.2006, S. 10–17

Schwab, Rouven, Das zivilrechtliche Nachspiel im Fall Hoyzer, Neue Juristische Wochenschrift (NJW) 2005, S. 938–940

Schwarze, Jürgen/Hetzel, Philipp, Der Sport im Lichte des europäischen Wettbewerbsrechts, Europarecht (EuR) 2005, S. 581–604

Seitscheck, Stefan, Skandale – Betrügereien, Bestechungen und Fehlentscheidungen in der Antike, Forum Archaeologiae – Zeitschrift für klassische Archäologie 42/III/2007, S. 1–10

Sengle, Alfred, Verrechtlichung des Sports, in: *Württembergischer Fußballverband e. V.* (Hrsg.), Sportrecht damals und heute, Stuttgart 2001, S. 91–109 [zitiert: *Sengle*, in: *WFV e. V.* (Hrsg.), Sportrecht damals und heute]

Ders., Formen der Manipulation (Doping, Wettbetrug, sonstige manipulative Verhaltensweisen bzw. Absprachen) in Theorie und Praxis, in: *Württembergischer Fußballverband e. V.* (Hrsg.), Die Manipulation sportlicher Wettbewerbe als Herausforderung für das Recht des Staates und der Verbände. Tagungsband des wfv-Sportrechtsseminars vom 29. September – 01. Oktober 2006 in Wangen/Allgäu, 2006, S. 9–42 [zitiert: *Sengle*, in: *WFV e. V.* (Hrsg.), Die Manipulation sportlicher Wettbewerbe]

Simeoni, Evi, Riis gesteht „Dummheiten", Ullrich schweigt weiter, Frankfurter Allgemeine Zeitung (F.A.Z.), Nr. 121 v. 26.07.2007, S. 39

Dies., Domestizierter Fackellauf. Das IOC hat aus Peking gelernt: Weil sich die Feuerstafette zu einem Brandherd entwickelte, soll die Flamme nur noch im Olympialand brennen, Frankfurter Allgemeine Sonntagszeitung (F.A.S.), Nr. 13 v. 29.03.2009, S. 17

Dies., „Künftig soll der Kongress die WM vergeben", Fifa-Präsident über Korruption und Wohltaten, seinen Gegenspieler bin Hammam, seine Wahlchancen und sein eigenes Gehalt, Frankfurter Allgemeine Zeitung (F.A.Z.), Nr. 100 v. 30.04.2011, S. 31

Sobotka, R., Zur Definition des Sports, Sportwissenschaft 1981, S. 103–104

Staschik, Paul, Einladungen zu Sportveranstaltungen (Hospitality) – Strafbare Klimapflege oder erlaubte Kontaktpflege?, Zeitschrift für Sport und Recht (SpuRt) 2010, S. 187–191

Stein, Andreas, Das Weißbuch der EU-Kommission zum Sport – Bestandsaufnahme zur Anwendung des Wettbewerbsrechts auf Sportregeln, Zeitschrift für Sport und Recht (SpuRt) 2008, S. 46–49

Steiner, Udo, Verfassungsfragen des Sports, Neue Juristische Wochenschrift (NJW) 1991, S. 2729–2736

Ders., Doping aus verfassungsrechtlicher Sicht, in: *Röhricht, Volker/Vieweg, Klaus* (Hrsg.), Doping-Forum. Aktuelle rechtliche und medizinische Aspekte, Stuttgart u. a. 2000, S. 125–137 [zitiert: *Steiner*, in: *Röhricht/Vieweg* (Hrsg.), Doping-Forum]

Ders., Quo vadis Sportrecht?, in: *Juristische Studiengesellschaft* (Hrsg.), Jahresband 2008, S. 117–139 [zitiert: *Steiner*, in: Jahresband 2008]

Ders., Der Sport als Gegenstand des Verfassungsrechts, Zeitschrift für Sport und Recht (SpuRt) 2008, S. 222–223

Steinle, Bernd, Kraftprotze in Wunderanzügen. Für die Weltrekordflut bei den Schwimmern werden viele Erklärungen gegeben – und doch bleiben viele Fragezeichen, Frankfurter Allgemeine Zeitung (F.A.Z.), Nr. 189 v. 14.08.2008, S. 30

Ders., Willkommen im Circus Maximus, Frankfurter Allgemeine Sonntagszeitung (F.A.S.), Nr. 31 v. 02.08.2009, S. 16

Stratenwerth, Günter, Zum Begriff des „Rechtsgutes", in: *Eser, Albin/Schittenhelm, Ulrike/Schumann, Heribert* (Hrsg.), Festschrift für Theodor Lenckner, München 1998, S. 377–391 (zitiert: *Stratenwerth*, in: FS Lenckner)

Striegel, Heiko, Doping im Fitness-Sport. Eine Analyse zwischen Dunkelfeld und sozialer Kontrolle, Baden-Baden 2008 (zitiert: *Striegel*, Doping im Fitness-Sport)

Szwarc, Andrzej J., Strafbarkeit der Korruption im Sport im Lichte des polnischen Strafrechts, in: *Sieber, Ulrich/Dannecker, Gerhard/Kindhäuser, Urs u. a.* (Hrsg.), Strafrecht und Wirtschaftsstrafrecht – Dogmatik, Rechtsvergleich, Rechtstatsachen –, Festschrift für Klaus Tiedemann, Köln u. a. 2008, S. 939–948 (zitiert: *Szwarc*, in: FS Tiedemann)

Ders., „Sportdelikte" im polnischen Strafrecht, in: *Heinrich, Manfred/Jäger, Christian/Achenbach, Hans u. a.* (Hrsg.), Strafrecht als Scientia Universalis – Festschrift für Claus Roxin, Band 2, Berlin u. a. 2011, S. 1765–1778 (zitiert: *Szwarc*, in: FS Roxin)

Tanda, Jean François, Liebling Schweiz. Liberales Vereinsrecht, nachsichtige Richter, niedrige Steuern, in: *Weinreich, Jens* (Hrsg.), Korruption im Sport. Mafiose Dribblings. Organisiertes Schweigen, Leipzig 2006, S. 108–117 [zitiert: *Tanda*, in: *Weinreich* (Hrsg.), Korruption im Sport]

Tenter, Dieter/Thomas, Klaus, Die „Schwalbe" auf dem Fußballfeld oder ist die Zeitlupenstudie für den Staatsanwalt Anlaß [sic!] zur Einleitung von Ermittlungen?, Juristische Arbeitsblätter (JA) 1996, S. 855–856

Tettinger, Peter J., Sport als Verfassungsthema. Die Rolle des Sports im deutschen Verfassungsrecht und innerhalb der gemeinsamen Werte der Europäischen Union, in: *Tettinger, Peter J.* (Hrsg.), Sport im Schnittfeld von europäischem Gemeinschaftsrecht und nationalem Recht. Bosman – Bilanz und Perspekti-

ven, Stuttgart u. a. 2001, S. 9–25 [zitiert: *Tettinger*, in: *Tettinger* (Hrsg.), Sport im Schnittfeld von europäischem Gemeinschaftsrecht und nationalem Recht]

Tettinger, Peter J./Kleinschnittger, Annette, Aktuelle Rechtsprobleme im Konfliktfeld von Sport und Umweltschutz, Juristenzeitung (JZ) 1992, S. 109–115

Theobald, Robin, Corruption, Development and Underdevelopment, 1. publ., Durham 1990

TRANSPARENCY INTERNATIONAL Deutschland e. V., Pressemappe Korruptionswahrnehmungsindex 2009

Dies., Corruption and Sport: Building Integrity and Preventing Abuses, Working Paper # 03/2009, S. 1–8 (zitiert: *TRANSPARENCY INTERNATIONAL*, Corruption and Sport, Working Paper)

Triffterer, Otto, Vermögensdelikte im Bundesligaskandal, Neue Juristische Wochenschrift (NJW) 1975, S. 612–617

Trüg, Gerson, Vorteilsgewährung durch Übersendung von WM-Gutscheinen – Schützt Sponsoring vor Strafe?, Neue Juristische Wochenschrift (NJW) 2009, S. 196–198

Trüg, Gerson/Habetha, Jörg, Zur Rechtsfigur des Betrugs durch schlüssiges Verhalten – Der Fall „Hoyzer" –, Juristenzeitung (JZ) 2007, S. 878–883

Turner, George/Werner, Klaus, Sport und Umwelt – Konflikte, Rechtsprobleme, Lösungen –, Zeitschrift für Sport und Recht (SpuRt) 1997, S. 51–55

Überhofen, Michael, Korruption und Bestechungsdelikte im staatlichen Bereich. Ein Rechtsvergleich und Reformüberlegungen zum deutschen Recht, Freiburg i. Br. 1999 (zitiert: *Überhofen*, Korruption im staatlichen Bereich)

Vahlenkamp, Werner/Knauß, Ina/Ahlf, Ernst-Heinrich, Korruption – ein unscharfes Phänomen als Gegenstand zielgerichteter Prävention. Ergebnisse eines Forschungsprojekts, BKA-Forschungsreihe, Band 33, Wiesbaden 1995 (zitiert: *Bearbeiter*, in: *Vahlenkamp/Knauß/Ahlf*, Korruption)

Valerius, Brian, Schneller, höher, reicher? Strafbarkeit von Wett-Betrugsfällen [sic!] im Sport, Zeitschrift für Sport und Recht (SpuRt) 2005, S. 90–95

Ders., Zur Strafbarkeit des Dopings de lege lata und de lege ferenda, in: *Bernsmann, Klaus/Fischer, Thomas* (Hrsg.), Festschrift für Ruth Rissing-van Saan, Berlin 2011, S. 717–730 (zitiert: *Valerius*, in: FS Rissing-van Saan)

Vieweg, Klaus, Zur Einführung: Sport und Recht, Juristische Schulung (JuS) 1983, S. 825–830

Ders., Staatliches Anti-Doping-Gesetz oder Selbstregulierung des Sports? Zeitschrift für Sport und Recht (SpuRt) 2004, S. 194–197

Vieweg, Klaus/Röthel, Anne, Verbandsautonomie und Grundfreiheiten, Zeitschrift für das gesamte Handelsrecht und Wirtschaftsrecht (ZHR) 2002, S. 6–34

Vieweg, Klaus/Siekmann, Robert (Eds.), Legal Comparison and the Harmonisation of Doping Rules. Pilot Study for the European Commission, Berlin 2007 [zitiert: *Vieweg/Siekmann* (Eds.), Legal Comparison and the Harmonisation of Doping Rules]

Vogel, Joachim, Europäische Kriminalpolitik – europäische Strafrechtsdogmatik, Goltdammer's Archiv für Strafrecht (GA) 2002, S. 517–534

Voß, Monika, Symbolische Gesetzgebung. Fragen zur Rationalität von Strafgesetzgebungsakten, Ebelsbach 1989 (zitiert: *Voß*, Symbolische Gesetzgebung)

Wabnitz, Heinz-Bernd/Janovsky, Thomas, Handbuch des Wirtschafts- und Steuerstrafrechts, 3. Auflage, München 2007 (zitiert: *Bearbeiter*, in: *Wabnitz/Janovsky*, HbdWSStR)

Wacke, Andreas, Unfälle bei Sport und Spiel nach römischem und geltendem Recht, Stadion: Zeitschrift für Geschichte des Sports und Körperkultur (Stadion) 1977, S. 4–43

Wax, Andreas, Staat und Sport. Grenzen staatlicher und europäischer Regulierungsbefugnisse, in: *Kämmerer, Jörn Axel* (Hrsg.), An den Grenzen des Staates. Kolloquium zum 65. Geburtstag von Wolfgang Graf Vitzthum, Berlin 2008, S. 41–73 [zitiert: *Wax*, in: *Kämmerer* (Hrsg.), An den Grenzen des Staates]

Ders., Internationales Sportrecht. Unter besonderer Berücksichtigung des Sportvölkerrechts, Berlin 2009 (zitiert: *Wax*, Internationales Sportrecht)

Weber, Ulrich, Strafrechtliche Aspekte der Sportwette, in: *Pfister, Bernhard* (Hrsg.), Rechtsprobleme der Sportwette, Heidelberg 1989, S. 39–73 [zitiert: *Weber*, in: *Pfister* (Hrsg.), Rechtsprobleme der Sportwette]

Weber, Wolfgang/Schnieder, Claudia/Kortlüke, Norbert u. a., Die wirtschaftliche Bedeutung des Sports, 1. Auflage, Schorndorf 1995 (zitiert: *Weber*, Die wirtschaftliche Bedeutung des Sports)

Weeber, Karl-Wilhelm, Die unheiligen Spiele. Das antike Olympia zwischen Legende und Wirklichkeit, Zürich u. a. 1991 (zitiert: *Weeber*, Die unheiligen Spiele)

Wegmann, Henning, Entwurf zum Sportschutzgesetz: ja – aber richtig!, Causa Sport (CaS) 2010, S. 242–246

Weinreich, Jens, Die globale Spezialdemokratie. Korruption als strukturelles Problem des Sportsystems, in: *Weinreich, Jens* (Hrsg.), Korruption im Sport. Mafiose Dribblings. Organisiertes Schweigen, Leipzig 2006, S. 22–66 [zitiert: *Weinreich*, in: *Weinreich* (Hrsg.), Korruption im Sport]

Weise, Klaus-Peter, Finanzielle Beeinflussung von sportlichen Wettkämpfen durch Vereinsfunktionäre – Überlegungen zur Mißbrauchsuntreue [sic!] auf der Grundlage des sog. Bundesliga-Skandals, Gießen 1982 (zitiert: *Weise* Finanzielle Beeinflussung von sportlichen Wettkämpfen durch Vereinsfunktionäre)

Wessels, Johannes/Hettinger, Michael, Strafrecht Besonderer Teil 1, Straftaten gegen Persönlichkeits- und Gemeinschaftswerte, 35. Auflage, Heidelberg 2011 (zitiert: *Wessels/Hettinger*, Strafrecht BT 1)

Wessels, Johannes/Hillenkamp, Thomas, Strafrecht Besonderer Teil 2, Straftaten gegen Vermögenswerte, 34. Auflage, Heidelberg 2011 (zitiert: *Wessels/Hillenkamp*, Strafrecht BT 2)

Westermann, Harm Peter, Die Verbandsstrafgewalt und das allgemeine Recht. Zugleich ein Beitrag zur juristischen Bewältigung des „Bundesliga-Skandals", Bielefeld 1972 (zitiert: *Westermann*, Die Verbandsstrafgewalt)

Wolters, Gereon/Schmitz, Moritz, Strafrecht, in: *Nolte, Martin/Horst, Johannes* (Hrsg.), Handbuch Sportrecht, Schorndorf 2009, S. 247–280 [zitiert: *Wolters/Schmitz*, in: *Nolte/Horst* (Hrsg.), Handbuch Sportrecht]

Woratschek, Herbert, Einführung: Kooperenz im Sportmanagement – eine Konsequenz der Wertschöpfungslogik von Sportwettbewerben und Ligen, in: *Zieschang, Klaus/Woratschek, Herbert/Beier, Klaus* (Hrsg.), Kooperenz im Sportmanagement, Schorndorf 2004, S. 9–30 [zitiert: *Woratschek*, in: *Zieschang/Woratschek/Beier* (Hrsg.), Kooperenz im Sportmanagement]

Wüterich, Christoph/Breucker, Marius, Das Arbeitsrecht im Sport, Stuttgart u. a. 2006

Zachert, Hans Ludwig, Korruption und Korruptionsbekämpfung. Zehn Thesen, in: *Friedrich-Ebert-Stiftung* (Hrsg.), Korruption in Deutschland. Ursachen, Erscheinungsformen, Bekämpfungsstrategien, Berlin 1995, S. 85–93 [zitiert: *Zachert*, in: *Friedrich-Ebert-Stiftung* (Hrsg.), Korruption in Deutschland]

Zen-Ruffinen, Piermarco (Hrsg.), Droit et sport: sponsoring, responsabilité, justice sportive, mesures provisoires, arrêt Bosman, installations sportives, Bern u. a. 1997 [zitiert : *Zen-Ruffinen* (Hrsg.), Droit et sport]

Ziegler, Martyn, Investigation over Fifa 'vote-buying' claim, The Independent, 16.04.2009

Zorn, Roland, Auch der Fiskus kann bei WM 2006 gewinnen. Für Großereignisse sind Ausnahmen möglich. Reizthema Steuerbefreiung für die FIFA. Der DFB und der Pflichtenkatalog, Frankfurter Allgemeine Zeitung (F.A.Z.), Nr. 13 v. 16.01.1999, S. 39

Ders., Der Buhmann wird verbannt, die Sechskommanull soll gehen, Frankfurter Allgemeine Zeitung (F.A.Z.), Nr. 209 v. 09.09.2002, S. 27

Ders., Im Handstreich nach Südafrika, Frankfurter Allgemeine Zeitung (F.A.Z.), Nr. 270 v. 20.11.2009, S. 30

Verzeichnis der verwendeten Satzungen, Regelwerke, Beschlüsse, Erklärungen und Mitteilungen

Deutscher Fußball-Bund, Offizielle Mitteilungen Nr. 4 v. 29.04.2005 (zitiert: *DFB*, Offizielle Mitteilungen Nr. 4 v. 29.04.2005)

Deutscher Fußball-Bund, Satzung und Ordnungen, Ordner, Frankfurt, Stand: 01.07.2009 (zitiert: Satzung/jeweilige Ordnung *DFB*)

Deutscher Olympischer Sportbund, Aufnahmeordnung des Deutschen Olympischen Sportbundes v. 20.05.2006 (zitiert: Aufnahmeordnung *DOSB*)

Deutscher Olympischer Sportbund, Staatsziel Sport. Positionspapier v. 09.12.2006 (zitiert: *DOSB*, Staatsziel Sport)

Deutscher Sportbund, Sport in Deutschland, 19. Auflage, Mainz 2003 (zitiert: *DSB*, Sport in Deutschland)

Rechtskommission des Sports gegen Doping, Abschlussbericht der Rechtskommission des Sports gegen Doping (ReSpoDo) zu möglichen gesetzlichen Initiativen für eine konsequentere Verhinderung, Verfolgung und Ahndung des Dopings im Sport, Frankfurt, 15.06.2005, S. 1–42, abgedruckt von *Hauptmann, Markus*, Zeitschrift für Sport und Recht (SpuRt) 2005, S. 198–200 (Teil 1) und S. 239–243 (Teil 2) (zitiert: *Rechtskommission des Sports gegen Doping*, Abschlussbericht)

VfB Stuttgart 1893 e. V., Satzung, Stand: 19.07.2010 (zitiert: Satzung *VfB Stuttgart 1893 e. V.*)

Württembergischer Fußballverband e. V., Satzung und Ordnungen, Stand: Juli 2009 (zitiert: Satzung/jeweilige Ordnung *WFV e. V.*)

Verzeichnis der zitierten Reden und Vorträge

Nolte, Martin, Vereinbartes Recht am Beispiel des lex sportiva. Wechselwirkungen zwischen „lex sportiva" und „lex extra sportiva" – DFG-Rundgespräch „Privates Recht", Bucerius Law School, Hamburg, 23.04.2010 (zitiert: *Nolte*, DFG-Rundgespräch „Privates Recht", 23.04.2010)

Rössner, Dieter, Sportbetrug – Neuer Straftatbestand als Allheilmittel?, Frühjahrstagung am 07.05.2010 der AG Sportrecht im Deutschen Anwaltverein

Rogachev, Sixtieth General Assembly, Plenary, 43rd Meeting, United Nations General Assembly/10415 v. 03.11.2005 [zitiert: *Rogachev*, GA/10415 v. 03.11.2005 (Sixtieth General Assembly, Plenary 43rd Meeting)]

Rogge, Jacques, Rede vor dem Internationalen Olympia-Forum in Frankfurt, 27.09.2005, auszugsweise veröffentlicht in: DSB Presse v. 04.10.2005, S. 23–25 (zitiert: *Rogge*, Rede vor dem Internationalen Olympia-Forum, 27.09.2005, auszugsweise veröffentlicht in: DSB Presse v. 04.10.2005)

Ders, Global Sport und Global Ethic, Sechste Weltethos-Rede, Stiftung Weltethos, Eberhard-Karls-Universität Tübingen, Tübingen, 10.05.2006 (zitiert: *Rogge*, Global Sport and Global Ethic, 10.05.2006)

Schaub, Alexander, Sports and Competition: Broadcasting Rights of Sports Events, Madrid, Spain European Competition Day, 26.02.2002 (zitiert: *Schaub*, Sports and Competition: Broadcasting Rights of Sports Events, 26.02.2002)

Schriftenreihe Causa Sport · Band 8

Herausgegeben von
Prof. Dr. Ulrich Haas
Ass. Prof. Dr. Ingeborg Mottl
Prof. Dr. Martin Nolte
Dr. Urs Scherrer
Dr. Daniel Thaler

Tina Heilemann

Bestechlichkeit und Bestechung im sportlichen Wettbewerb als eigenständiges Strafdelikt – de lege lata, de lege ferenda